围棋 AI 评吴清源

柯红星 吴翰林 编著

图书在版编目(CIP)数据

围棋 AI 评吴清源/柯红星,吴翰林编著. --成都：成都时代出版社,2024.7
（星耀古今丛书）
ISBN 978-7-5464-3220-5

Ⅰ.①围… Ⅱ.①柯… ②吴… Ⅲ.①围棋-基本知识 Ⅳ.①G891.3

中国国家版本馆 CIP 数据核字（2023）第 002878 号

围棋 AI 评吴清源
WEIQI AI PING WUQINGYUAN

柯红星　吴翰林　编著

出 品 人	达　海
责任编辑	李　林
责任校对	樊思岐
责任印制	黄　鑫　曾译乐
装帖设计	吴翰林

出版发行	成都时代出版社
电　　话	（028）86742352（编辑部）
	（028）86615250（发行部）
印　　刷	成都博瑞印务公司有限公司
规　　格	165 mm×230 mm
印　　张	24.75
字　　数	460 千
版　　次	2024 年 7 月第 1 版
印　　次	2024 年 7 月第 1 次印刷
书　　号	ISBN 978-7-5464-3220-5
定　　价	120.00 元

著作权所有·违者必究
本书若出现印装质量问题，请与工厂联系。电话：（028）86615250

前言

2020年，我们出版《围棋AI新定式全解密》时，帮忙写序的王元老师在序言中鼓励我们创作一本关于吴清源大师的书。当时，我们战战兢兢，不敢应声，也没有把这当成一个可以实现的梦想。

因为吴清源大师是我们心目中的神，令人崇敬却又遥不可及。

在围棋史上，"吴清源时代"是一个专有名词——特指1939年至1956年。其间吴清源与当时日本最强的七个超一流棋手进行了十次"升降十番棋"：木谷实、雁金准一、藤泽库之助（3次）、桥本宇太郎（2次）、岩本薰、坂田荣男、高川格。比赛结果是令人震惊的——所有对手都被打降级，吴清源获得"十番棋之王"和"昭和棋圣"的美誉。

机缘巧合，在"四川省重点出版项目专项补助资金"和成都时代出版社的大力支持下，我们有幸启动了本书的创作，精选了吴清源先生的九盘名局，利用围棋AI进行了详尽研究。

棋局的时间跨度从1933年到1962年，力求呈现吴清源先生各时期的精彩对局。值得一提的是，其中六局吴清源先生在其晚年著作《人生十八局》中做过详细的解说，其重要性不言而喻。有兴趣的棋友可对照阅读，体会大师观点与AI思路的异同。

可以说，这本书的写作过程是一次艰苦而又欣喜的修行。初期心中严重不适，因为围棋AI对一些棋步的评价颠覆了我们以前的认知，甚至一些公认的妙手也获得差评，感情上很抵触围棋AI的这些评分，我们也担心这些数据会触怒部分读者。

写完这本书，我们最终也释然了，吴清源先生在我们心目中的光辉形象并没有衰减一分。围棋AI重新发现了吴清源先生围棋技术上的一些弱点，同时也帮助我们更好地理解了他对棋局的深远构思，尤其是大量独创性下法获得围棋AI好评，让我们对吴清源先生领先于时代的围棋思想更加肃然起敬。

围棋AI不应该成为今人狐假虎威指点江山和诋毁先贤的依仗，我们可借助它来校正我们的价值判断体系，促进围棋技术的发展。写完这本书，我们感觉对围棋本质的理解又有了一点点进步，希望您读完此书也有类似的收获。

我们热爱围棋，深恨自己水平有限，书中不当之处请棋友指正。如有批评、探讨以及阅读过程中的疑问，请与微信15982044940联系。

柯红星
吴翰林
2024年夏

目录

前言 1
吴清源 VS 秀哉 1
岩本薰 VS 吴清源 56
雁金准一 VS 吴清源 113
木谷实 VS 吴清源 140
藤泽库之助 VS 吴清源 193
高川格 VS 吴清源 236
吴清源 VS 桥本宇太郎 300
吴清源 VS 坂田荣男 325
吴清源 VS 桥本昌二 358
作者简介 389

吴清源 VS 秀哉

扫码上解锁时空棋局
·深度解析·棋友汇聚
·大师轨迹·技艺飞跃

总谱

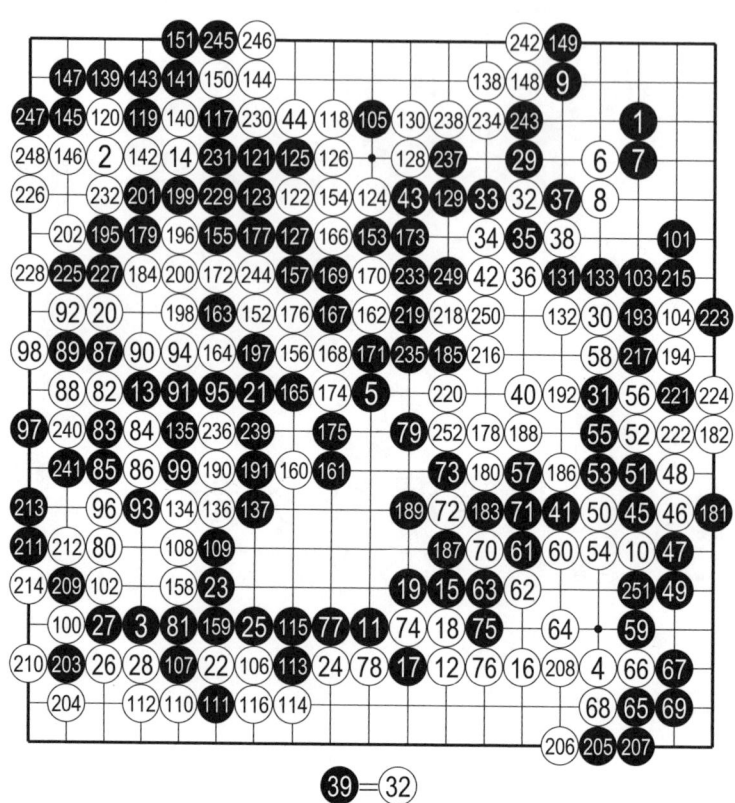

●吴清源 VS ○本因坊秀哉名人

名人胜负棋
1933年10月16日-1934年1月29日
不贴目
共252手，白胜2目

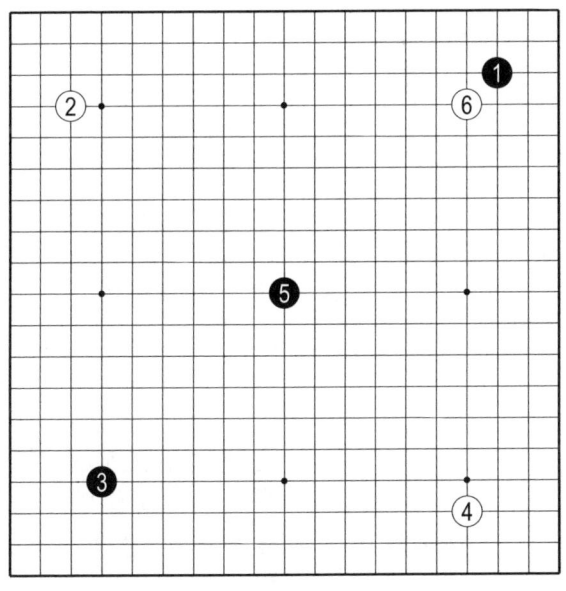

这是吴清源先生一生中最著名的对局。对手是当时围棋界的最高权威——本因坊秀哉名人。一盘棋下了三个半月，打挂13次。

1933年，吴清源和木谷实共同发起"新布局"运动，而秀哉名人则是传统围棋理论的坚定捍卫者，这次对局自然就被赋予了新旧布局对抗的意义。

旧布局占角以小目为主，辅以目外和高目，而吴清源的"三三、星、天元"石破天惊，每一手都与旧布局理论背道而驰，说是空前绝后也不为过。弈至白6，棋盘上呈现出极具视觉冲击力的对称局面。

黑不贴目，围棋AI给出的黑方初始胜率为90%左右，黑方的先发优势被围棋AI量化为6.3目左右。

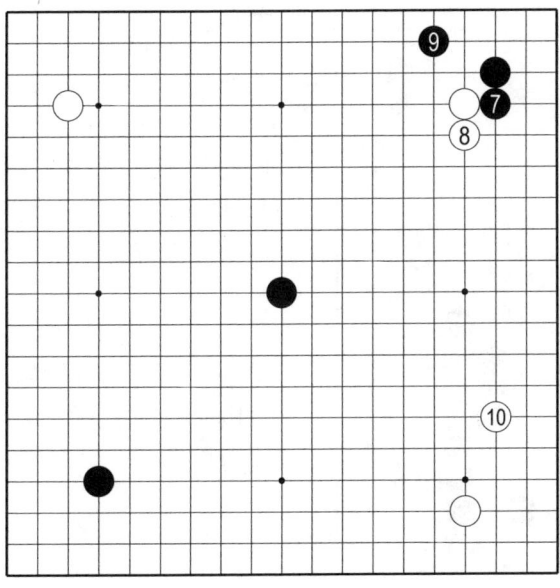

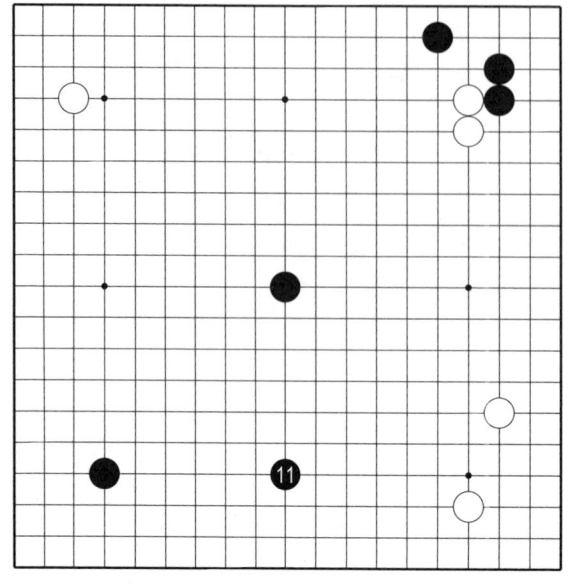

吴清源的新布局强调速度，常用三三和星位一手占角。他还重点研究过由四颗星组成的正方形模样。这盘棋充分展现了他的新布局思想。

九十年后的今天，借助围棋AI，我们认识到新布局中的很多实验性下法其实是不实惠的。比如黑11不挂角而拆边就不被围棋AI看好。

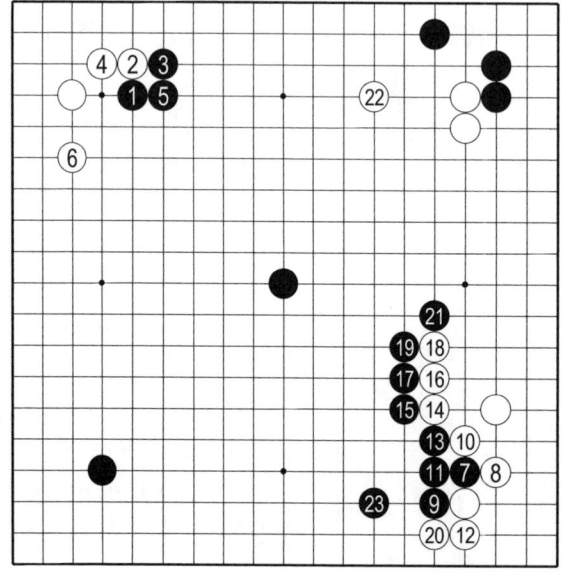

从围棋AI的推荐方案来看，它的价值取向与"金角银边草肚皮"比较契合，左上挂角之后，马上转向右下比较薄弱的白大飞角。

与实战相比，同样是构建下边的模样，围棋AI的方案更显得顺势而为。

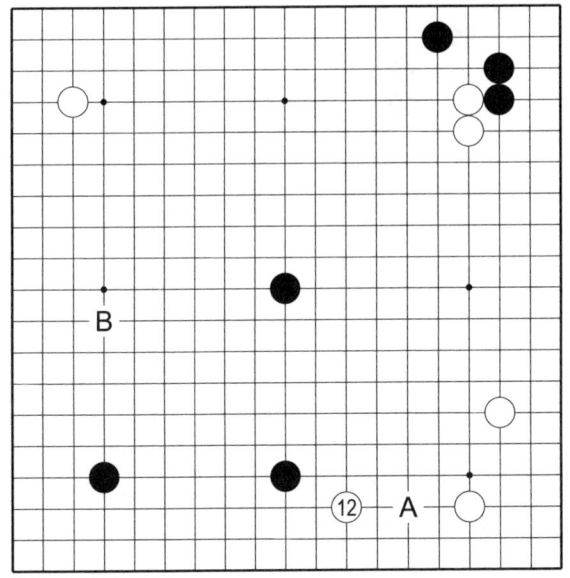

白12是不愿意再被黑棋拆兼逼到A位,但从"金角银边草肚皮"的价值理论出发,左上挂角才是目前最大的大场。

吴清源在自战解说中也对这手棋提出了疑问,他认为白改在B位一带将使局面更广阔。

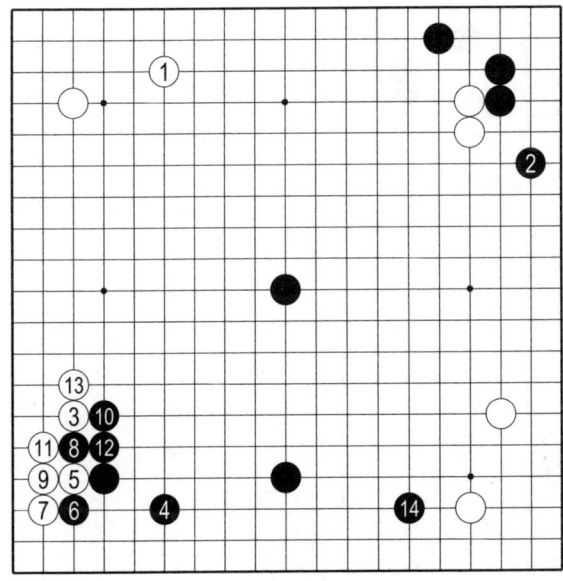

围棋AI推荐的白1、黑2、白3都是在角部行棋。角部分完之后,黑14再占边上的大场。

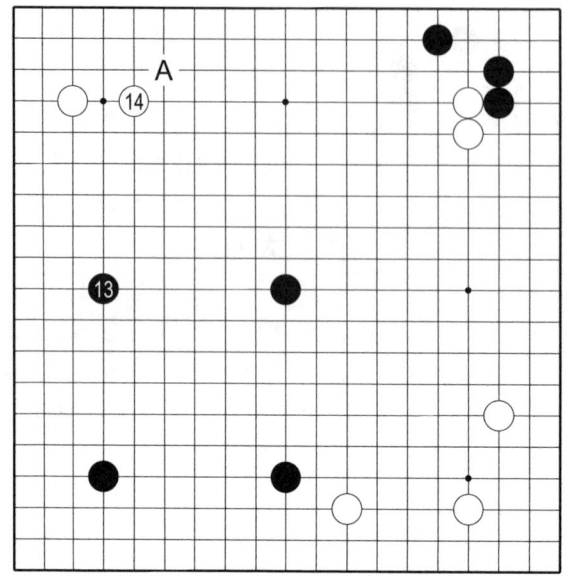

黑13构成正方形模样,这是吴清源当时的独特研究。能够想象,下成自己充满感情的布局,心情一定很愉悦。

目前局面白14守在高位稍差,左边已经不能大幅开拆,不如守在A位实惠。

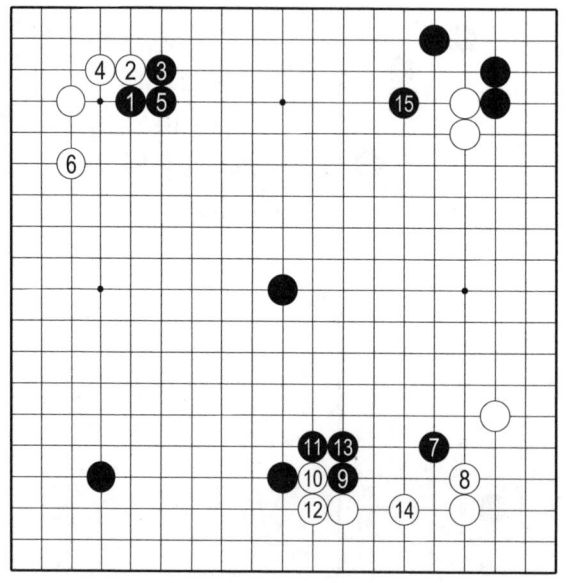

对于黑13,围棋AI还是认为在左上挂角最大。

对白的小目大飞角,人类棋手大概是不肯下黑7从上面点的,毕竟让白8把角部补结实了。但再看到围棋AI黑9从上面压也就容易理解了:让白形厚上加厚地三线围地。

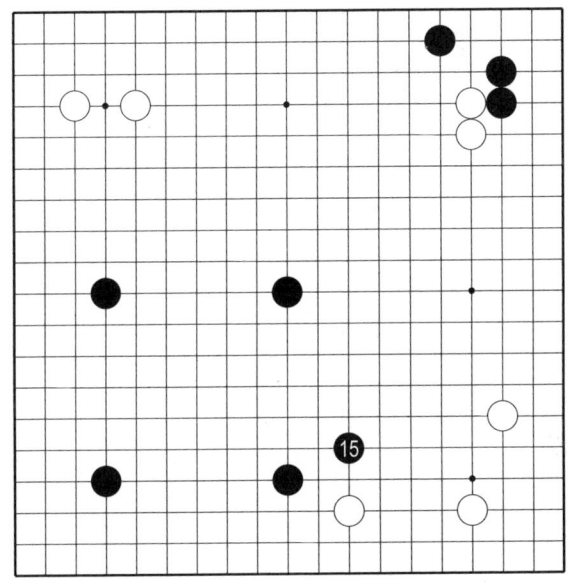

黑15围中腹,胜率下降8个百分点。这个模样太空虚,侵入点很多,防不胜防。

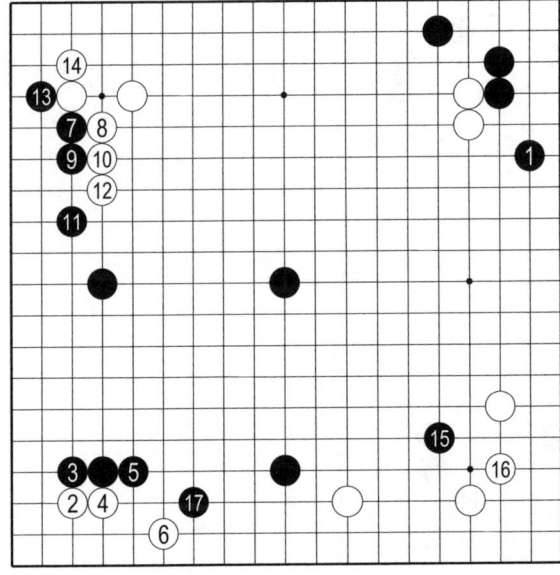

黑1二路飞似小实大,白两子一下子浮了起来,暂时也没有好的处理方案,大概只有搁置不顾。

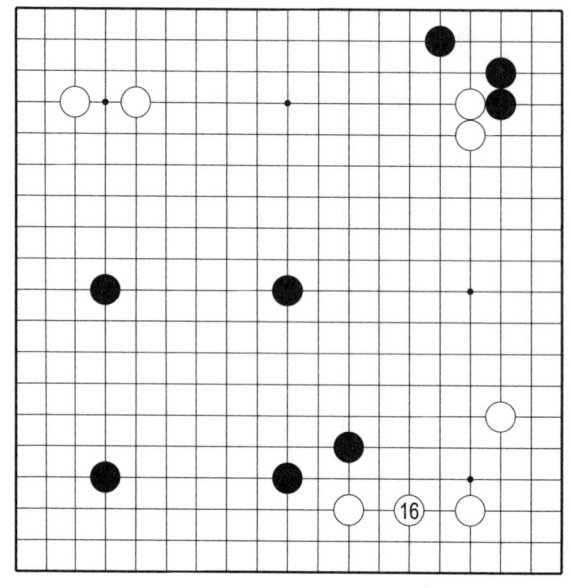

　　白16拆一是大缓手，坚实得过分就成了低效率棋形，明显被黑棋便宜，胜率下降12个百分点。

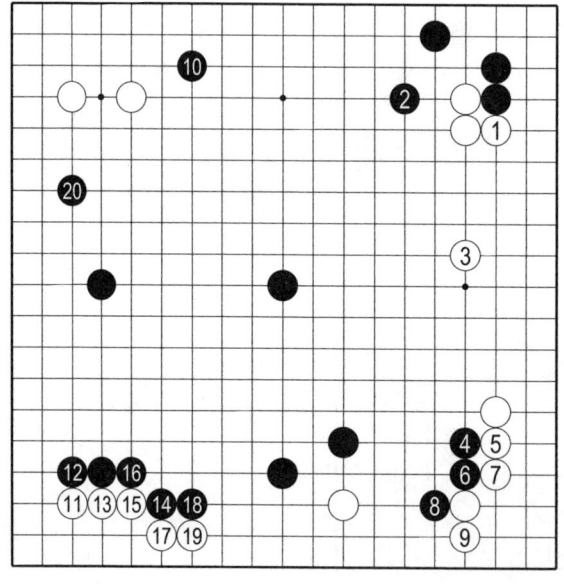

　　白棋应于右上角1位拐下，一方面加强自身之后容易就地安定；一方面压迫黑角，伺机搜刮。

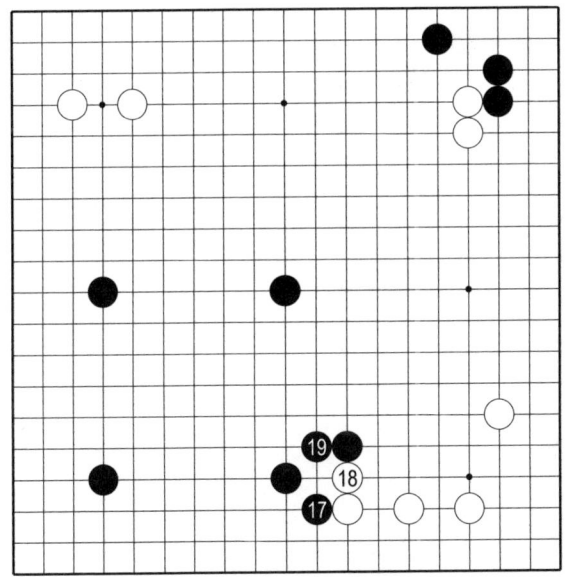

角上尚未定形，黑17强围四面漏风之空，胜率下降15个点。

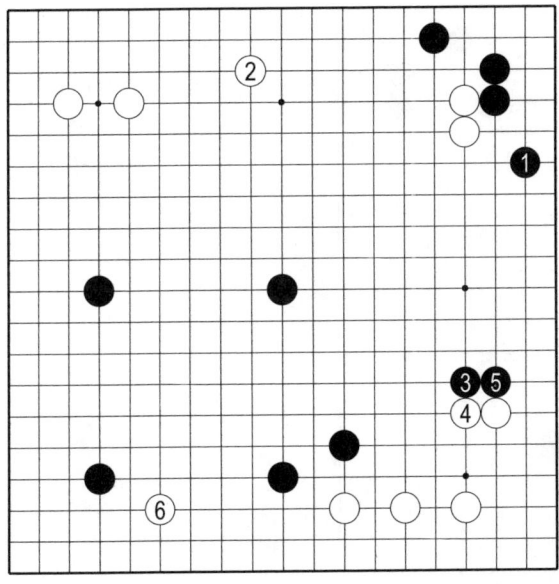

围棋AI认为此时的焦点在右上角。黑1本身的目数就很大，同时搜根使白二子成为攻击目标。白2、黑3都远远地盯着白二子行棋。

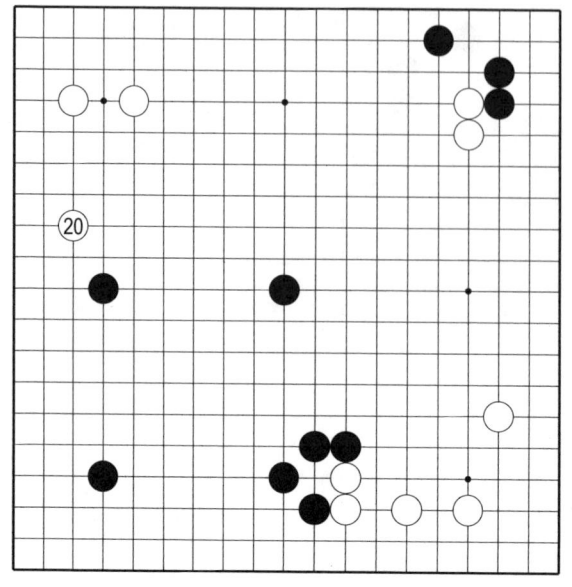

白20从外围逼，没有找到破坏黑阵的要点，胜率下降9个点。

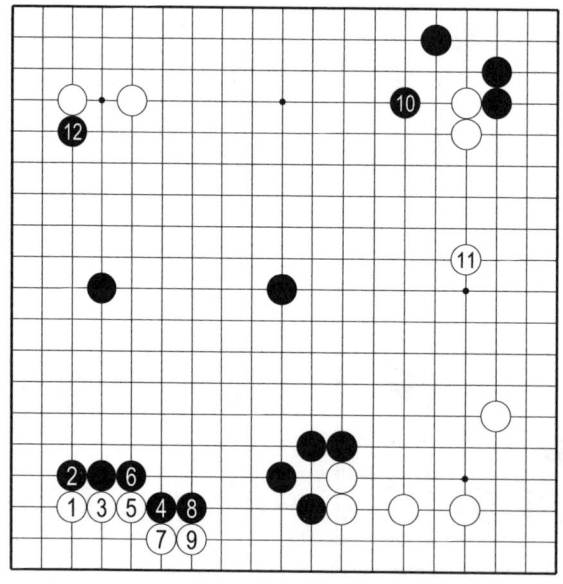

对于黑棋这种星位两翼张开的阵势，左右同形走中间，白1点三三只此一手。

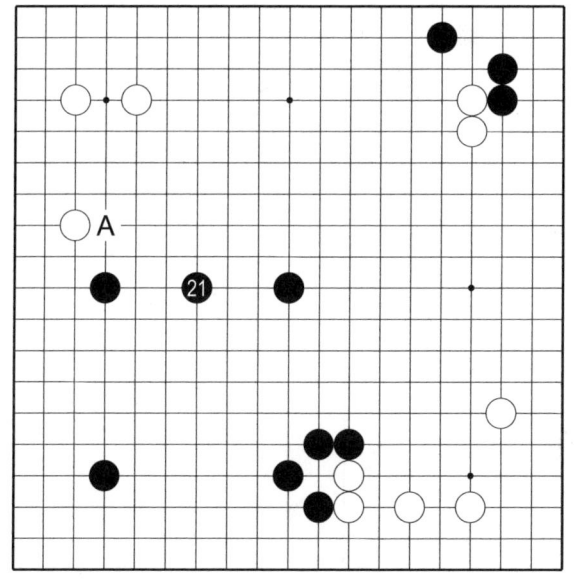

黑21单纯围空，胜率下降10个点。

吴清源自己也说这手棋有疑问，他觉得改在A位压要比实战的单纯防守好一些。

从目前的进程来看，秀哉名人一直采用传统下法步步为营，而吴清源行棋则如天马行空不落窠臼，观赏性十足。

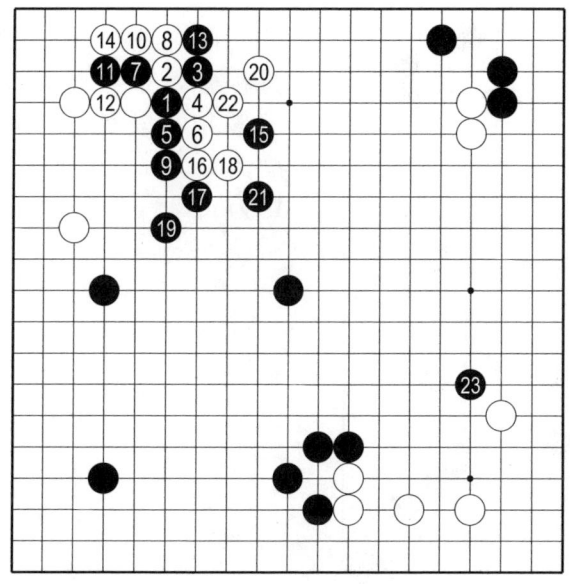

围棋AI的方案更顺势而为，通过在左上角碰，借劲行棋构建外势，经营中腹模样的过程比较自然。

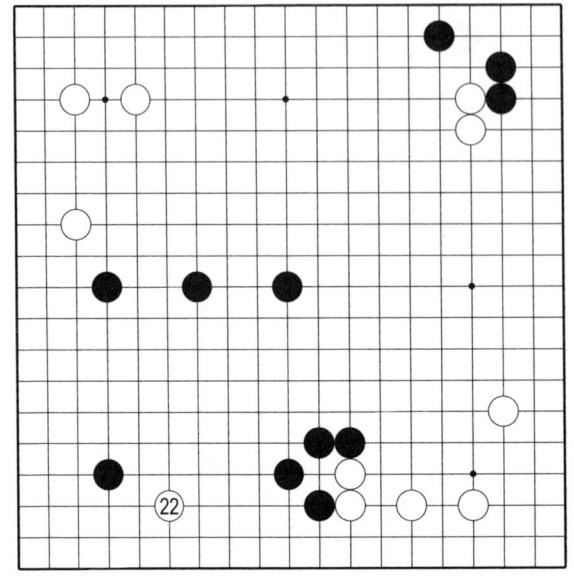

入界宜缓,黑阵没有一手成空的高效手段,白22打入黑阵并不急,胜率下降7个点。

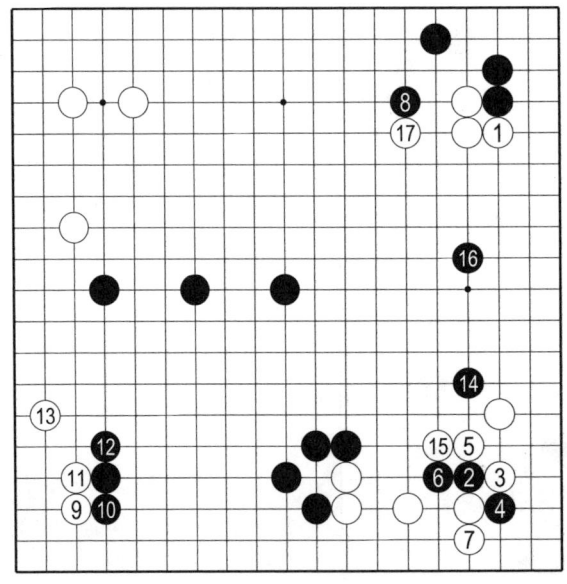

白1拐下事关自身根基,后续还有压迫黑角和发展右边的潜力,是目前最大的地方。

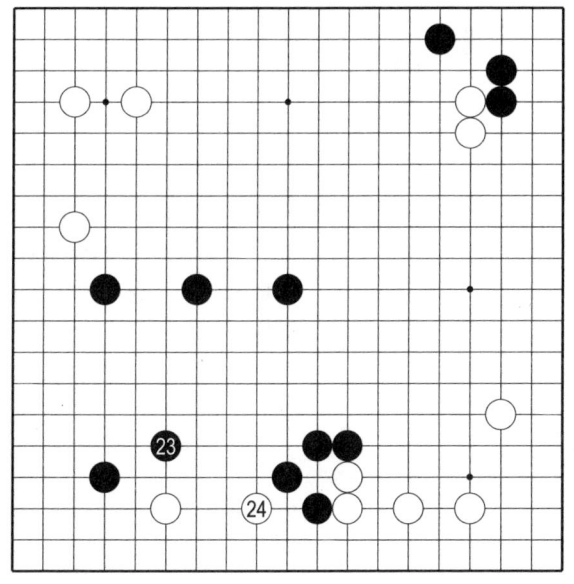

黑23的用意是不让白进入中腹，黑在中腹的早期投入太大。

但这手棋对白棋压力不够，白棋处理起来比较轻松。黑方胜率下降14个点。

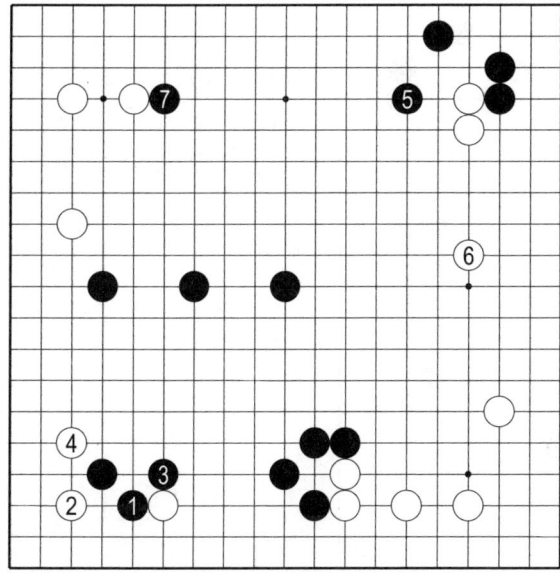

围棋AI的方案是尖顶攻击白棋，在黑的势力范围内作战，白进角转换是一种简明的处理。

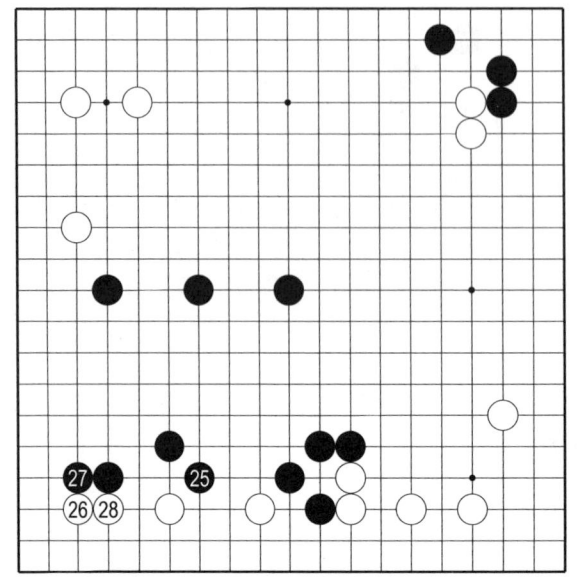

黑25是守住中腹的无奈之举，胜率下降16个点。

白28活净，下边的争斗告一段落。至此双方胜率已接近，黑方的先发优势已丧失。

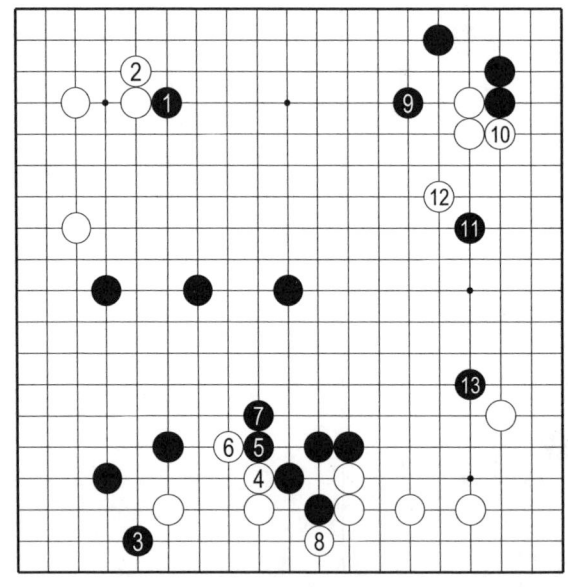

从围棋AI推荐方案来看，它对角部和攻防要点看得较重，对中腹围空的评价不高。

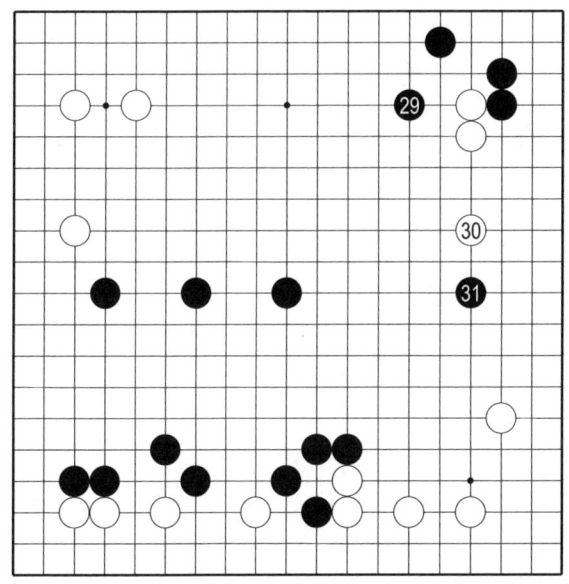

黑31攻击白棋容易落空，胜率下降12个点。

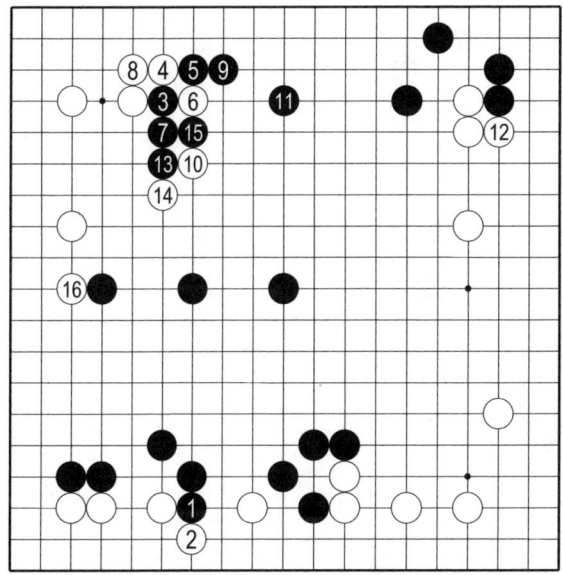

围棋AI推荐黑1先手便宜后黑3靠，由于右上边白有弱棋，黑可以瞄着这块弱棋在中上部经营模样。

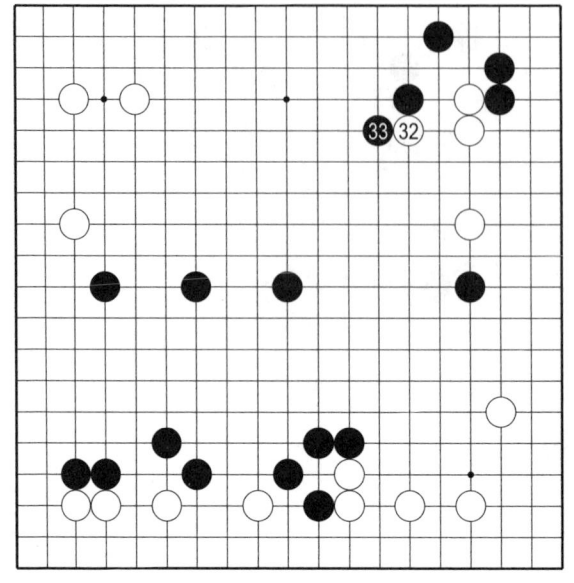

白32靠是借劲整形的思路，不如直接在边上安定。

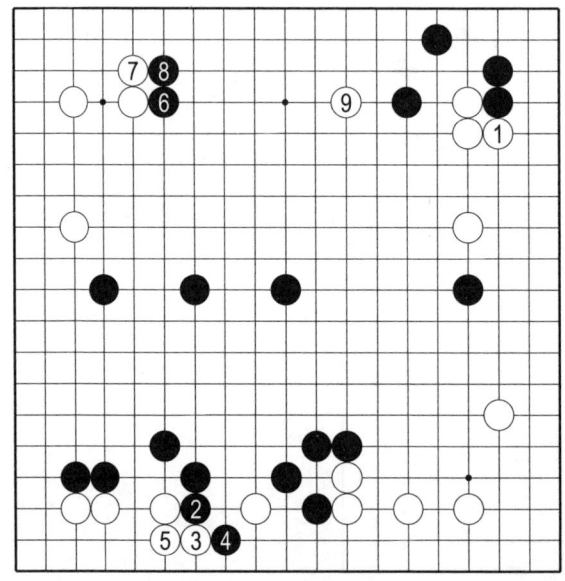

右边空间开阔，白1简单地拐下即可迅速安定。

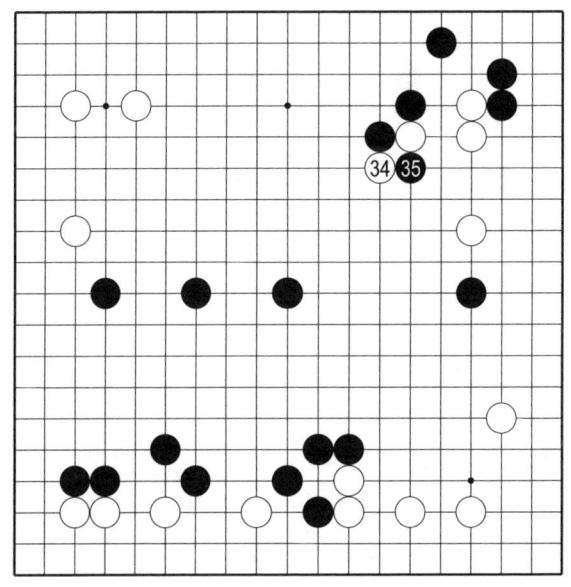

白34反扳,以前认为是整形的手筋,但围棋AI不认可这种局部太损的手段,胜率下降了17个点。

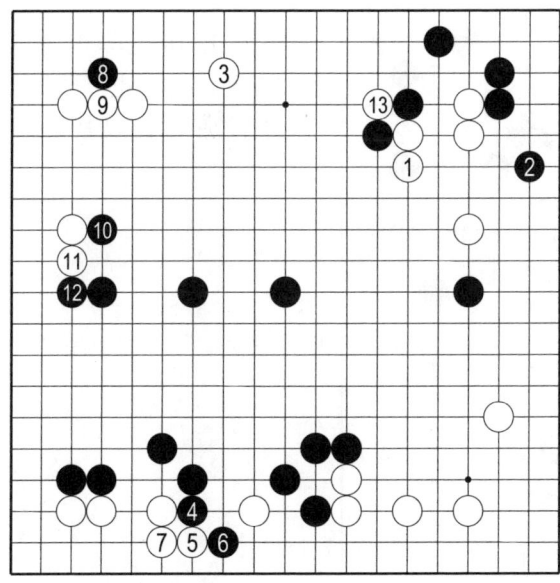

白1长成硬头,棋形并不差,黑2再飞虽然是搜根好点,但左边13位有断点,一时也无法强攻,白3脱先已无大碍。

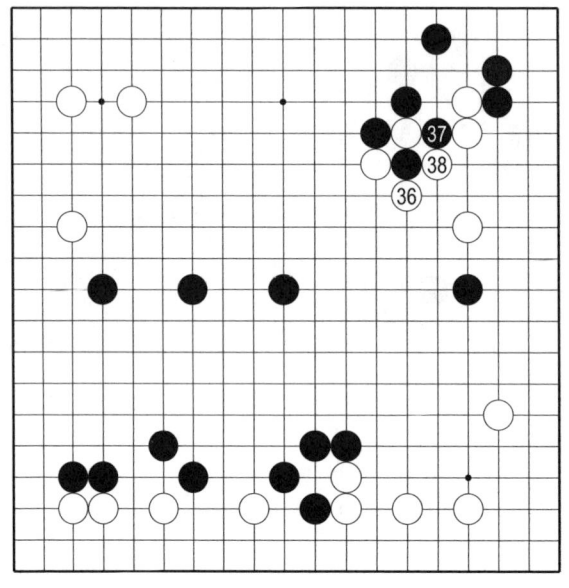

白 36 反打弃子，太损，胜率下降 9 个点。

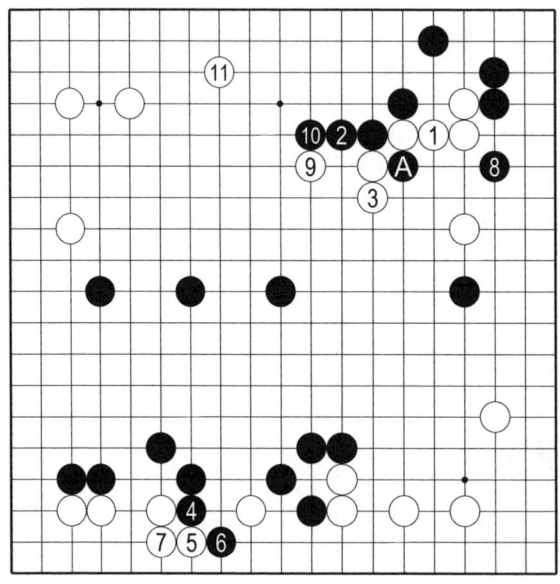

白棋应该于 1 位粘上，黑形也有缺陷，不便强行出动黑 A 一子。

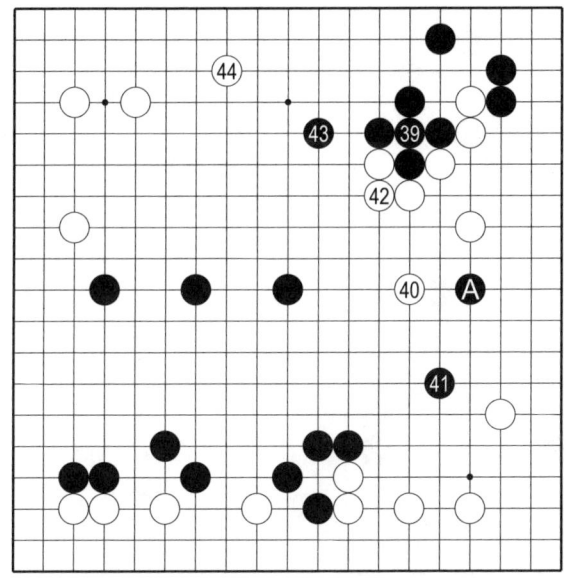

从黑 A 的出动方式这一角度来看，黑 41 是轻灵的一手，局后秀哉还夸奖了这一手。

然而围棋 AI 从根本上质疑出动黑 A 的价值，黑 41 导致胜率下降 12 个点。

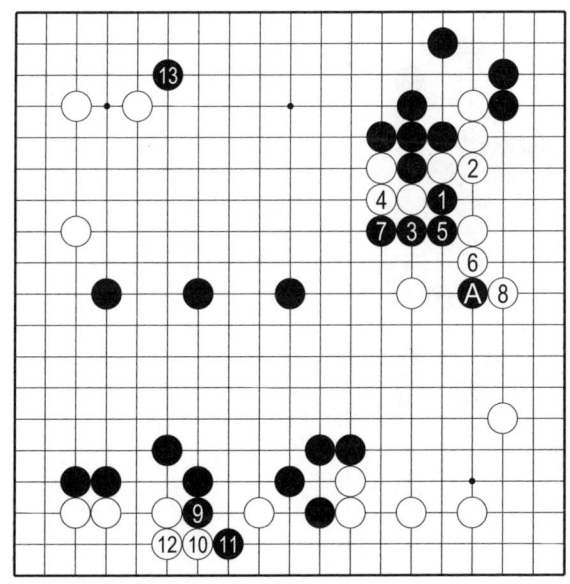

围棋 AI 看轻黑 A 一子，黑 1 转身打吃追究白棋，至黑 13 上边形成模样，与实战图比较，双方出入一目了然。

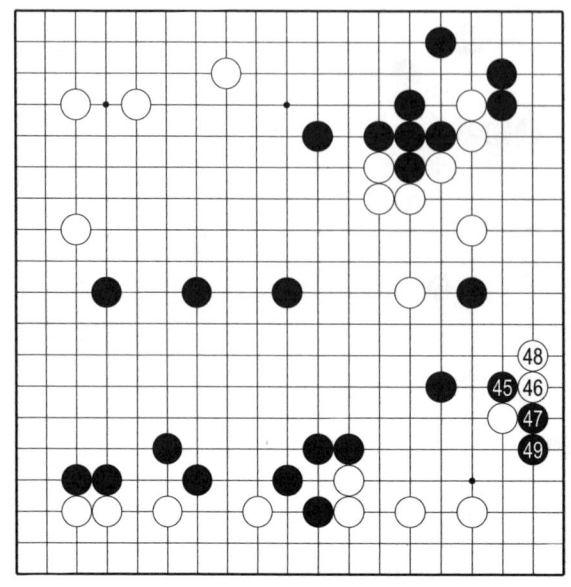

黑45、47扭断是局部整形的手筋，但时机不对，胜率下降11个点。

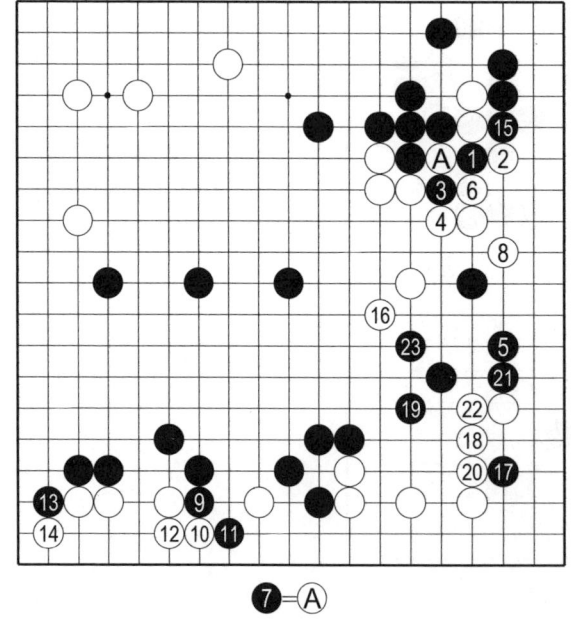

黑1、3不仅先手便宜，之后黑15还可以切断。

黑5飞补强自身比较简明，实战的扭断变化余地大。

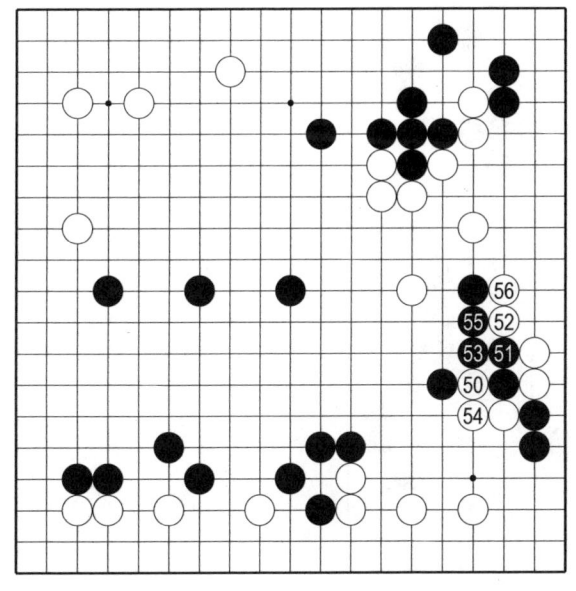

白50打吃的方向不对，陷入无谓的复杂纷争，胜率下降17个点。

白56爬回其实并不安全。

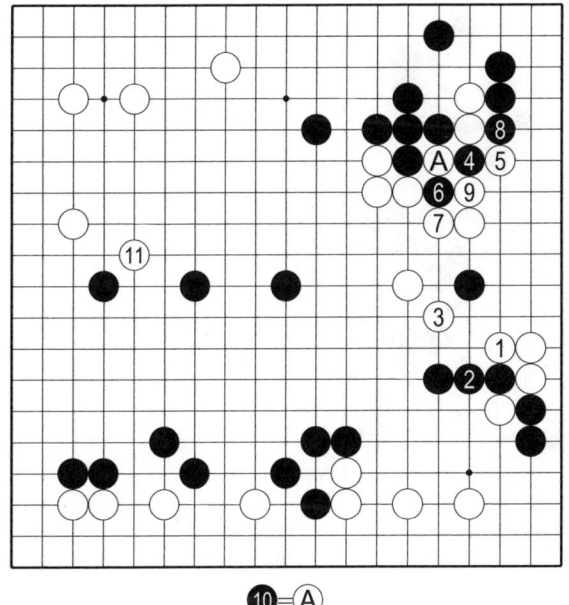

不如白1、3守住左边，简明而实惠。

⑩=Ⓐ

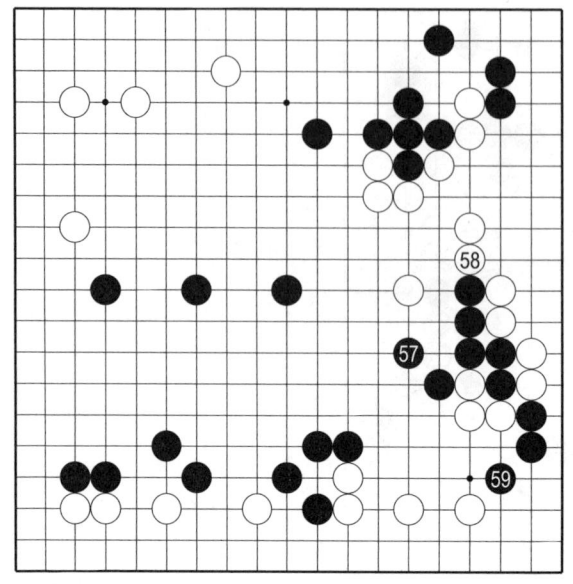

黑57自补,保守,没有抓住惩罚白棋薄形的机会。

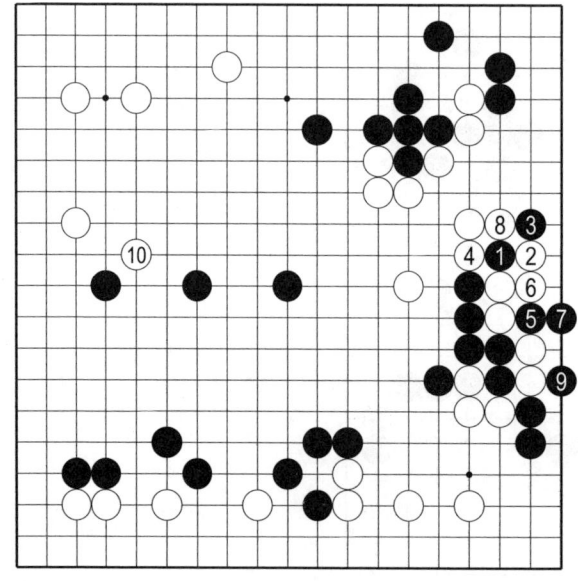

黑1直接扳下成立,白难以反抗,黑9成功地吃掉白二子棋筋。

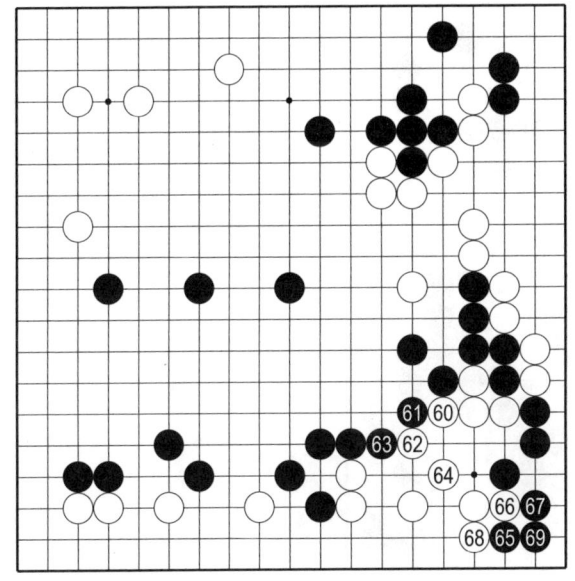

白60让胜率下降了5个点,通过与下图的围棋AI推荐方案比较,实战恋子显得小气。

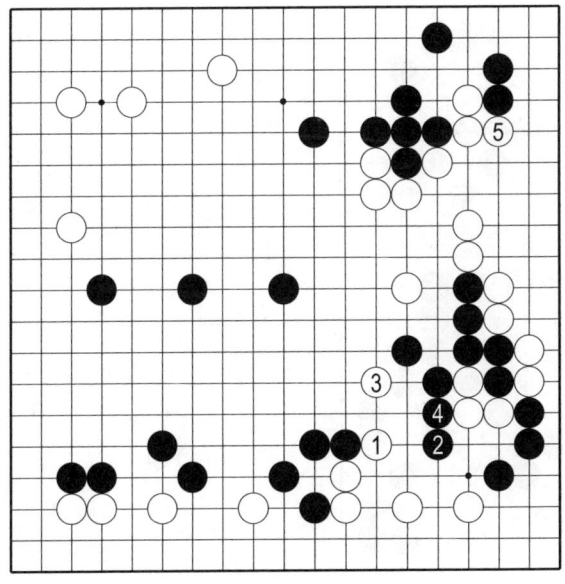

白1、3弃子争先,留下进入中腹的通道,黑角本来就可以做活,白可以弃掉三子。

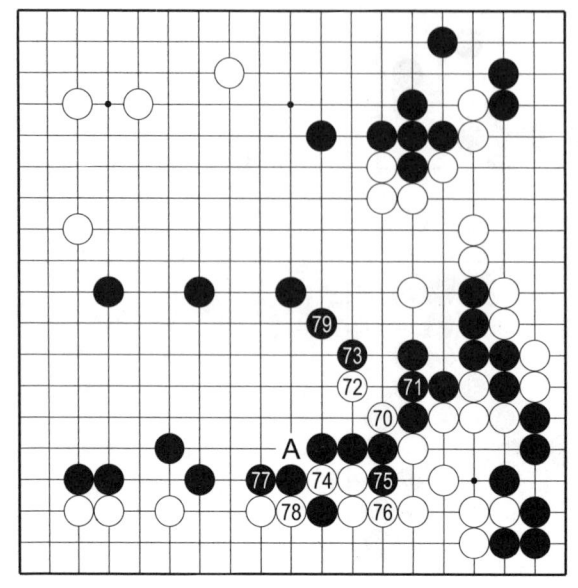

　　黑 79 围空心切，留下 A 位缺陷，胜率下降 14 个点。

　　我们会在后面看到围棋 AI 反复提醒白在 A 位断。

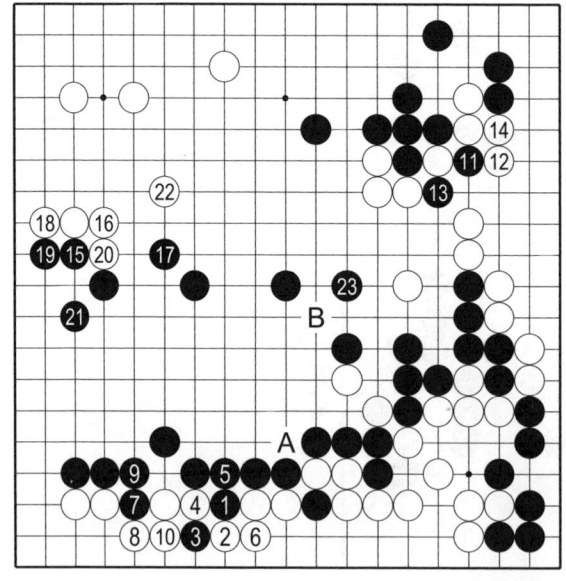

　　利用下边的死子，黑 1 虎先手补强，A 位断点消失了。我们还会在后面看到围棋 AI 反复强调黑 1 虎的价值。

　　在围棋 AI 的方案中，黑 11、黑 15 都有机会补 B 位的缺口，但一直到黑 23 黑才用跳的方式补了一手。

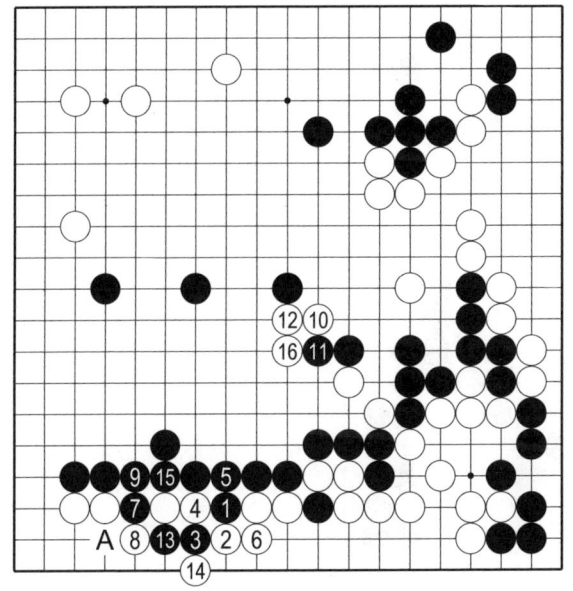

这张图来自吴清源先生的自战解说，至黑9与围棋AI吻合，分歧在于白10："黑1至黑9能先手便宜的话，味道会更好，但白恐怕不会在13位粘，而是在10位侵入。黑13、15虽然不小，但将来，白棋还留有A位活棋的手段。"

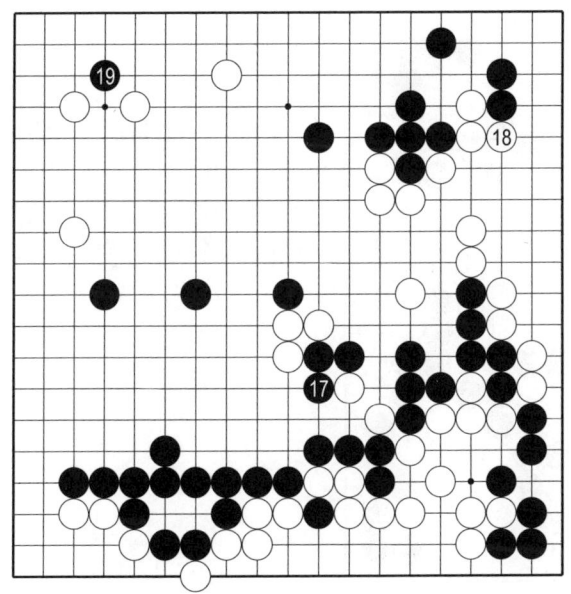

我们用围棋AI来分析上图的后续：黑17拐吃后，黑领先13目，之后白18、黑19都没有继续在中腹行棋。这说明吴清源先生对中腹的价值有误判。

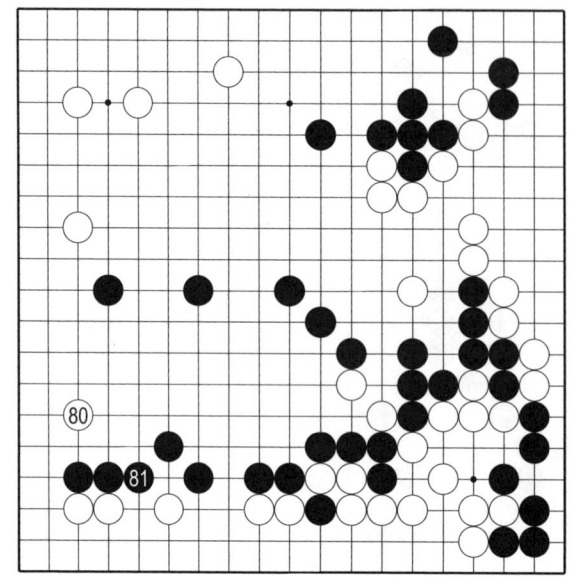

在围棋 AI 眼里，白有下图侵入黑空的手段，白80没有抓住机会，胜率下降 8 个点。

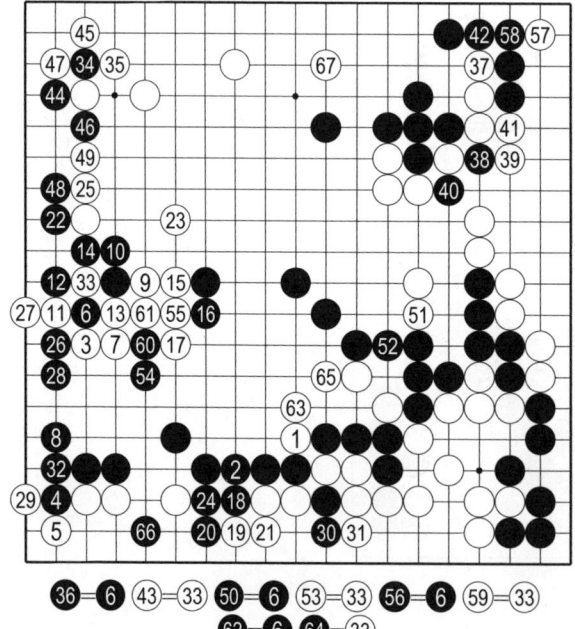

白 1 切断之后，黑中腹四子气紧，虽然白不能直接出动，但这里有很多利用。

这是围棋 AI 推演的一个复杂变化，结果黑中腹被破坏了。

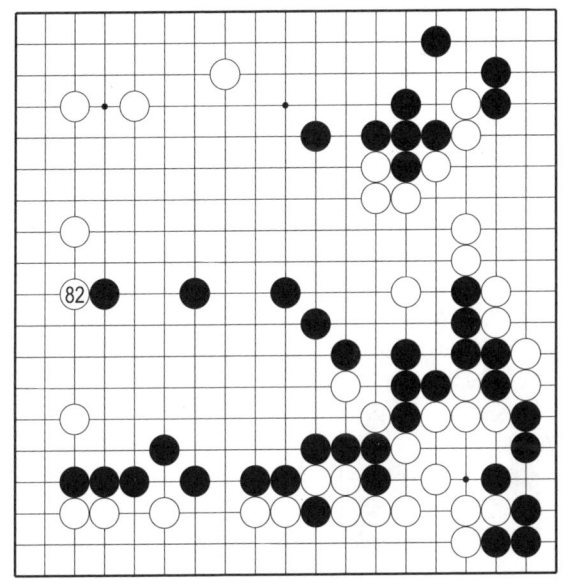

白 82 仍然没有抓住中腹的机会，胜率下降 4 个点。

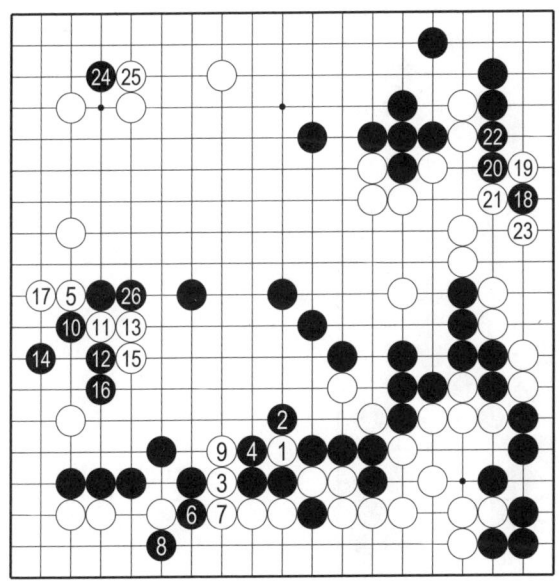

白 1 切断时，黑若在 3 位粘，将来白有 2 位长出的余味，可参阅前面的围棋 AI 推荐图。

黑 2 打吃是另一种补法，中腹要厚一些，但白 3 成为先手利，黑 6 若不冲下，白在此处拉回是先手。

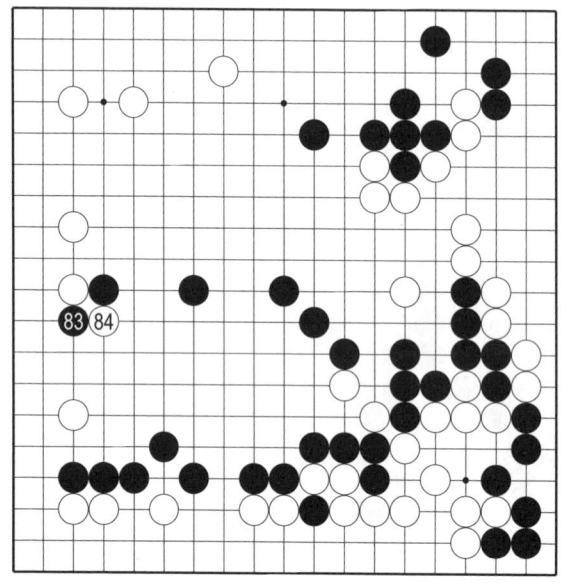

黑 83 再次失机，胜率下降 7 个点。

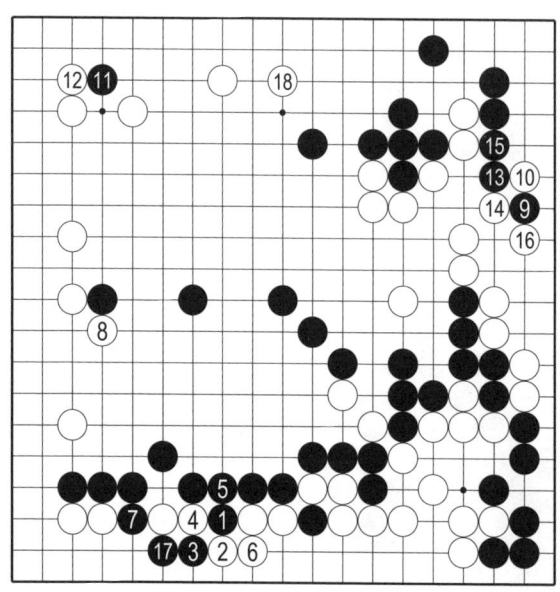

黑 1 虎不可放过，此手不仅补厚中腹，还威胁左下角白棋的生死。

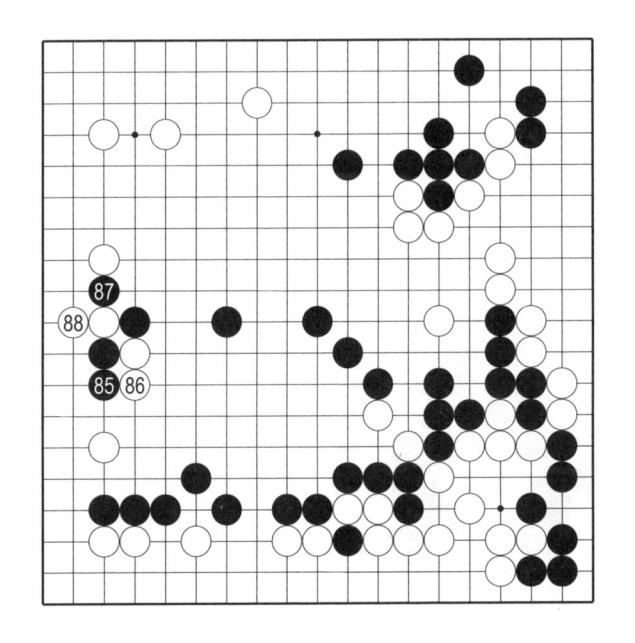

黑 85 仍然失机，胜率下降 5 个点。

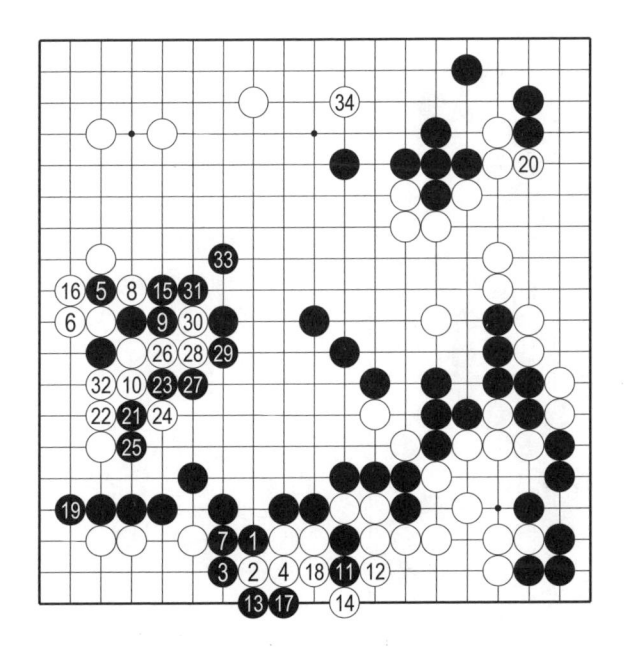

此时黑 1 虎下还有机会吃左下角的白棋。

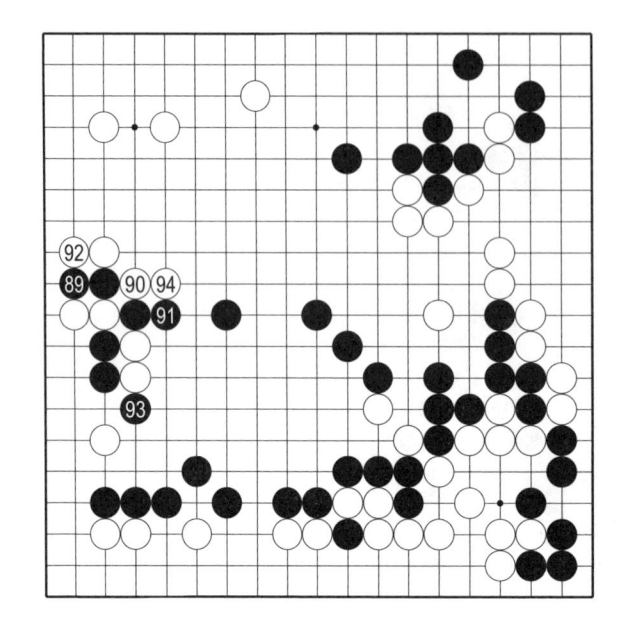

黑89继续执着于左边的缠斗，胜率下降8个点。由于人类思维具有连贯性，一旦一个局部战斗打响，很难突然抽身出来思考其他地方。

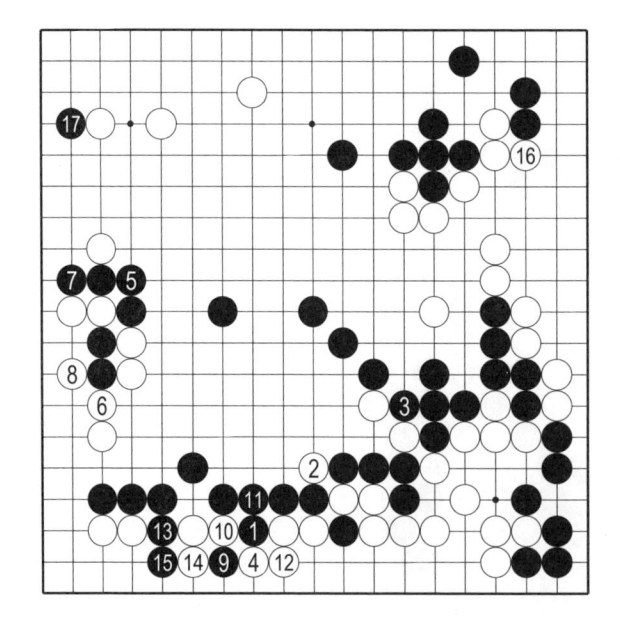

围棋AI的视野是全局性的，黑1虎下在我们看来是突然在左边局部脱先，对围棋AI来说只是理所当然地下在了全局胜率最高的一点上。

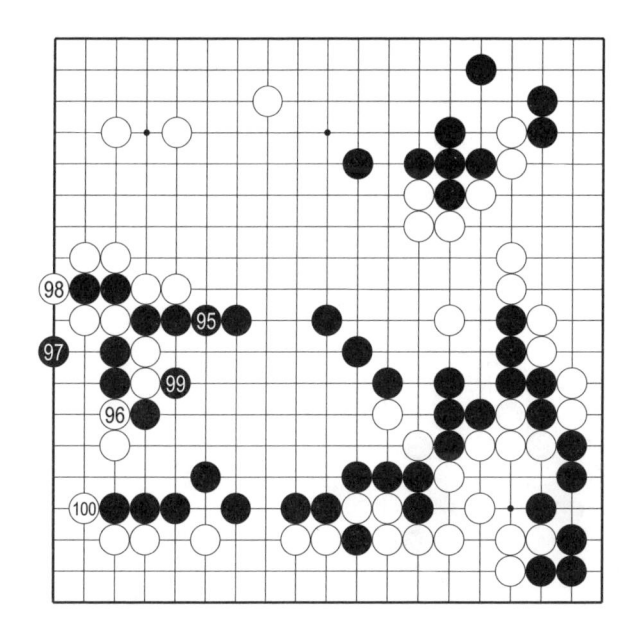

黑95硬粘,效率低,胜率下降23个点。

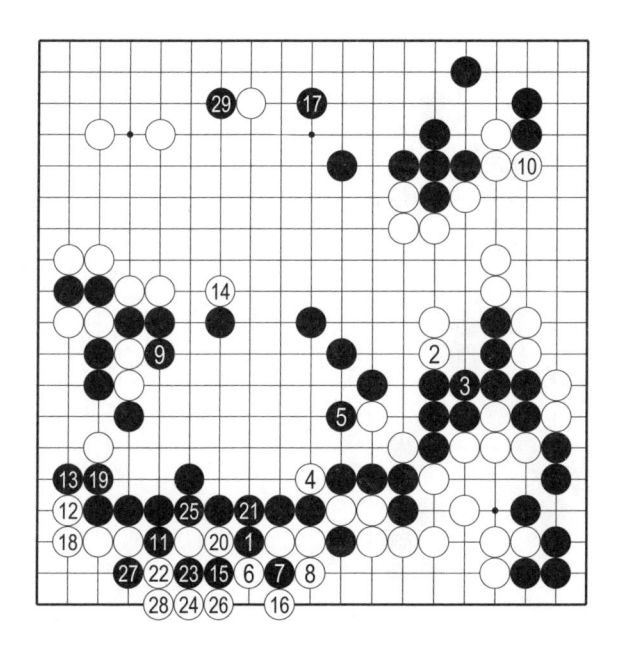

围棋AI认为此时还是应下黑1虎,先手便宜至白8,再回头补中腹不晚,且黑9应拐吃,比实战的硬粘味道好。

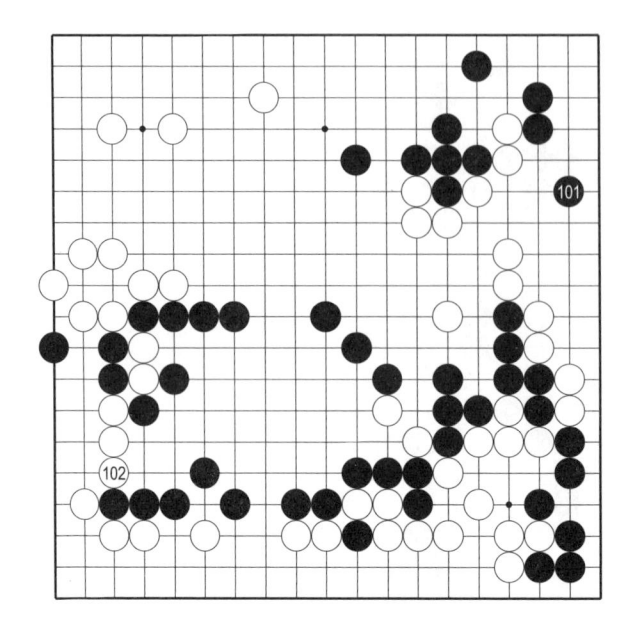

白102顶在三路，不好，胜率下降11个点。

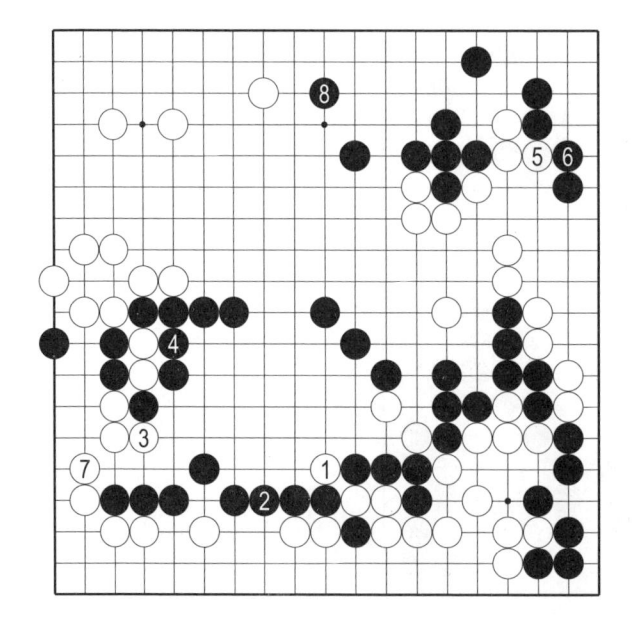

白1先手断留下余味，之后白7二路接回比实战少一个断点。

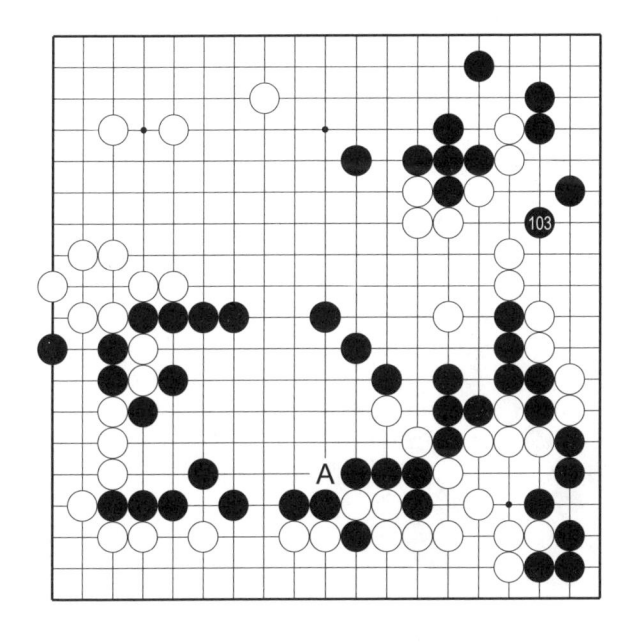

实战双方都对A位的恶味认识不足，黑103转战右边，胜率下降5个点。

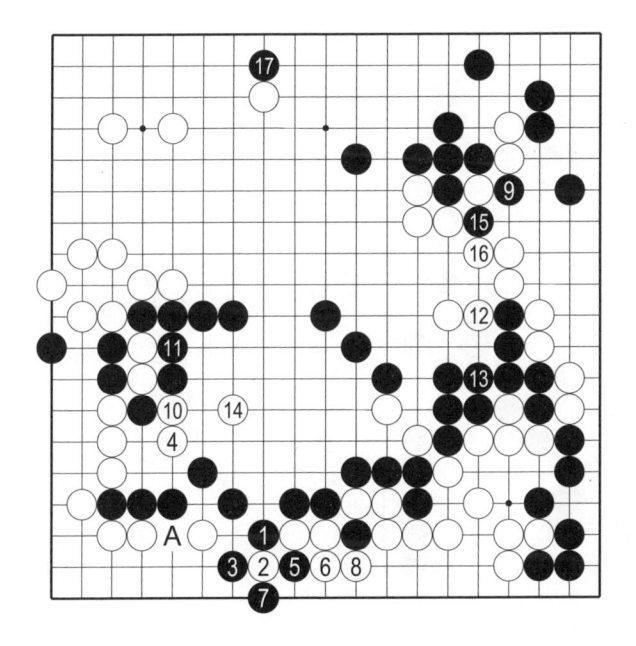

围棋AI再次推荐黑1虎下。

白4若在5位粘，则黑A位冲，由于白左边尚未活净，黑有机会围住中腹。

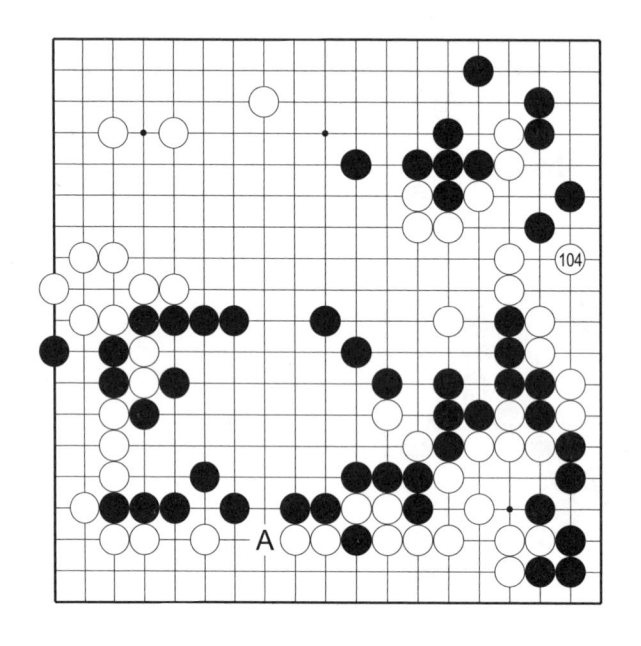

白 104 继续为黑棋留下 A 位虎的机会，胜率下降 7 个点。

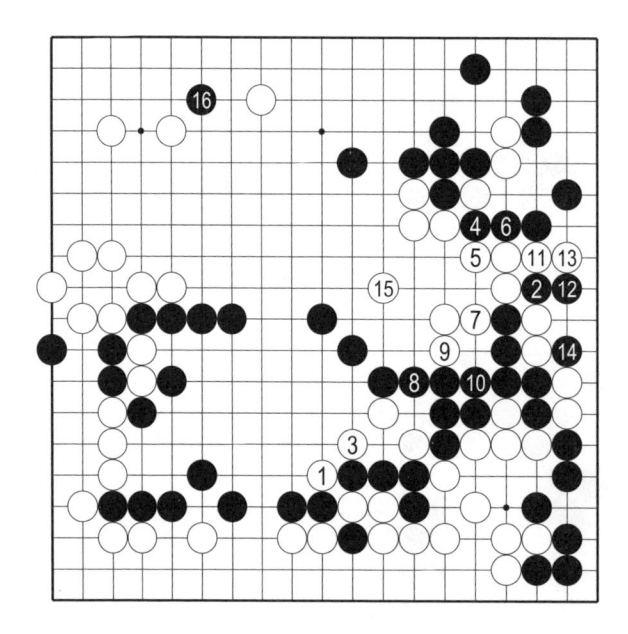

围棋 AI 推荐白 1 断试应手，黑若跟着应即被先手利用，白再返回 13 位补棋。

黑 2 切断气合，白 3 后则形成转换。不过这样的转换对人类棋手来说，得失判断确实太难了。

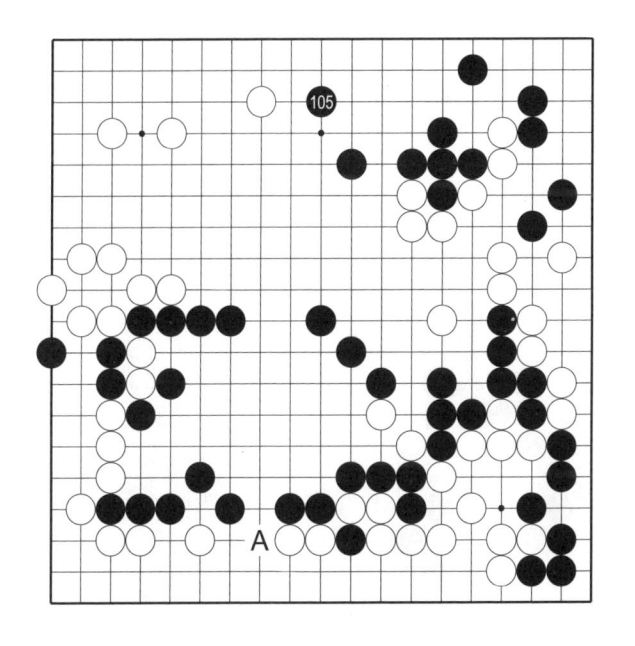

黑 105 没在 A 位虎，被围棋 AI 嫌弃，胜率下降 16 个点。

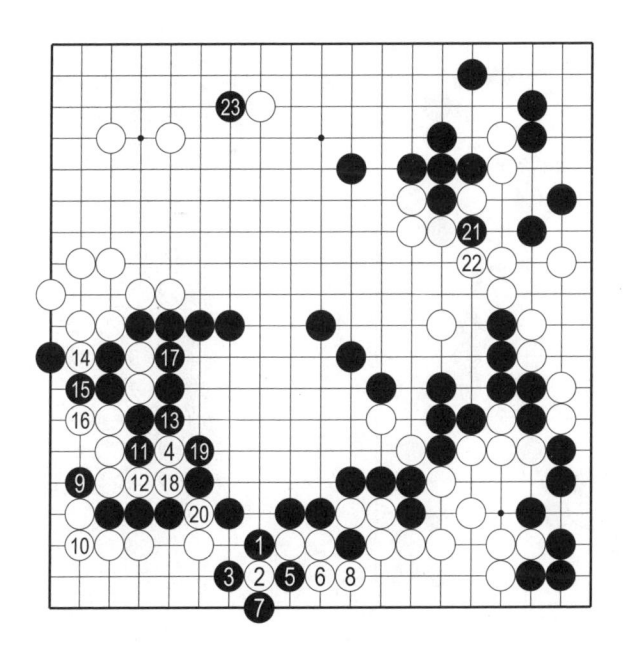

这可以说是一个黑棋完美围住中空的方案，实战终局时黑中空并不大。

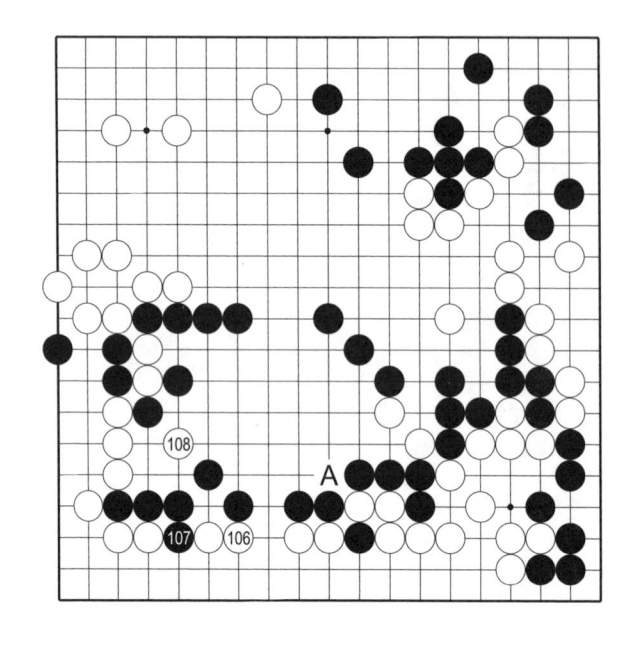

白106没在A位断，胜率下降25个点，已经可以称之为恶手了。

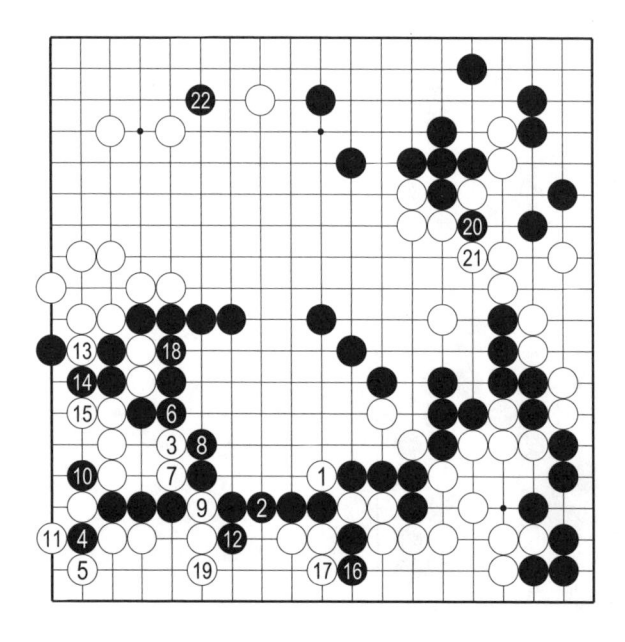

看看围棋AI的推荐方案，下边的战斗至白19告一段落后，白1仍有余味。

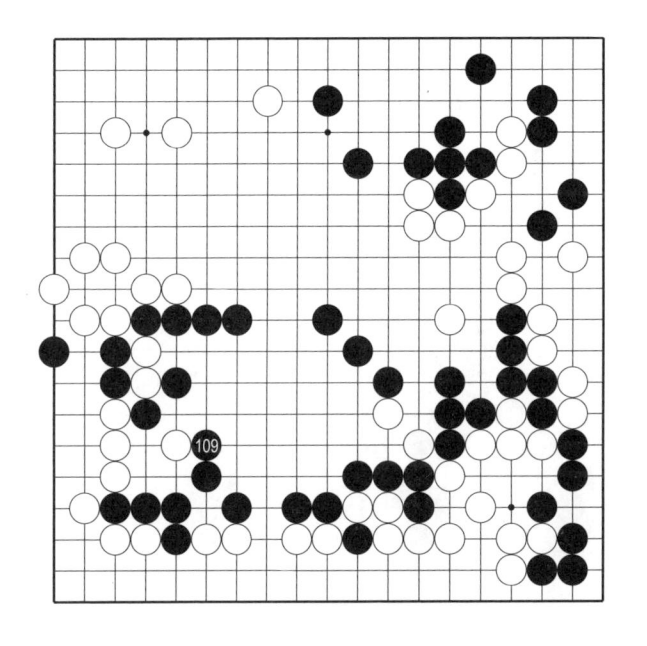

黑 109 失着，可能是太执着于中腹围空，导致视野狭窄，胜率下降 35 个点。

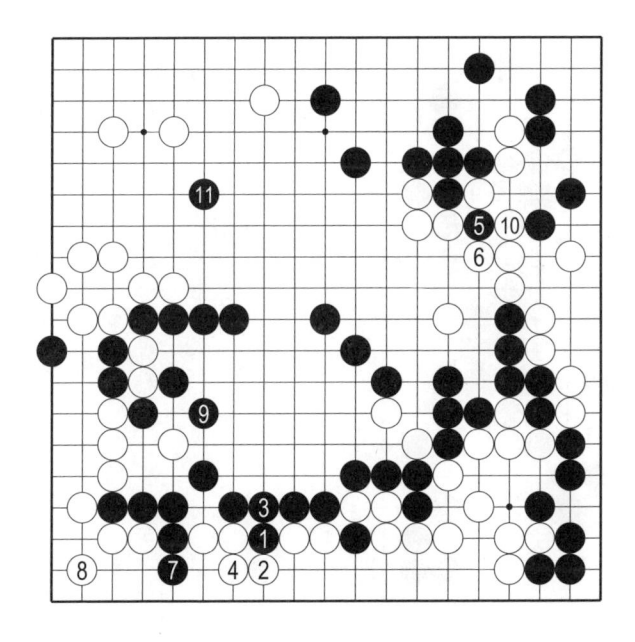

黑 1、3 挖粘强化下边之后，黑 9 跳可以护住中腹。

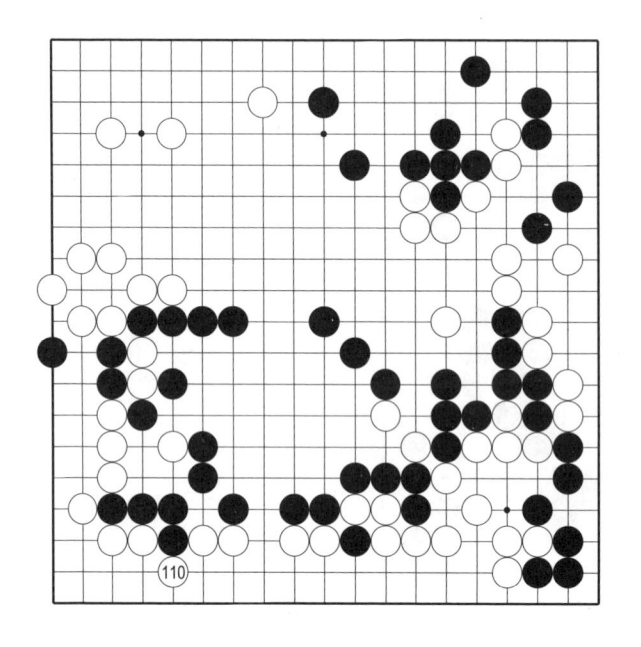

白110防守，还没有意识到左上角黑打入的严重性，胜率下降12个点。

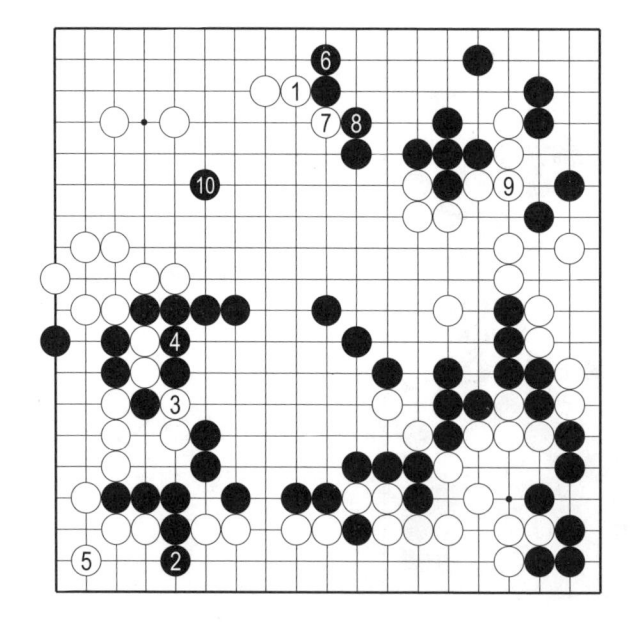

白1先顶一手，左上角黑就没有好的打入点了。

吴清源在自战解说中也提到白1令他担忧，一直到几手之后，黑117抢到打入点，"我才多少有些安心"。

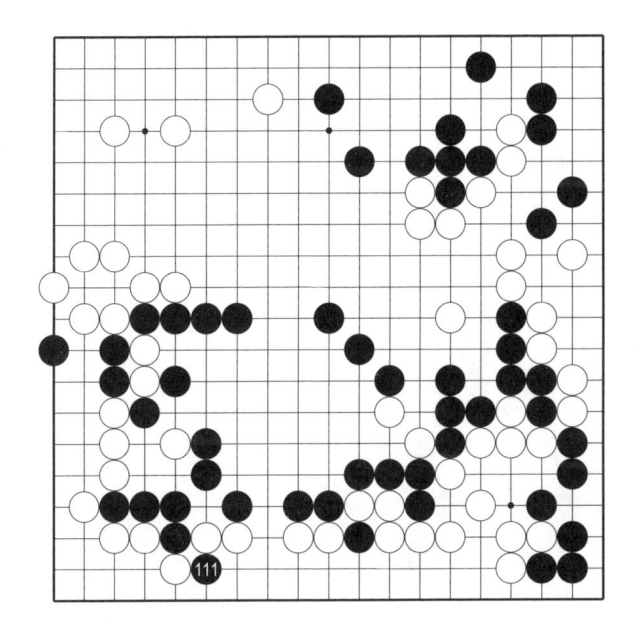

黑 111 断，想最大限度地利用白方边上的薄味，这是一种冒险的下法，因为黑棋自身中腹薄味更甚，胜率下降 20 个点。

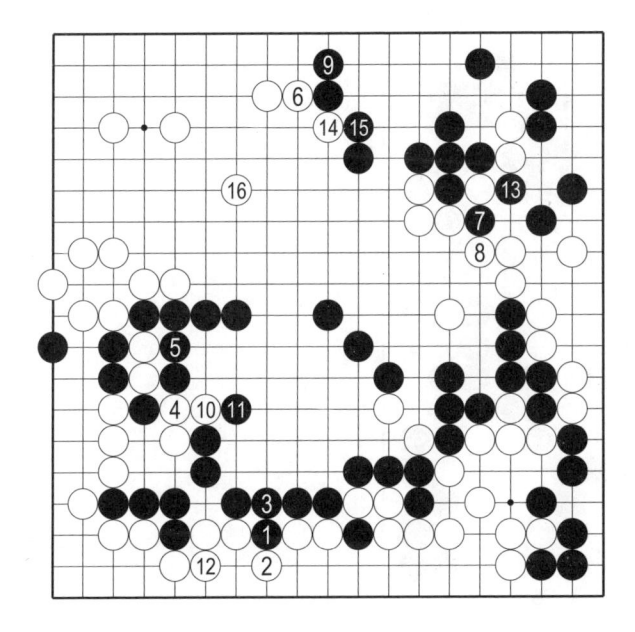

黑 1、3 挖粘补厚中腹才是本手。

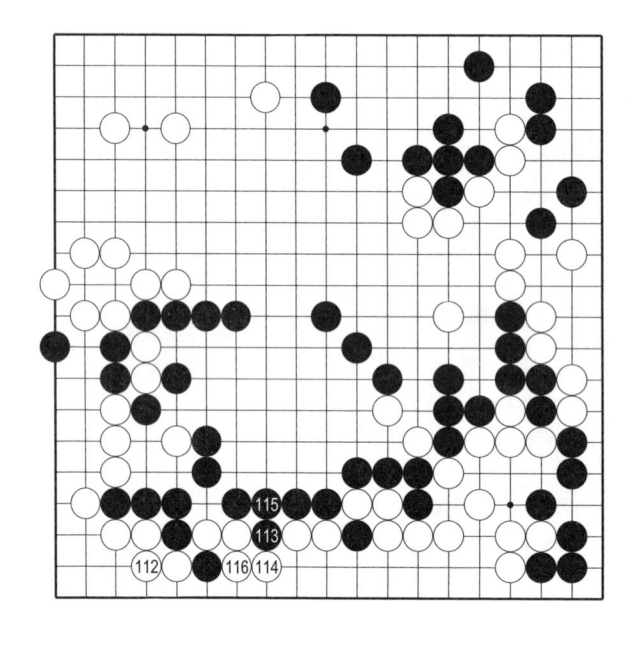

白 112 失机，被黑抢先挖粘补厚了，白方胜率降 21 个点。

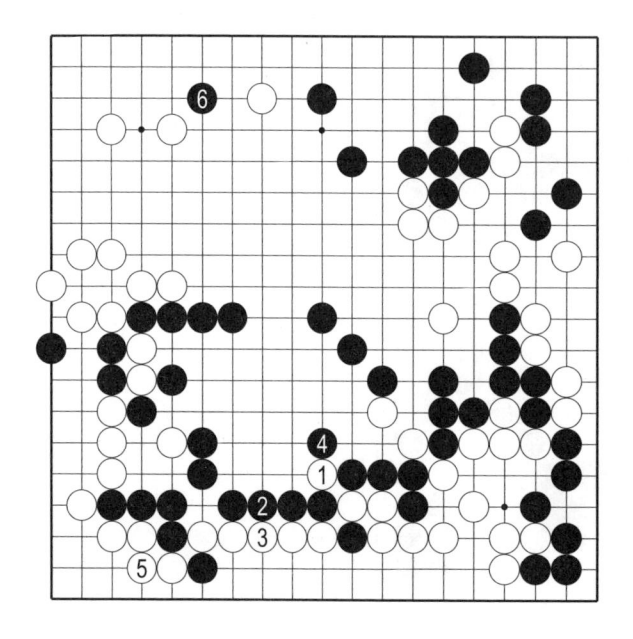

如果白 1 先断，黑 2、白 3 定形，单单目数上白已比实战便宜 2 目。

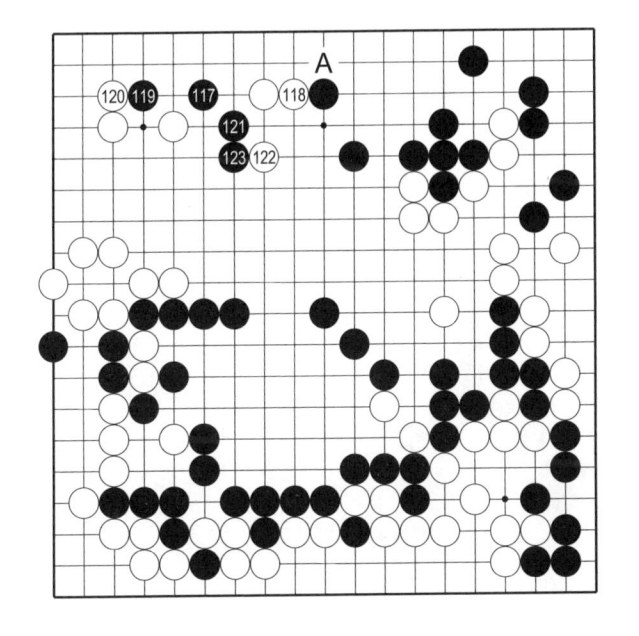

白 118 现在顶已经晚了，胜率下降 9 个点。

吴清源也提到，黑 117 打入之前白在此处顶，"黑大约会于 A 位立下"。

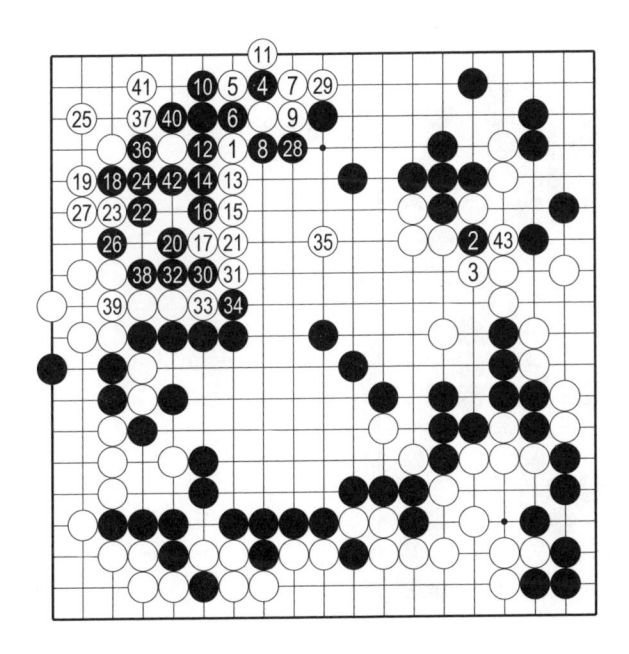

实战白 118 横顶给了黑往中腹出头的机会，围棋 AI 认为应该改为白 1 小尖封锁。

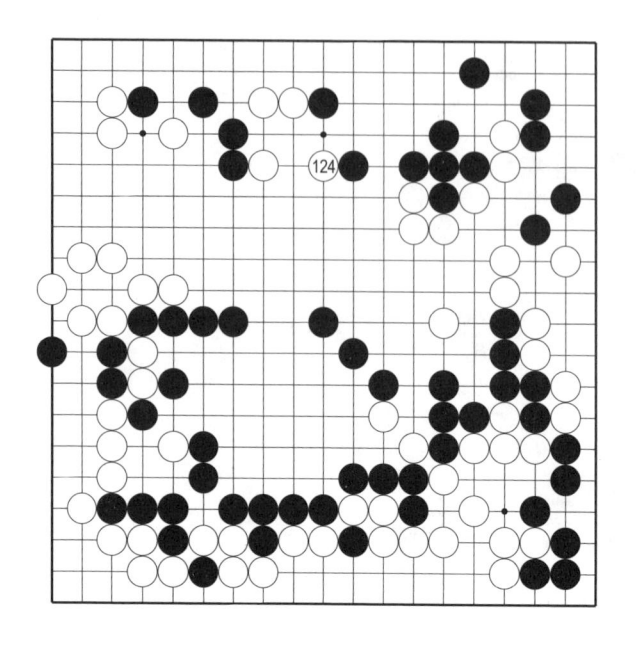

白124拘泥于形，没有下到要点，对黑的压力不够，胜率下降7个点。

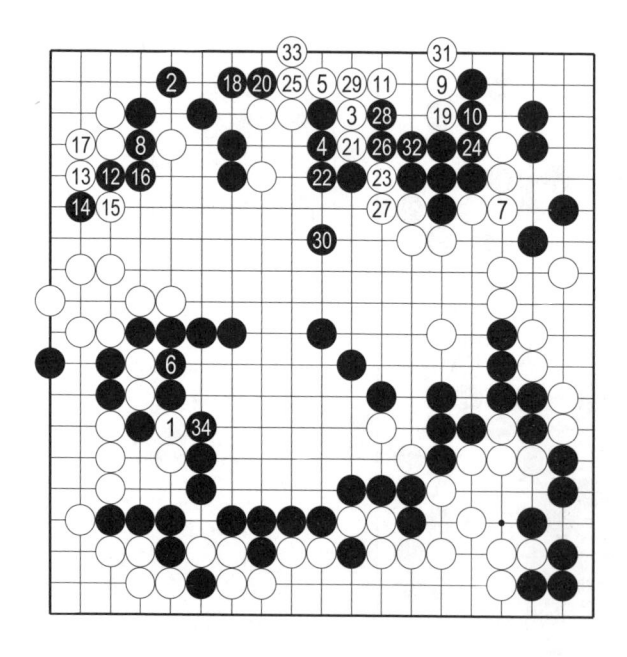

白3夹才是犀利的攻击点，黑上边被突破了。

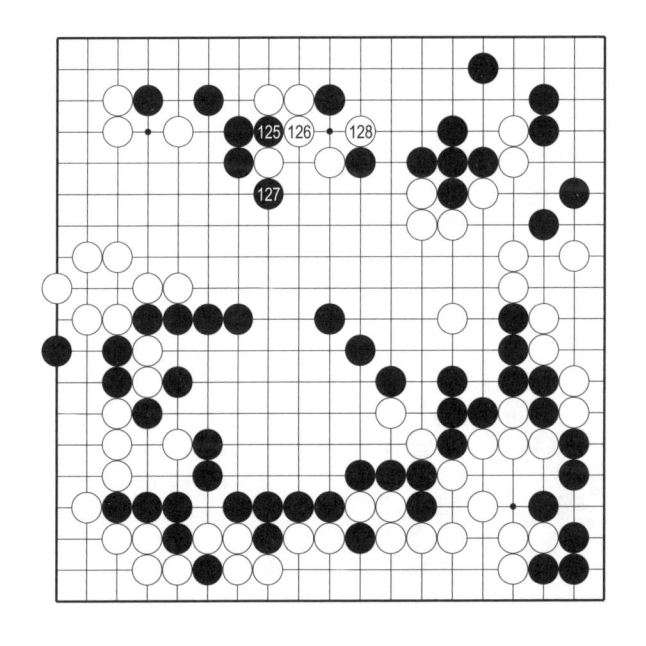

黑 125 没有下到要点，胜率下降 7 个点。

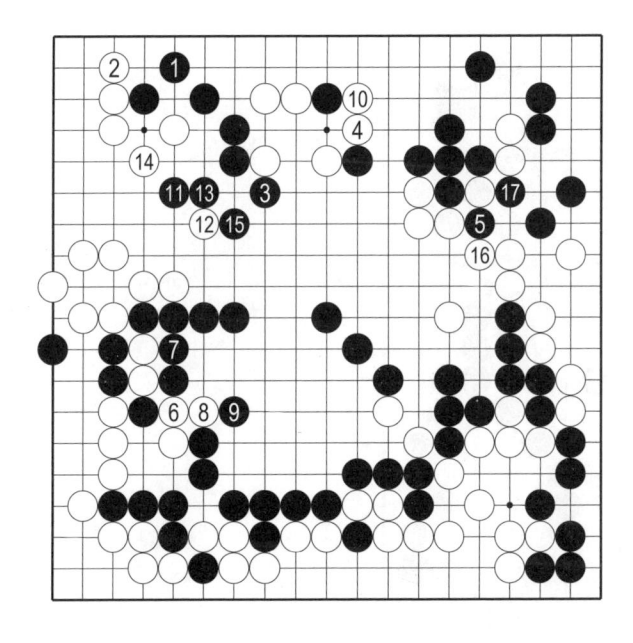

黑 1 先手补强之后，黑 3 空扳是要点，实战的冲没有必要，反而帮对方下厚了。

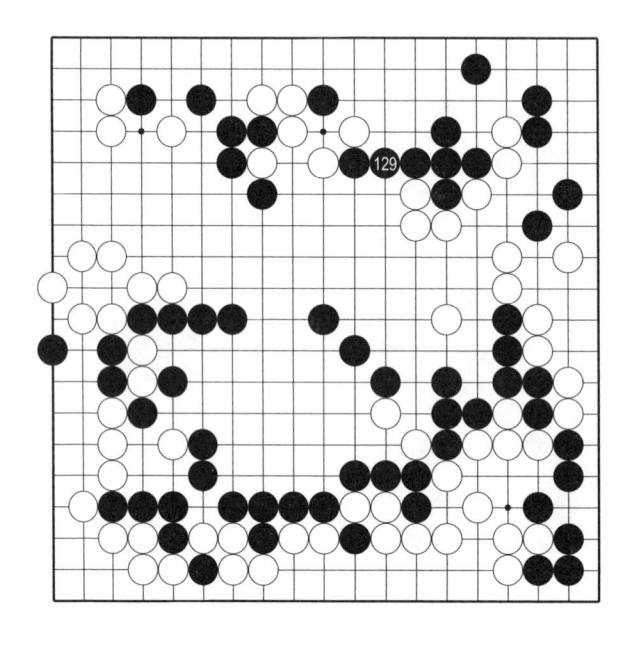

黑 129 恋战，接回这一子白方必然立即在上边补棋，不如保留。黑胜率下降 17 个点。

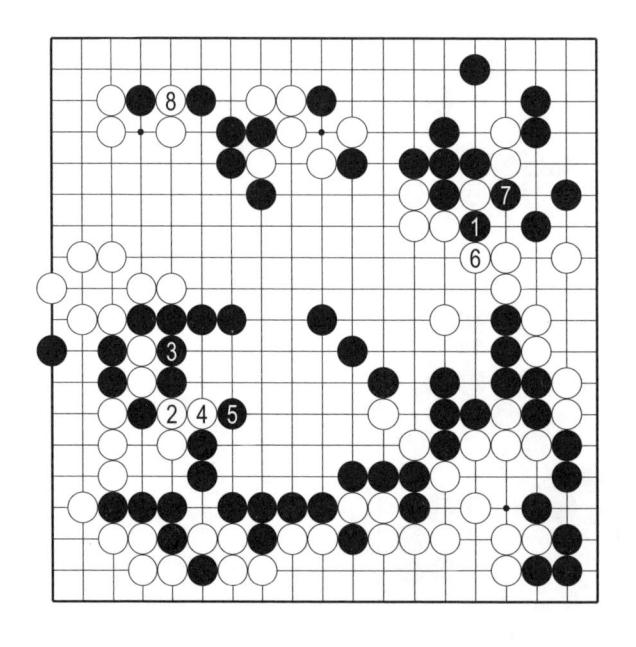

黑 1 在右边吃掉白三子，实惠而厚实，还不损上边的空。

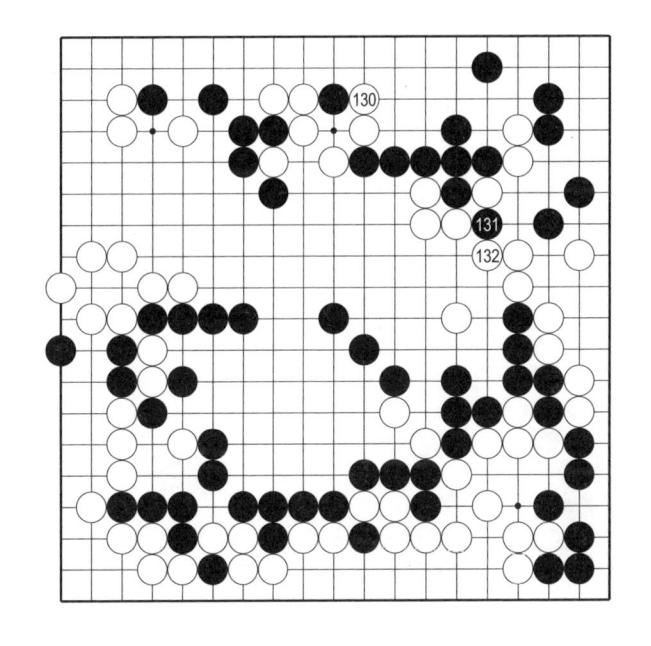

白 130 没补到要点，子效不高，胜率下降 5 个点。

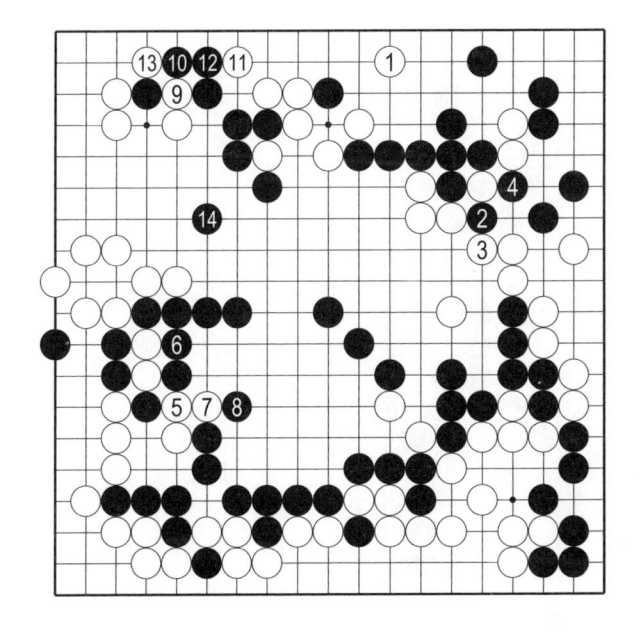

白 1 飞补，上方的空间更大。虽然棋形看起来略薄，但黑并没有什么严厉的冲击手段。

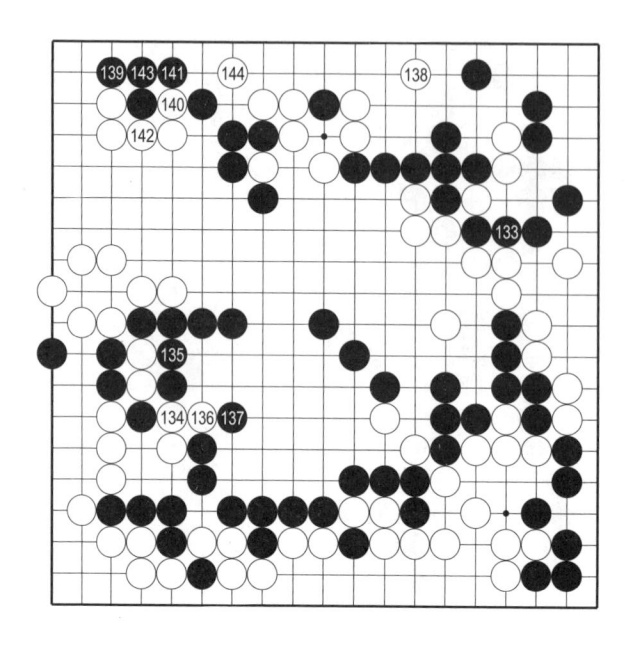

黑133粘，想要官子不损，但不如提子干净，胜率下降5个点。

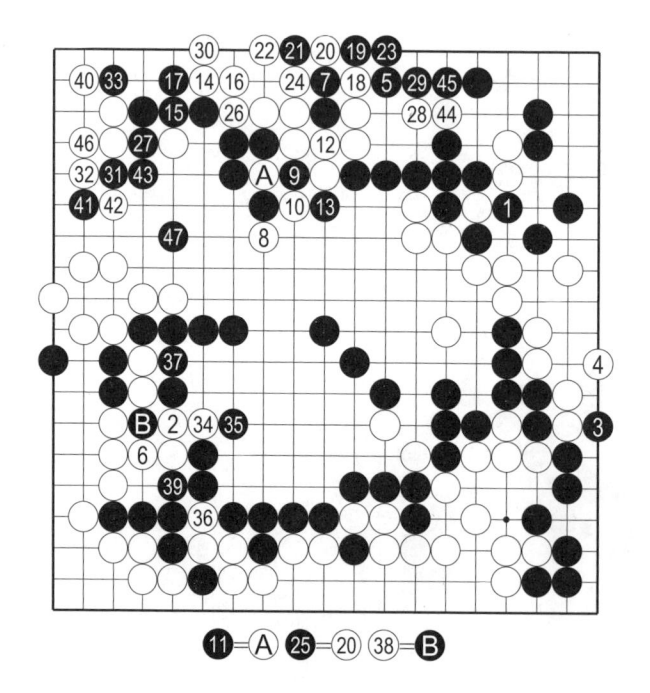

"凡义当争一着净，诸般莫待两番清。"

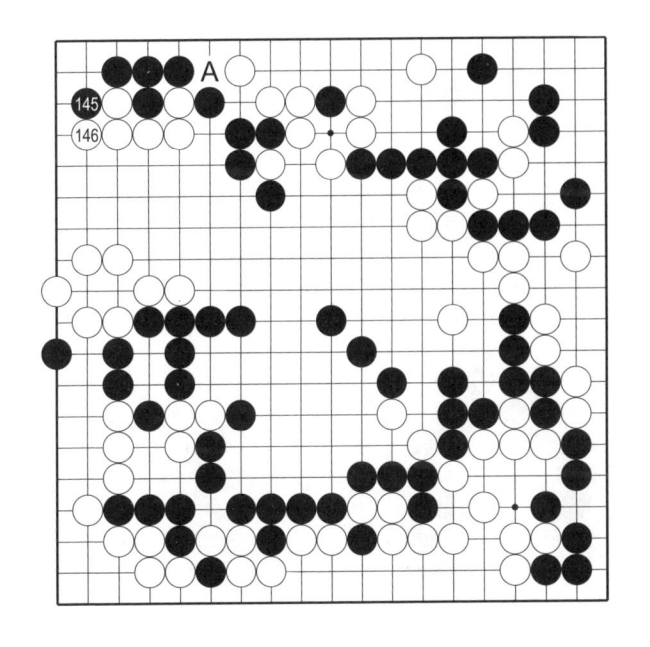

黑 145 恶手，A 位被切断后上下都要被搜刮，胜率下降 14 个点。

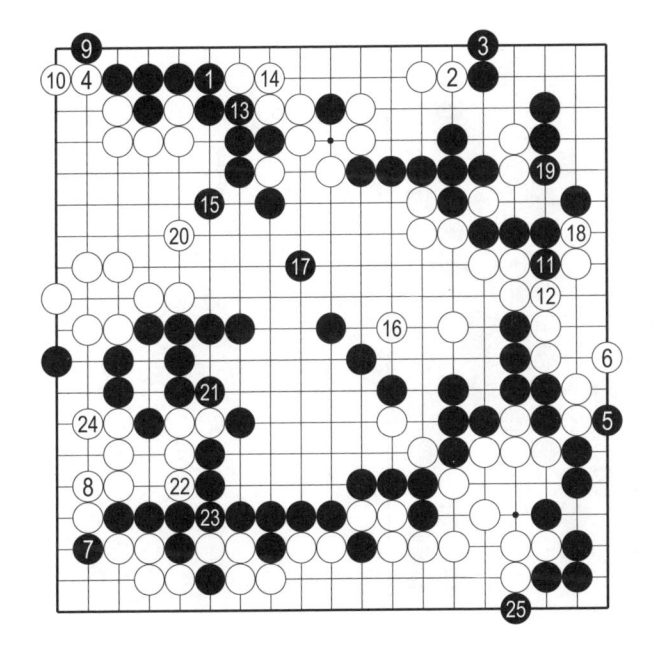

黑 1 接上是厚实的本手，虽然角上被白 4 扳到，但黑先手在握。

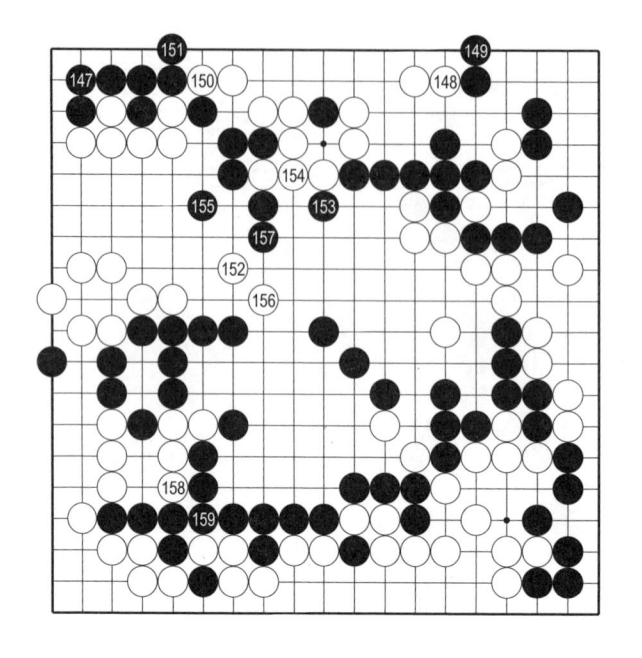

黑 147 不好，导致白 150 切断成为愉快的先手，胜率下降 11 个点。

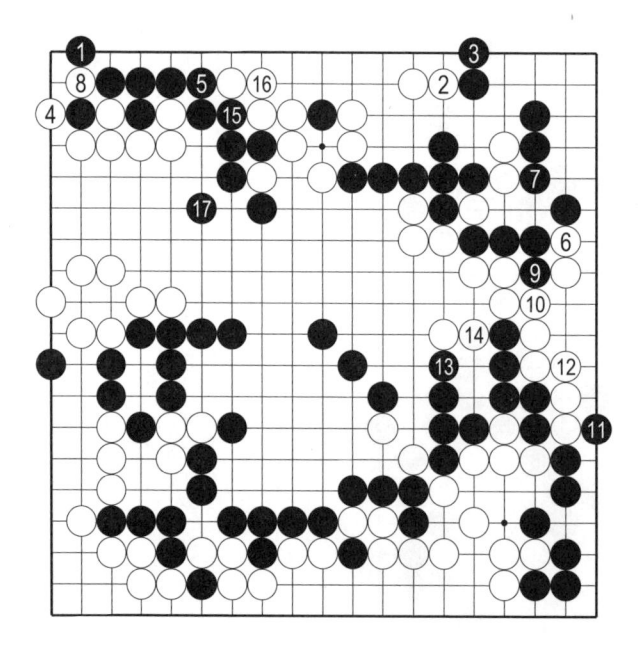

黑 1 虎，白 4 打吃很大，黑 5 也得以连回，挽回了之前扳角的错误。

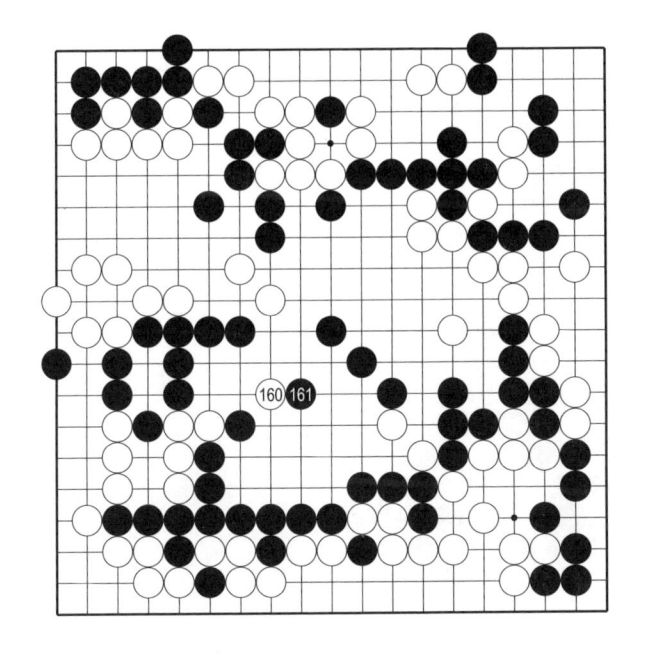

白 160 妙手，围棋 AI 根本没有这个选点，但此手一出，围棋 AI 迅速给出高分，此手堪称围棋 AI 都未发现的绝妙一手。

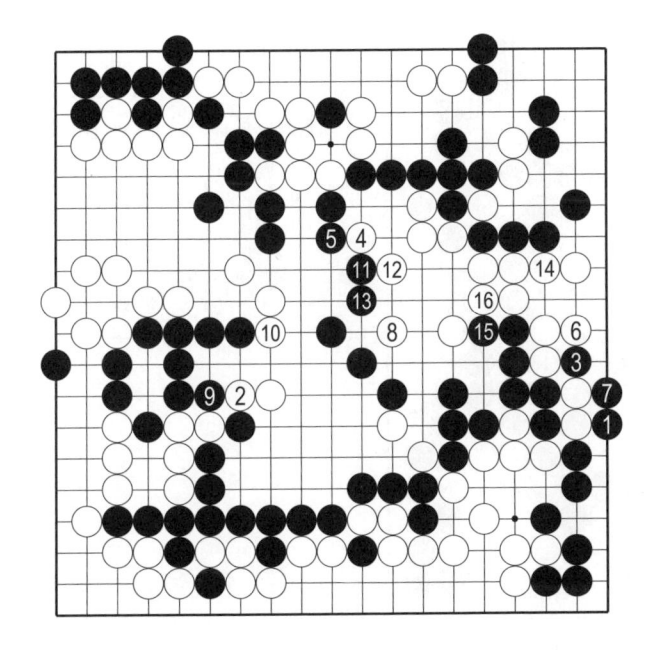

实战黑 161，吴清源长考了一小时左右，仍然不佳，胜率下降 7 个点。

此时中腹黑已无好的应手，围棋 AI 推荐改下本图黑 1 试白应手。

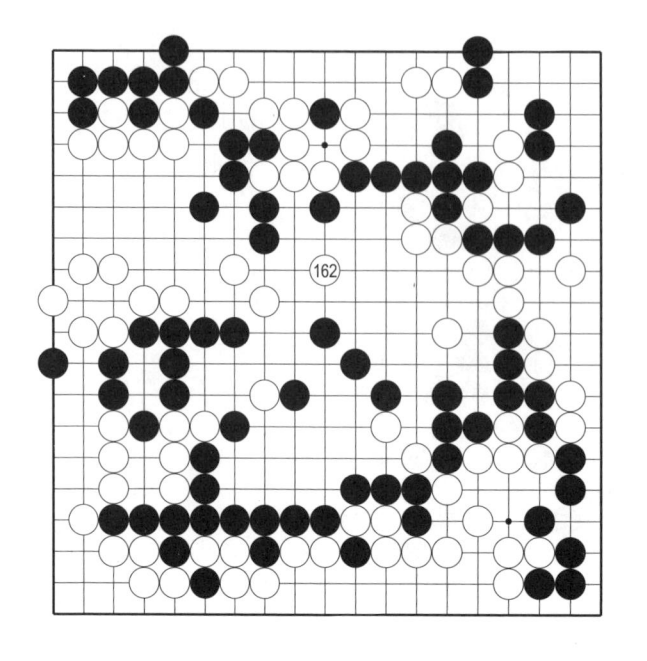

白 162 企图先手便宜，给了黑反击的机会，胜率下降 7 个点。

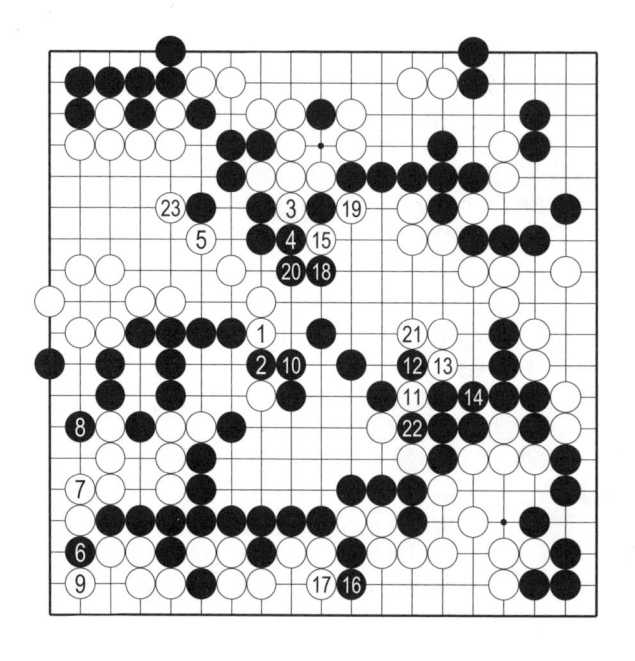

白 1、3 两冲给黑棋留下缺陷后，白 5 回防。

白 5 之后有白 23 一手成空的手段，这是个简明优势的方案。

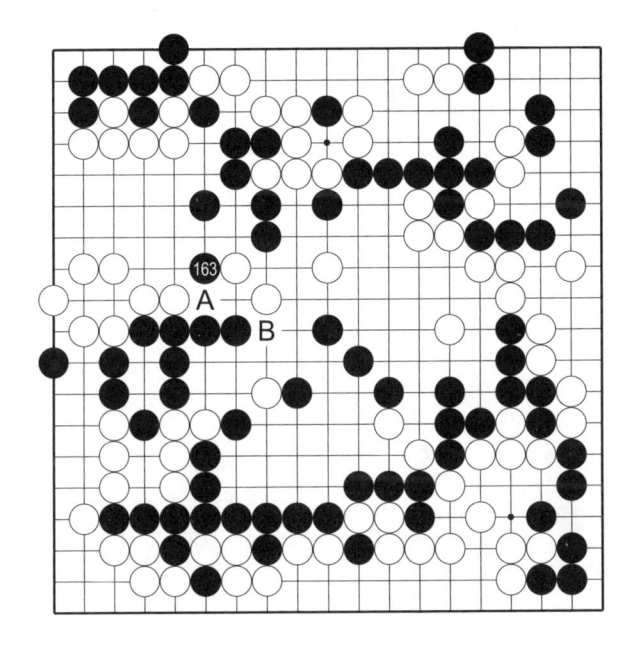

黑 163 引诱白 A 位冲，白若不予理会而于 B 位冲则黑损，胜率下降 8 个点。

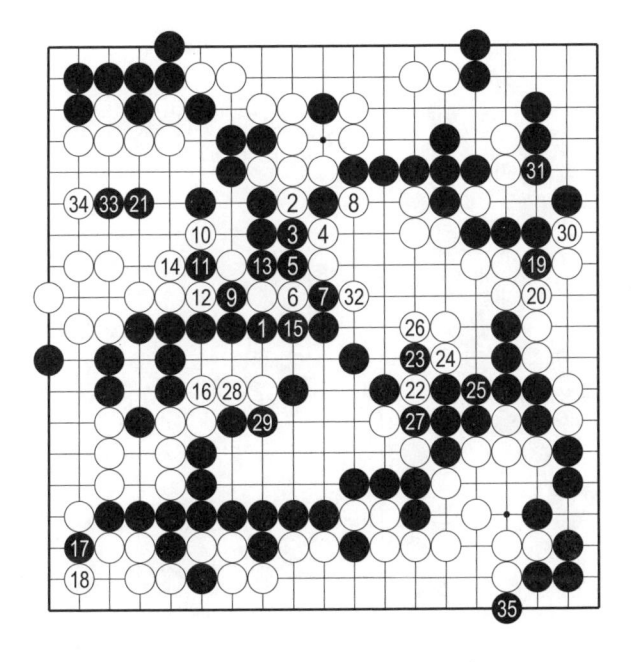

黑 1 应护住中腹，虽然白 2、4 可冲断，但黑 7、9 可吃通连回。

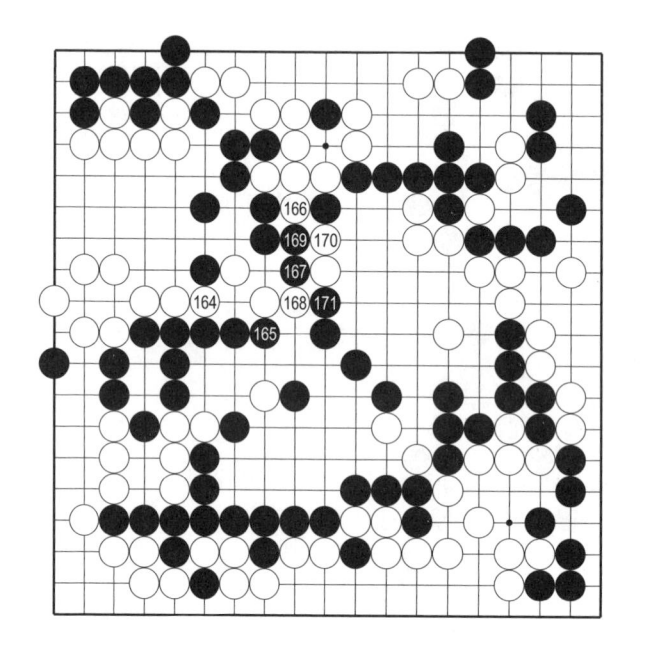

白 164 上当，被黑 165 挡住了，胜率下降 7 个点。

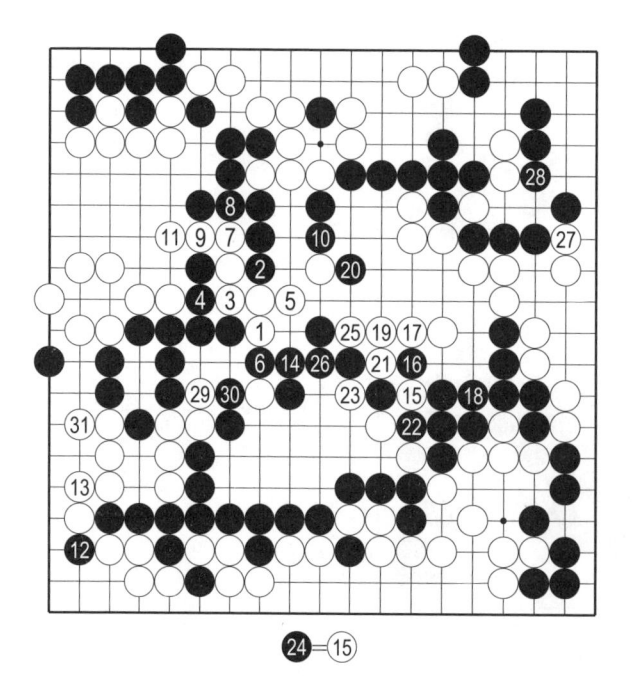

白 1 应该往黑空里面冲，让黑 4 接回并无大碍。

㉔=⑮

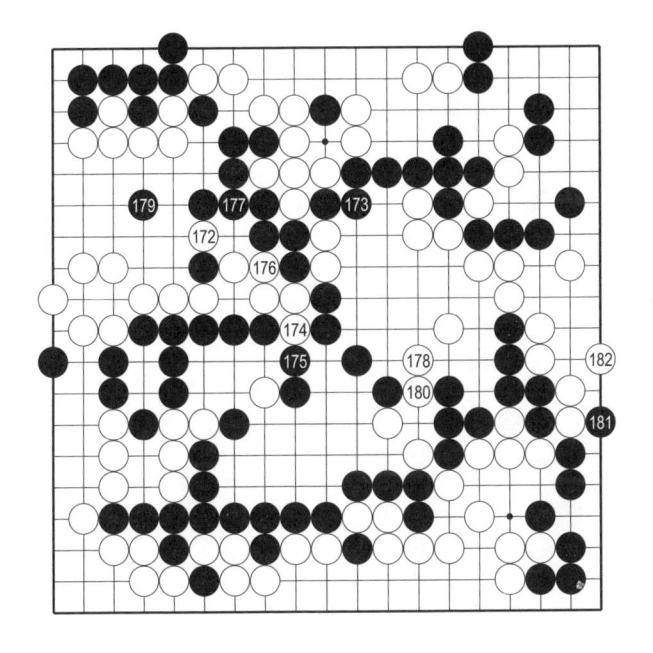

白 172 抱吃左边一子，稍差，右边被黑 173 接回，胜率下降 6 个点。

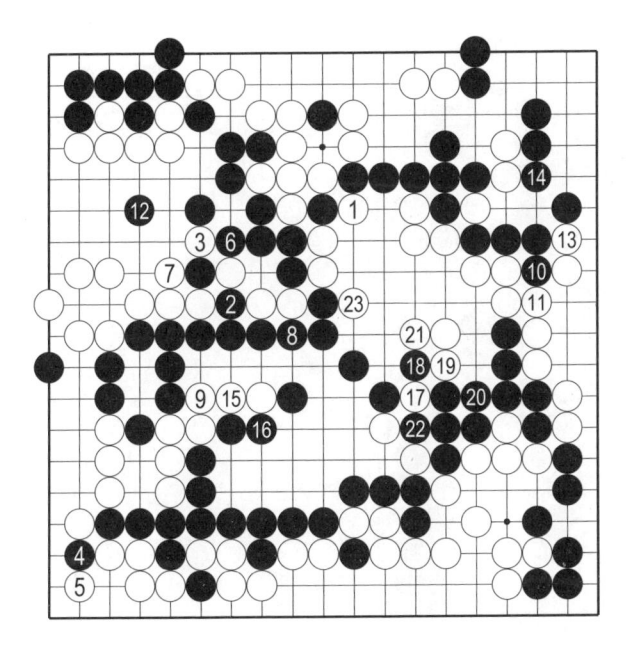

白 1 提后，右边非常厚实。如图进行至白 23，中间还围出了一些目数。

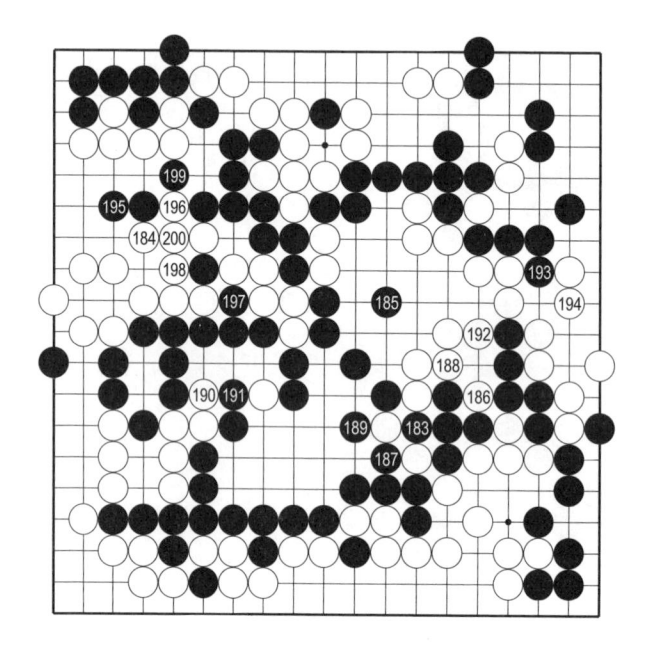

黑 183 之后胜率已不足 10%，黑再无翻盘机会。

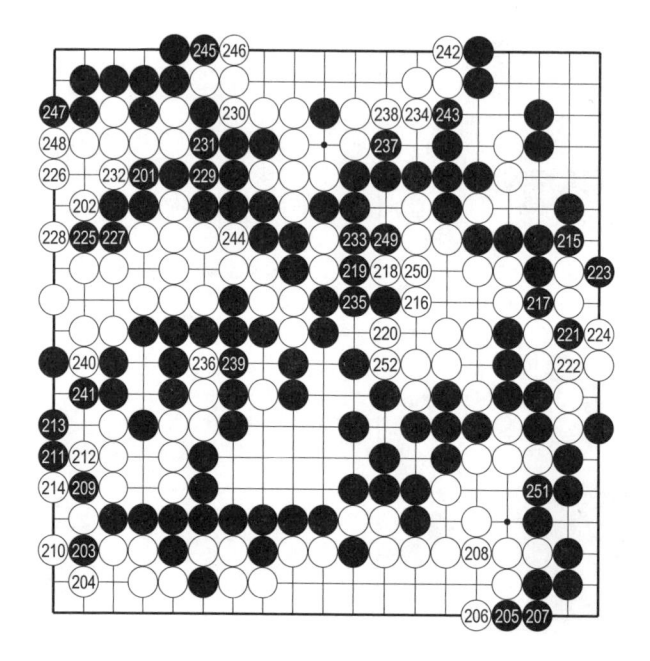

终局时可以看到，黑从布局伊始苦心经营的四颗星模样并没有围到多大的实空。

共 252 手
白胜 2 目

本局胜率走势及围棋 AI 吻合度

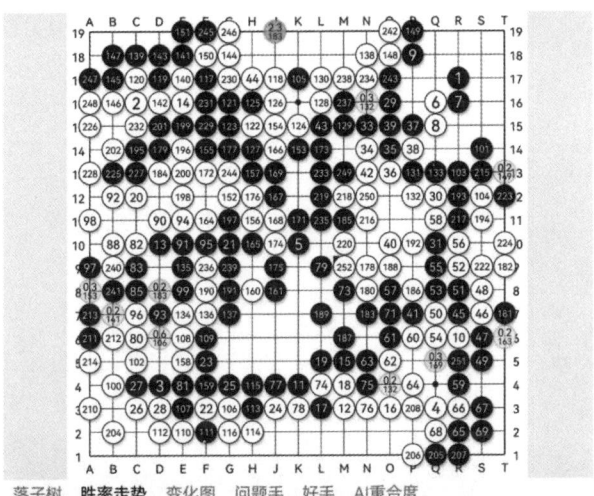

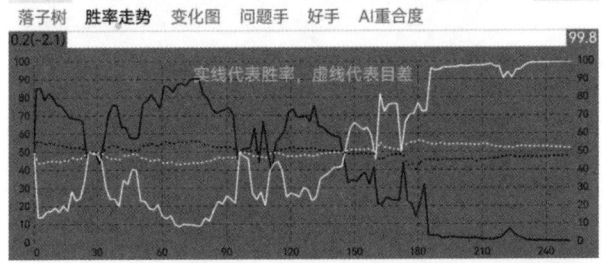

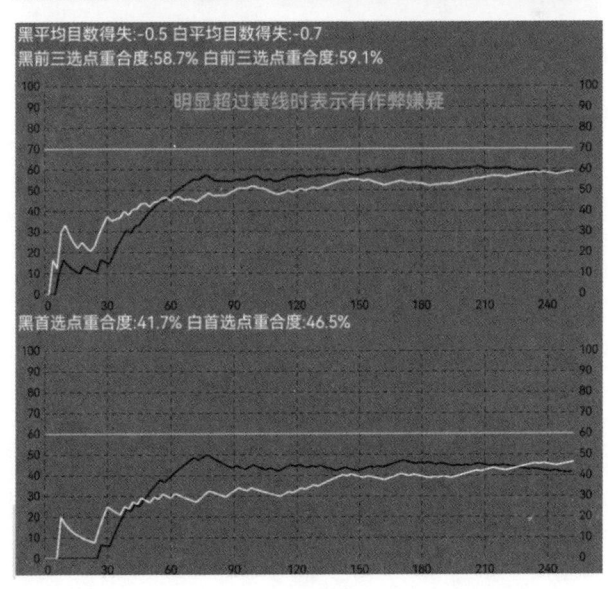

岩本薫 VS 吴清源

总谱

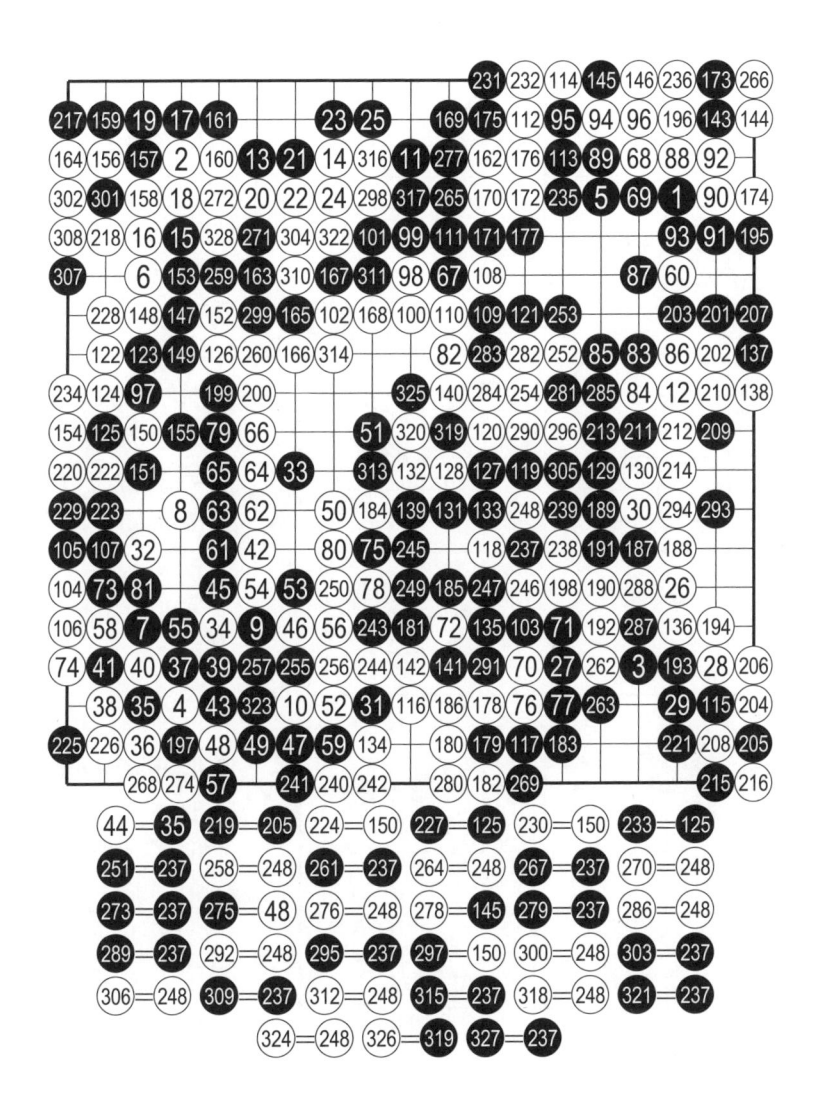

●岩本薫 VS ○吴清源

十番棋第一局
1948年7月7日至9日
不贴目
共328手，白胜1目

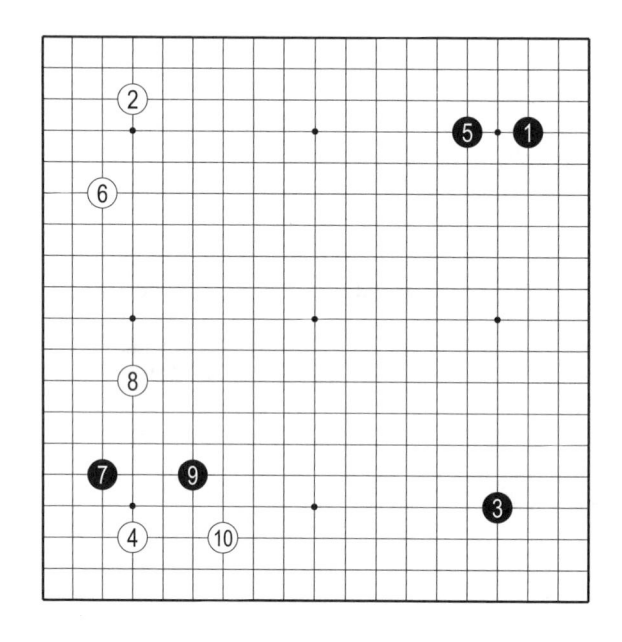

岩本薫于1946年、1947年蝉联第三届、第四届本因坊战冠军。1948年接替濑越宪作出任日本棋院第二届理事长。他的棋风朴实坚韧，被称为"撒豆棋"。

黑不贴目时初始胜率约90%。

白方向小目，这是吴清源一生都爱下的白布局。

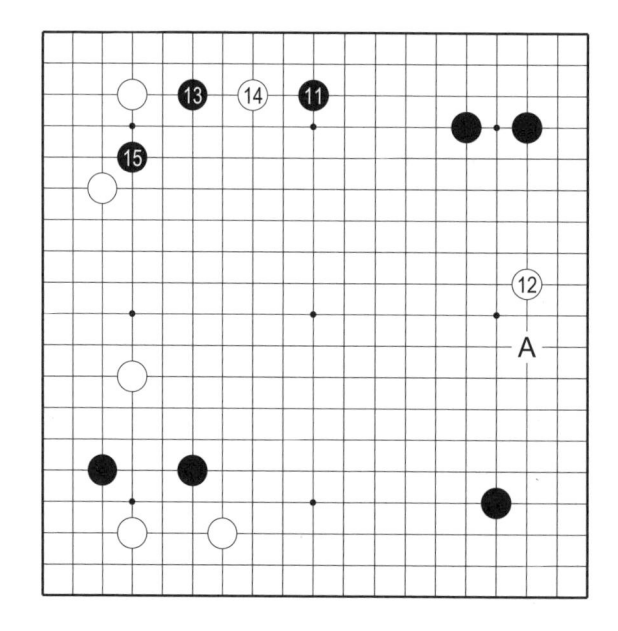

黑11与白12是价值相当的见合大场。白12分投点偏上一路体现了不愿意被黑从缔角方向拆逼的心情。

黑15是传统的腾挪手法，胜率下降3个点。

全局而言，围棋AI认为黑15改在A位逼最大；局部继续下则按下图进行。

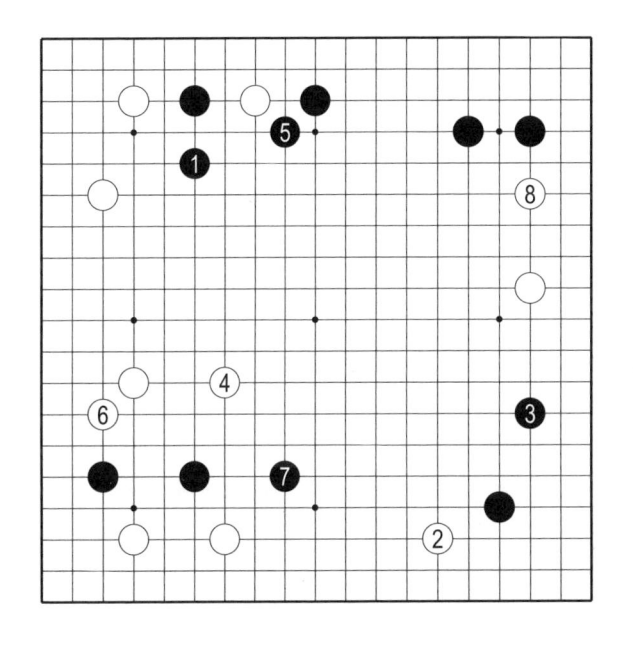

围棋AI推荐的黑1、5这种结构在人类棋谱中其实很常见。吴清源先生在自战解说中提到了他对这个结构的担心。

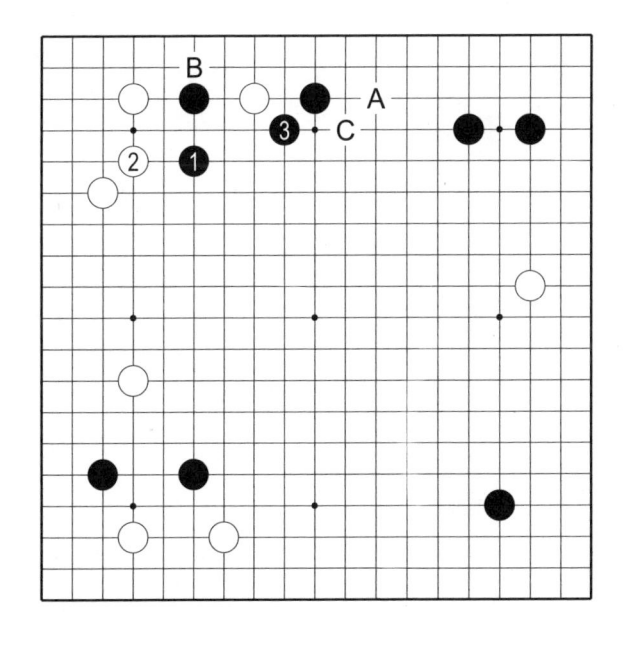

这是吴清源先生在自战解说中列出的参考图，他认为"还有白A、白B、白C等各种味道，黑不行"。

围棋AI判断此图黑方要比实战至黑25的定形好3目左右。

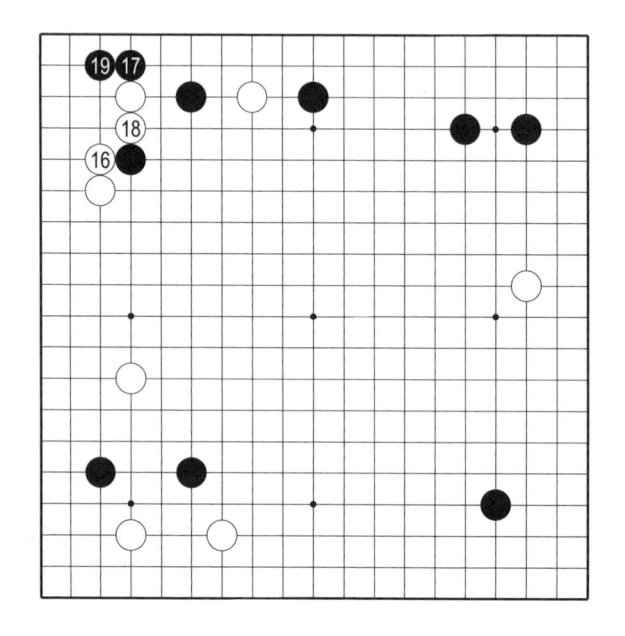

吴清源先生下出白18回顶的新手，意在走厚外围，后来变成一种常见下法。

白18这手棋可以说起到了"战略定性"的作用，以此为起点引发的模样攻防是本局的一条主要战线。

之后黑19进角是局部正解，但放在全局来看不够精细。胜率下降5个点。

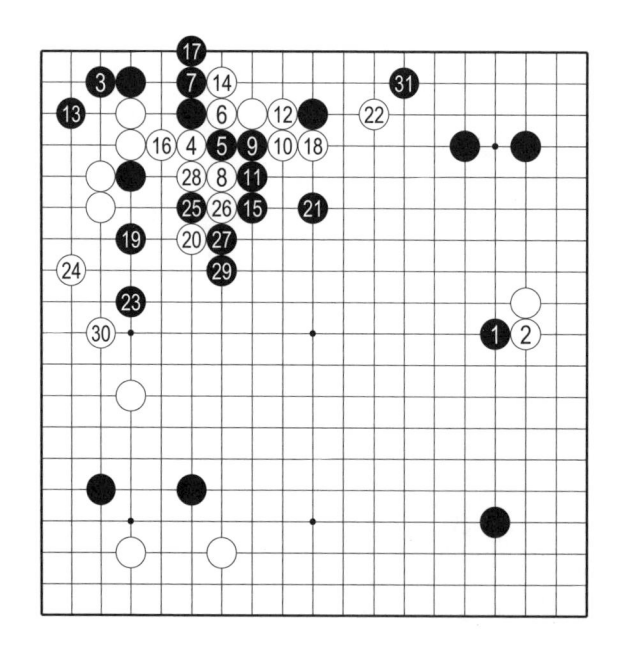

围棋AI在全局视野下发现了更好的行棋次序。

黑1肩冲，白2不得不应，黑此手意在为黑5引征。

白方征子不利，无法形成实战那样完整的外势。那么这盘棋将是另外一番模样。

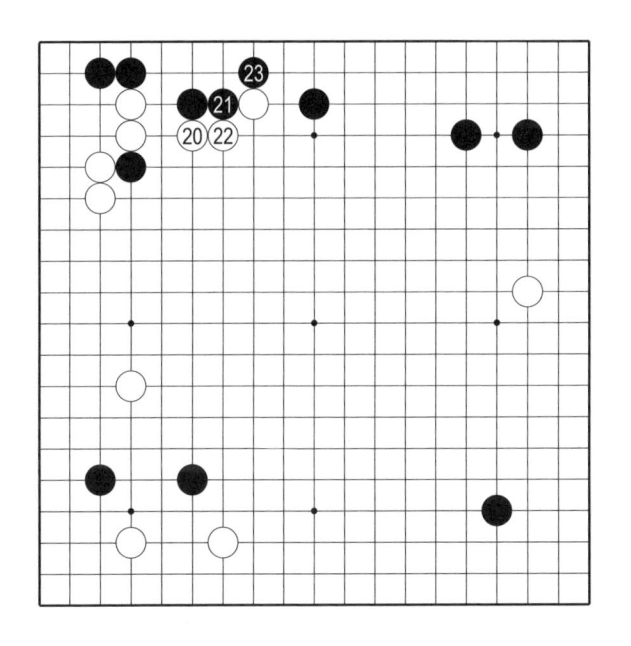

黑21、23渡过虽是常见手法，用在此处却是随手，胜率下降8个点。

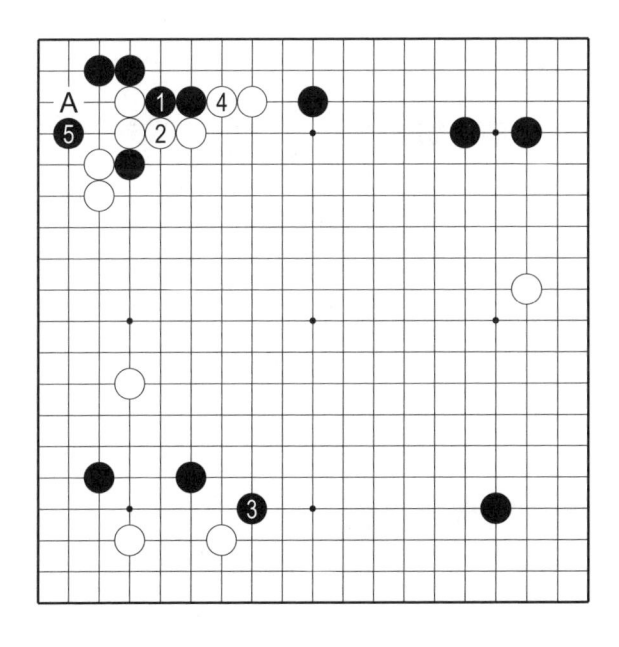

利用白棋的缺陷，黑1回顶是争先好手。

白4若改在A位守角,黑则在4位顶,同样没有死活问题。

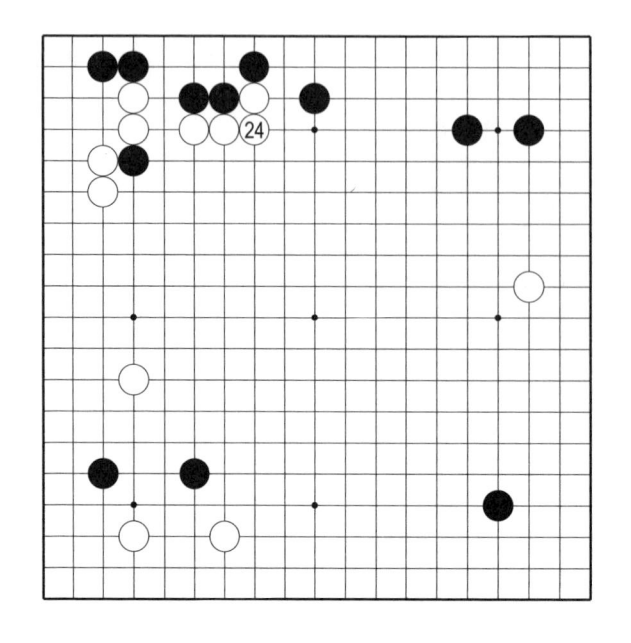

白 24 定形手法有误,胜率下降 12 个点。

一个问题是这并非先手,黑可以就此脱先;另一个问题是黑补棋后没有余味。

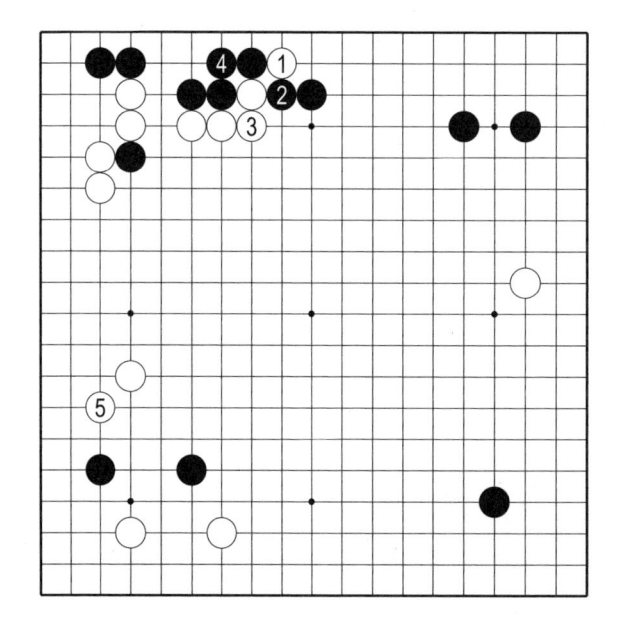

白 1 连扳弃子,黑 4 粘不得已,白方先手在握,且白 1 一子还有余味。

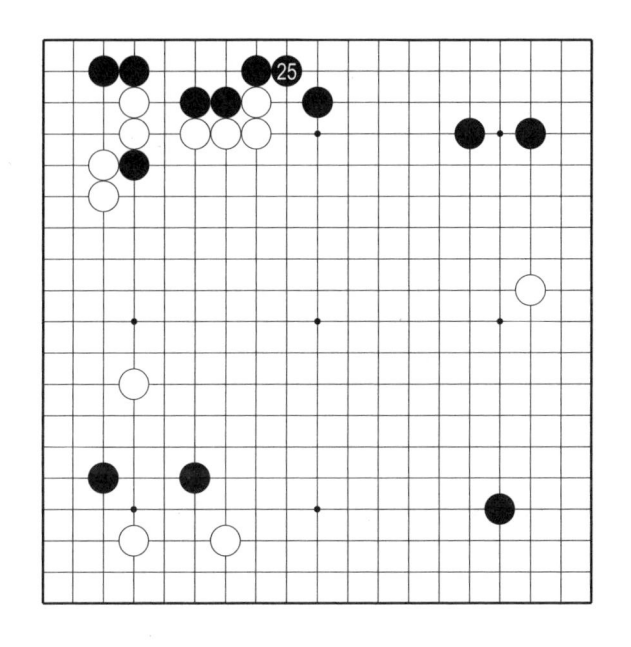

黑25渡过虽然坚实，但已经不影响上边的死活，所以不是急所。胜率下降9个点。

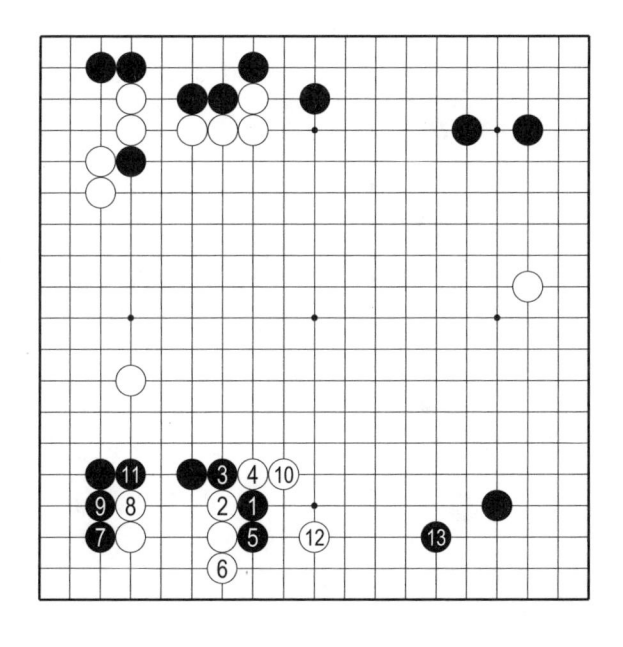

左上边一带白模样隐隐呈现，而左下角有黑方孤棋，黑先动手处理好自己的孤棋非常重要。

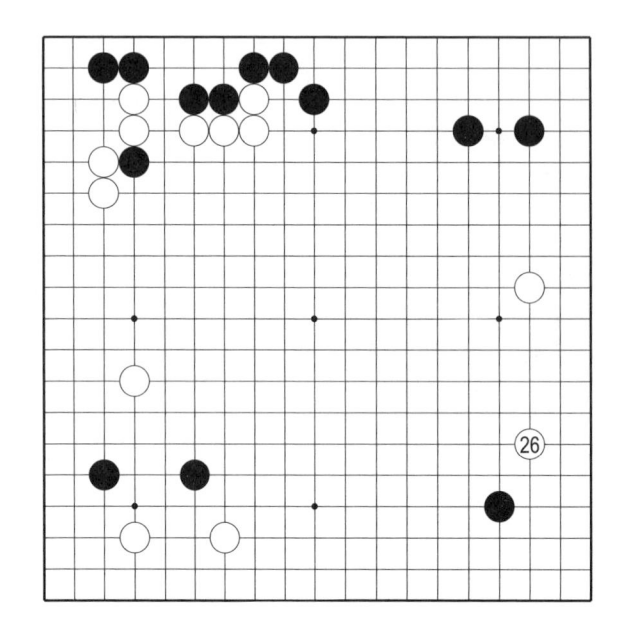

白 26 挂角是大场，但不是急所，并且方向欠佳，胜率下降 4 个点。

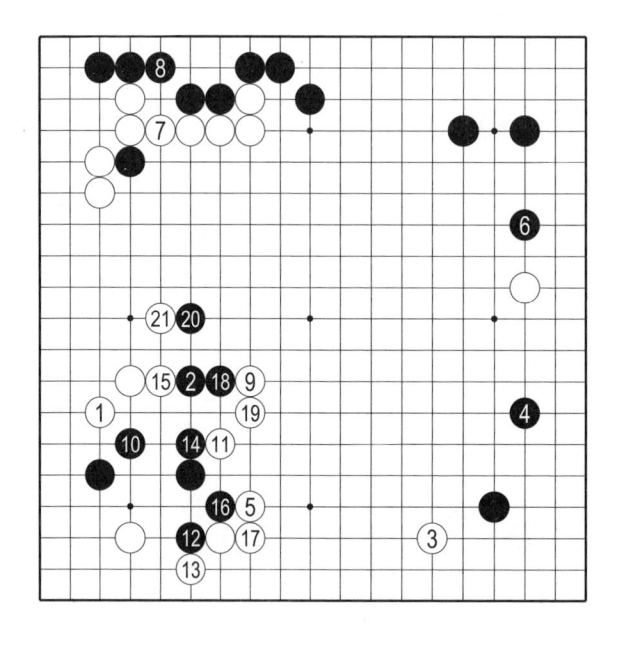

白 1 是攻防兼备的好点。

通过攻击左下角的黑棋，白棋不仅可以在左边发展模样，下边也有潜力可挖。

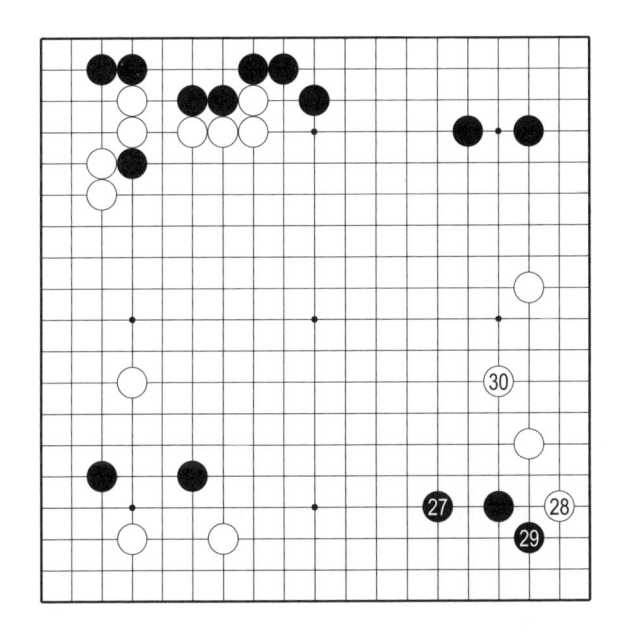

白 28 二路飞是传统下法，胜率下降 6 个点。

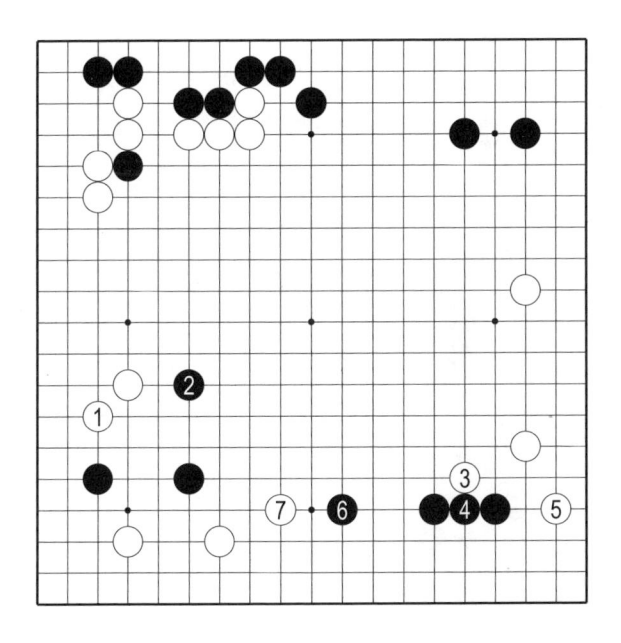

白 1 是攻防兼备的好点。针对右下角的黑单关，白 3 刺是围棋 AI 时代的常识。

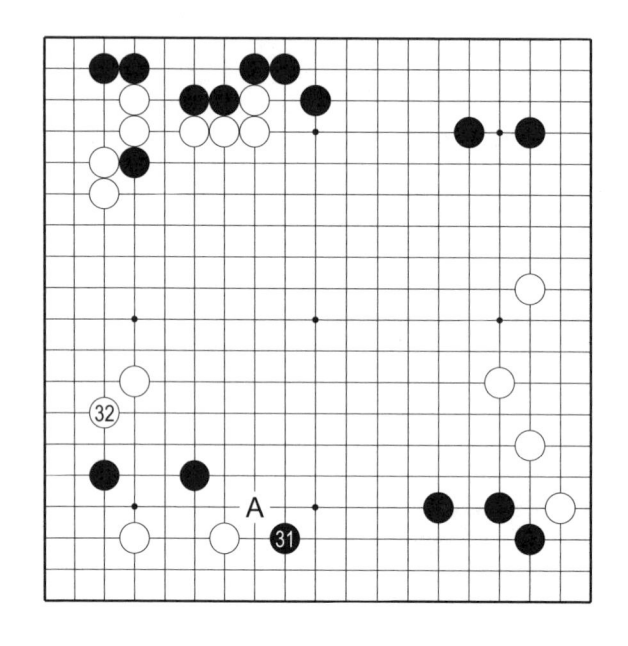

黑 31 在三路逼，行棋方向不对。胜率下降 6 个点。

白 32 搜根之后，将来在 A 位一带出头有可能对左右黑棋形成缠绕。

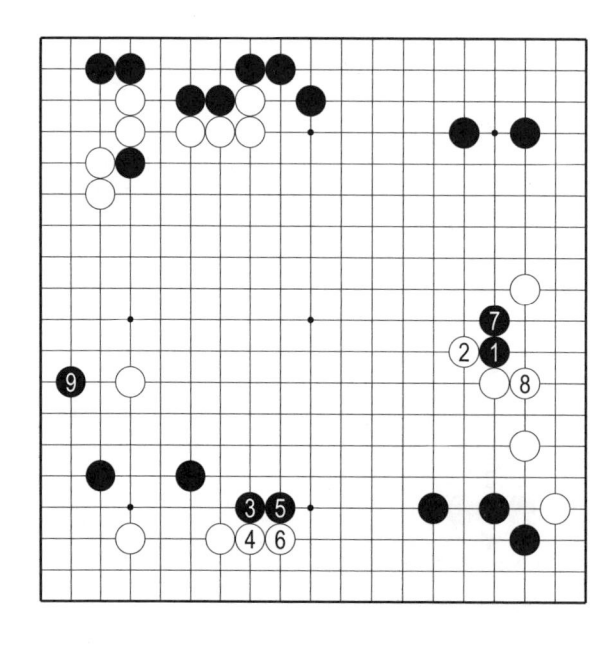

黑 3 飞压才是正确的行棋方向。虽然下边送了白几目地，但黑中腹得到强化，然后黑 9 再溜边，黑满盘无孤棋，"左右无孤势即空"，白找不到借力点，就很难凭空在左上一带构建模样。

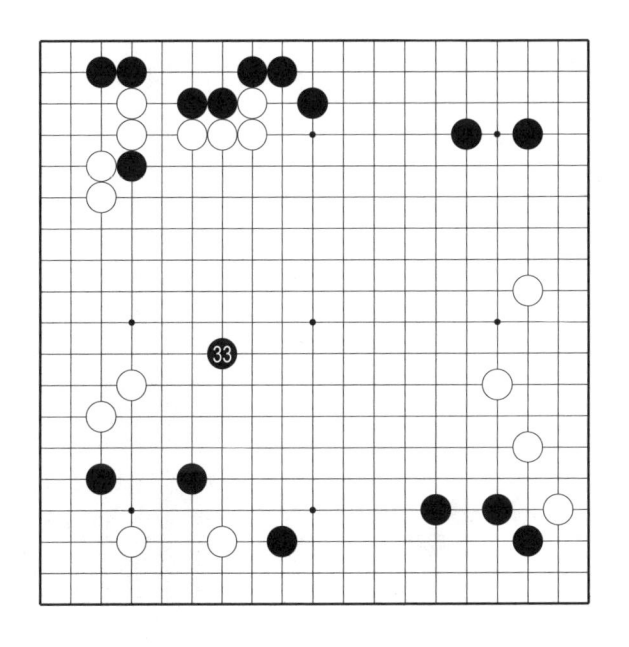

黑33限制白模样，行棋方向正确，但落点欠佳，棋形松散，没有好的下一手。胜率下降4个点。

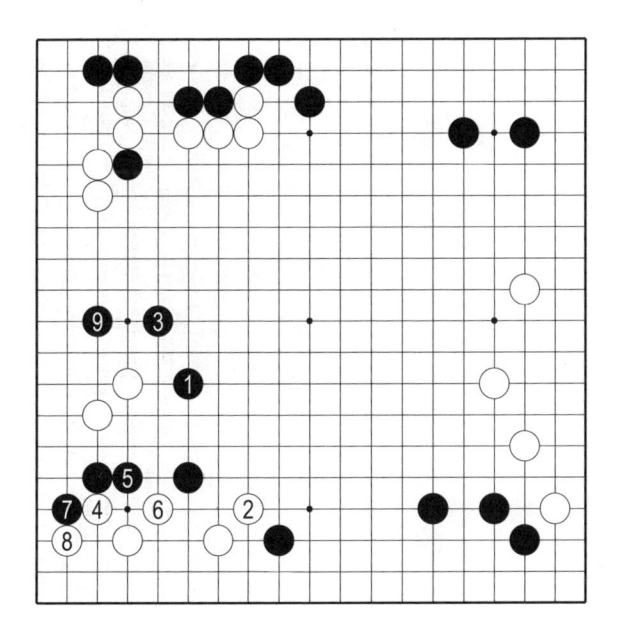

黑1镇头后，2位和3位成为见合好点。

黑3飞之后，进三三腾挪和9位跳下又成为见合好点。

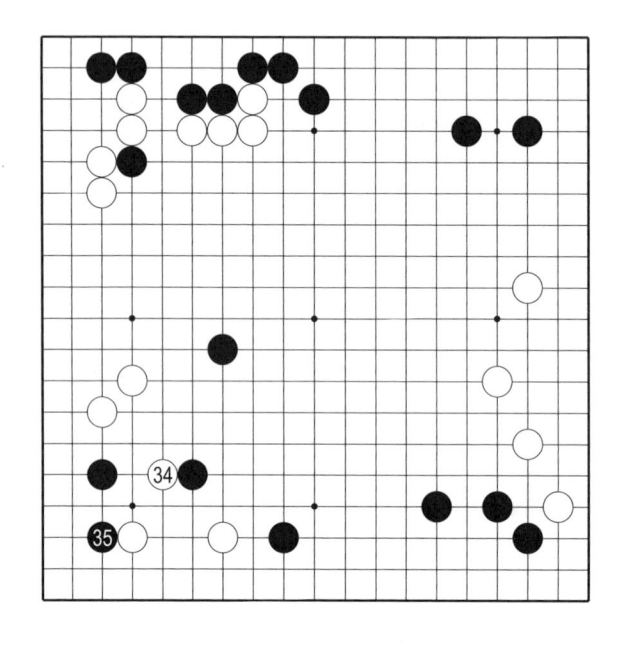

白34发力点欠佳，没有攻击到黑棋的主要缺陷，胜率下降6个点。

黑35转身腾挪好手，白34有拳头抢空的感觉。

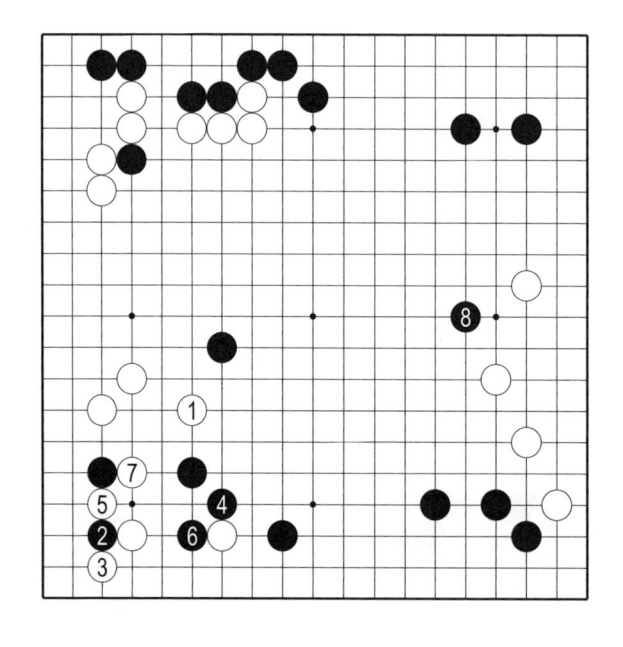

白1瞄准黑外围的连络。黑2、白3之后，黑要在活角或补强下边做出选择。

图示方案黑意在经营下边；如果黑取角，则白下厚之后自然打入黑右边。

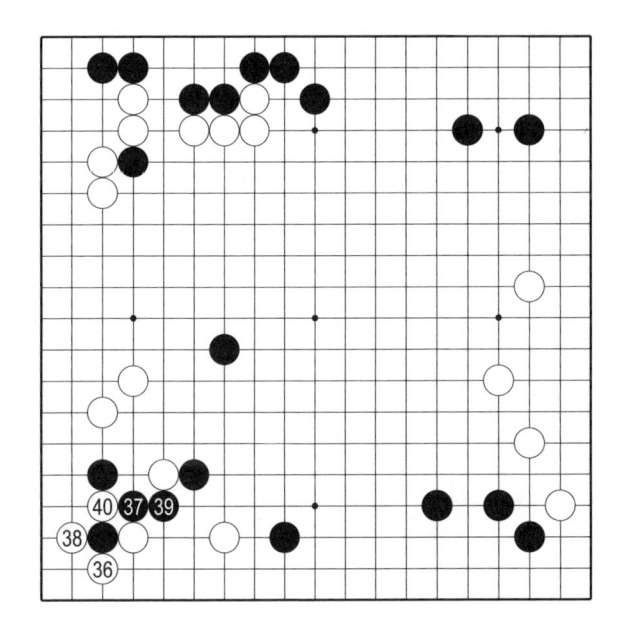

白 36 扳角欠佳，与白 34 靠断的思路不连贯。胜率下降 5 个点。

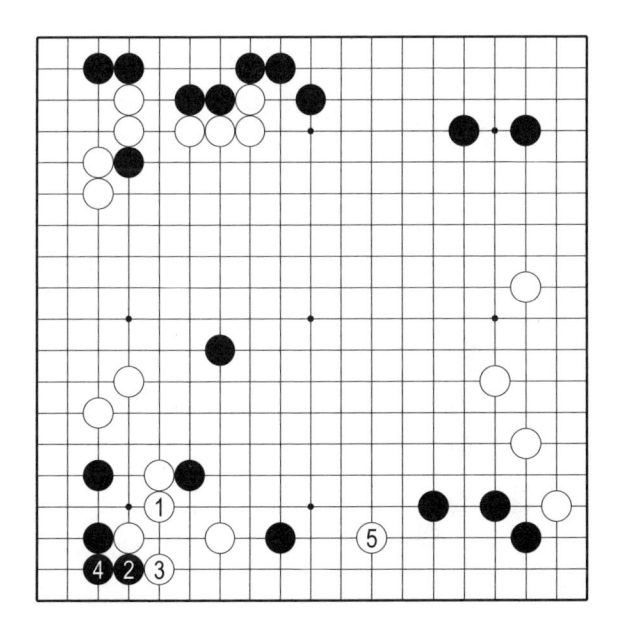

白 1 连接补净此处的余味，先手走厚之后，白 5 可从容打入黑阵。

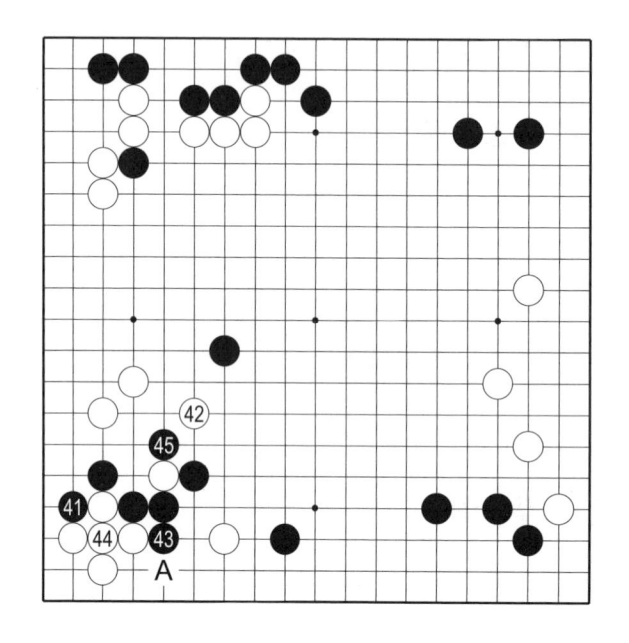

黑45缓手，给白方留下了A位渡过的好点，胜率下降5个点。

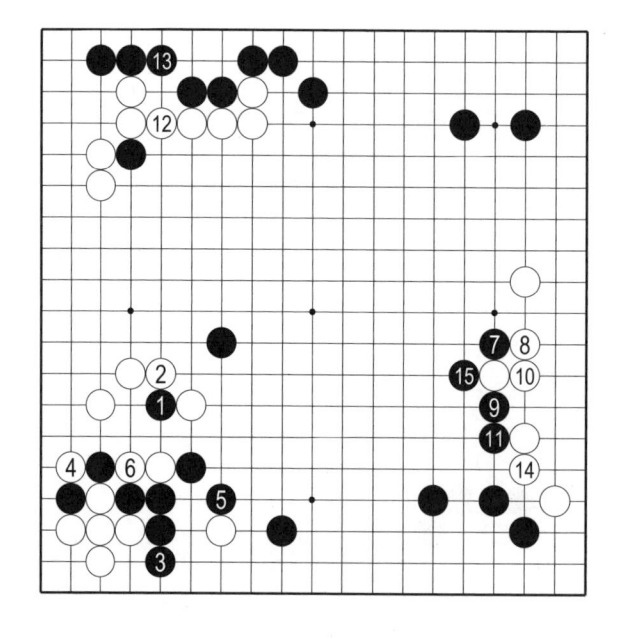

黑1靠紧凑，先手补住6位断点，然后黑3、5得以巩固下边。这样在左边得花白4、6两手棋。

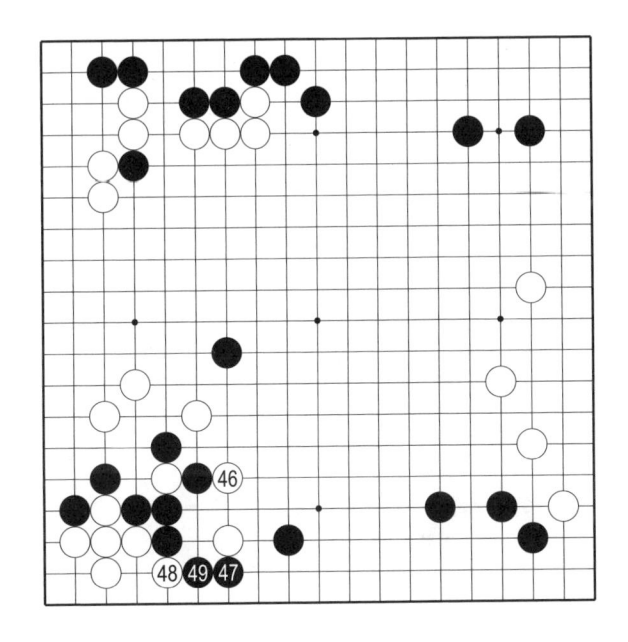

白 46 华而不实，胜率下降 9 个点。黑 47 安全渡回，白的攻击没有实质收获。

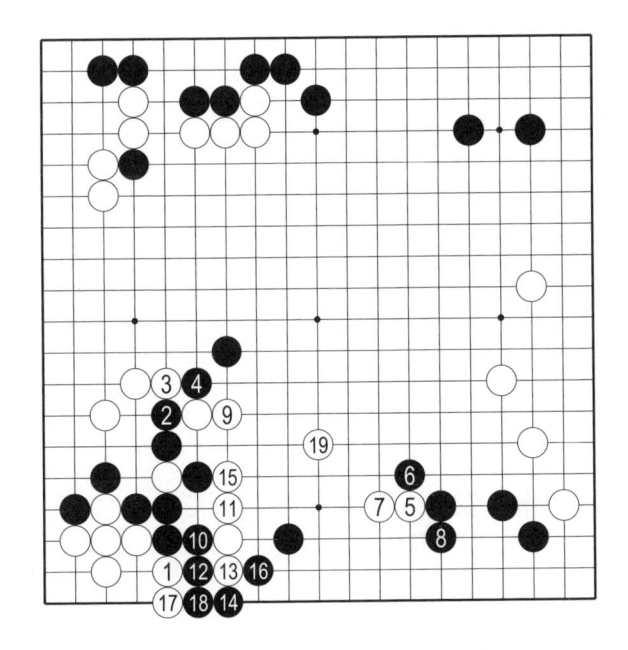

白 1 扳过是攻防好点，黑 2 以下费尽心思治孤，白棋顺调走好角部和中腹。

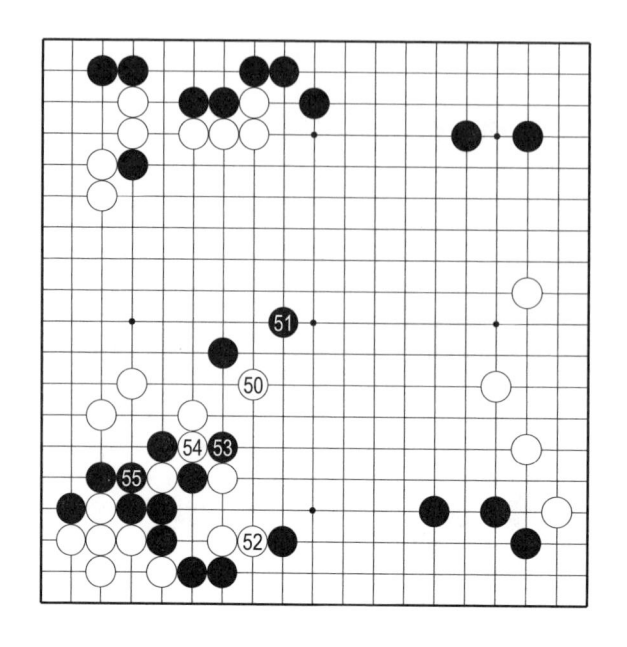

黑 53 反击过分，挑起不必要的事端，胜率下降 14 个点。

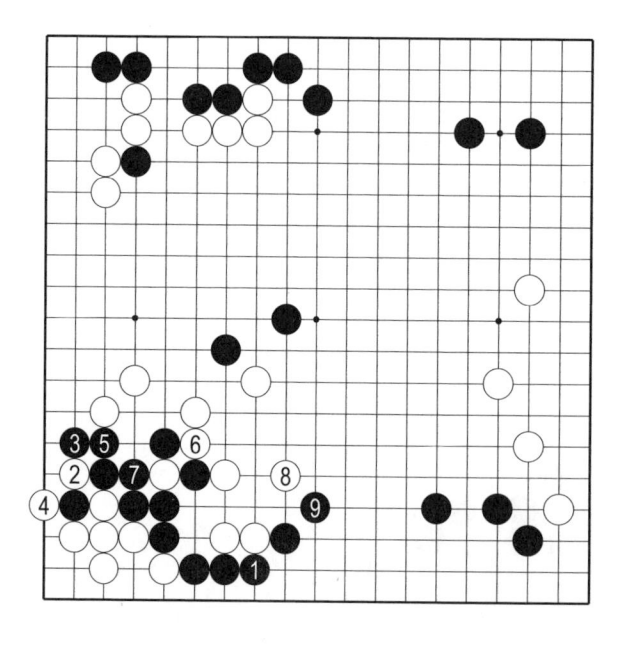

黑 1 渡过本手。黑 7 提子之后，左边已是活形。黑 9 可将重心放在右边。

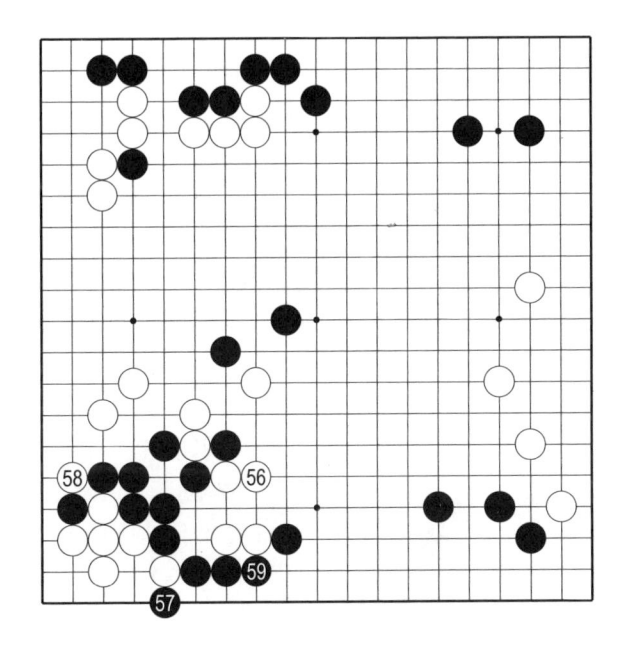

白56退让，让黑59渡过，胜率下降9个点。

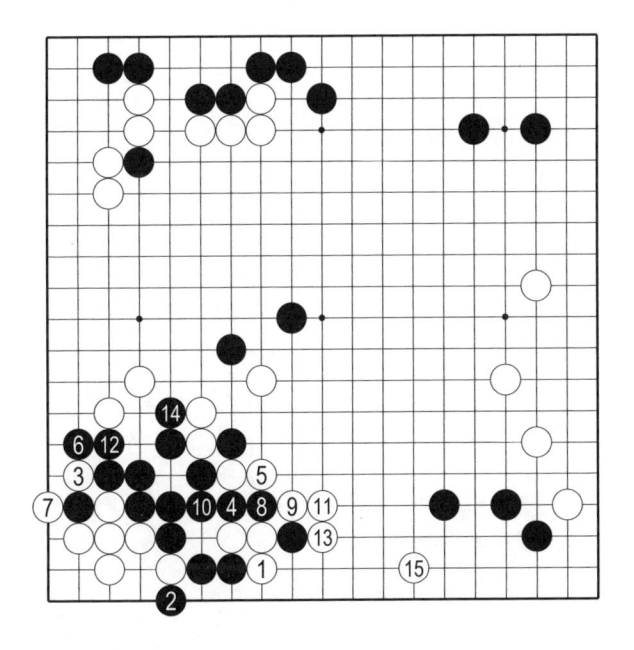

白56应改为白1阻渡，逼迫黑方治孤，顺调将下边的黑方潜力变成白空。

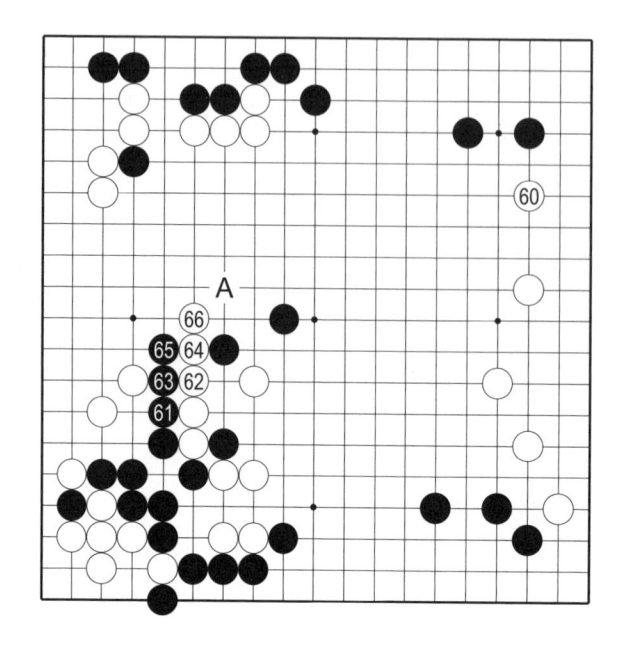

黑61冲入白模样，令吴清源先生非常懊悔："因为无贴目，白棋却走得比较雷厉风行，我觉得是打开了所谓'广阔的局势'。但这一谱的白60手使黑棋一举获得优势。"

后来他提出应该先下62位与黑A交换，之后再下白60。

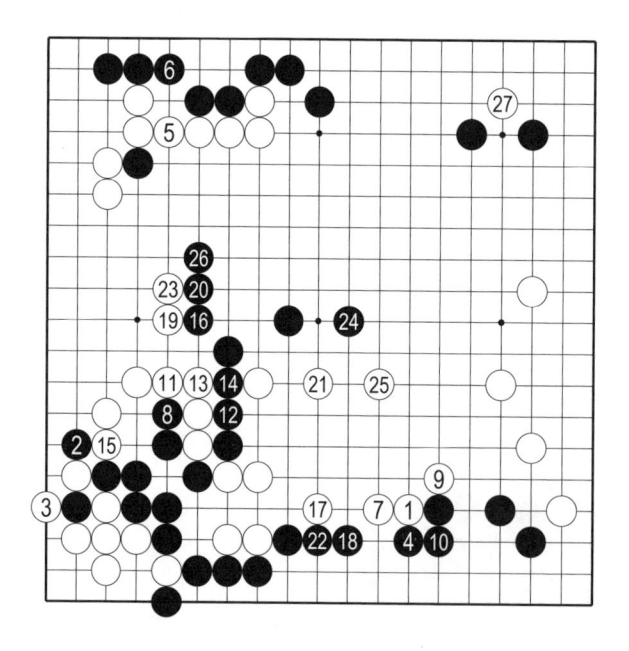

围棋AI的判断却不是这样，开局至黑59，双方胜率并没有大的波动，黑方的先行优势依然在，约领先5.5目。

围棋AI认为无论右上还是左中腹都不是目前最紧急的地方，实战白60应该如本图白1侵消下边黑阵。

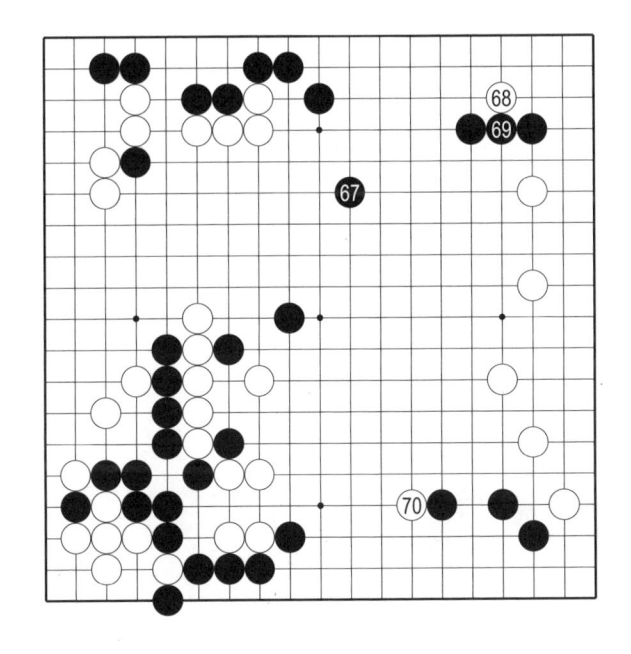

黑67是黑65思路的延续，从不同方向压缩白模样。

如果能像围棋AI一样着眼于当前局面分析而不受思维惯性影响，那么黑上边和下边究竟哪边大呢？

黑67选择了上边的消长点，胜率下降5个点。白68试应手时机正好，黑69厚实地粘上，以后白可活角。

白70得以在下边先行。

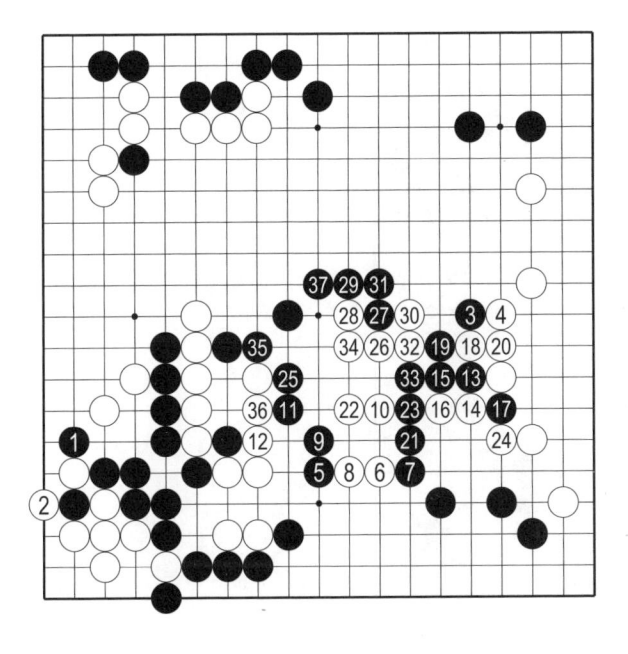

黑1、3都是虚晃一枪的先手利，黑5显露出做大做强下边的本意。

白6以下是战斗的一例，黑在追击过程中走好两边，黑不错。

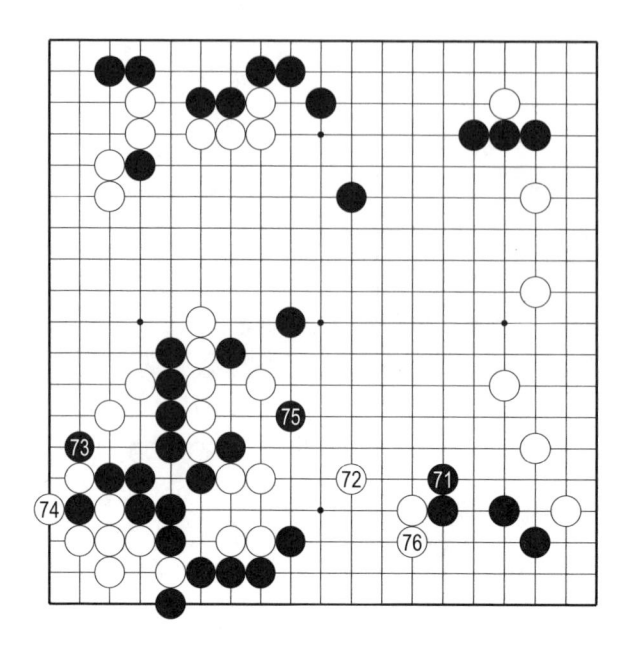

白72连回，黑75恋战，继续追究白棋的薄味并不实惠，胜率下降4个点。

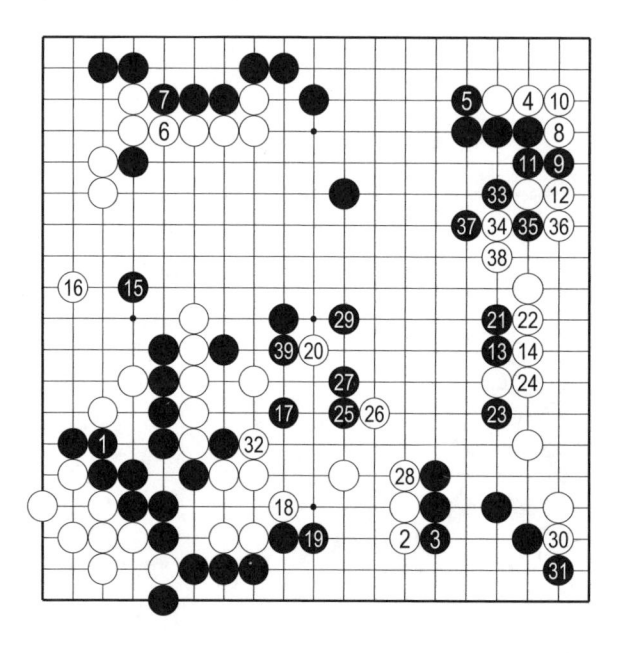

黑1接是本手，吃住白二子目数不少。

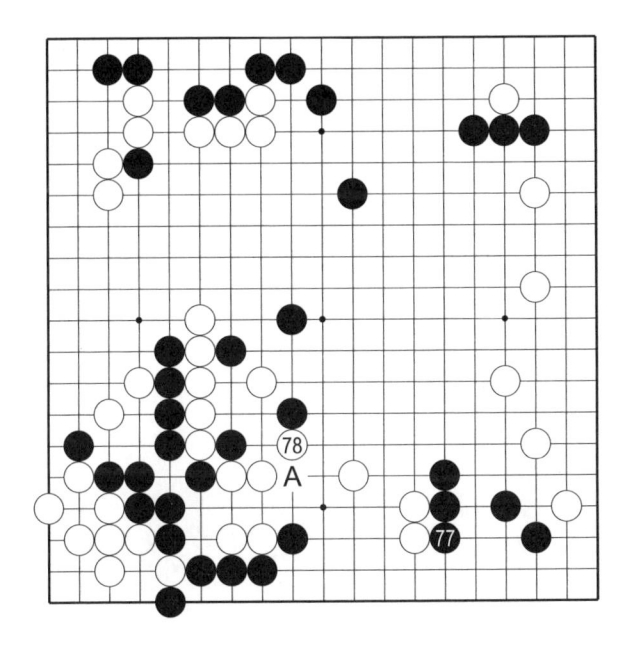

吴清源先生认为白78是"中盘战斗的急所"，在这里防守是担心黑在A位靠后右边白三子变苦。

白78导致胜率下降8个点。

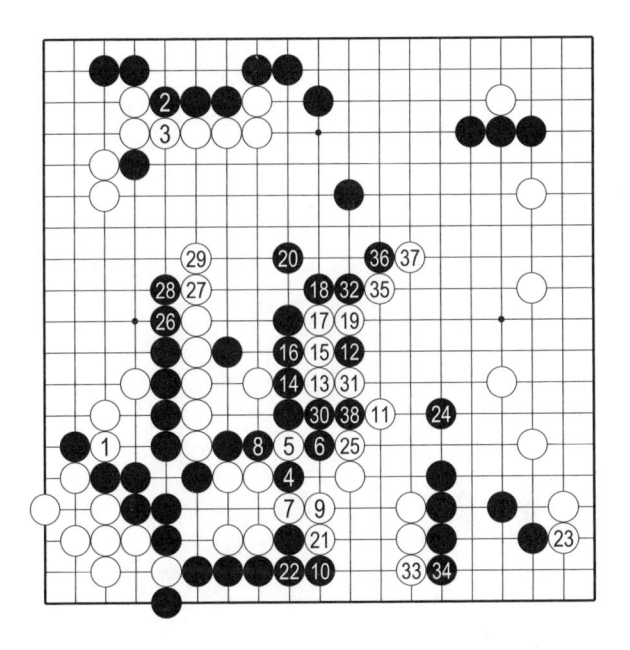

围棋AI认为白应在左边1位断吃，中腹黑4靠住并不可怕，白5、7逸出，与中腹黑棋对跑。

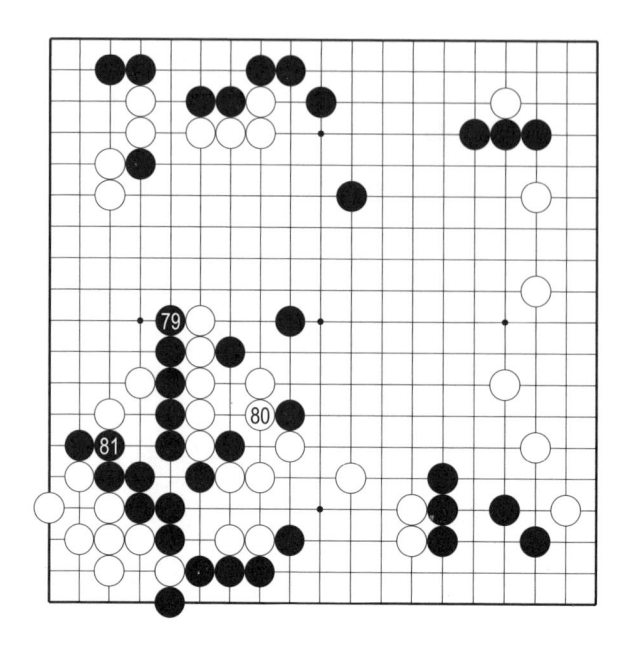

黑79贴步调缓慢，胜率下降9个点。

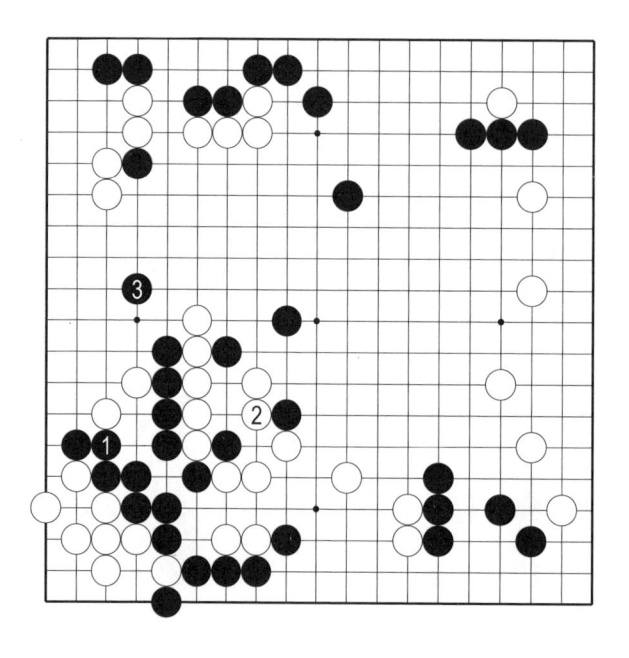

黑1粘回与白2补厚交换，之后黑3飞出，比实战效率高。

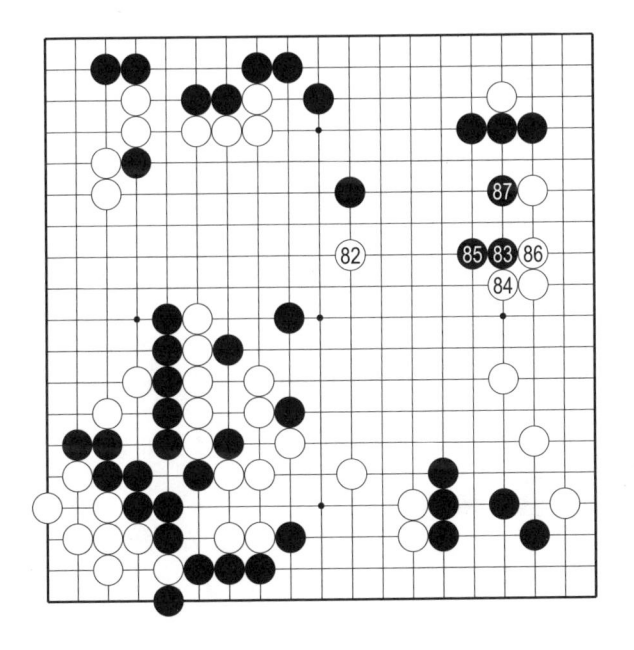

白 82 镇头，意图鲸吞中腹黑残子。但中腹目前还很空旷，围空难度很大，胜率下降 6 个点。

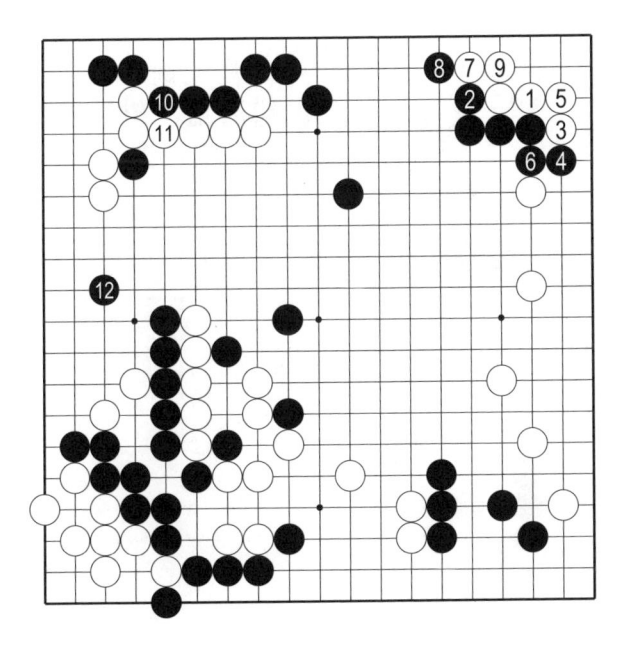

白 1 活出右上角才是全局最大的地方。

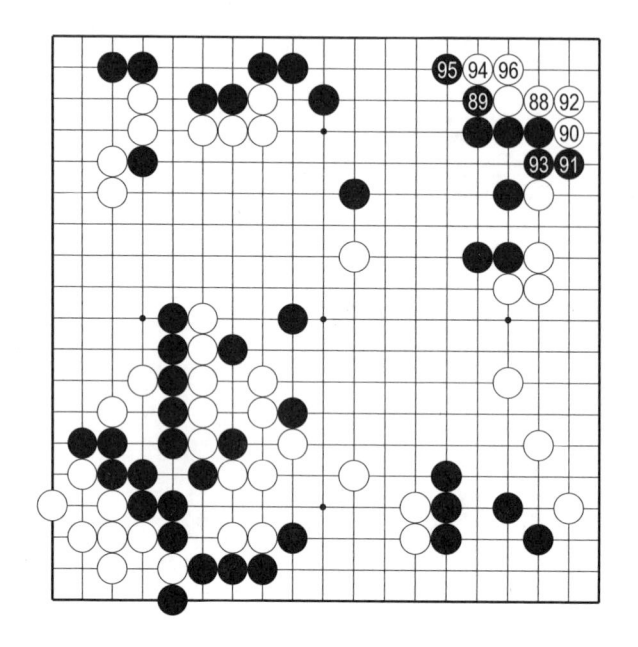

黑 89 没有下出最强手，胜率下降 10 个点。

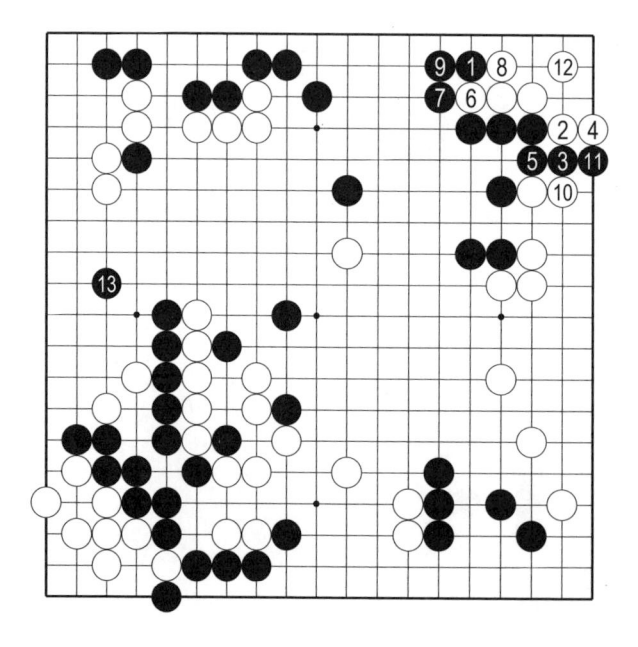

黑 1 跳，白虽然也能活角，但黑棋比实战厚实得多。

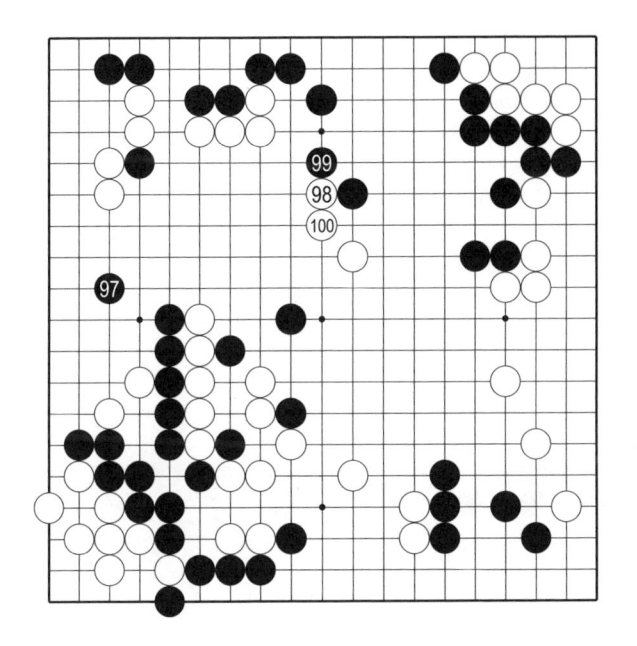

吴清源先生解说白98："反过来被黑下在100位的话，差别极大，中央能够围出多少白空是胜负的关键。"

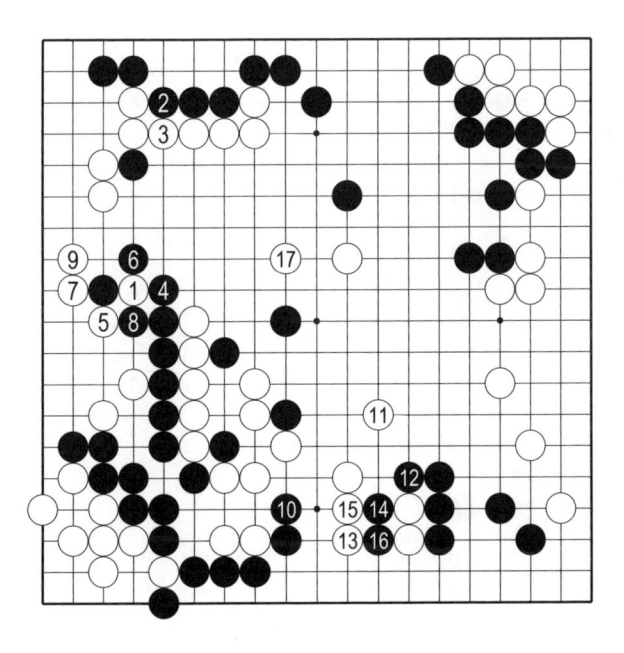

围棋AI并不认可白98强围中腹，胜率下降7个点，不如按此图破坏左边黑空。

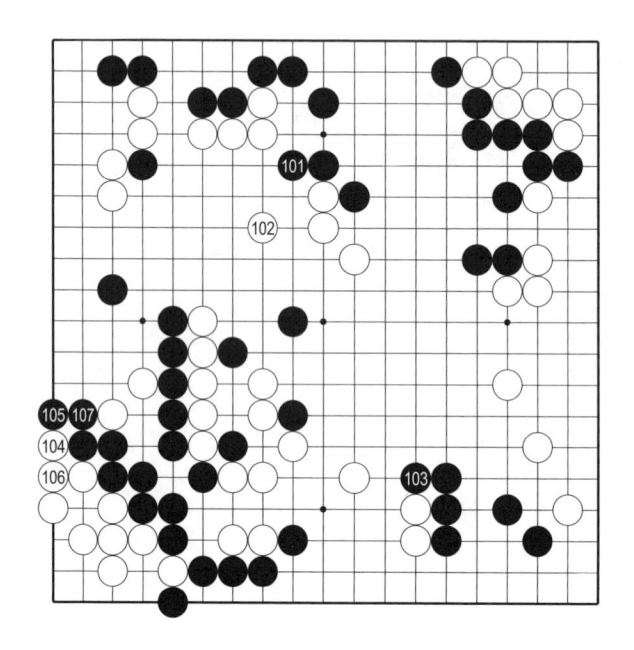

白 102 继续围中空，胜率下降 6 个点。

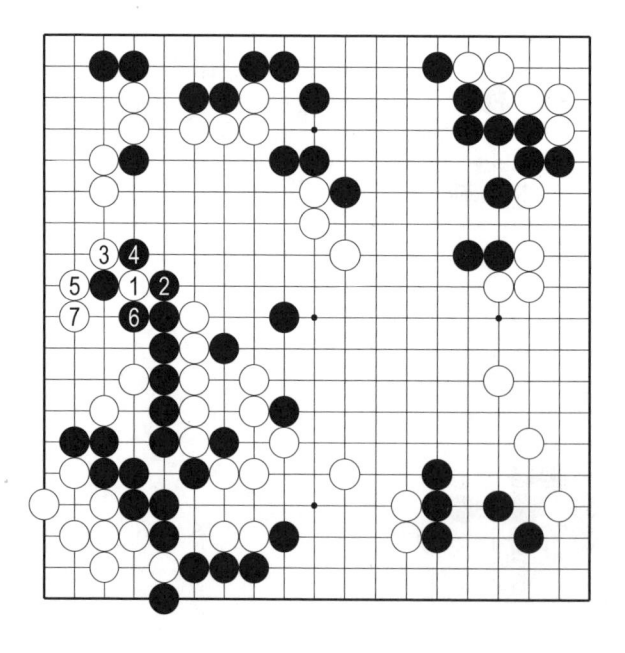

白 1 破坏左边黑空的手段值得学习。

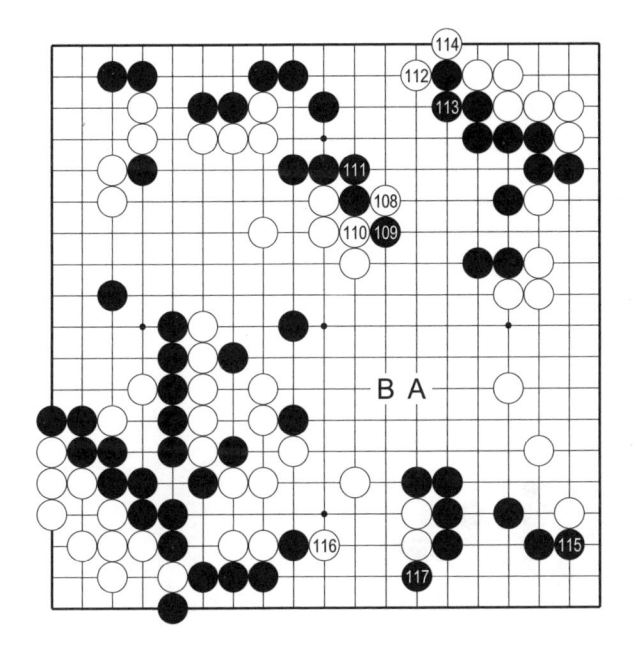

白108为白112夹入做准备，使黑无法在114位立下阻渡。

黑117是问题手。吴清源先生认为应该下在A位或B位，"中央的白地就成不了多大气候"。

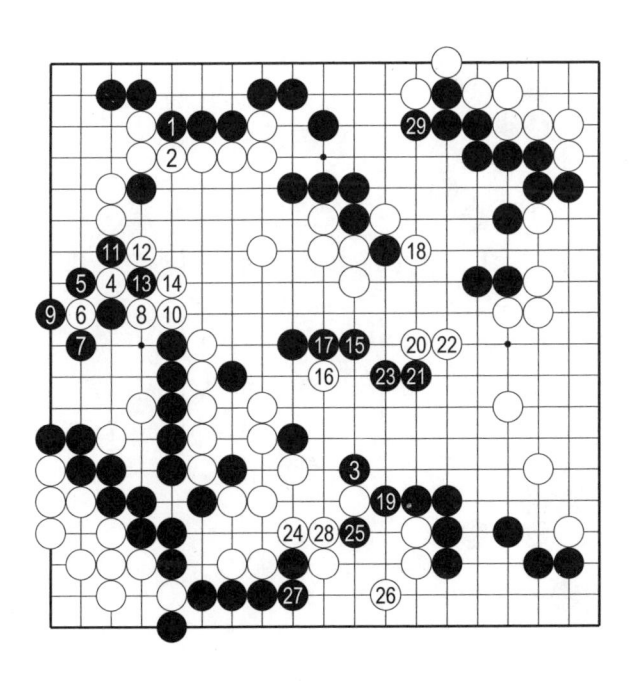

围棋AI认可吴清源先生的判断，并且围棋AI手法更加激进：黑3靠。

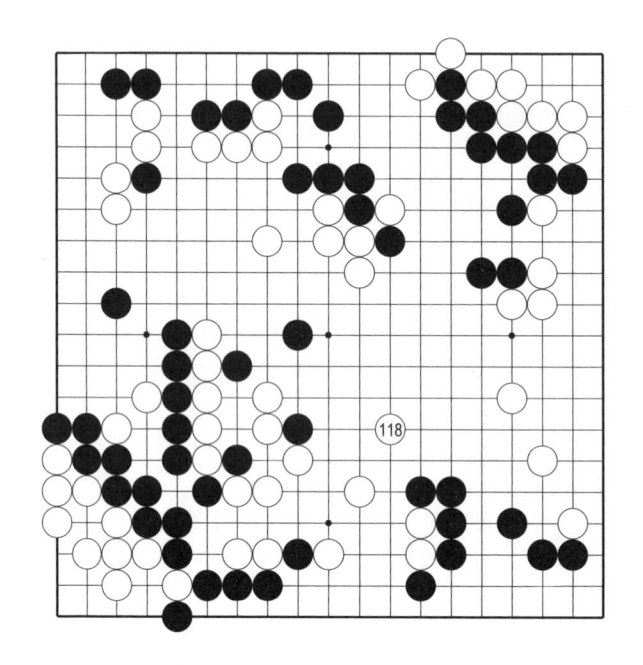

白 118 是围中空的好点，但围棋 AI 判断其价值不如左边，胜率下降 5 个点。

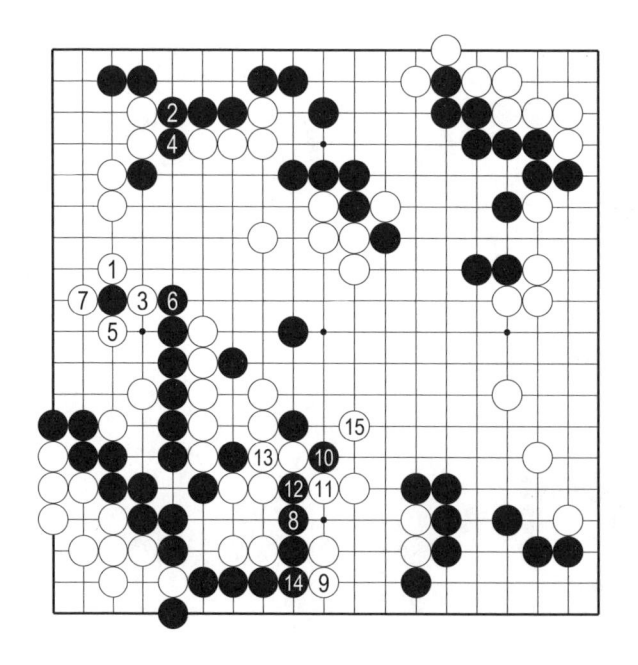

围棋 AI 推荐的首选是白 1 碰。

黑 2 不必然，也可以直接在左边应，白若走 2 位有 1 目的差别。

白 3 也不必然，在 4 位粘上也可。

本图是一个双方气合的有趣方案。

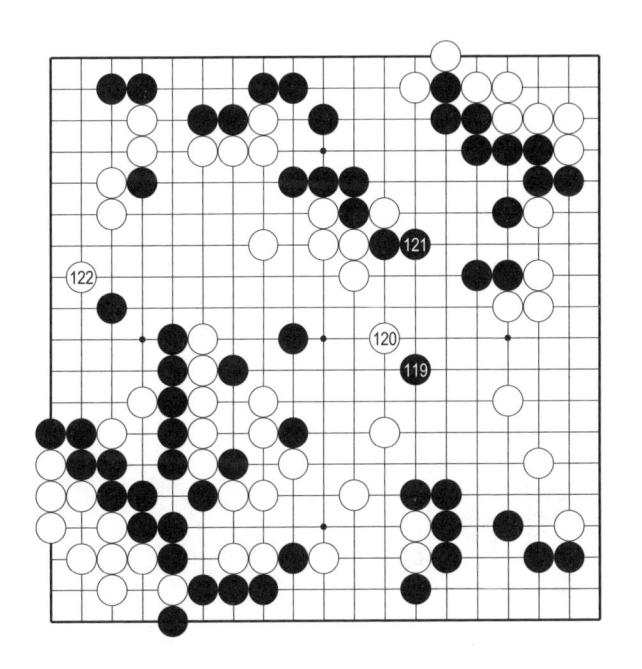

白 120 并没有完全补住漏洞，白 122 从中腹脱先不好，胜率下降 6 个点。

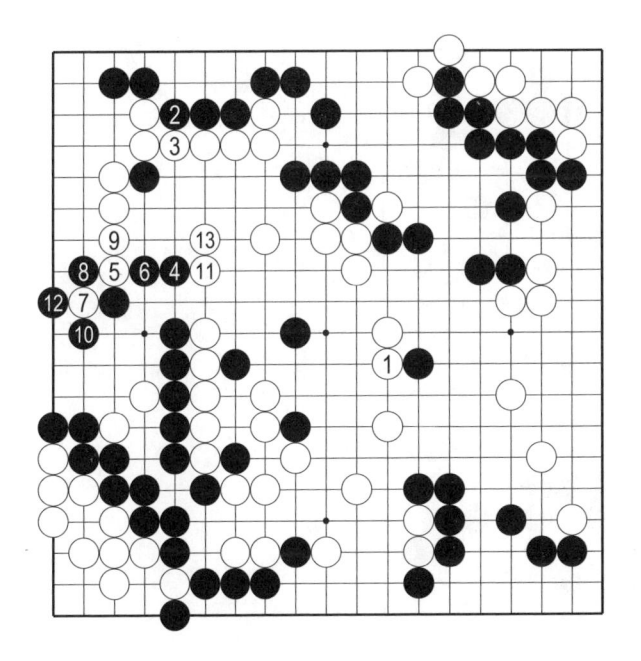

白 1 应该再补一手，否则黑有飞入白空的手段，见下页参考图。

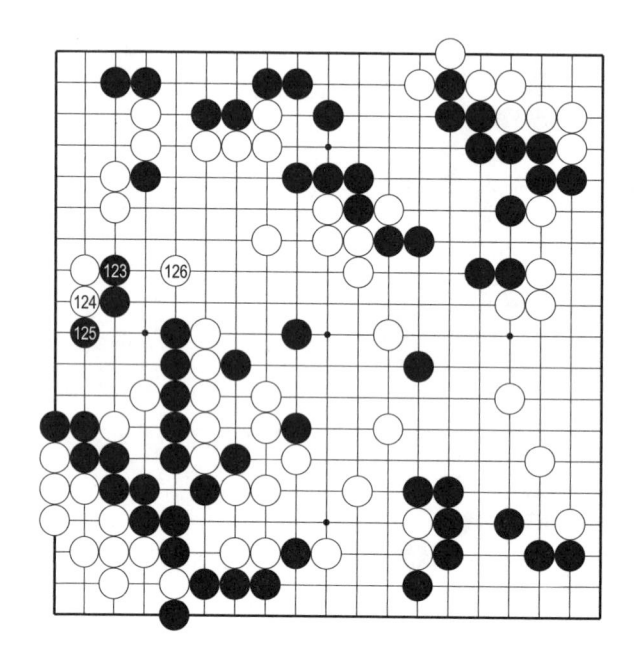

黑 123 随手应，胜率下降 6 个点。

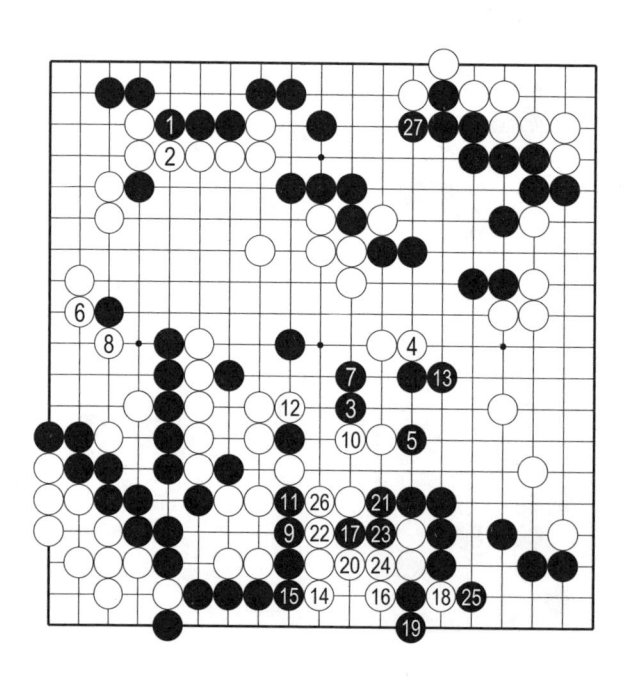

黑 3 飞入白空成立，白没有好的方法阻止黑棋进入。

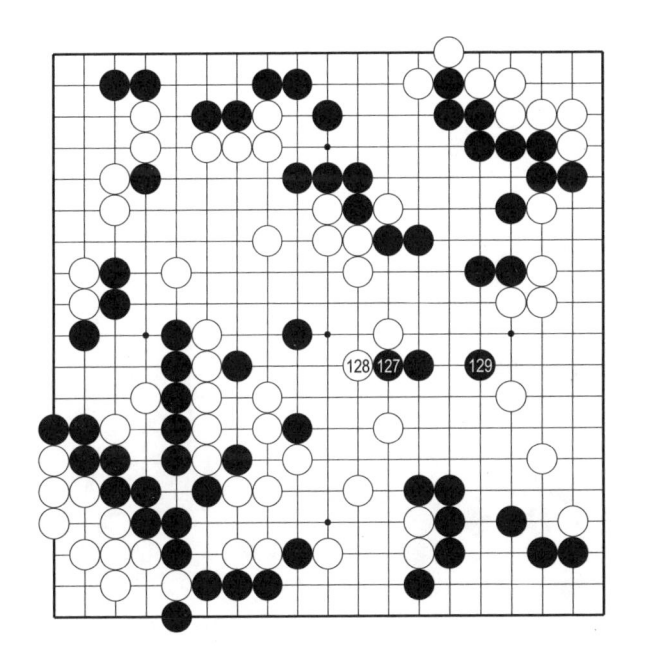

黑 129 可能是想先手下厚，但这是大缓手，胜率下降 19 个点。白的正确应对见下页。

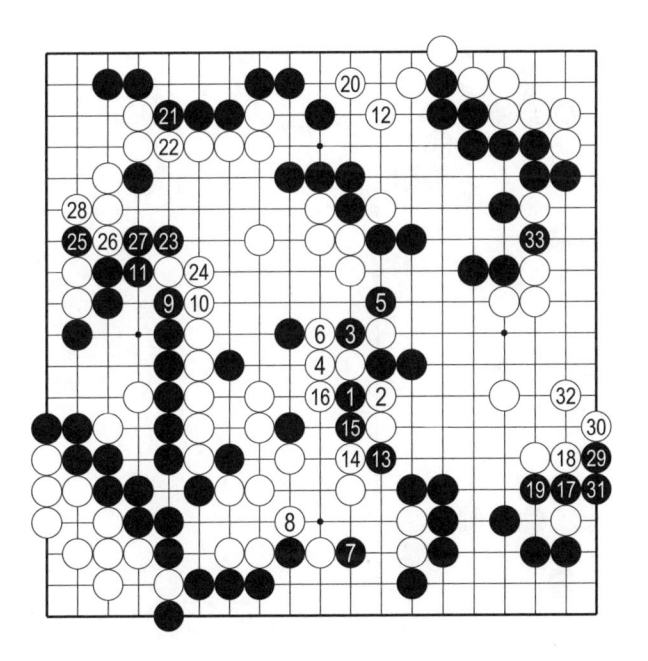

应改下黑 1 直接扳进白空。

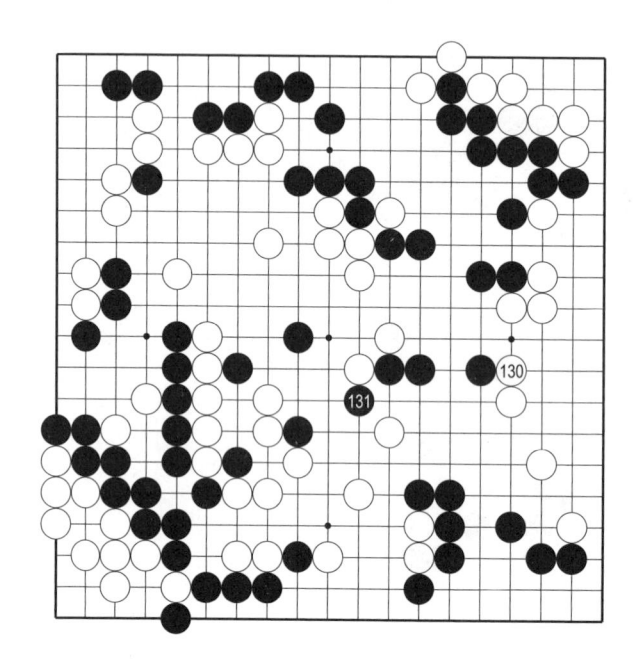

白 130 失机，随手应在不紧急的地方，胜率下降 8 个点。

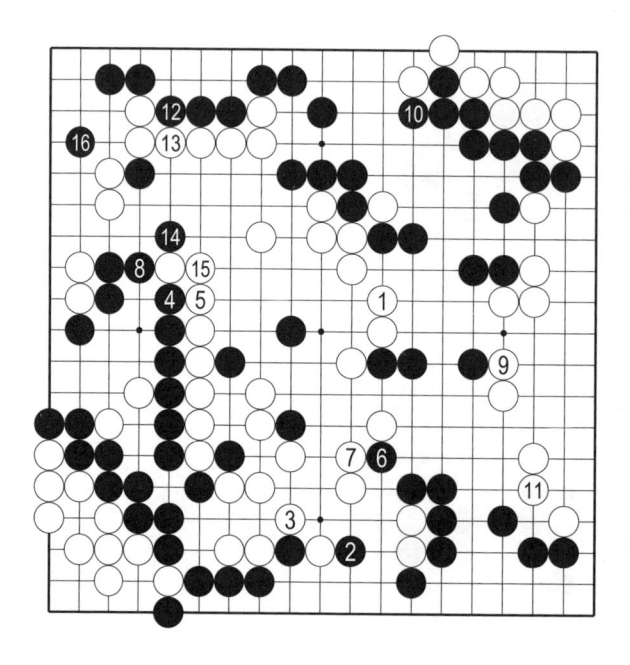

白 1 并是补棋的好点，黑没有好的入侵手段。

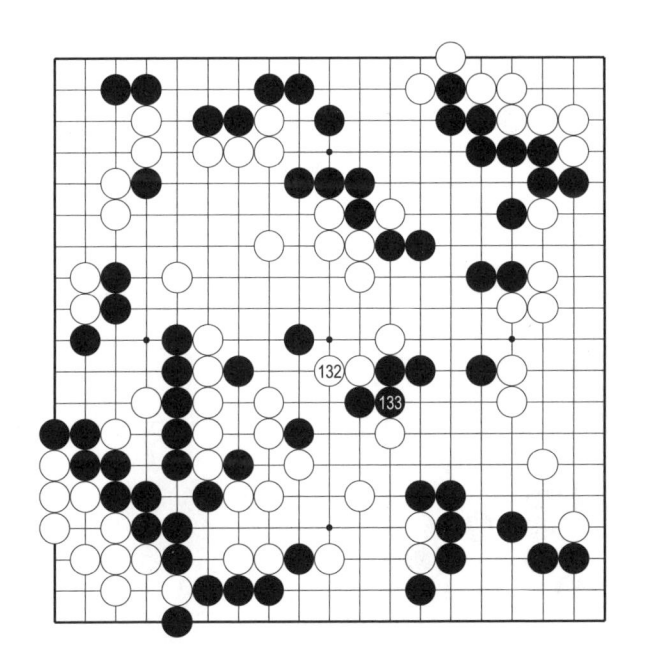

黑 133 连回不大，胜率下降 15 个点。

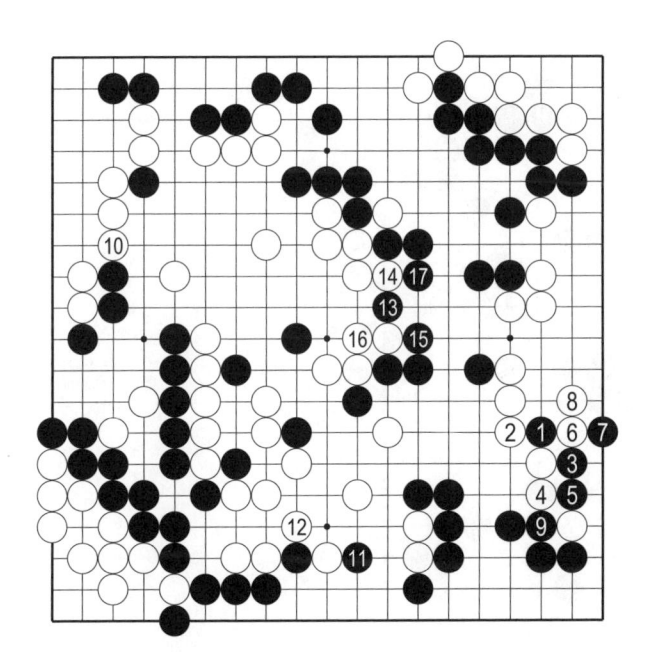

此时官子从大到小的顺序为右下黑 1 破白空，左上白 10 守中空，下边黑 11。

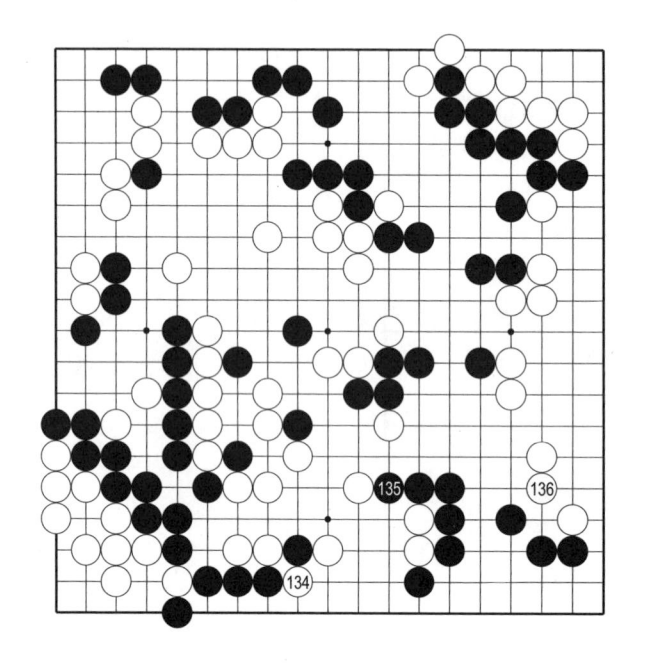

白 134 关门，黑 135 定形手法不对，并没有吃住下边两颗白子,胜率下降 17 个点。

至此，双方胜率第一次接近，黑方的先发优势基本丧失。围棋 AI 给出判断：白方落后约 0.5 目。

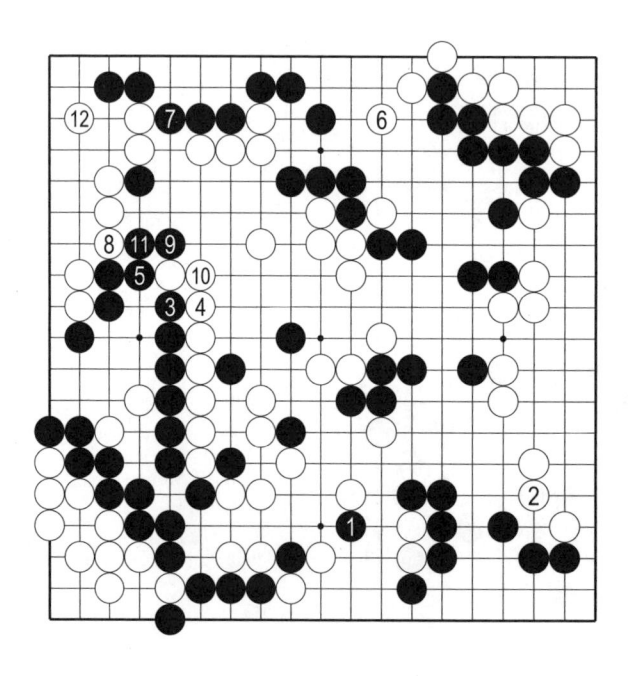

黑 1 才是攻击的要点，白二子无法逃脱。

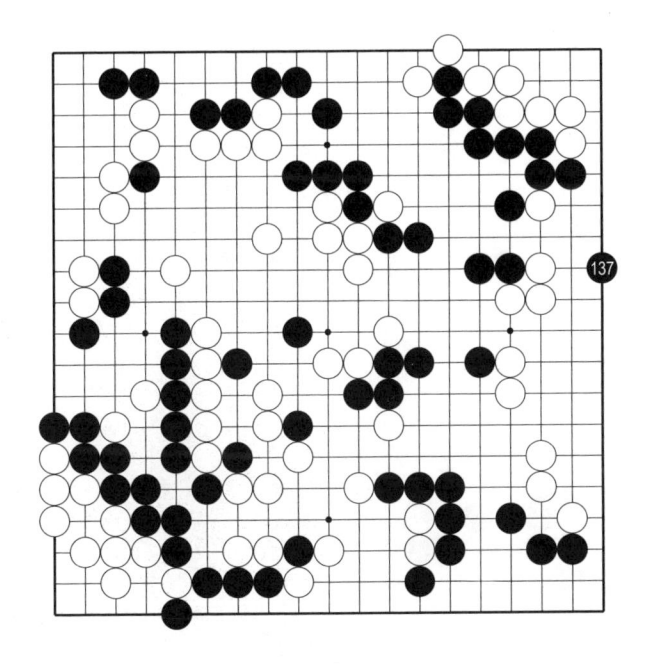

黑 137 虽然大，但并非绝对先手，胜率下降 9 个点。

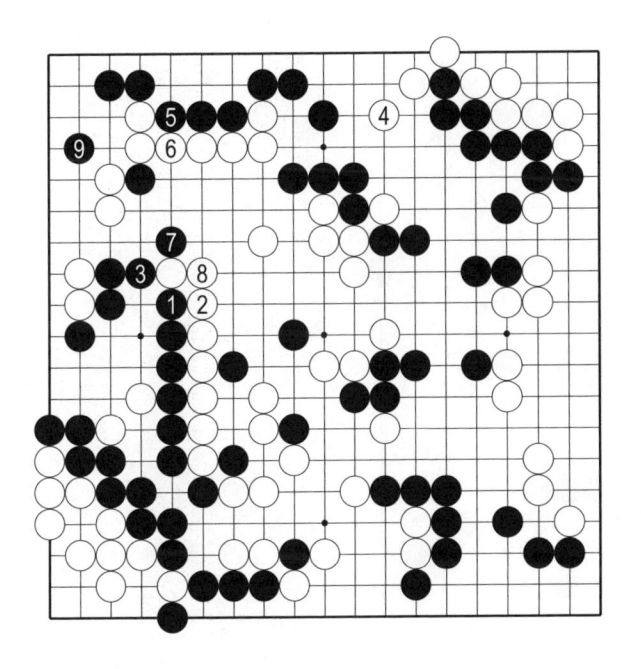

全局官子要点是黑 1、3 压缩白空，请与下页的参考图对比，差距很大。

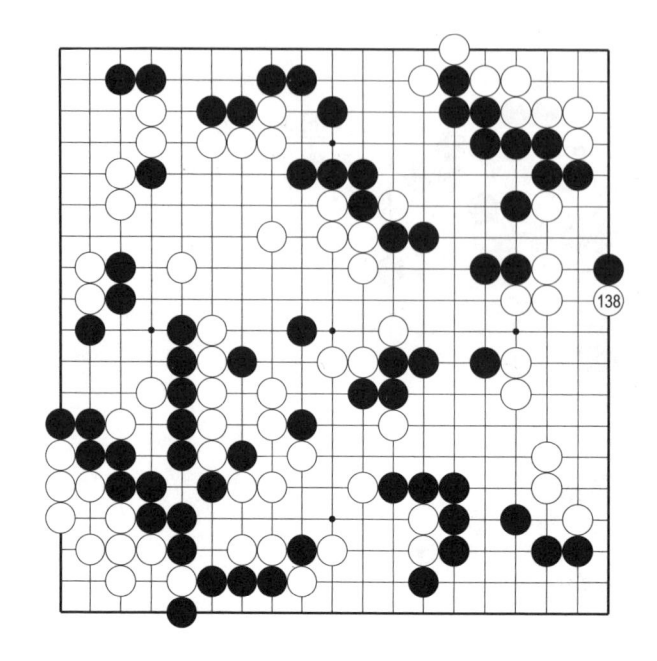

白 138 跟着黑棋应，失机，胜率下降 5 个点。

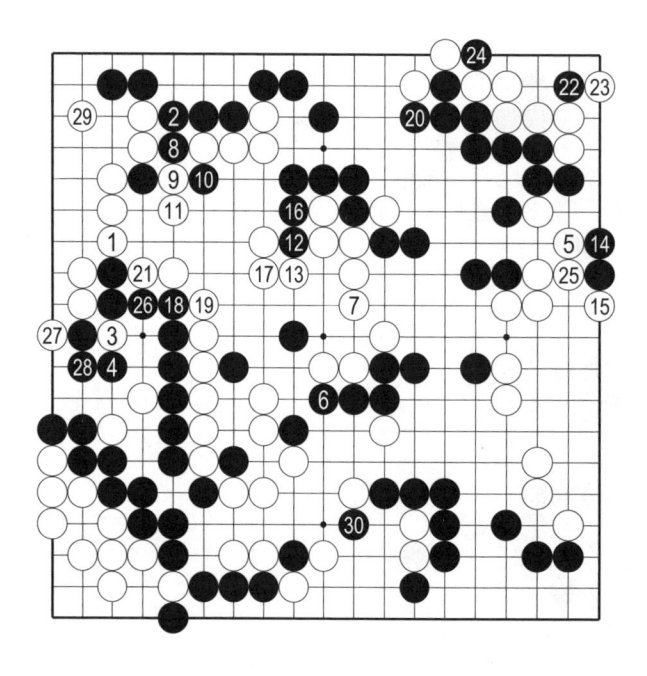

白 1 顶，既围住中腹，又救回左边二子。

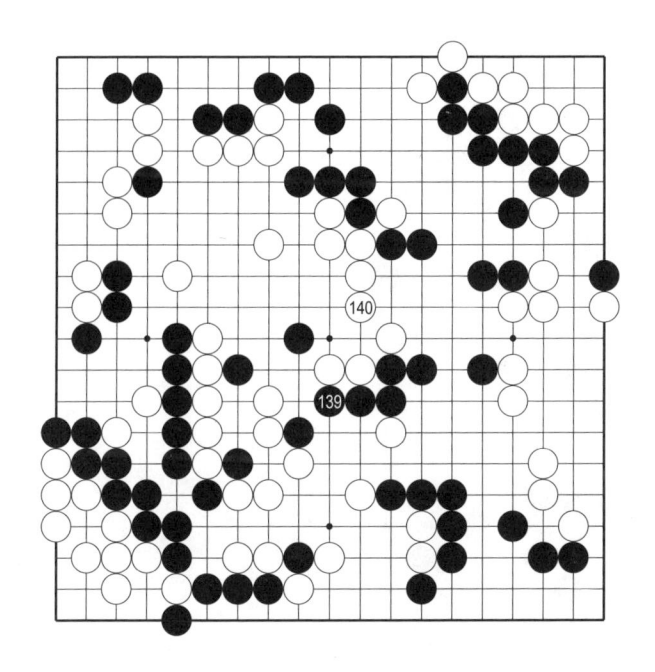

黑 139 收官次序错误，胜率下降 6 个点。

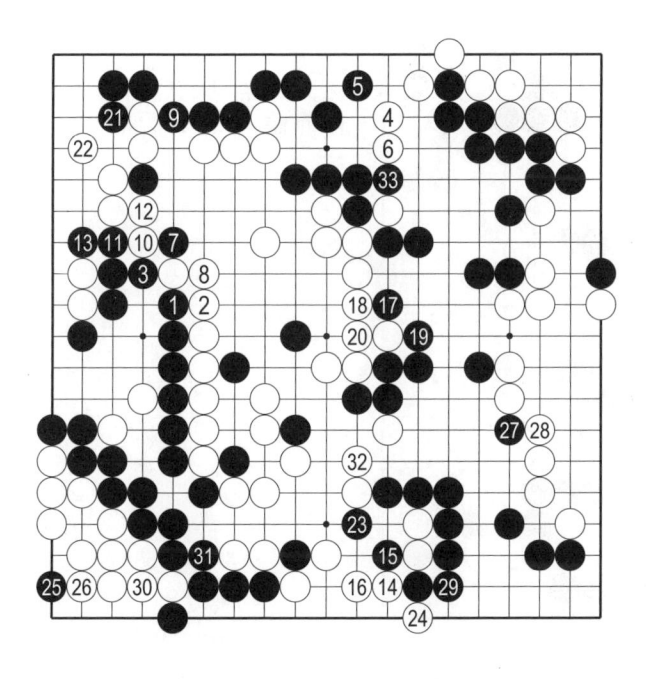

此时仍然是黑 1、3 最大。

虽然白 10 断下中腹黑 7，但黑 11、13 在边上有收获。

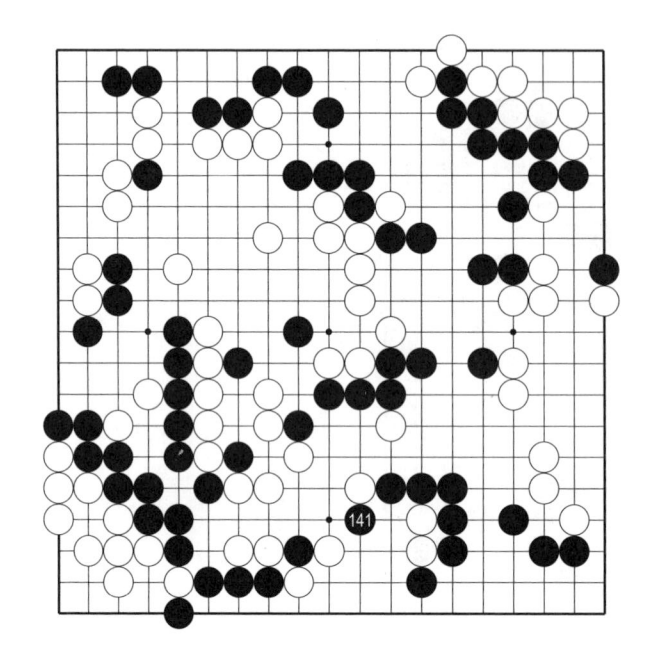

黑 141 不大，胜率下降 18 个点。

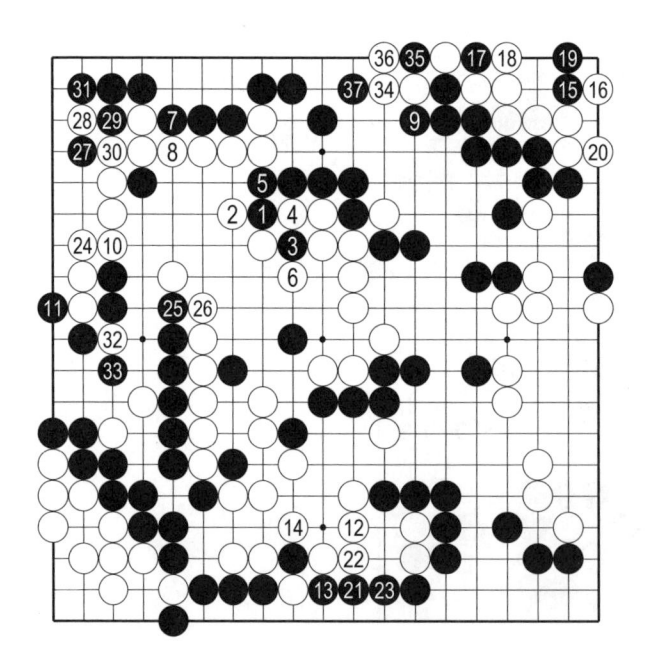

黑 1、黑 7 先手便宜后，黑 9 压最大。

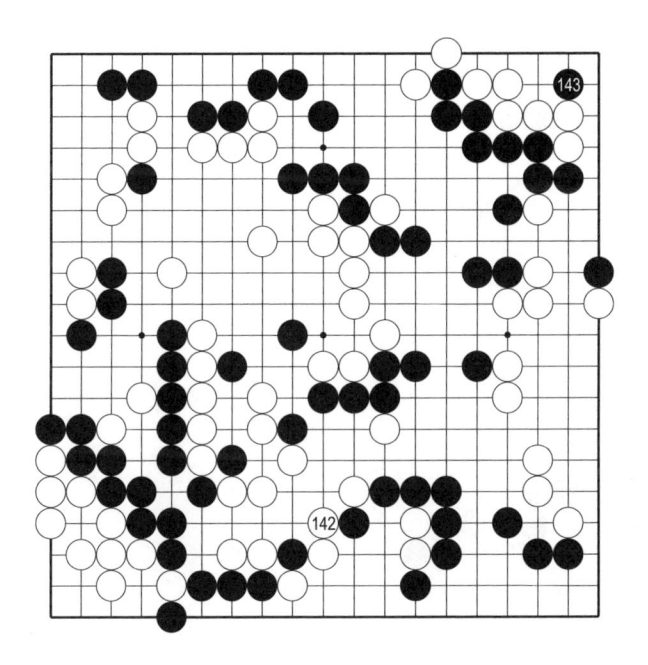

白142随手跟着应亏损，胜率下降17个点。

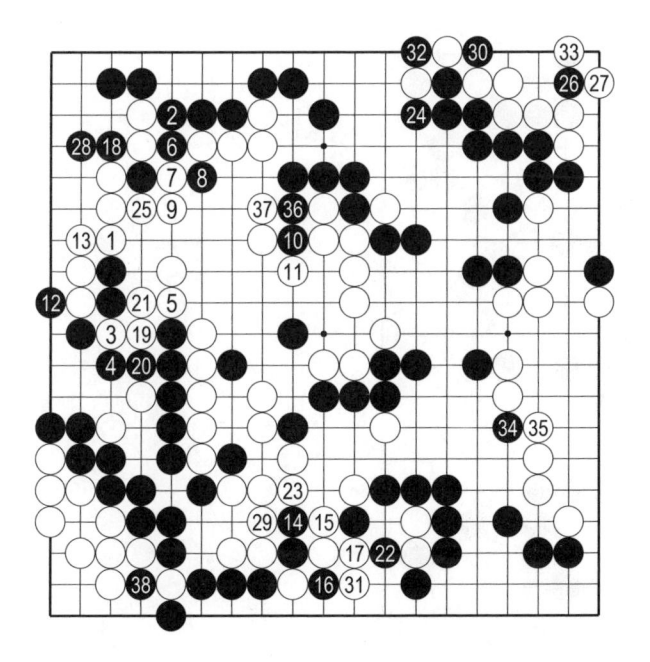

白1守住中空最大。

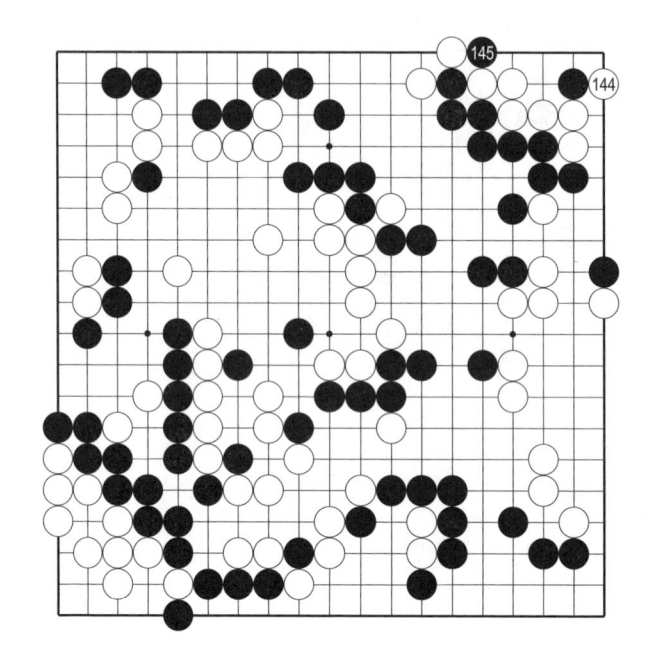

黑 145 不好，胜率下降 8 个点。

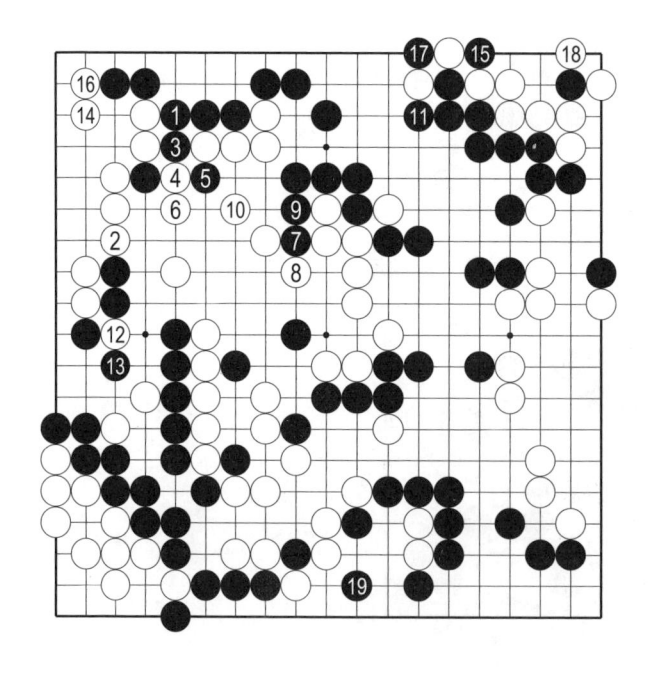

焦点仍是中腹的白空。

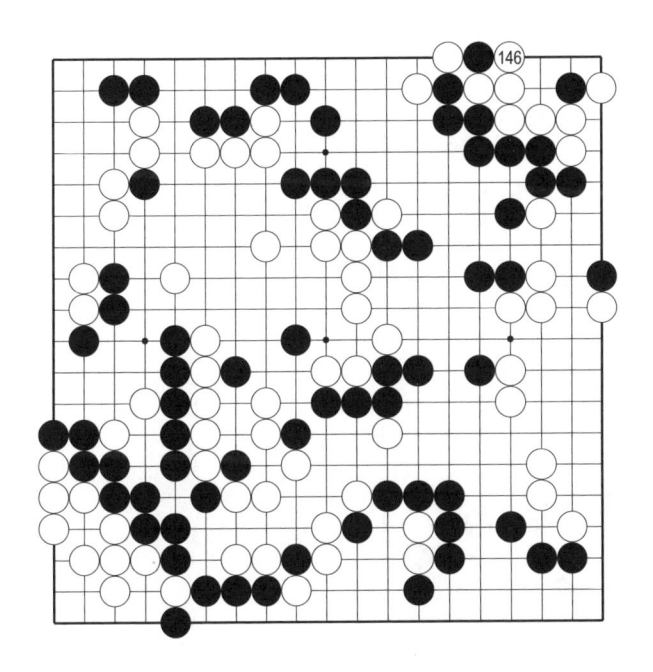

白 146 随手提，胜率下降 8 个点。

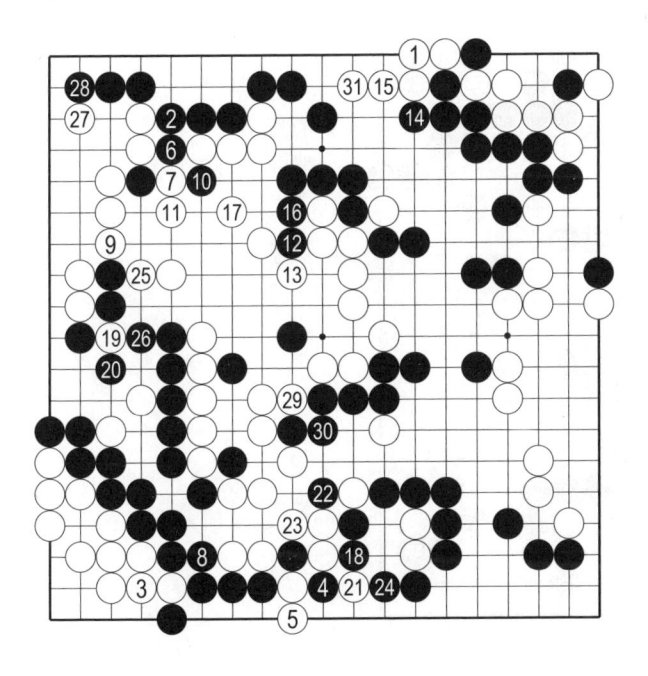

白 1 粘，外面便宜，角上并没有区别。

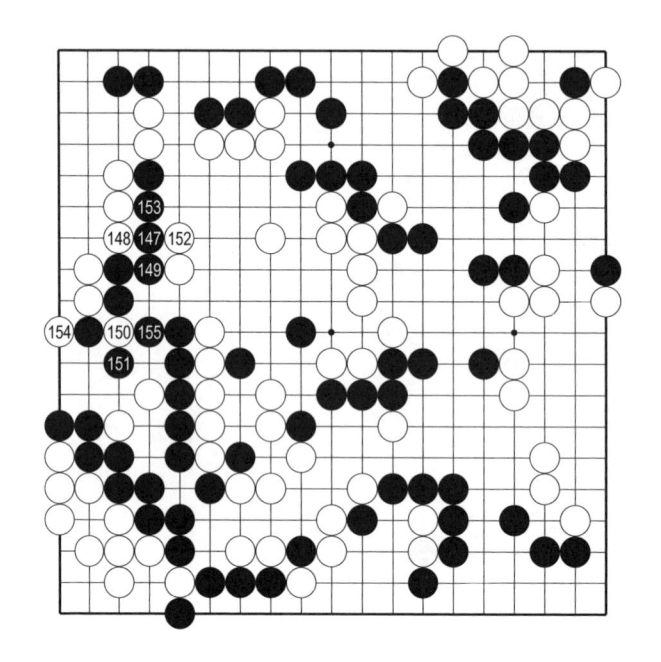

黑 147 失机，胜率下降 24 个点。

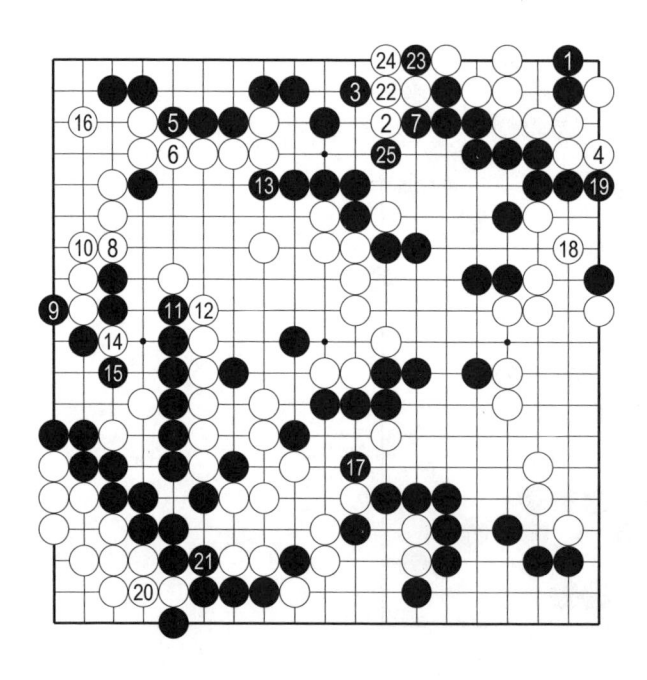

黑 1 立，利用劫杀白角的余味，黑 3、黑 7 围住中间。

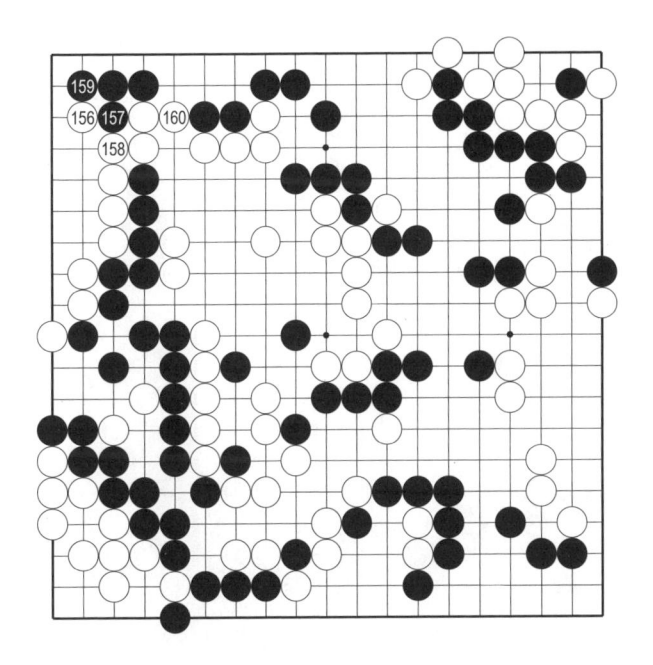

白 160 失着，中腹薄，胜率下降 14 个点。

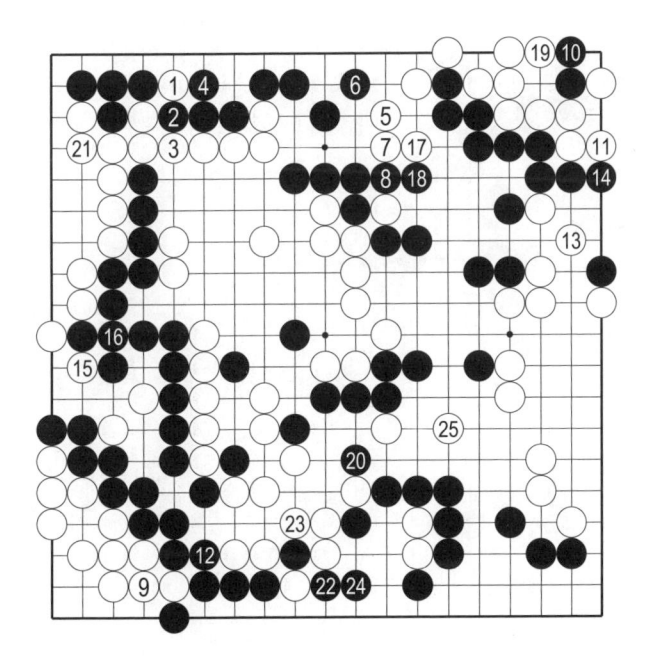

白 1 弃子走厚中腹正解，黑在中间可用的手段就少了。

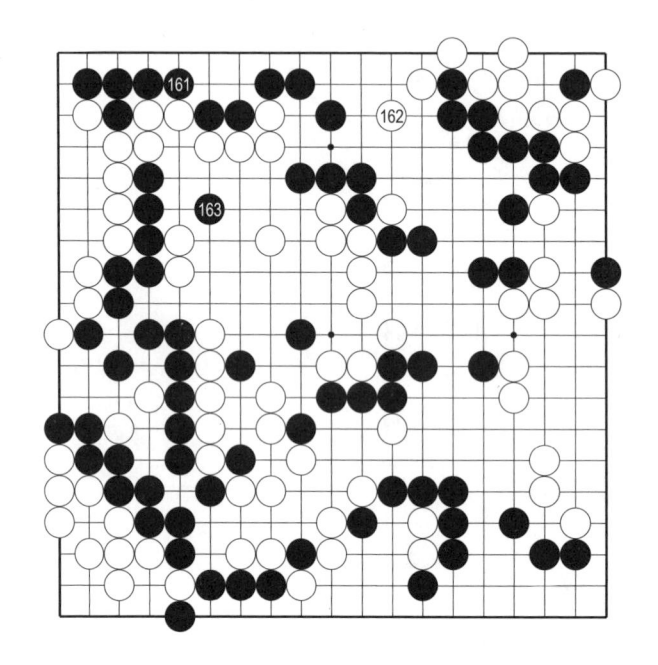

黑 163 导致胜率下降 4 个点。

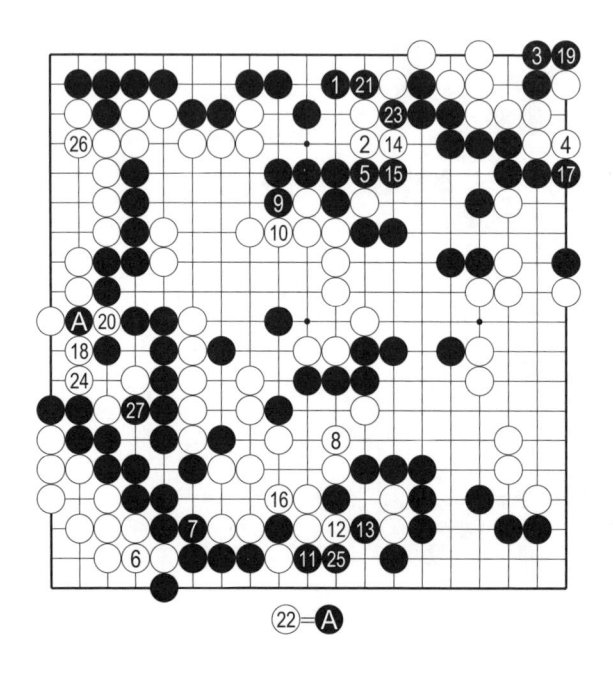

此时黑 1 小尖收官最大。

㉒=Ⓐ

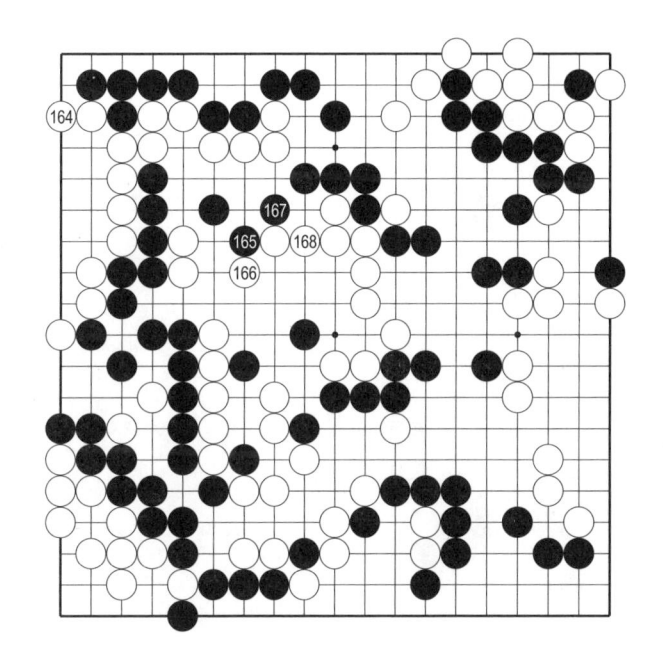

黑 165 失误，没有看到下图的收官手段，胜率下降 17 个点。

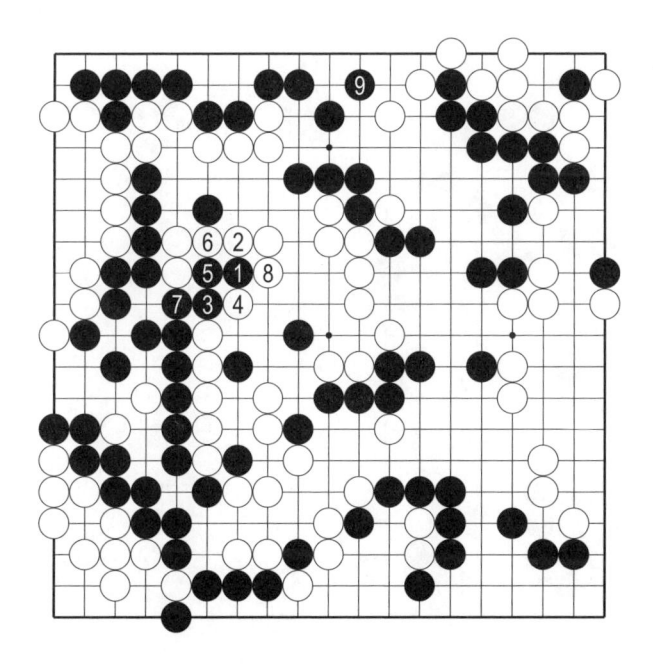

黑 1 飞进白空是好手。黑 3 扳时白无法切断，黑 7 先手连回。

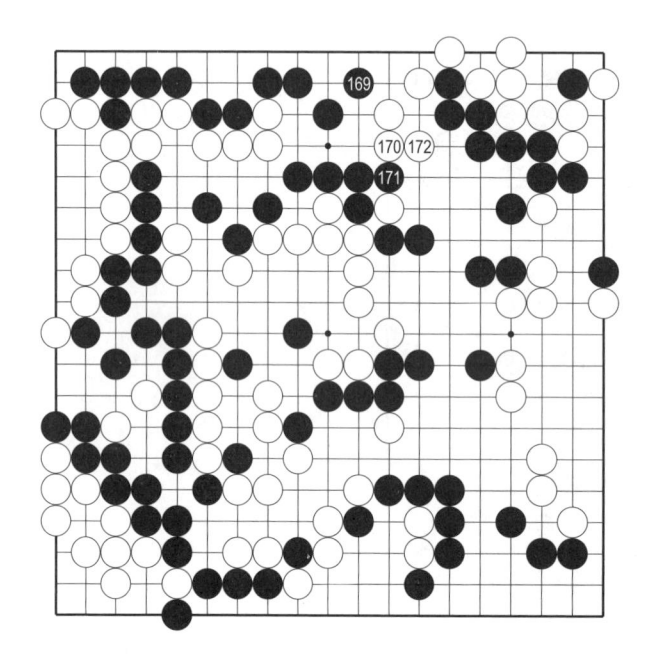

白 172 导致胜率下降 6 个点。

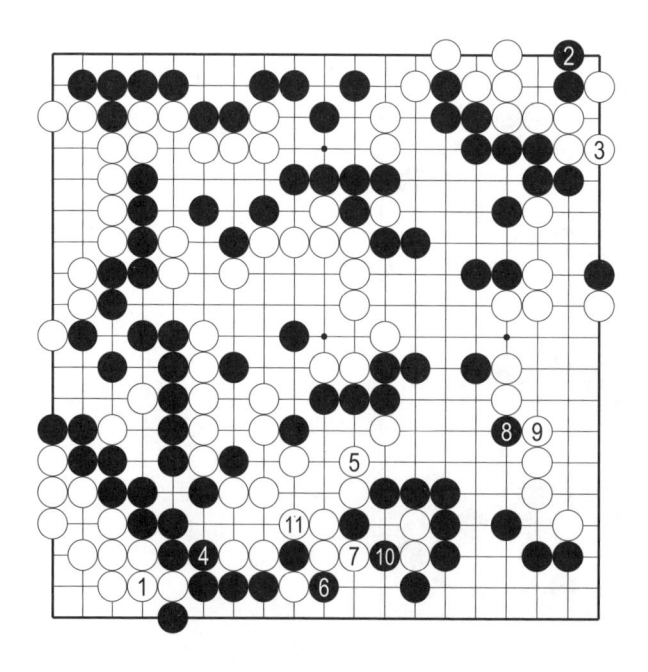

白 1 先手粘，之后白 5 长最大。

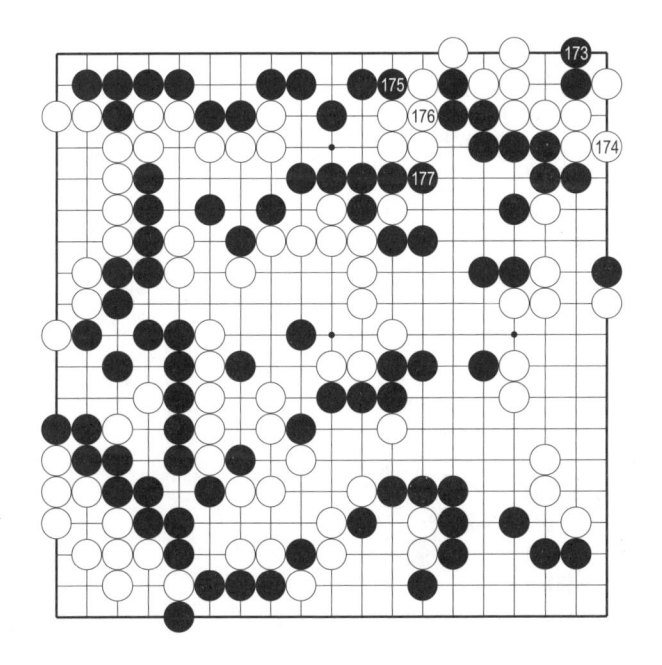

黑 173 立下是精彩的局部手段，利用角上的劫味获取官子便宜。

但黑 177 挡的时机不对，胜率下降 10 个点。

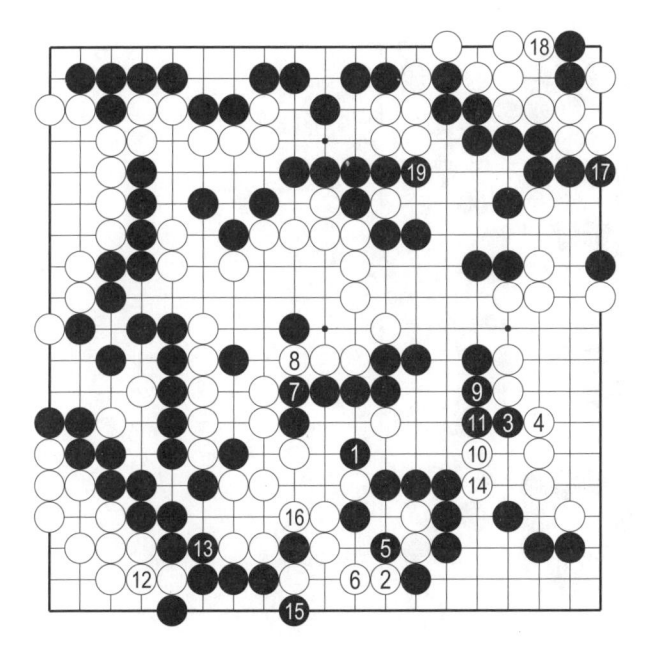

此时黑 1 打吃最大。

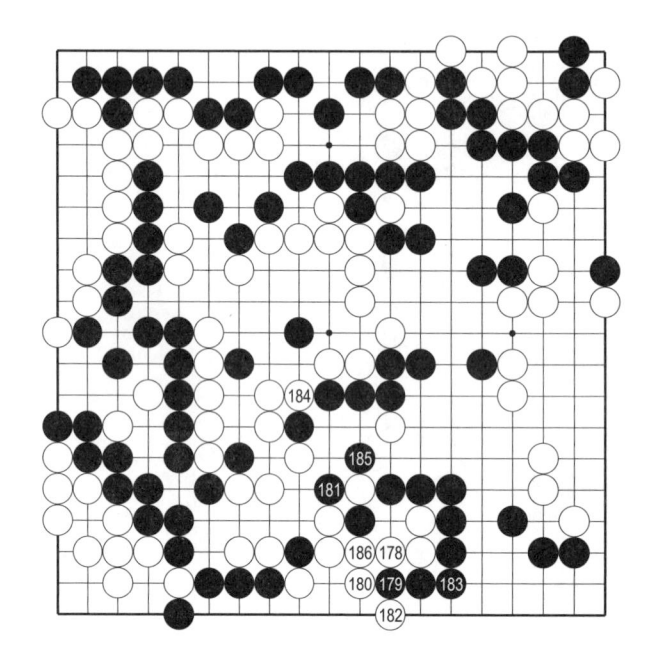

白178救回两子见小，胜率下降7个点。

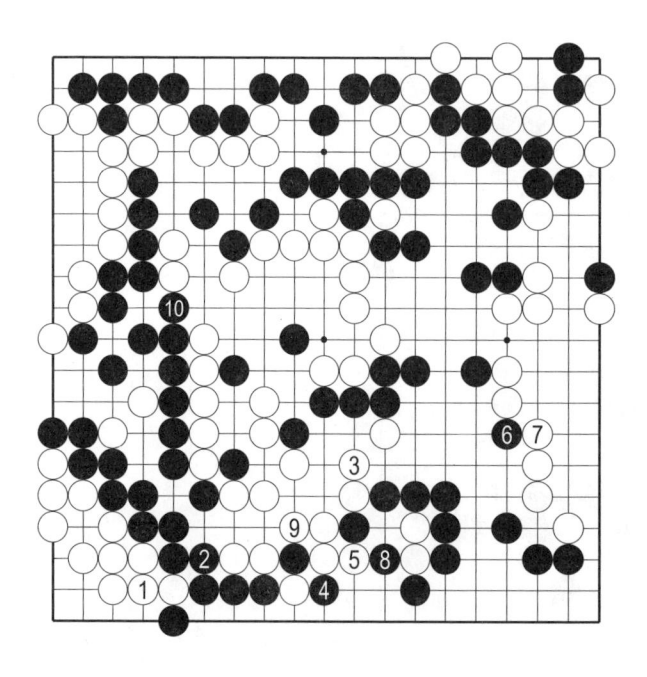

白1先手接，之后白3长最大。

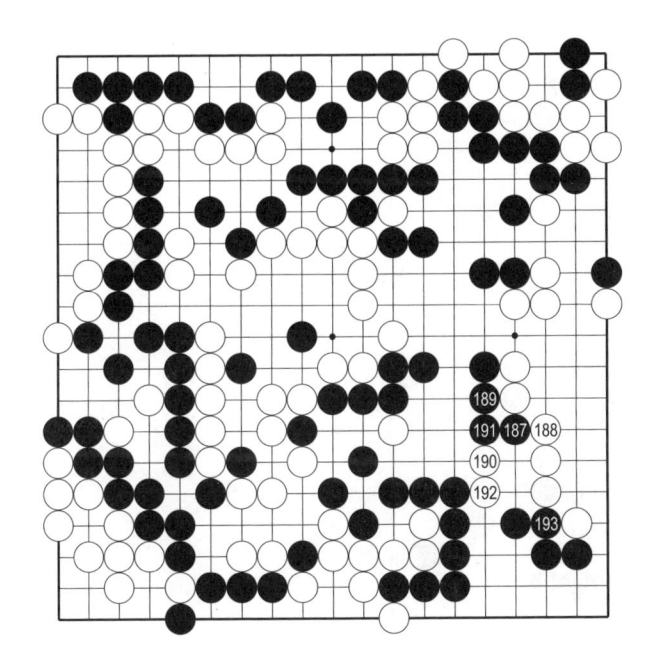

黑 193 不好，胜率下降 8 个点。

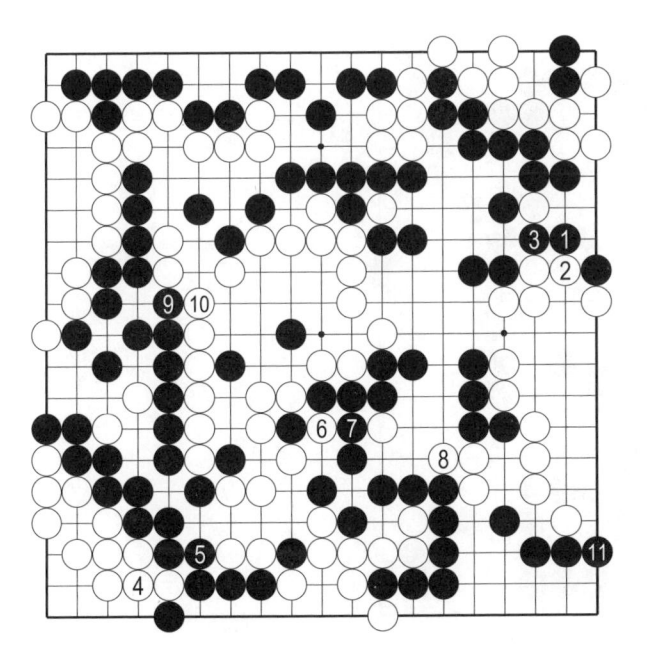

应改下黑 1 刺收官。

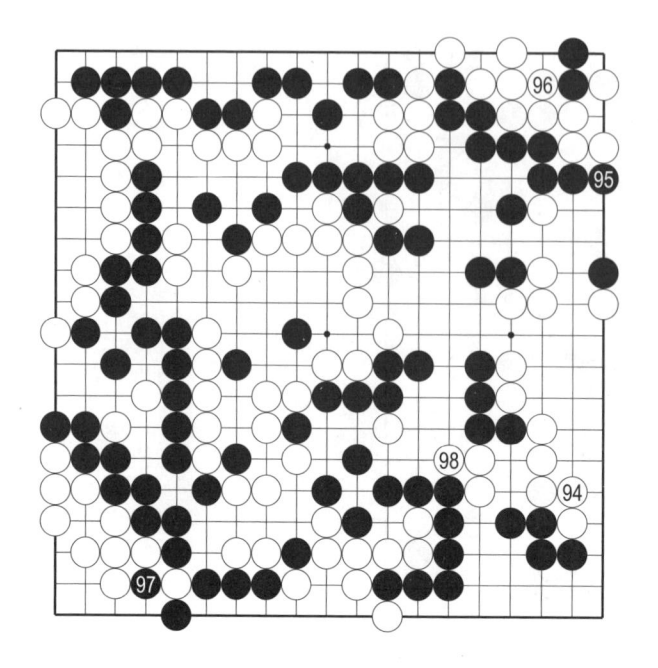

白 198 见小，胜率下降 26 个点。

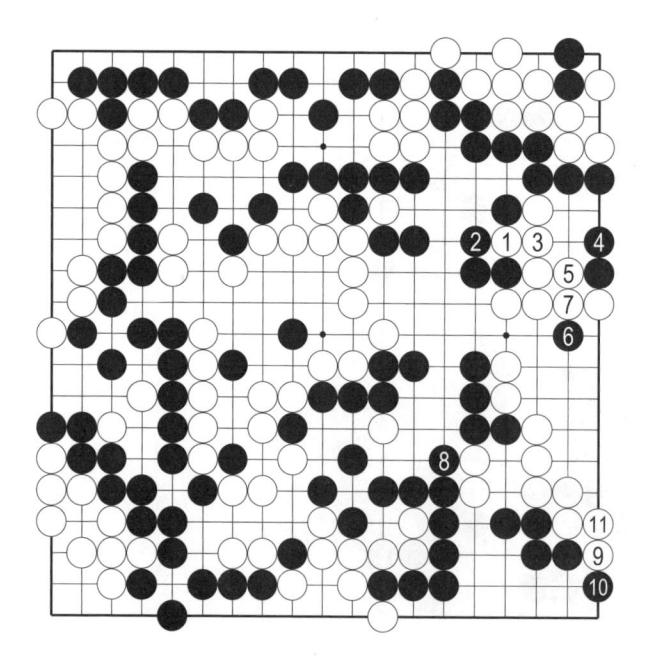

应改下白 1 挖。

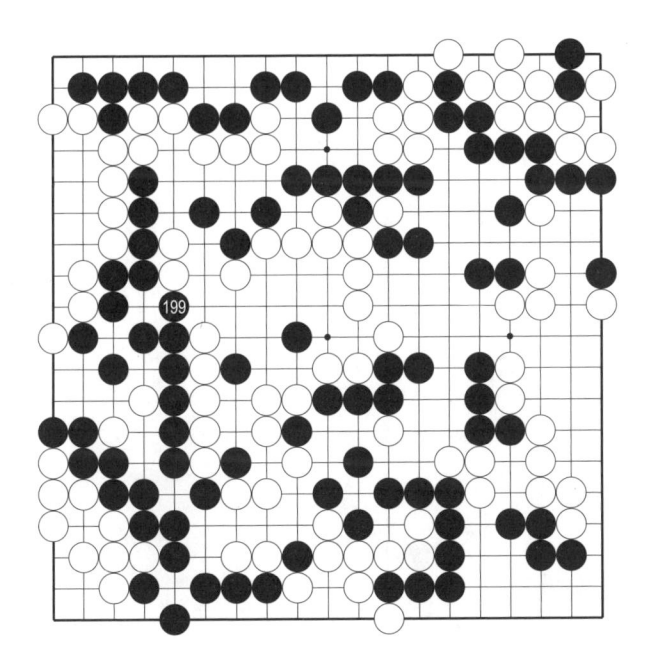

黑 199 失机，胜率下降 15 个点。

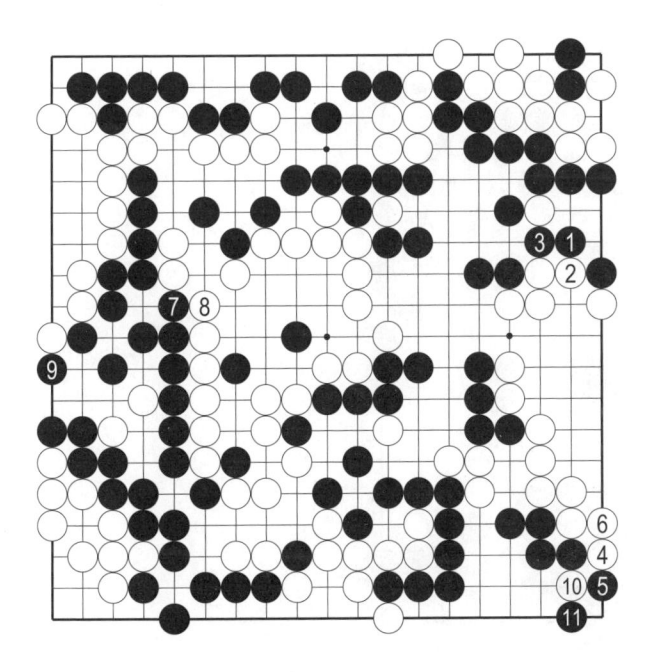

应改下黑 1 刺。

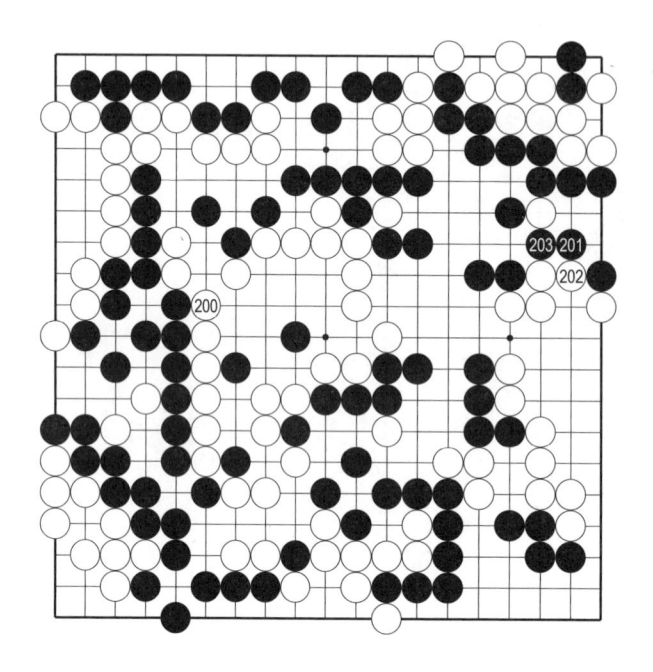

白200同样失机，胜率下降16个点。

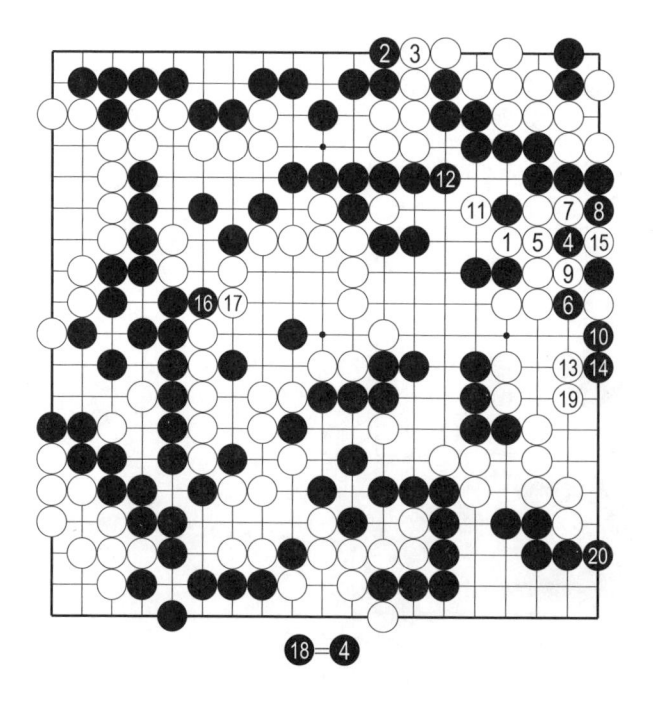

这是围棋AI推荐的方案，太复杂了！

18=4

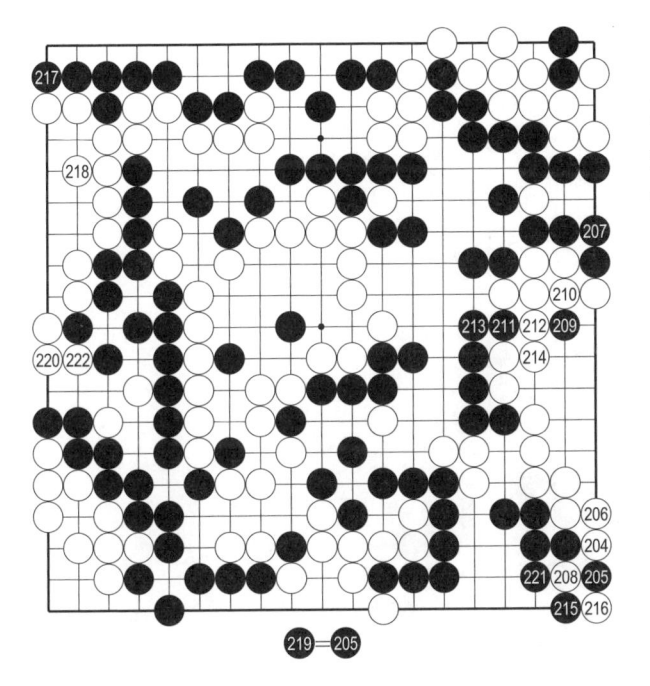

黑 221 消劫时机不对，导致白 222 又生事端，胜率下降 18 个点。

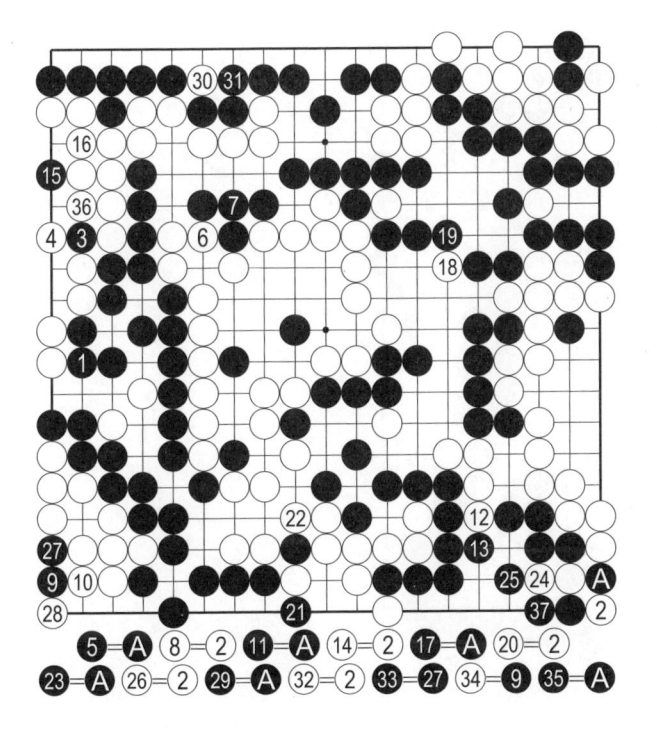

这是围棋 AI 优化后的打劫过程。

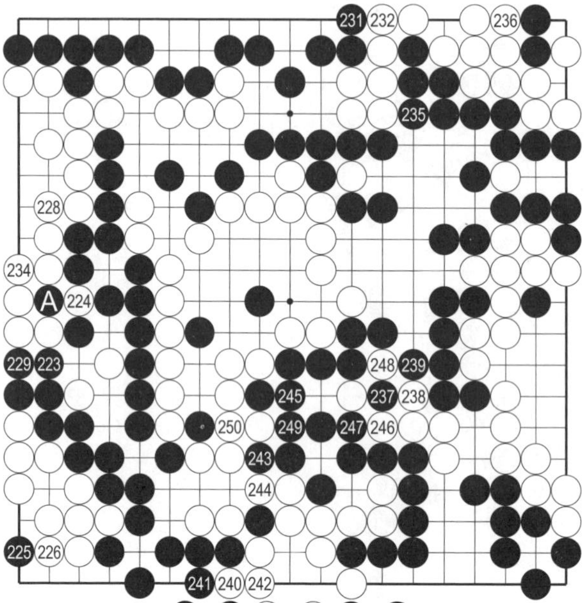

227=A 230=224 233=A

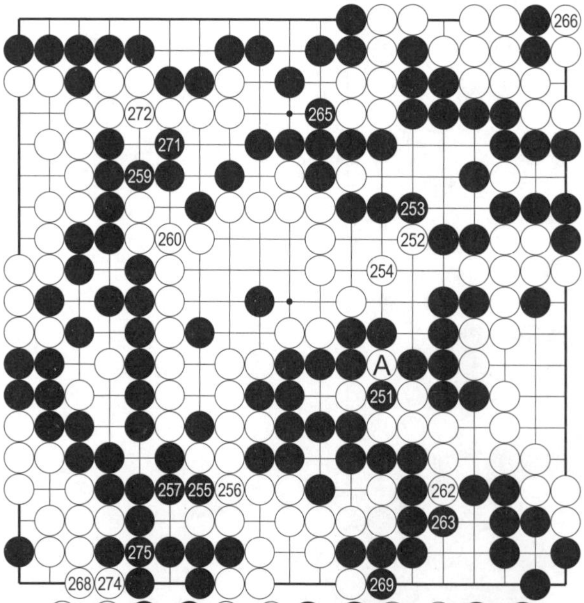

258=A 261=251 264=A 267=251 270=A 273=251

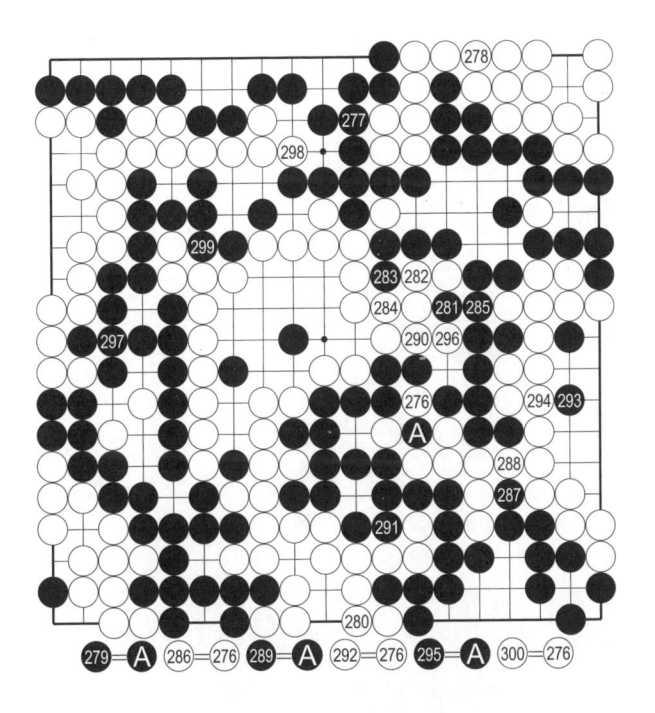

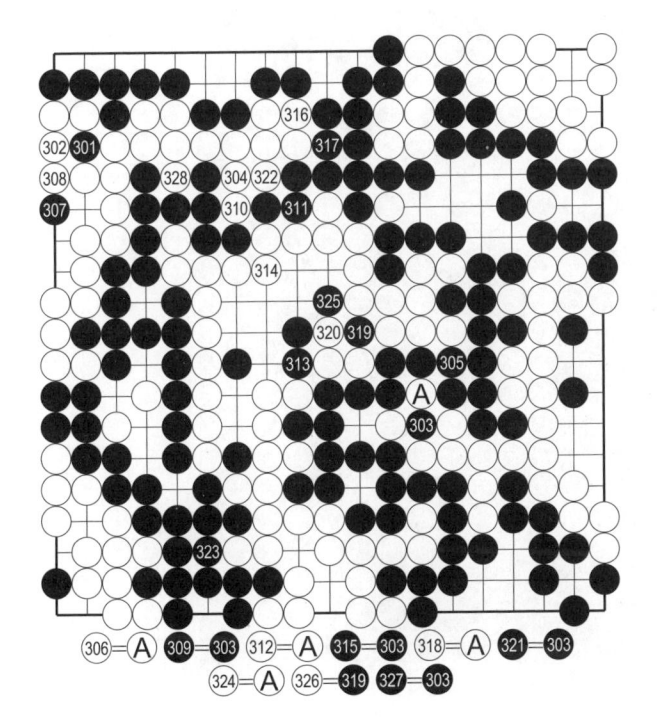

共 328 手
白胜 1 目

局胜率走势及 AI 吻合度

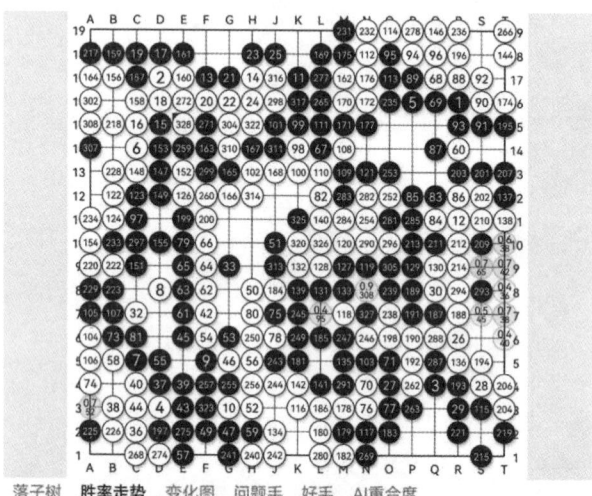

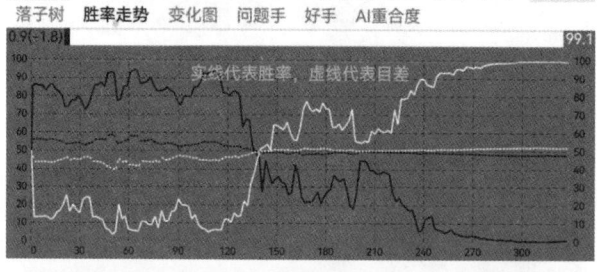

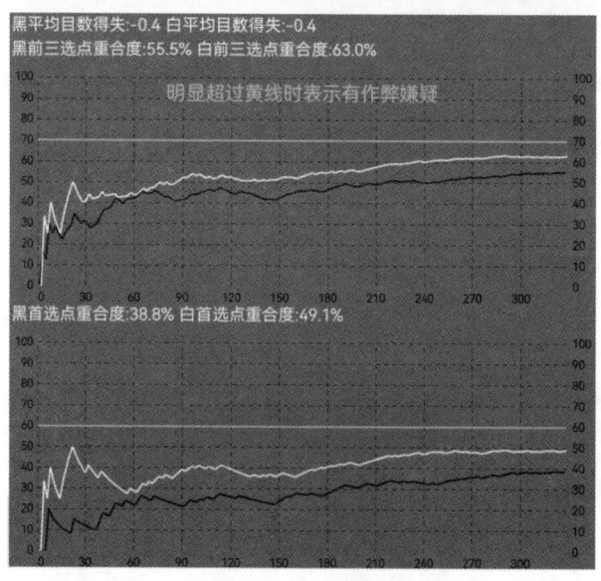

雁金准一 VS 吴清源

总谱

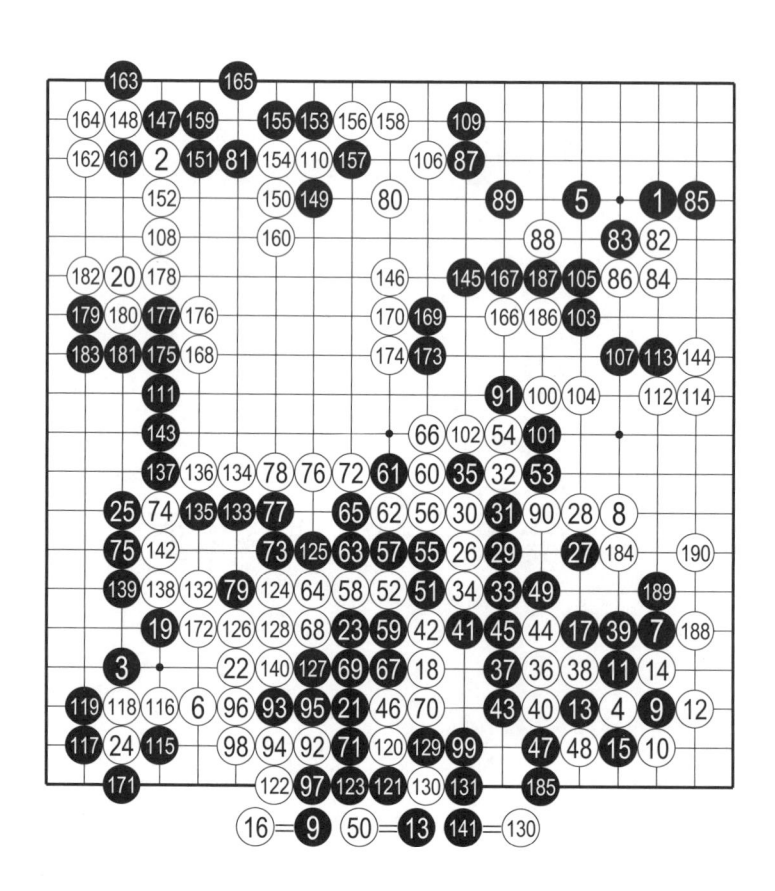

●雁金准一 VS ○吴清源

十番棋第五局
1942 年 5 月 2 日至 4 日
不贴目
共 190 手，白中盘胜

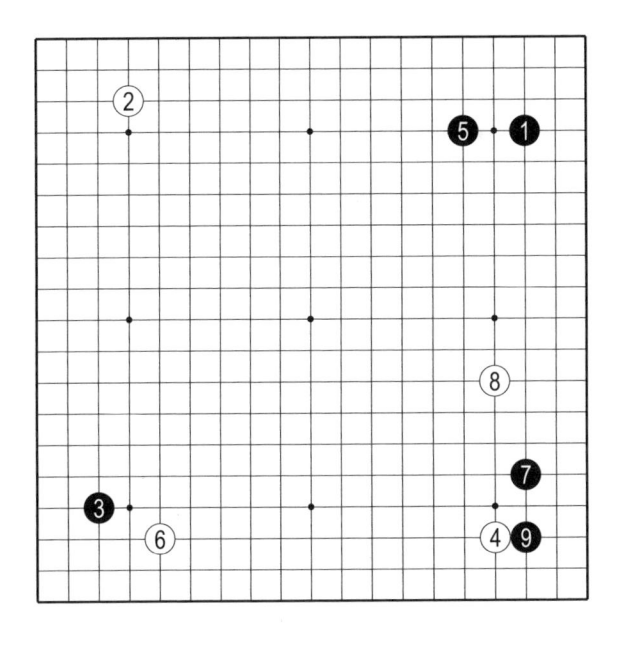

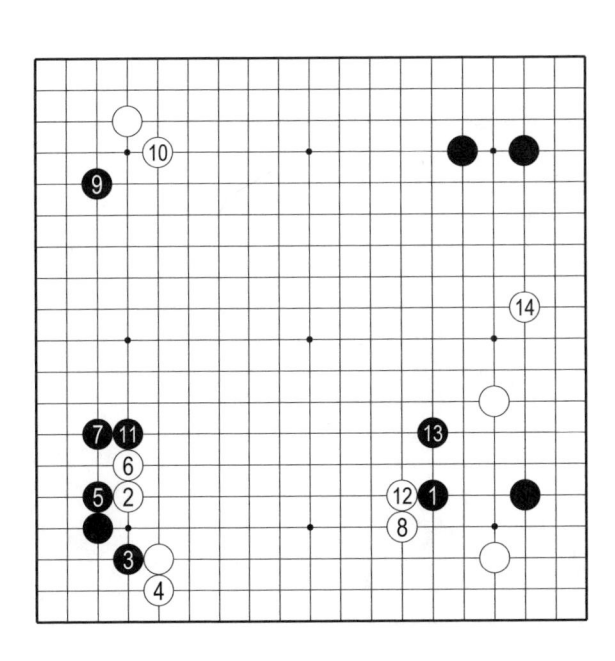

雁金准一棋风硬朗，接触战的功夫出类拔萃，有"力战之雄"之称。他和秀哉都是明治巨匠秀荣名人的弟子，二人为本因坊继承权进行过激烈争斗。

白8夹得高而且松，对黑7的威胁并不大，黑做活不急。

黑9托三三一般在应急腾挪的时候采用，会把对方也撞厚。此时局面开阔大可不必，胜率下降7个点。

围棋AI建议的局部行棋方向，其一是在黑1一带出头，另一则是依仗右上单关角立即在14位一带反夹。

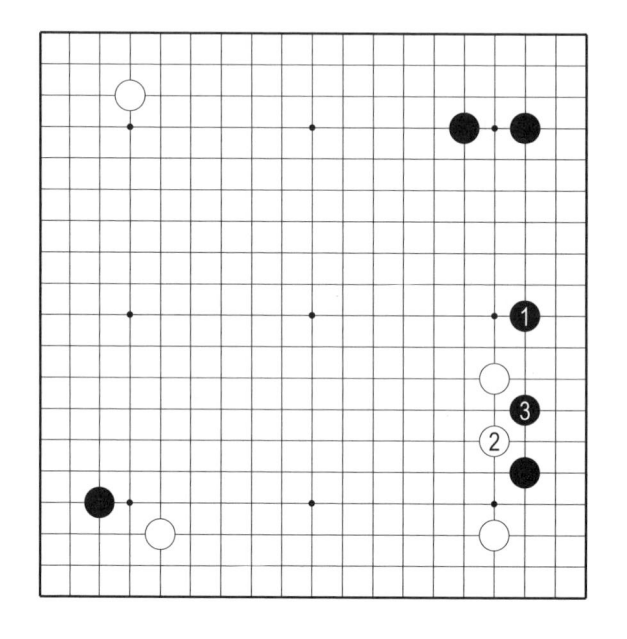

黑1立即反夹的底气来自"角上让白再走一手也不严厉"。

白2还有很多下法，但都无法简单制住挂角的黑子。所以围棋AI时代夹击挂角一子的下法也变少了。

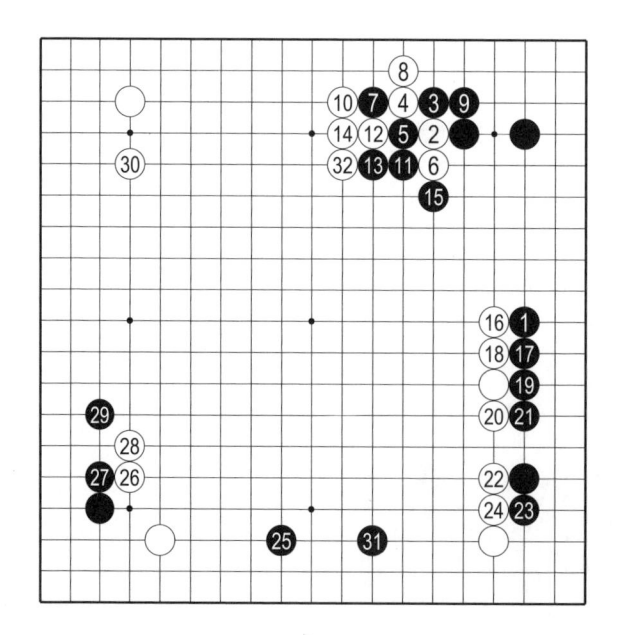

变化另一例。

黑1反夹利于右上黑单关势力发挥作用，白2碰是围棋AI对付小目单关角的常用手法，马上动手是不愿意黑继续在右上扩大规模。

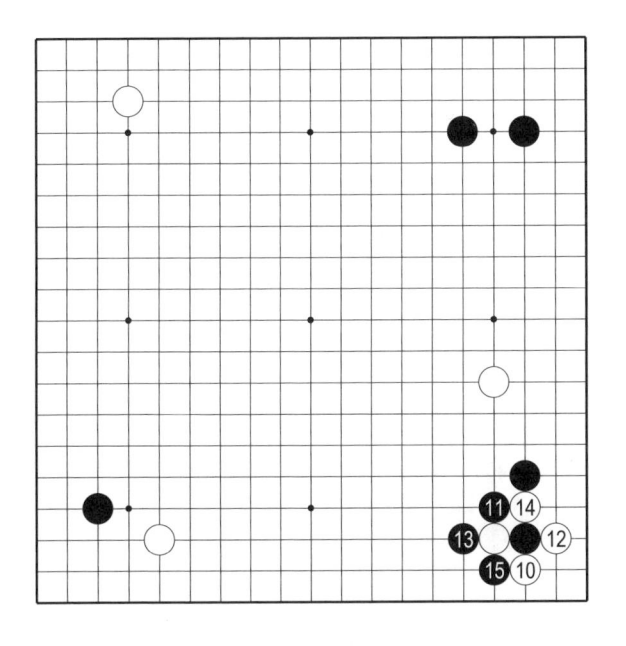

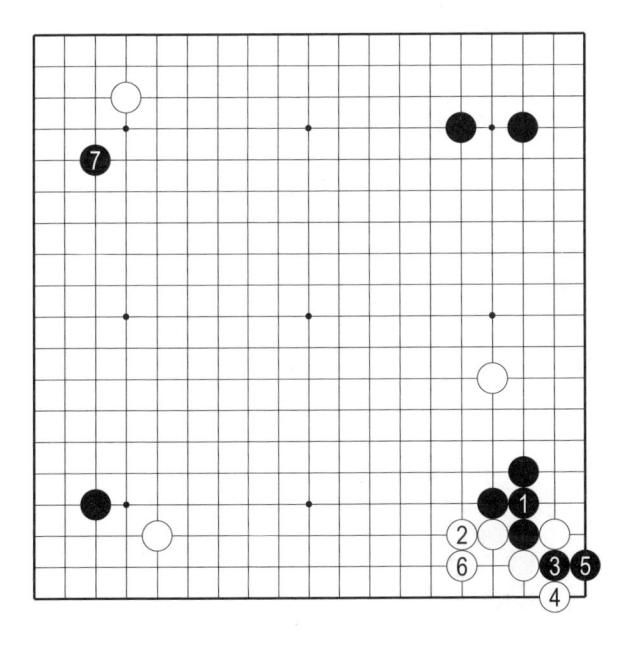

白12打吃这手棋，当时棋界普遍认为是恶手，之前都是在13位退。

但吴清源认为白打到这一下很好，之后遇到类似局面他也这样下。十几年后，棋手们才接受吴清源的观点，这手打吃逐渐普及开来。

围棋AI的观点与吴清源一致，吴清源先生领先于时代的价值判断能力可见一斑。

黑13反打是以前常用的整形手法，但围棋AI认为这是坏棋，胜率下降15个点。

围棋AI推荐的黑1粘让人大跌眼镜，以前这是被严厉批判的"恶手"。

黑1粘上后，白的两个断点就暴露出来。利用白的缺陷，黑棋不难处理。

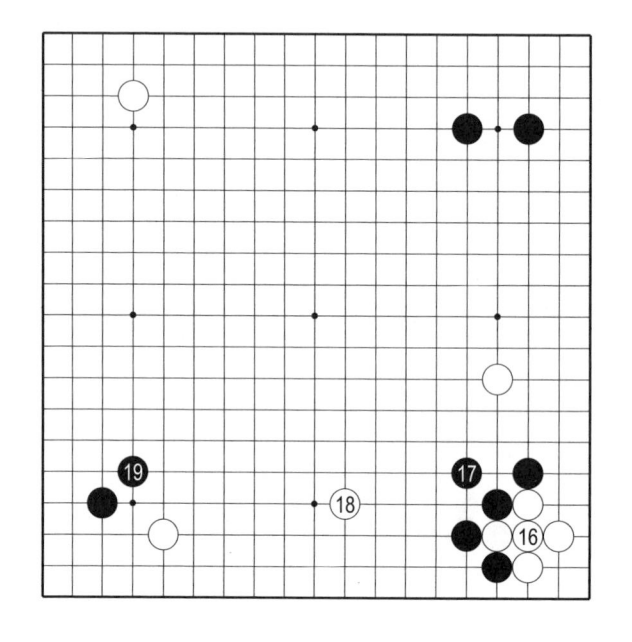

黑 17 双虎，曾被认为是很有弹性的好形，所以白 18 夹击过来时黑 19 不愿意在右边补棋。

黑 19 脱先，胜率下降 5 个点。

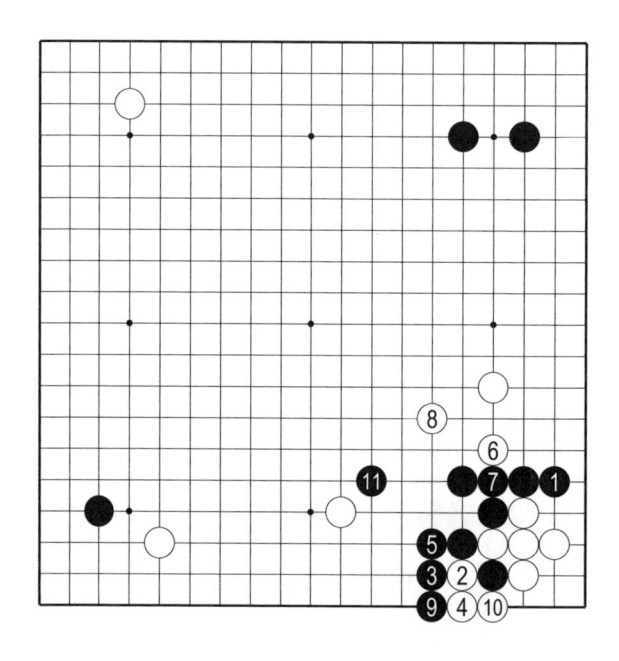

黑 1 下立安定自身重要。这块棋的两个虎口是重大缺陷，很容易成为对方攻击的目标。

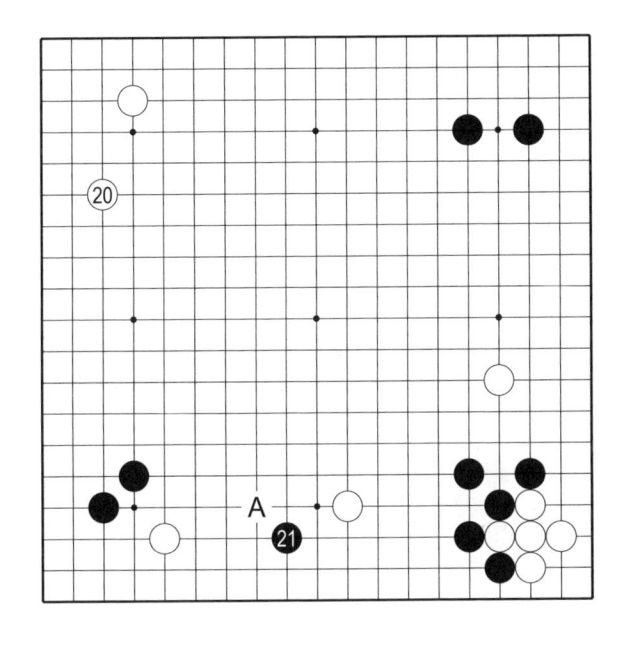

白20脱离主战场，胜率下降10个点。黑21是攻击的好感觉，不愧"力战之雄"美誉。

从防守角度看，白20应该下在A点；下图则是着眼于进攻的方案。

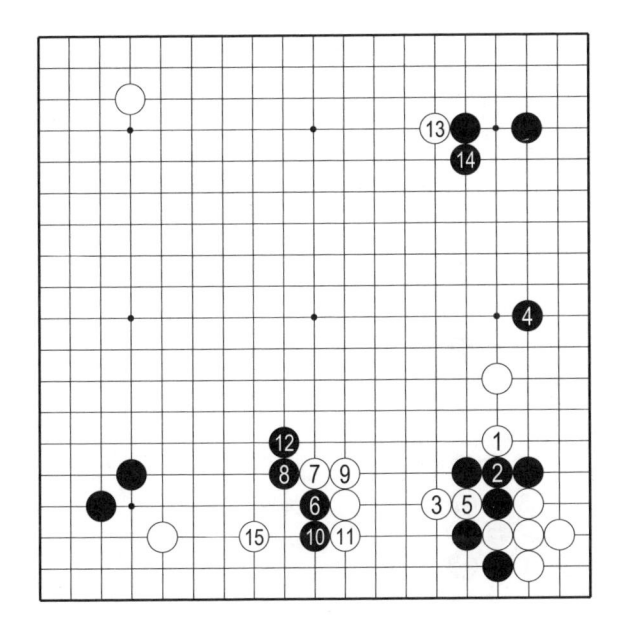

从这个变化图可以看到白1、3两刺很严厉，黑4如果在5位粘上更呆板。

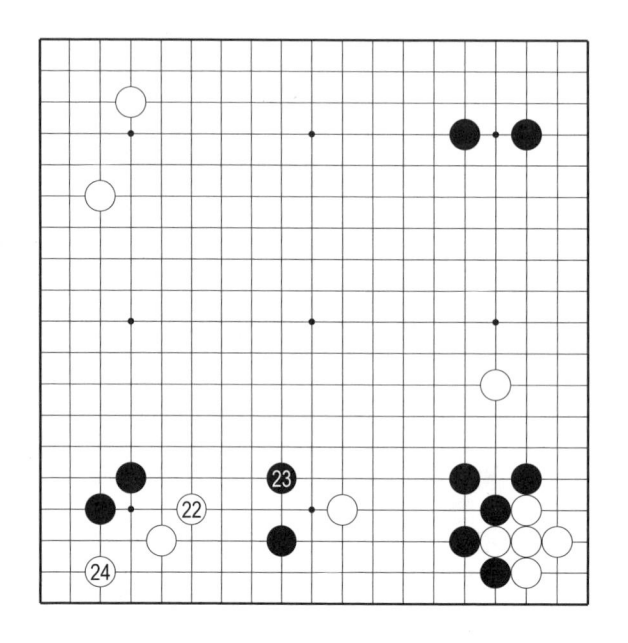

白24自保是缓手，胜率下降5个点。

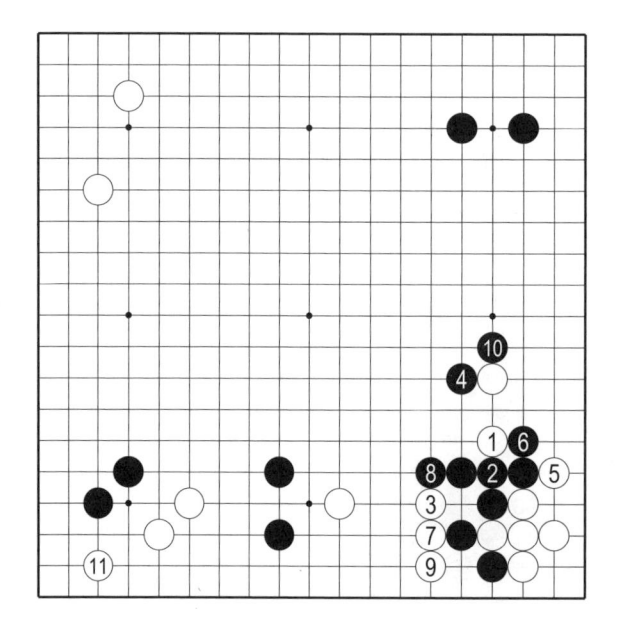

白1、3两刺先手利不可放过，如图至白9很实惠，回头再白11补也不迟。

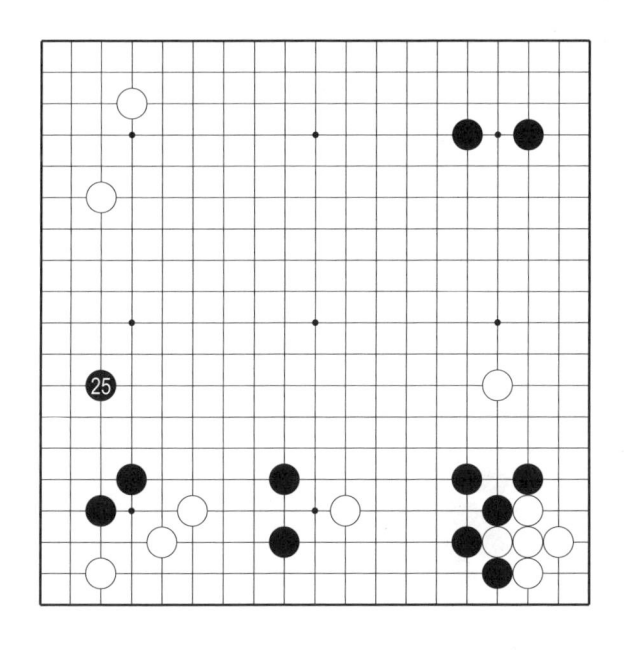

黑25之所以先安定左边，从吴清源先生的解说来看，是因为右边的战斗看不清楚，所以就等对方出招。

围棋AI认为安定左边虽然也很重要，但优先级不如安定右边，胜率下降5个点。

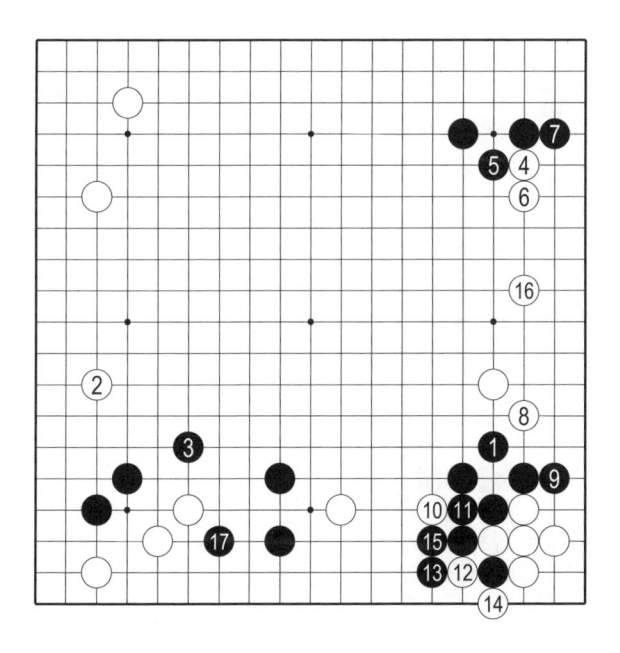

围棋AI推荐黑1自补。从心情上来说，在未被封锁的前提下，很少有人甘心这么补。

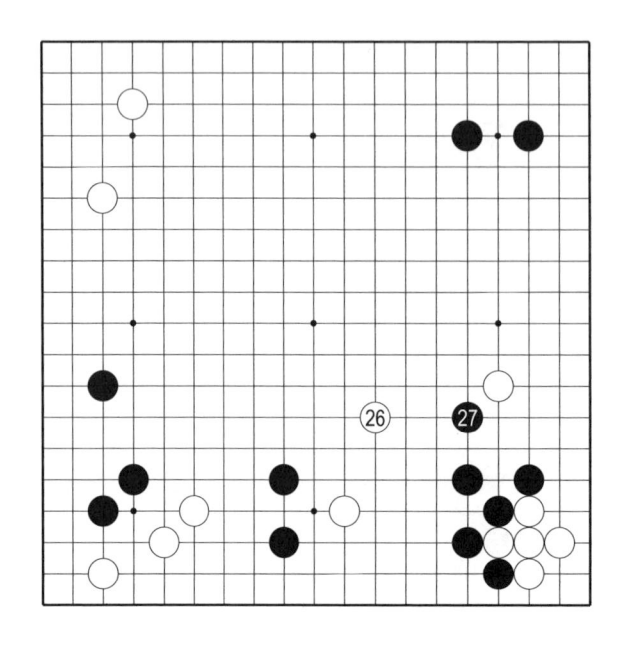

白26松缓，没有抓住黑形的缺陷，胜率下降8个点。

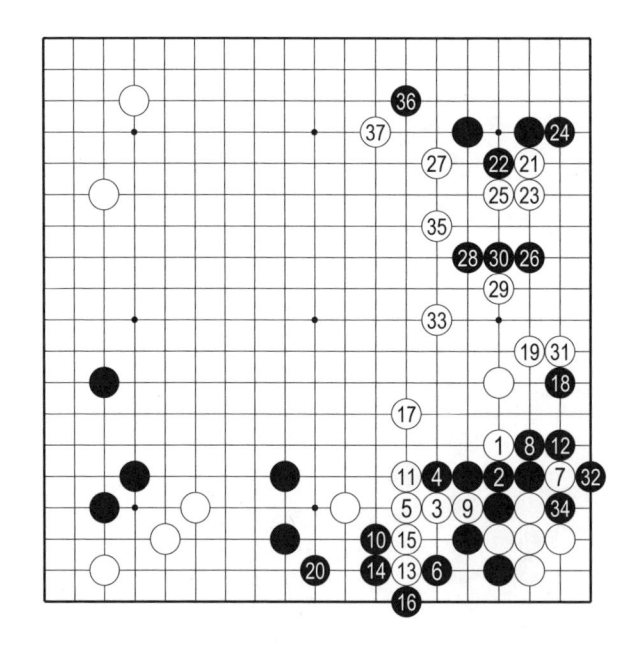

白1、3先刺不亏，没有必要保留。

从实战黑9到白26的进程来看，双方都对右下角黑双虎的弱点认识不足。

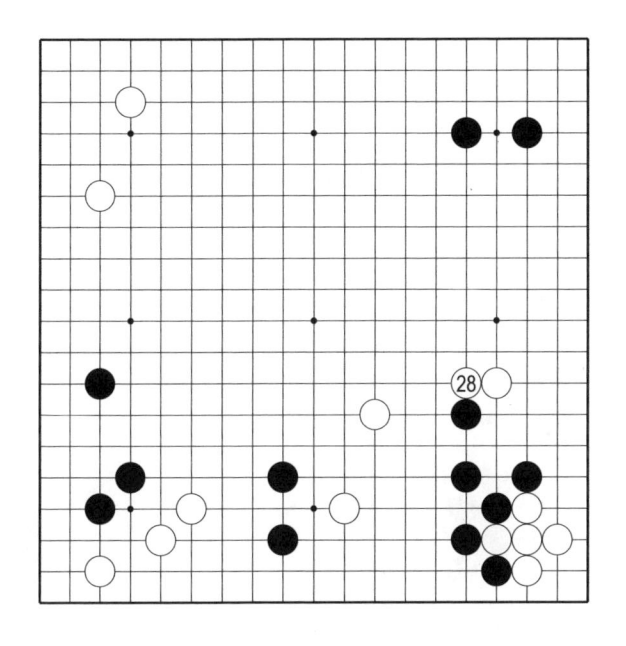

白 28 方向正确，但行棋次序有误，胜率下降 8 个点。

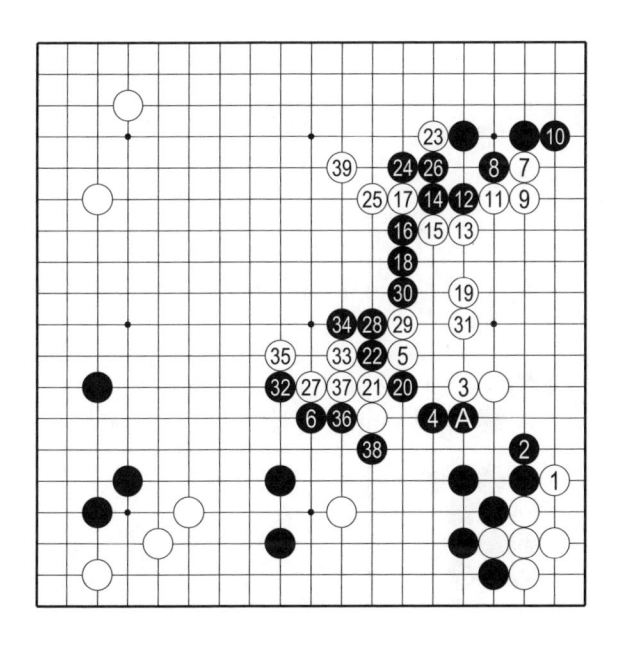

黑 A 肩冲的这一瞬间，白 1 扳是好次序，白角活干净不留余味，也消除了黑在此先手立的手段。

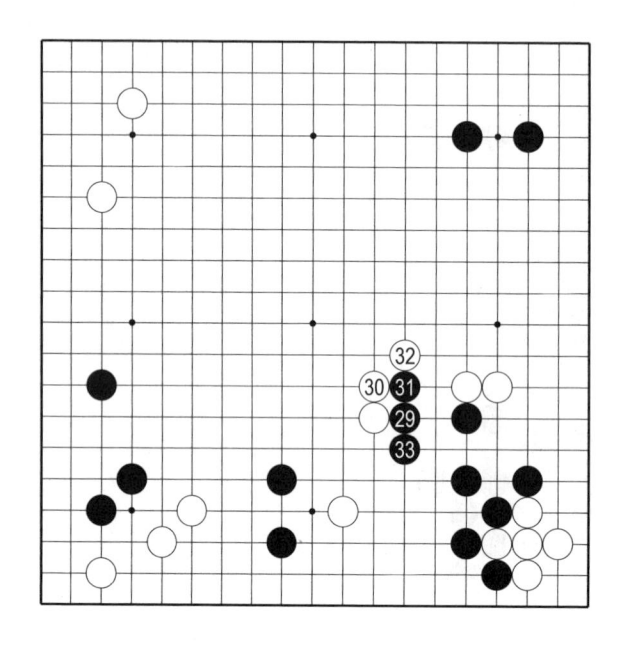

黑 29 碰，意在整形自保，攻击性不如下图，胜率下降 8 个点。

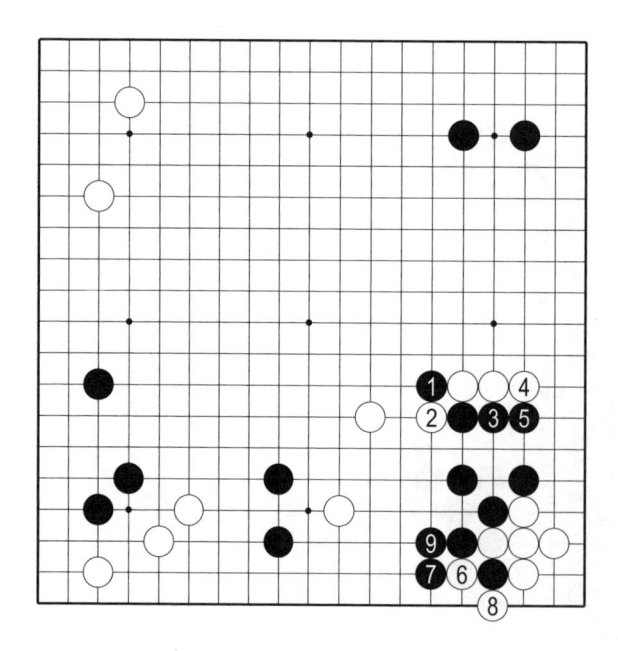

围棋 AI 推荐更强硬的黑 1 扳。

白 2 切断是不用担心的，黑 3、5 贴两手即可安定自身。至黑 9，黑 1 显得恰到好处。

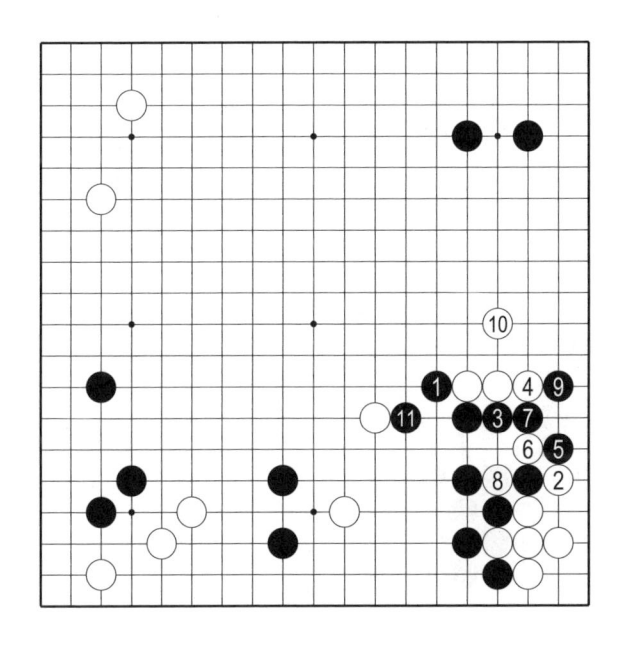

白 2 在二路扳是正解。黑弃子整形，至黑 11，出路已畅。

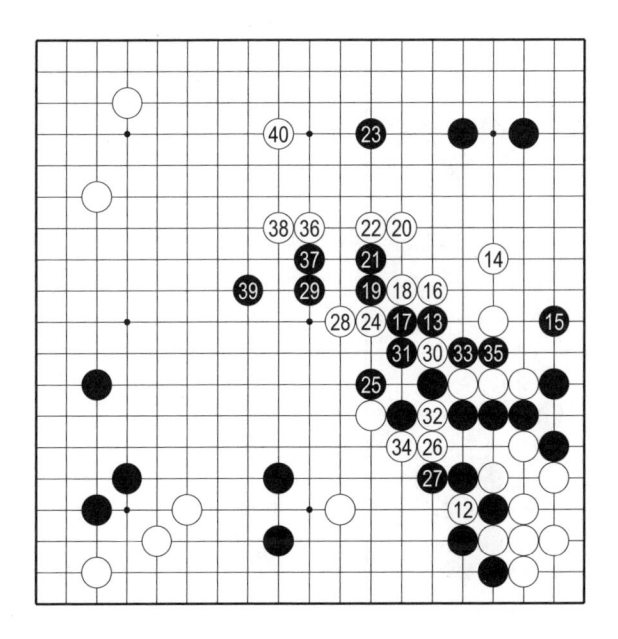

后续一变供欣赏。

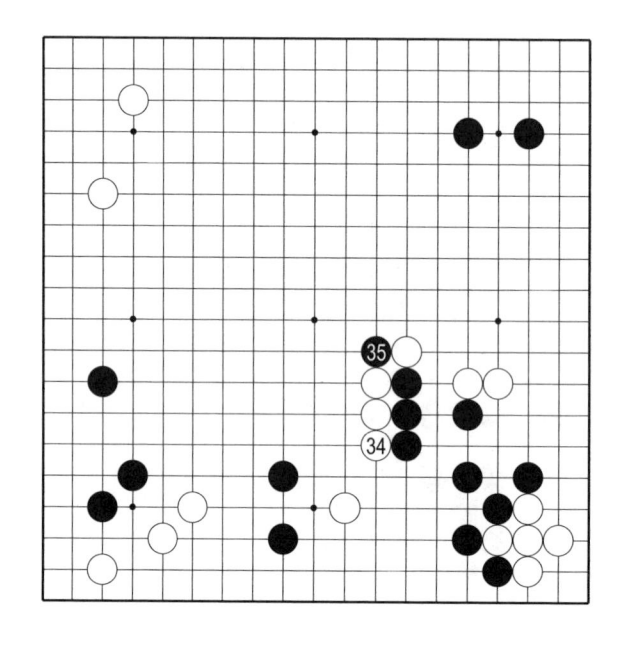

白34贴下导致胜率下降6个点，被黑35切断后形成复杂难解的激战。

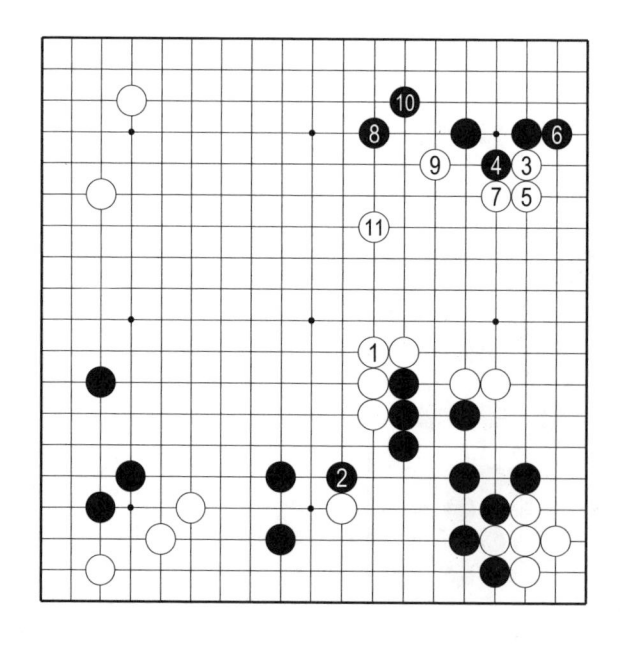

围棋AI推荐白1粘上转身经营中腹的简明方案。人类棋手似乎更易陷入局部纠缠，弃子转身通常不会优先考虑，尤其是这种让黑2在下边围大空的方案，白方接受起来比较艰难。

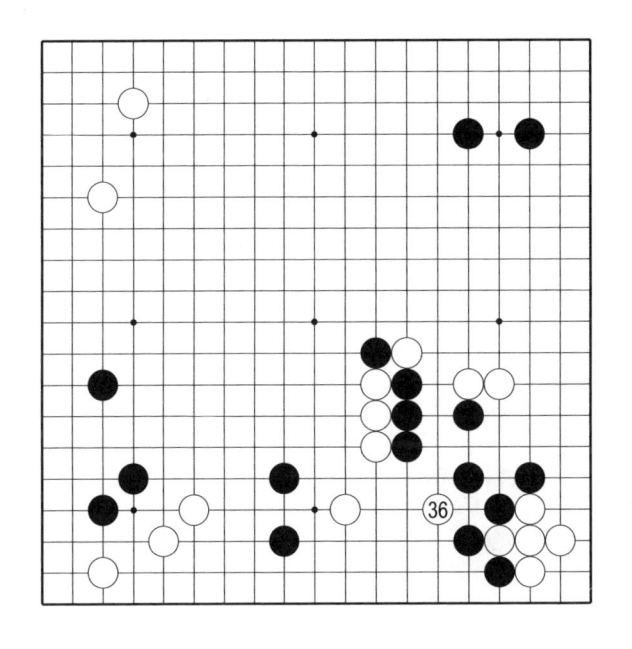

白36刺仍是先手，但现在刺让黑棋粘上反而加固了黑棋，不利于后续的战斗，胜率下降7个点。

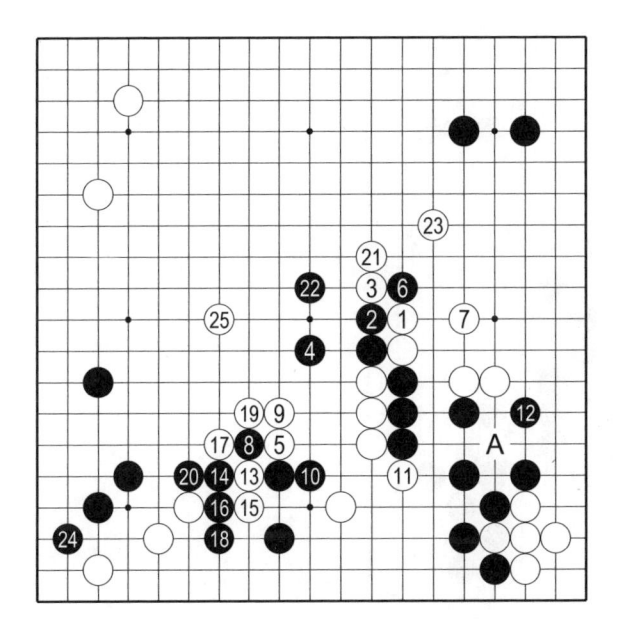

围棋AI认为白应该直接在外面1位行棋，由于保留了实战上图的白刺，黑12补棋防备白在A位刺。

围棋AI提供的这张参考图中有很多互相切断，体现了接触战中"互相牵制"的思想。

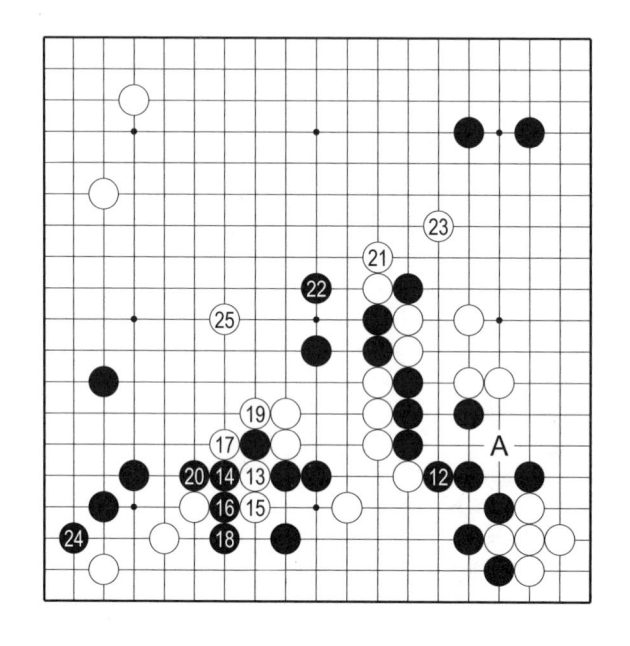

如果黑12顶着补,那就被先手便宜了,白A位刺的手段仍然存在。

为什么说黑被先手便宜了呢?请看下图——

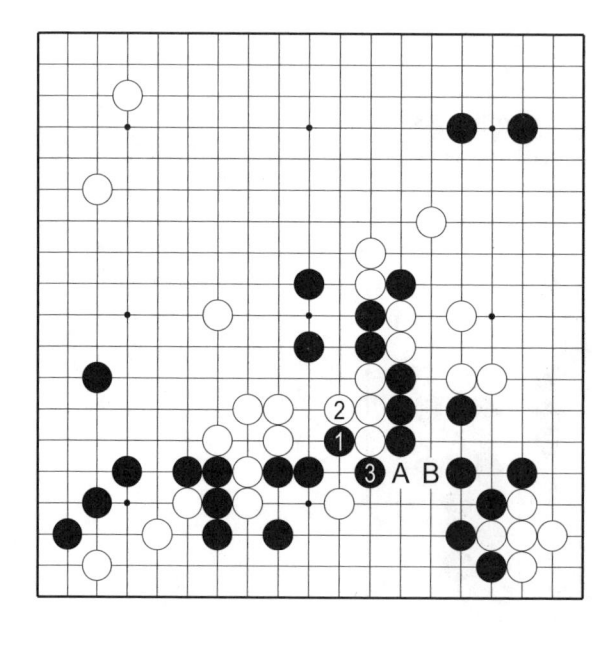

如果没有白A、黑B的交换,黑1、3的手段成立。

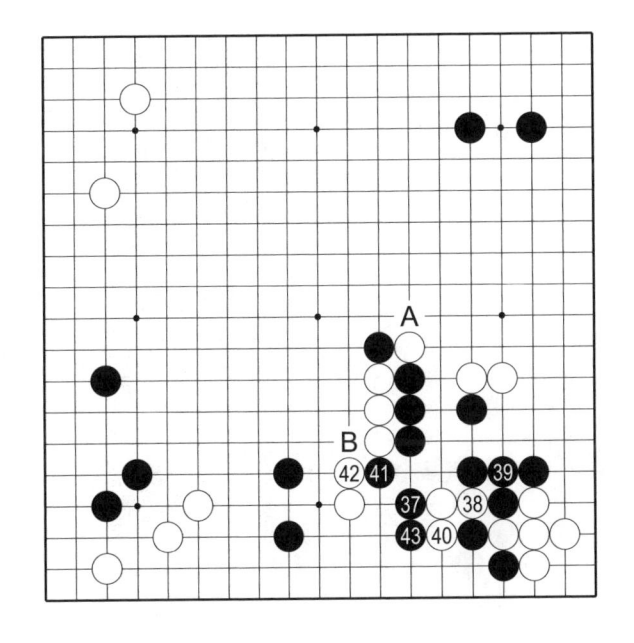

围棋AI评价黑37是大恶手，反而让白36刺变成了好手，黑方胜率下降42个点。

黑37之所以不在38位粘，吴清源先生的解说是，粘上被先手便宜，之后白A、黑41、白42，黑无法在B位切断。

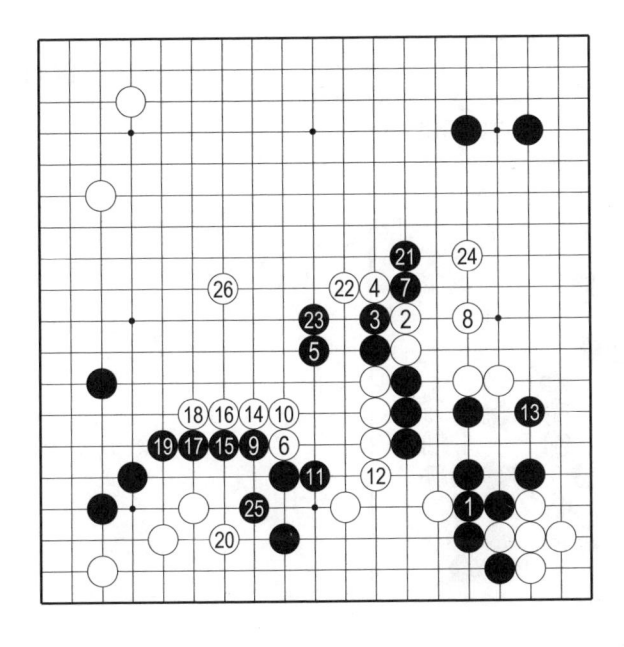

黑1必须粘上，虽然吴清源先生提到的那种激烈的切断手段不存在了，但如图进行黑方仍然保持着先发优势。

实战黑棋被白插进去断打，右下两子被吃，损失惨重。

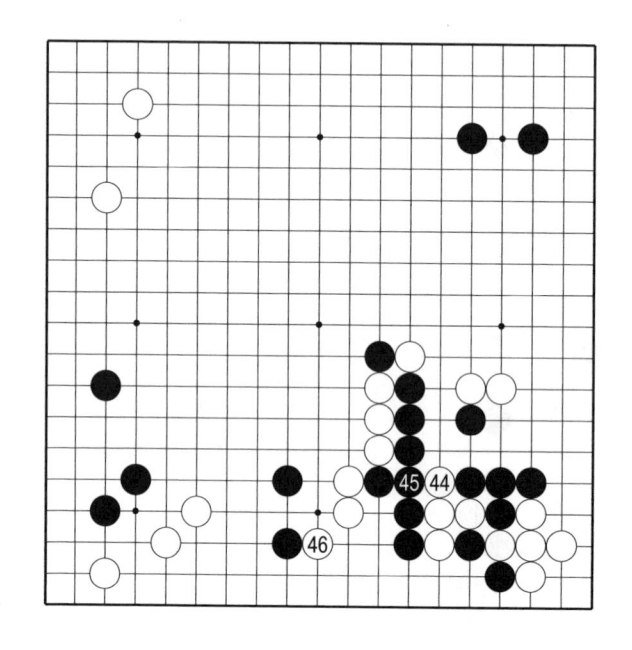

白44冲没有意义，也没有解消被滚打的恶味。胜率下降8个点。

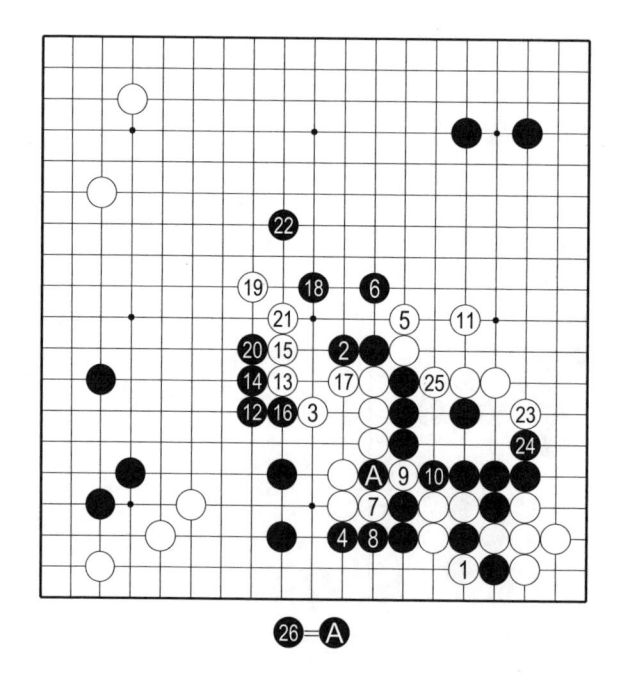

白应该于1位直接提子，不留余味。

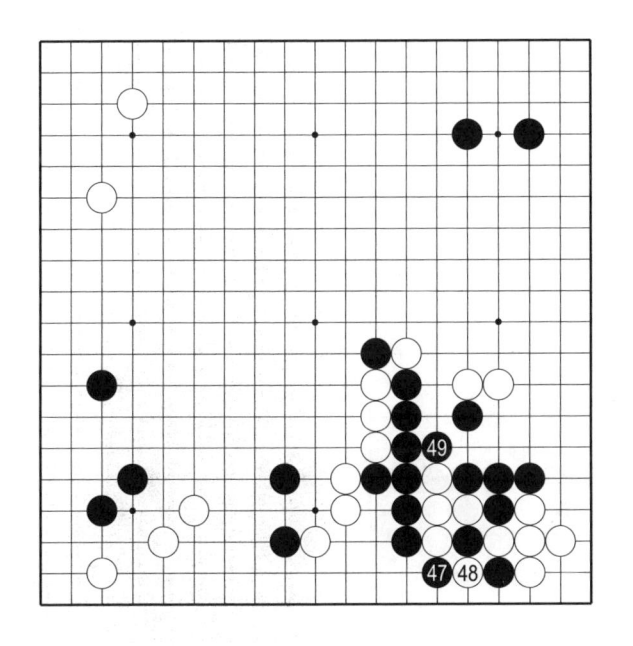

黑47对死子的利用不彻底,胜率下降13个点。

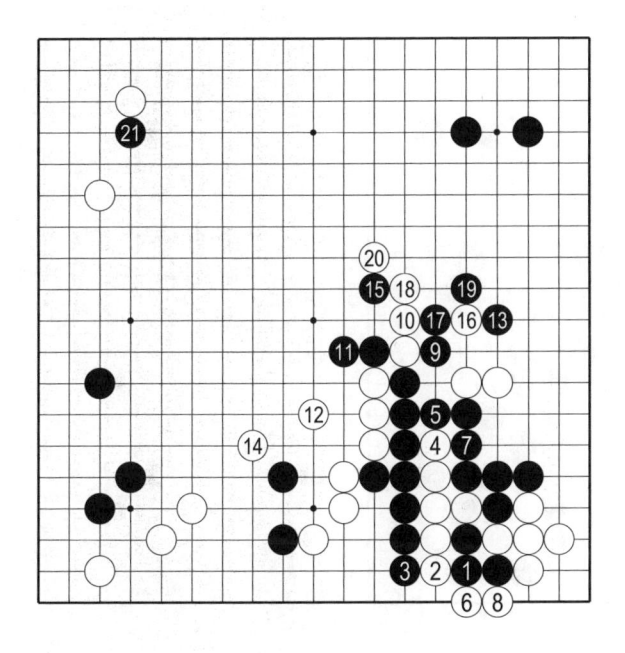

黑应该于1位粘上延气,如此黑3、5、7包紧之后棋形比实战厚实。

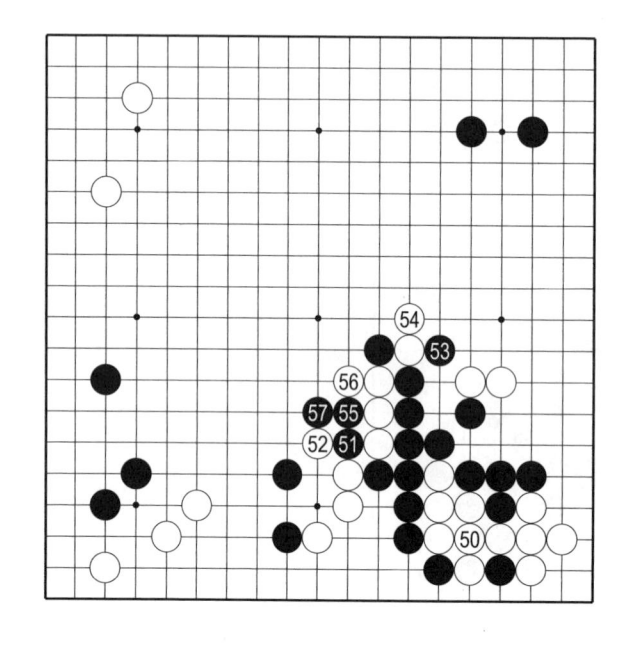

黑方在右下角付出了惨痛的代价，终于如愿下到了黑51切断。

很多人都会认为这是唯一的反击机会，然而胜率下降了16个点。

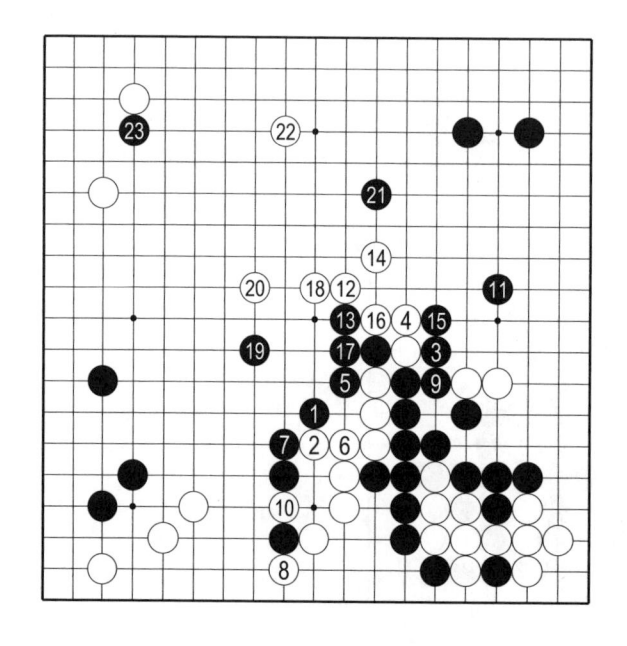

围棋AI的方案是黑1攻在三子正中。如图进行虽然没有吃掉对方，但在中腹和右边都有不小的收获。

回头再看实战的下法就显得有些过于凶狠。

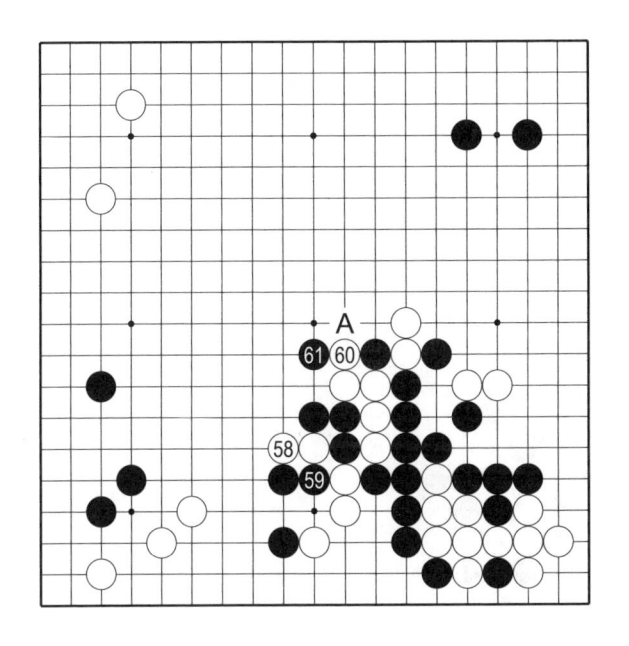

黑 61 预防征子，且有 A 位滚打包收的后续手段，然而围棋 AI 认为这还不够好，胜率下降 4 个点。

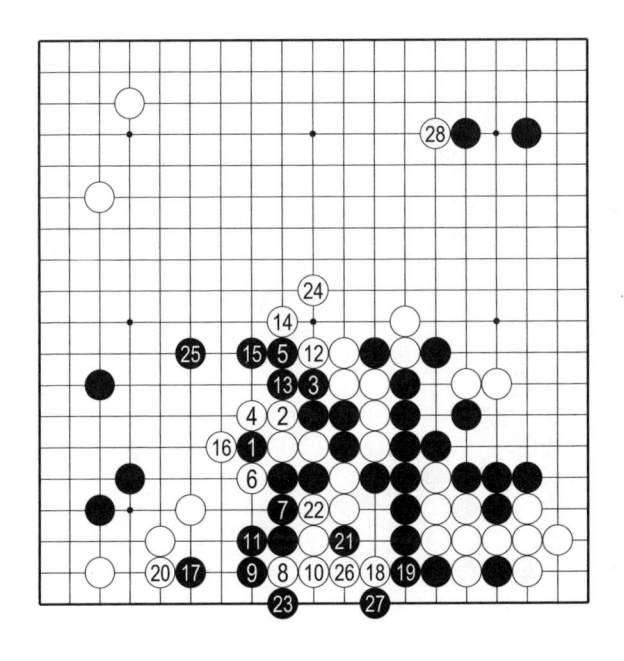

黑 1 先打，把白 2 卷入战斗，再黑 3、5 出头，好调。

如图白忙于处理中腹的白 2 等一串子，下边被杀。

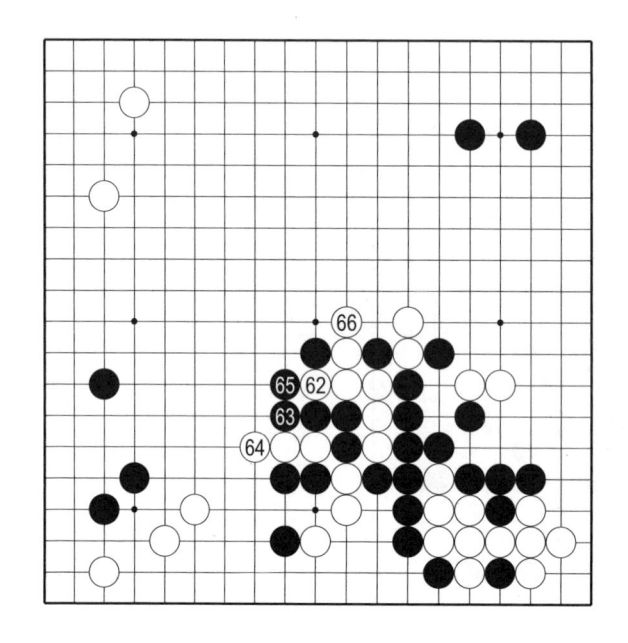

白62冲不好,导致白66落了后手,胜率下降8个点。

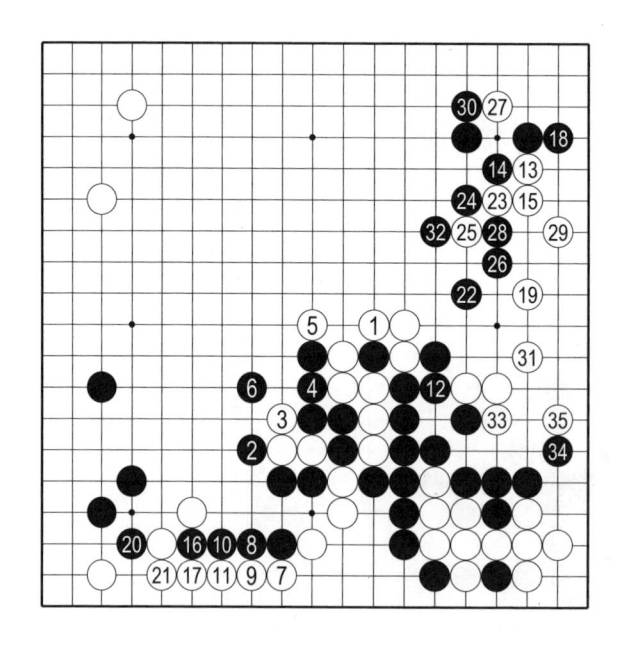

白1应单提,如此白5能够先手处理好中腹,然后白7抢到下边。

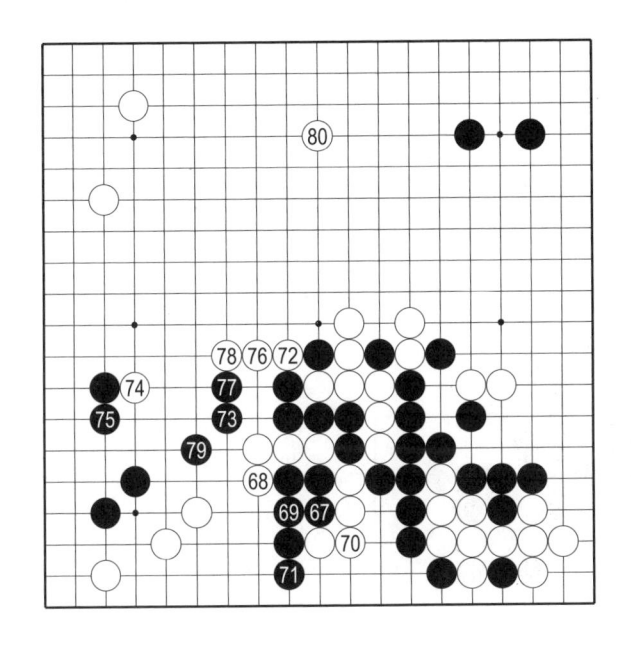

为了确保吃住下面的白棋，黑67愚形应急，被白68打吃很难受，胜率下降13个点。

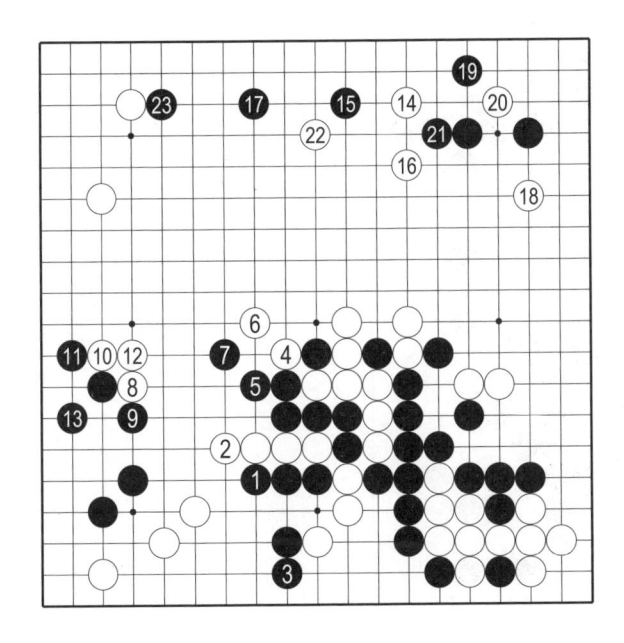

黑应于1位贴，如果白2长，则黑3立下可以更舒服地吃掉下边的白棋。

如果白2在3位扳，则黑在左一路反扳，白左右无法兼顾。

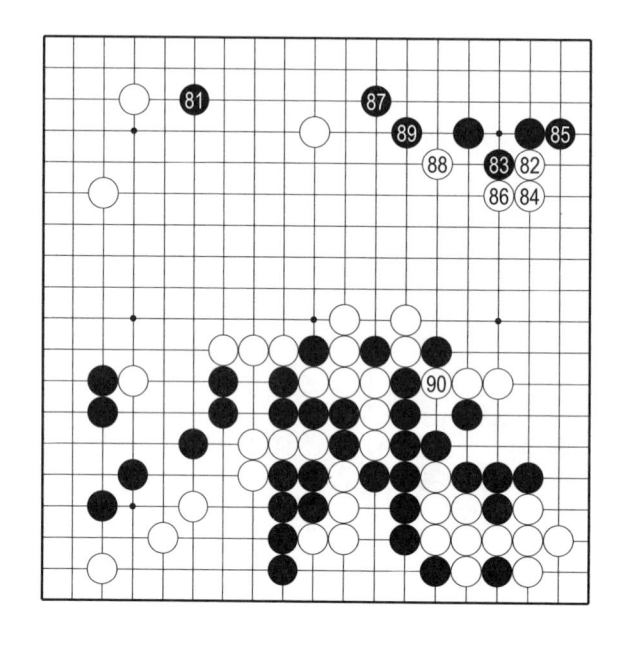

白90切断是右上角行棋思路的延续，这一手留下了被黑棋搜刮左下角的风险，胜率下降10个点。

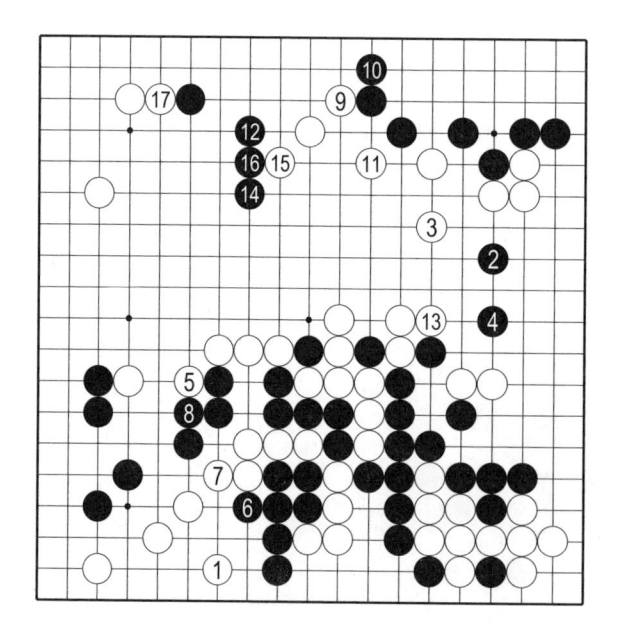

应改下白1补强左下角，防止被黑先手搜刮。

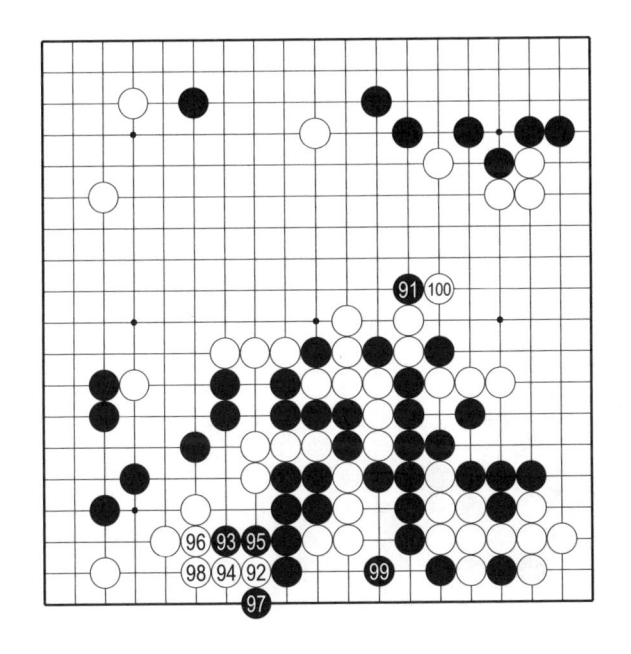

黑 91 没有抓住下图的机会，胜率下降 9 个点。

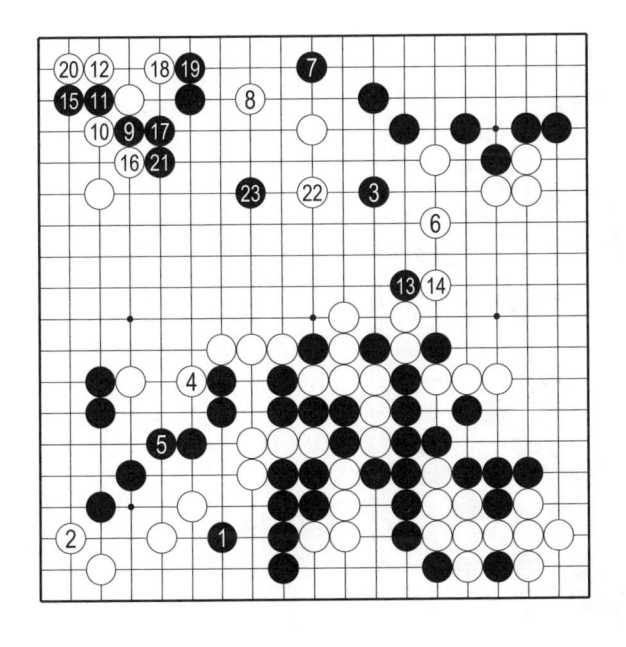

黑 1 先手搜刮左下角白棋，之后黑 3 飞向中腹，双方目数差约 5 目。

实战白 92 好手，迫使黑 99 补棋之后，双方差距扩大到约 10 目，黑方再无胜机。

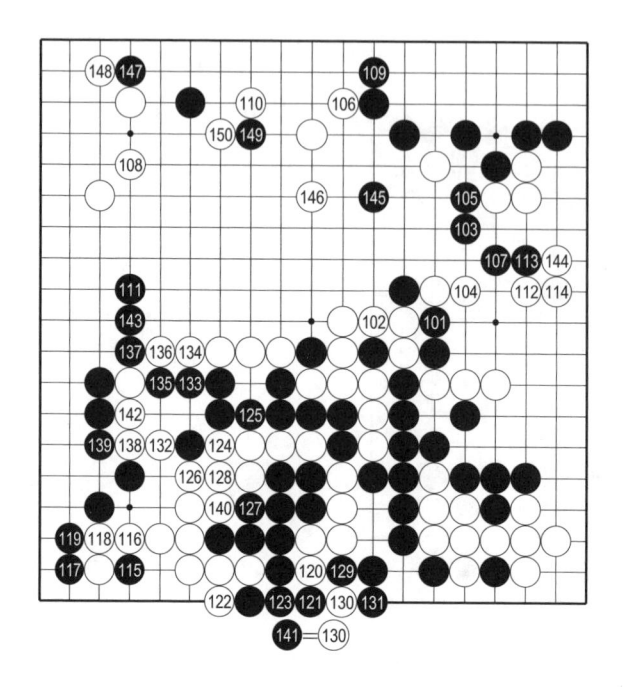

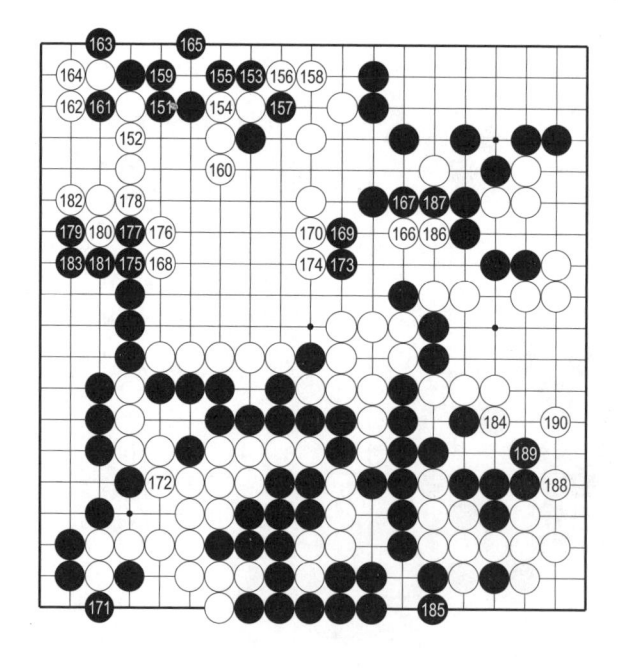

共 190 手
白中盘胜

本局胜率走势及 AI 吻合度

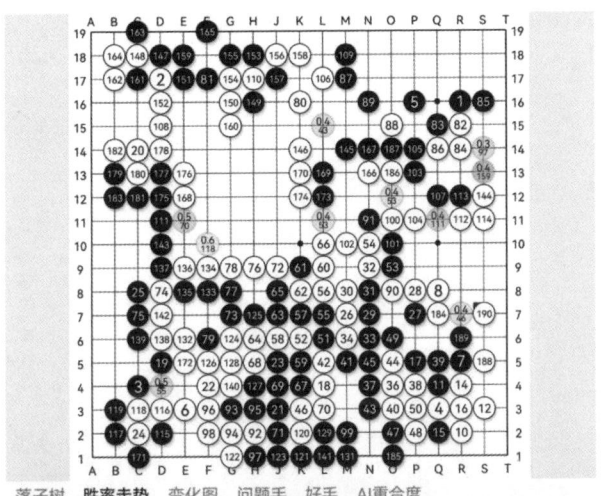

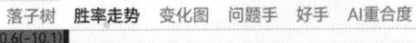

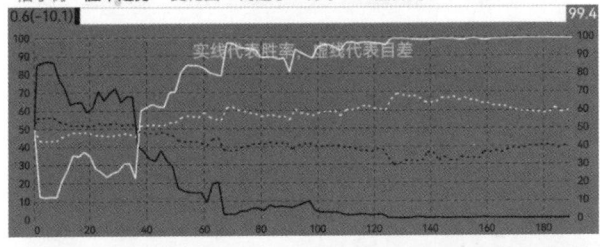

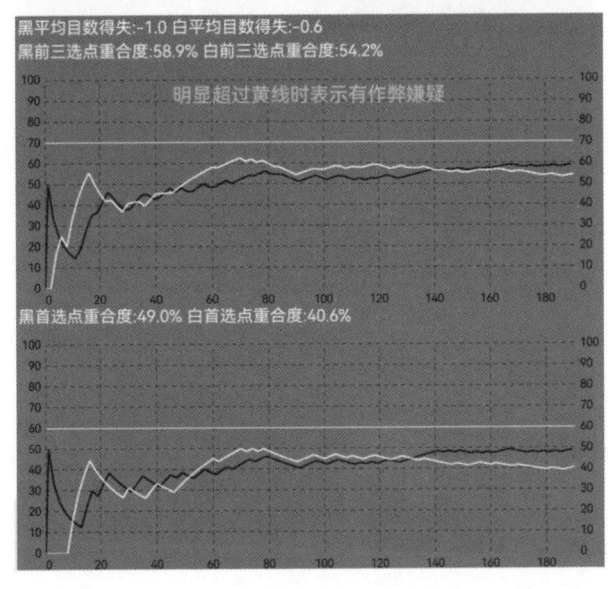

黑平均目数得失:-1.0 白平均目数得失:-0.6
黑前三选点重合度:58.9% 白前三选点重合度:54.2%

黑首选点重合度:49.0% 白首选点重合度:40.6%

木谷实 VS 吴清源

总谱

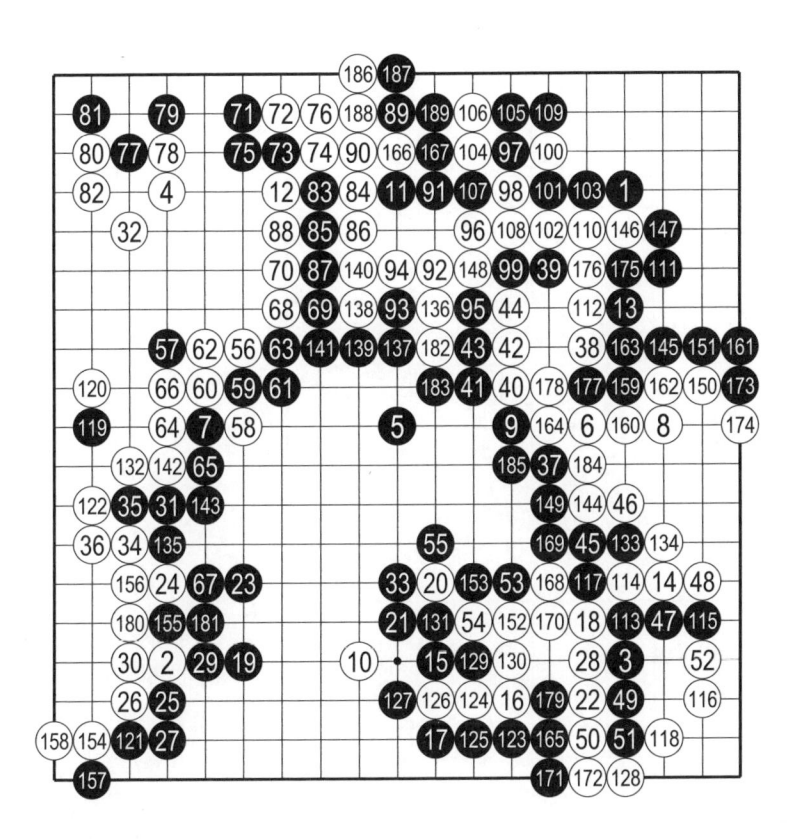

●木谷实 VS ○吴清源

新布局十番棋第六局
1934年1月30日至2月19日
不贴目
共189手，白胜4目

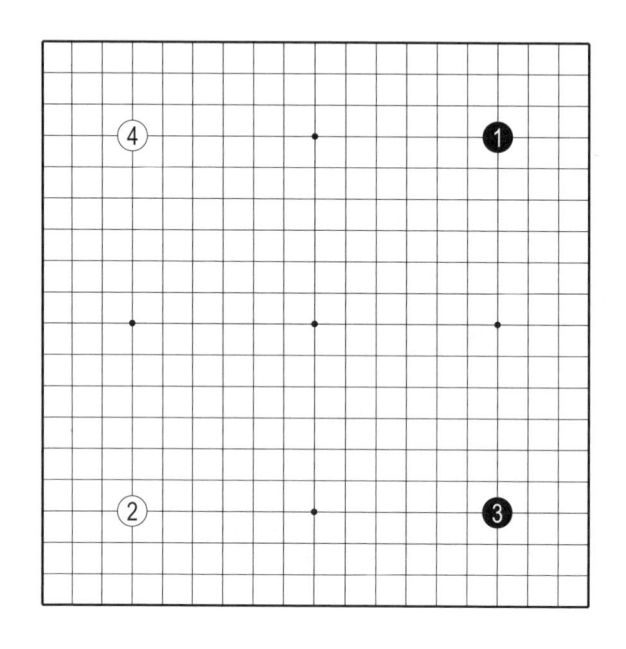

1933年夏季，木谷实和吴清源一起开始"新布局"研究。当时二人正在进行的升降赛被称为"新布局十番棋"。

黑不贴目，黑起始胜率约为90%。

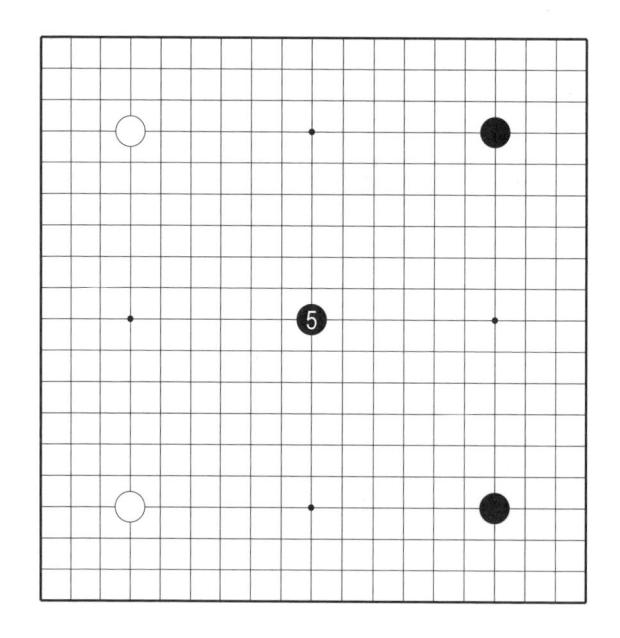

黑5占天元是新布局时期的趣向，"新布局"的一大特征就是重视势力。

从"棋往宽处行"的棋理来看，这是个好点。之所以少见，还是因为中腹比边角更难掌握。围棋AI评价此手胜率下降约3个点。

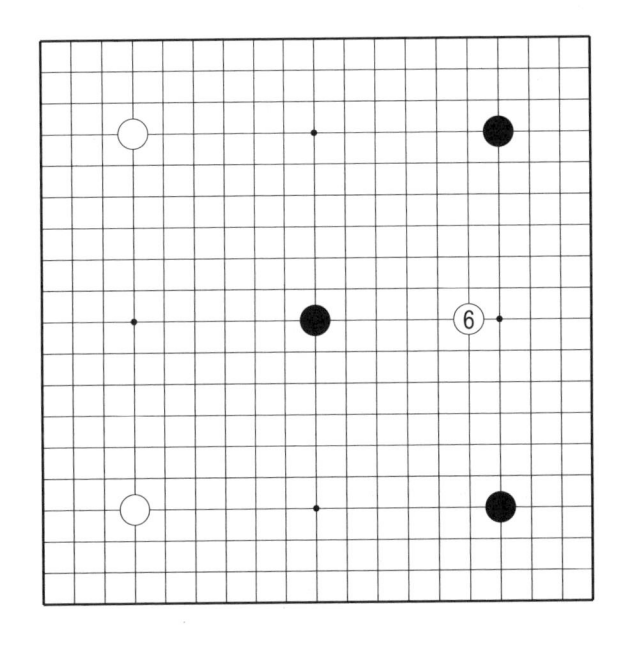

白 6 落子五线更是奇特的一手，胜率下降 4 个点。

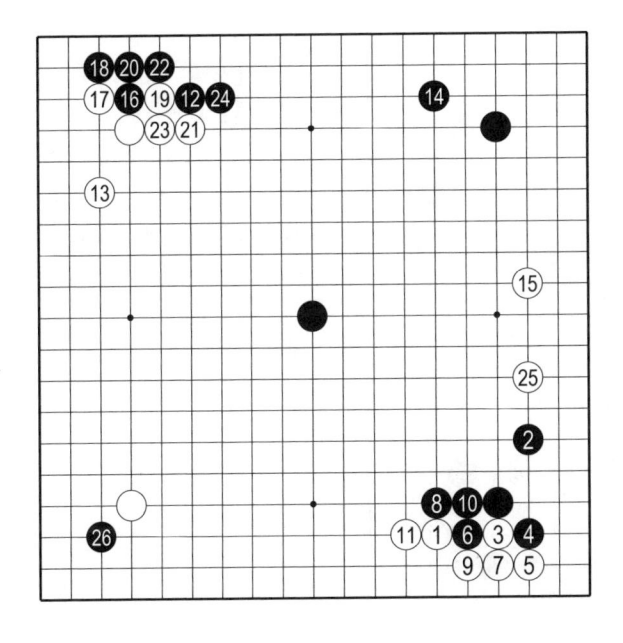

我们看看围棋 AI 对大场的先后排序：

白 1 挂角，黑 12 挂角，白 15 在两个已经形成势力的角中间分投，黑 26 点三三。

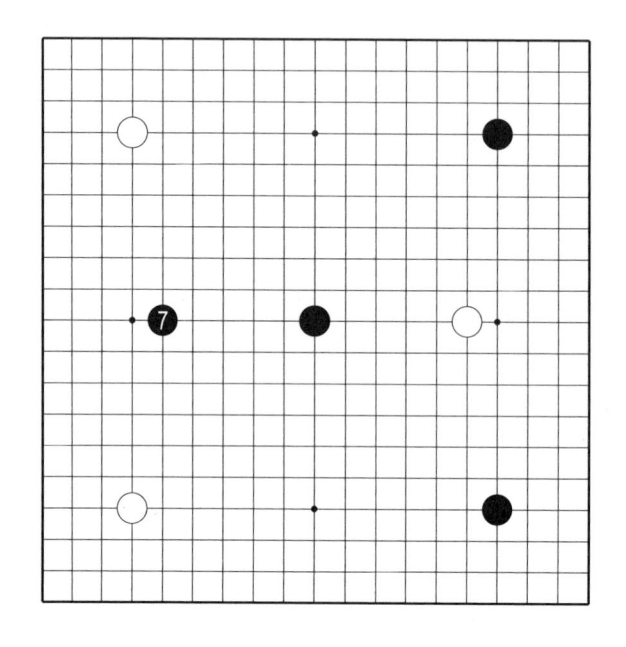

黑 7 是让人会心一笑的一手——难道要下成模仿棋？二人曾在 1929 年下过一盘模仿棋，当时吴清源执黑一直下到黑 65 才停止模仿。

胜率下降 6 个点。

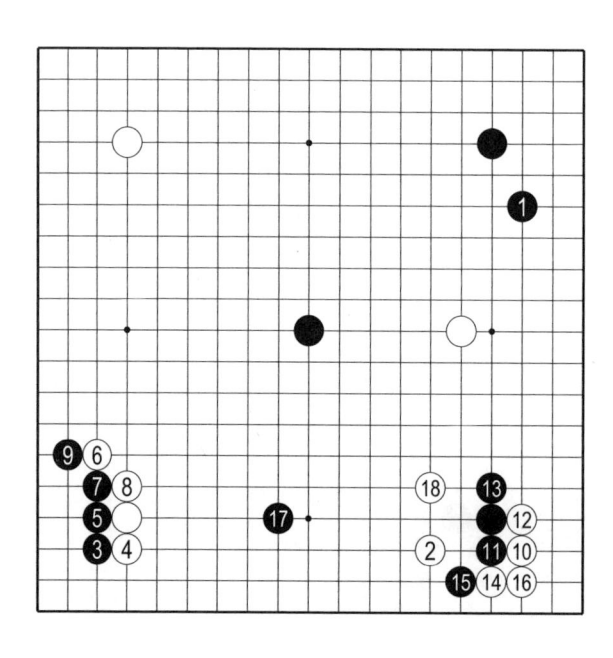

围棋 AI 认为布局阶段还是挂角、守角比中腹大。这也符合人类的认知：中腹是四战之地，难以成空。

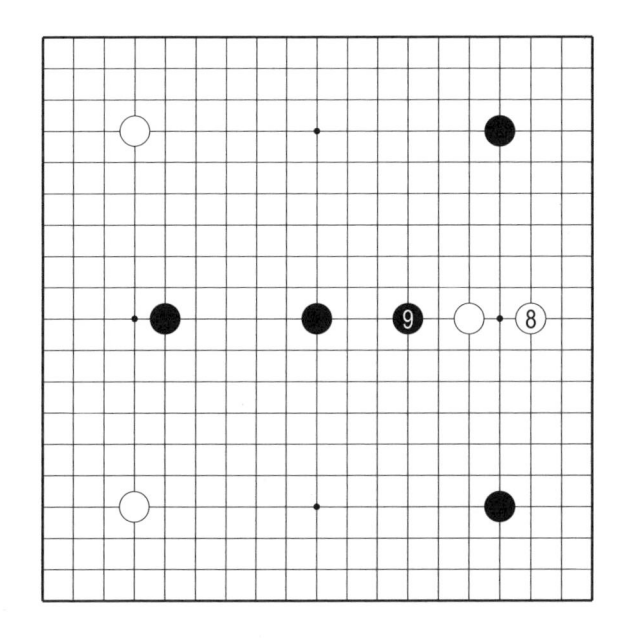

白 8 跳下给人"理想向现实低头"的感觉,胜率下降 7 个点。围棋 AI 认为白 8 应该在右上角或右下角点三三。

黑 9 继续在中央行棋是新布局时期的特有景象,胜率下降 7 个点。

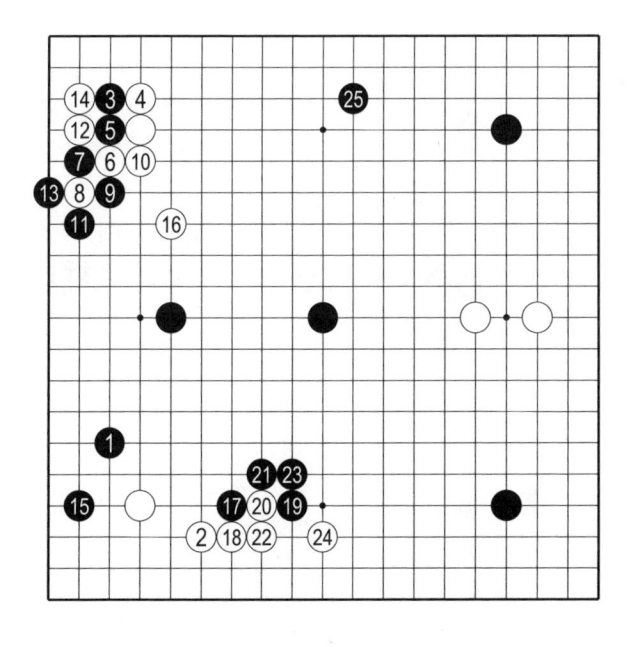

围棋 AI 认可人类总结的"金角银边草肚皮",实战这样先在中腹下一排只能算是一种趣向。围棋 AI 对黑 9 的改进是挂角。

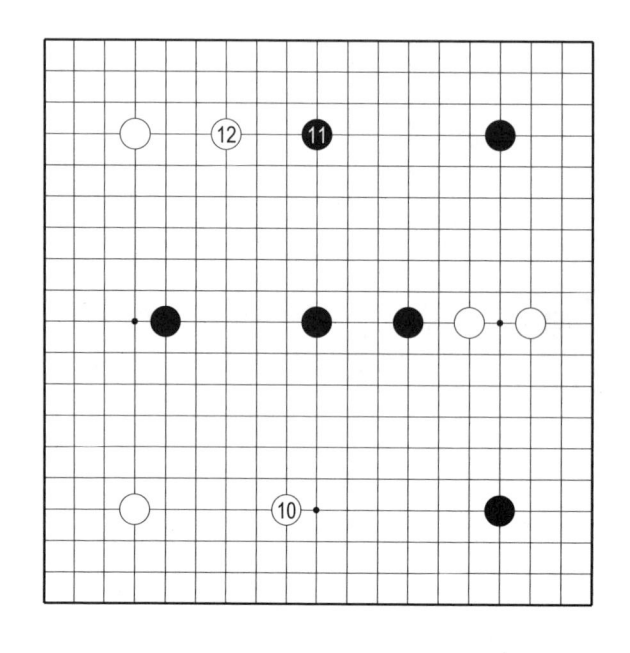

白10拆边，胜率下降4个点。

以前的观点认为，星位要三手棋才能守住角空，所以守角不急，不如拆边。

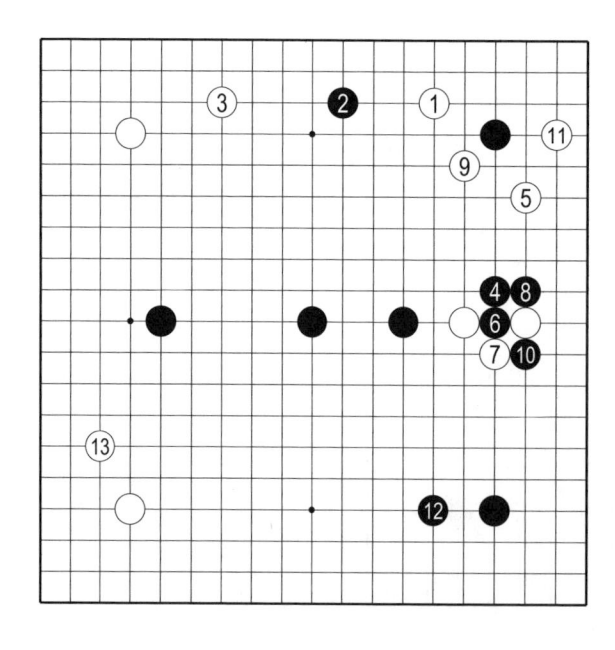

显然围棋AI是不认可这一点的，围棋AI几乎不会空星拆边，也是先挂角、守角，只有在角上形成一定的外势之后才会拆边。

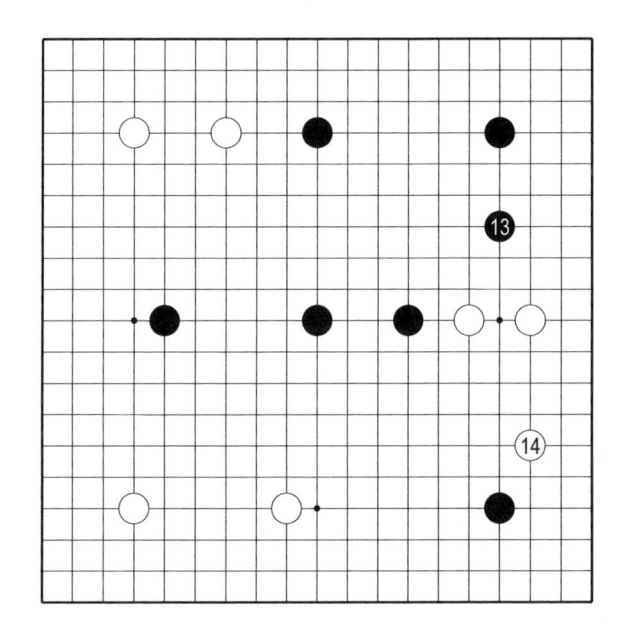

黑13在四路二间拆，胜率下降5个点。

白10至黑13都在四路落子，这也是新布局时期的独特景象。

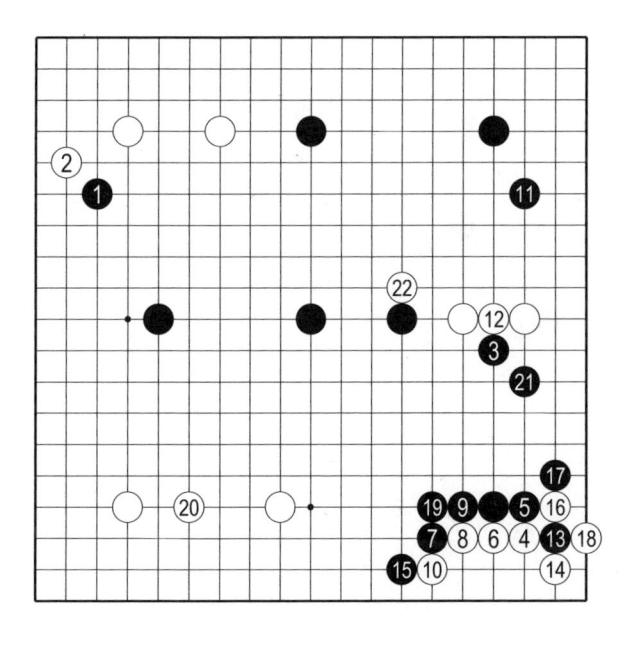

围棋AI把黑1下在更为空旷的左边。黑11有机会在右上角行棋，也是坚实的小飞。

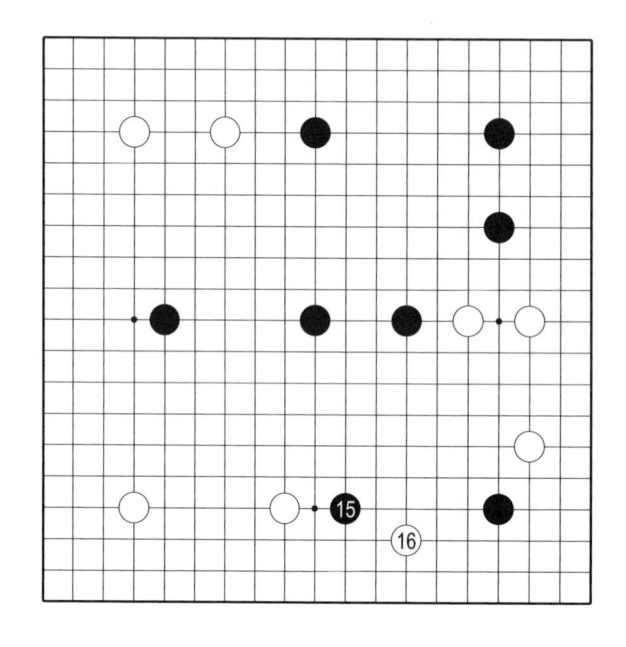

黑15最大限度地开拆，好像在说："你打我呀。"胜率下降8个点。

白16应邀而至，战斗爆发了。

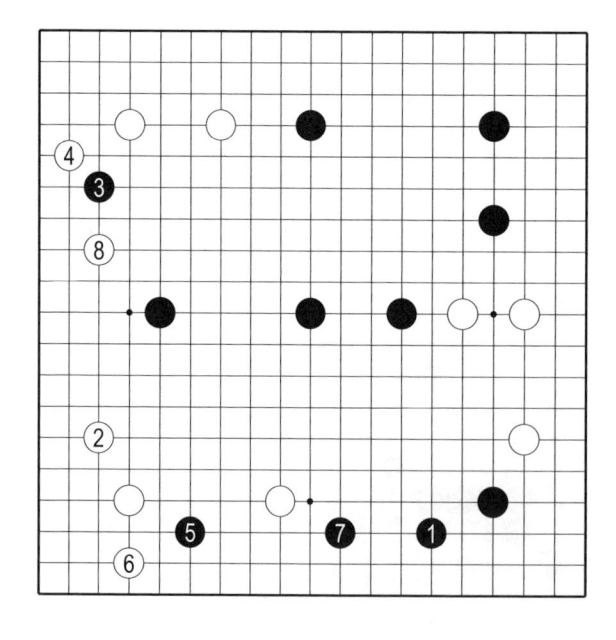

围棋AI认为黑1应守角，安定一方之后，黑5再进入白阵就比较从容。

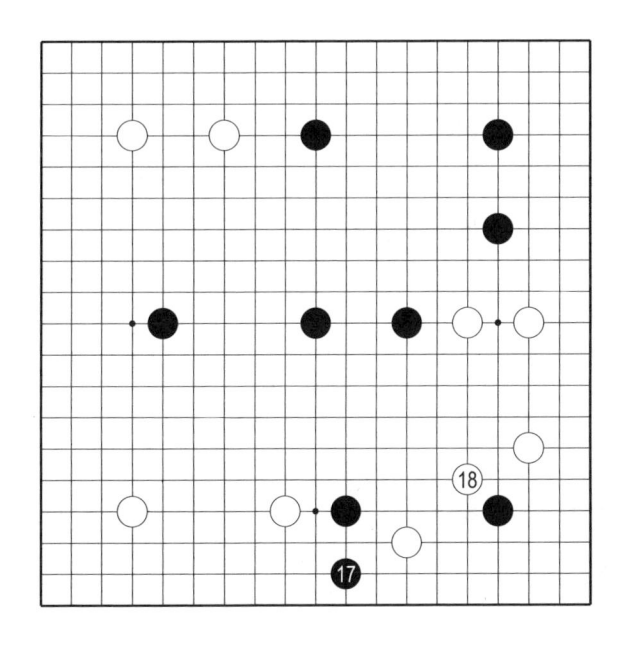

黑17跳下分断白棋，意图战斗，胜率下降5个点。

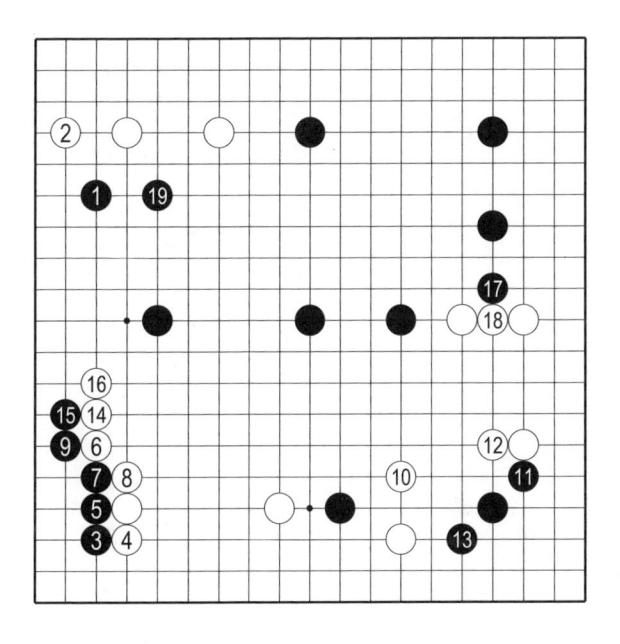

这时候围棋AI选择了黑1、3这些实惠的地方。或许是因为围棋AI对右下的战斗结果评估并不乐观。

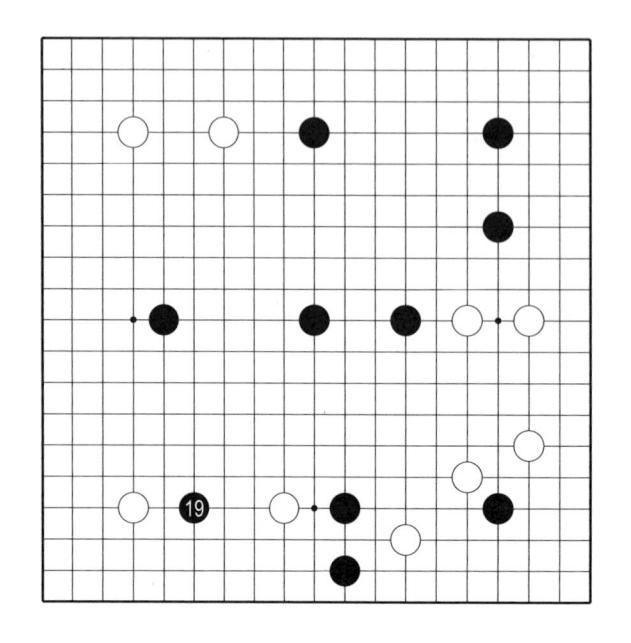

黑19转身打入左边，胜率下降9个点。

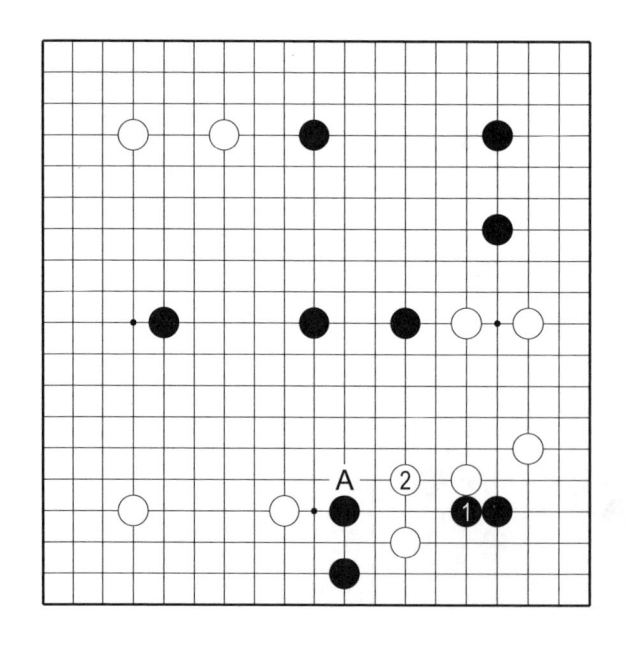

这是吴清源先生在自战解说中列出的参考图："虽然黑1很想进行战斗，这时白2转身腾挪。随后，白有A位盖头的手段，黑棋手忙脚乱，很难进行战斗。"

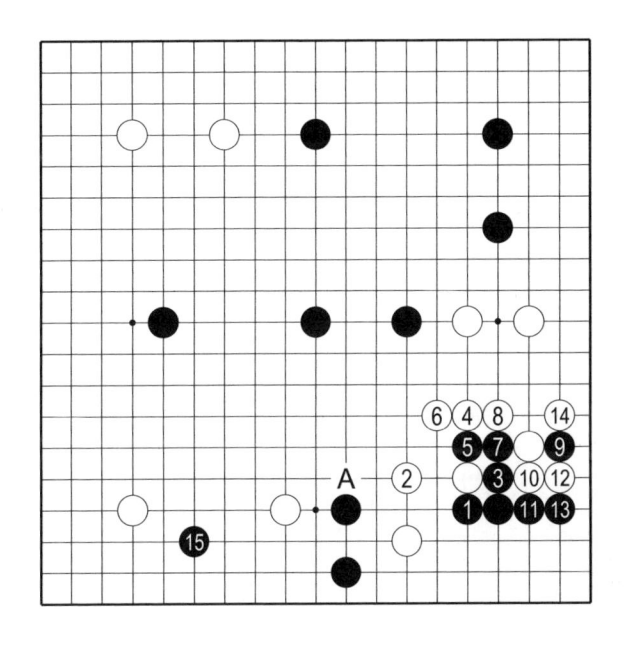

围棋AI推荐的方案正是黑1与白2交换。对局者担心的"A位盖头",白方并没有机会下。

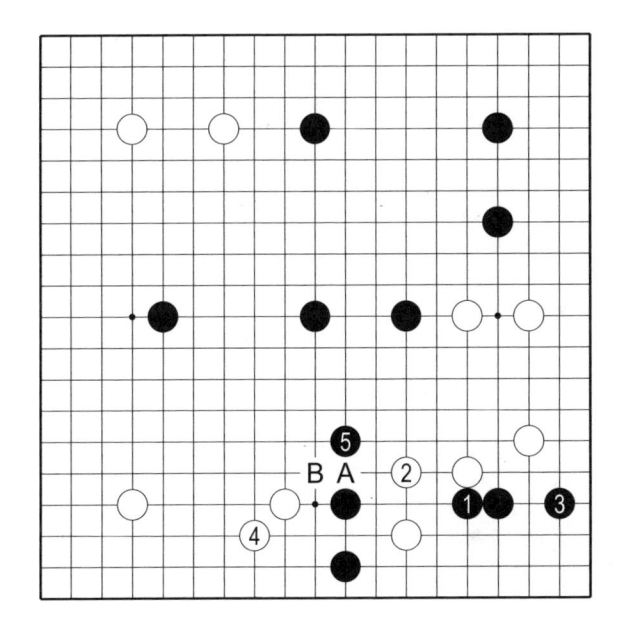

如果模拟黑3在角上落后手的下法,围棋AI也不会在A位盖头。

可能A位盖头这种下法需要比较多的前提条件:比如黑不能在B位扳出反击,左边4位飞出也不成立,右边也不能渡过等。

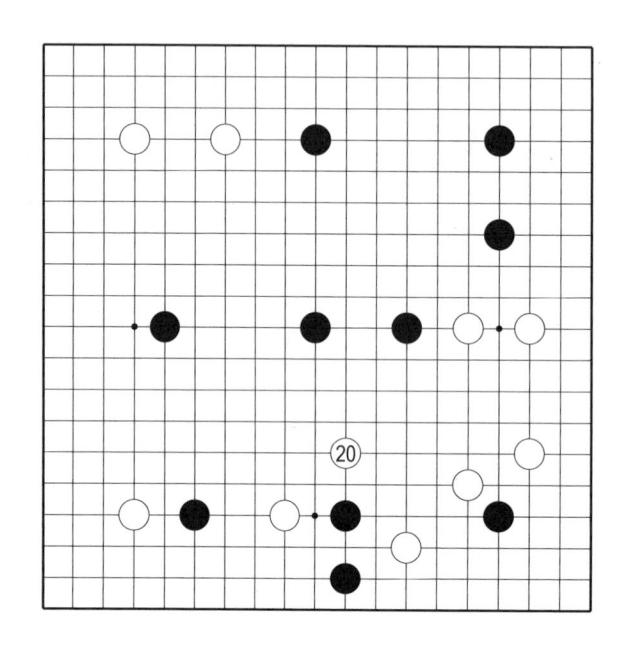

白20镇头问应手，看白往哪一边出逃，但是围棋AI认为这一手会落空，黑可以不予理会，请参考下页的参考图。

　　胜率下降7个点。

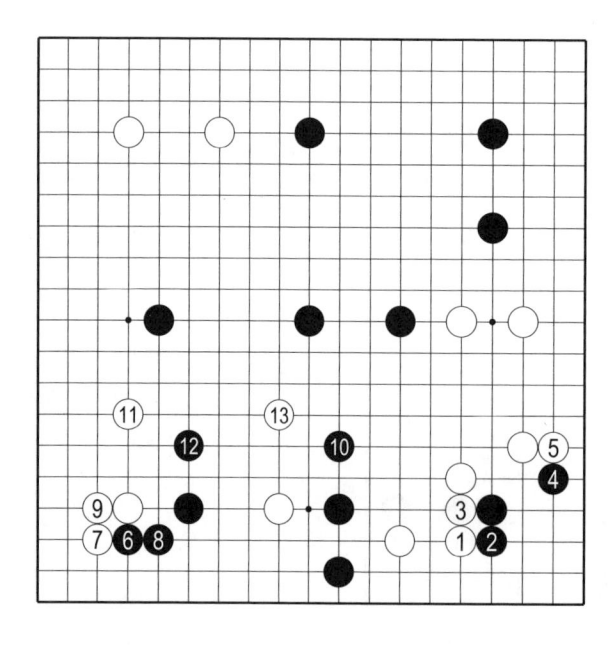

　　白应抓紧时机直接从右下角1位攻击黑棋。

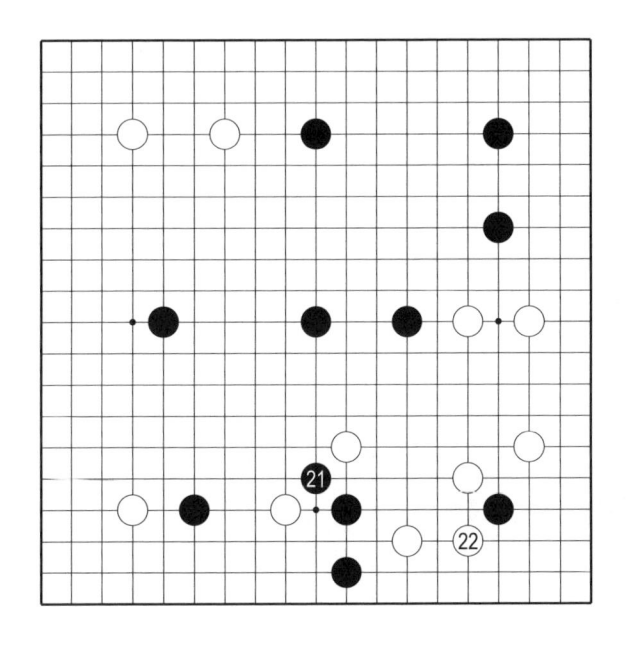

黑 21 尖出方向错误，胜率下降 5 个点。

白 22 占据了双方要点。

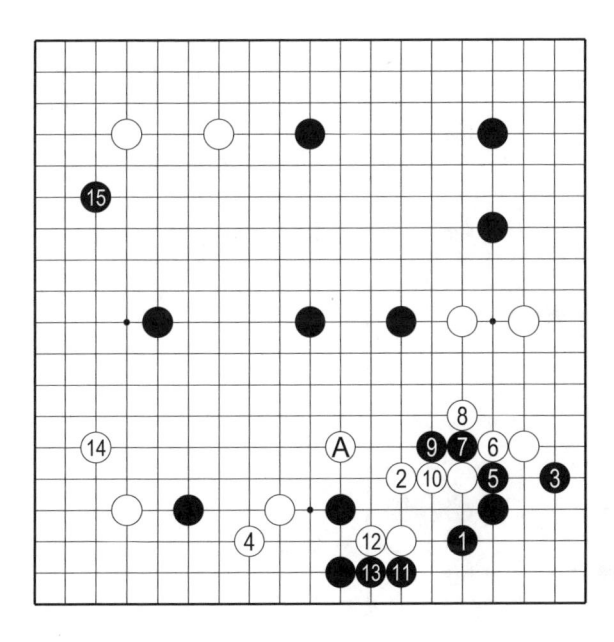

对于白 A 的试应手，围棋 AI 的方案是根本不予理会，黑 1 在右下角补强，同时接应边上两子。

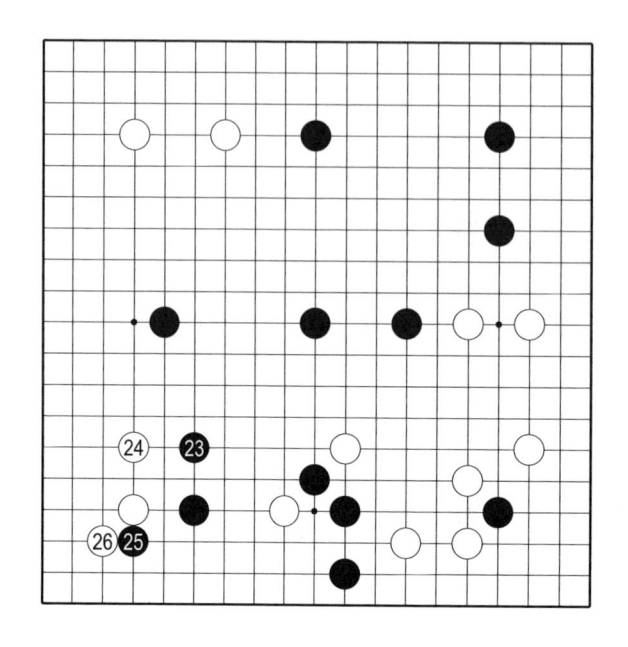

黑23放弃右下角，方向错误，胜率下降9个点。

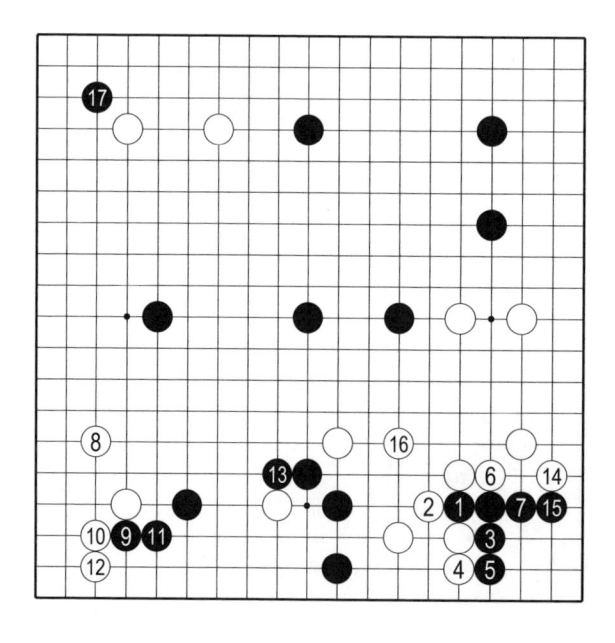

右下角黑并不会轻易死去，可如图做成"金柜角"。

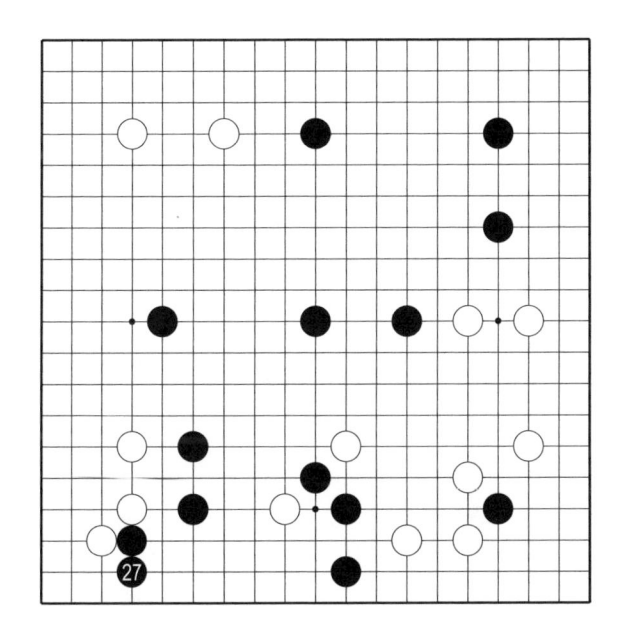

黑27二路立是木谷实先生在实战中尝试过多次的手法，围棋 AI 也未给予肯定，胜率下降 5 个点。

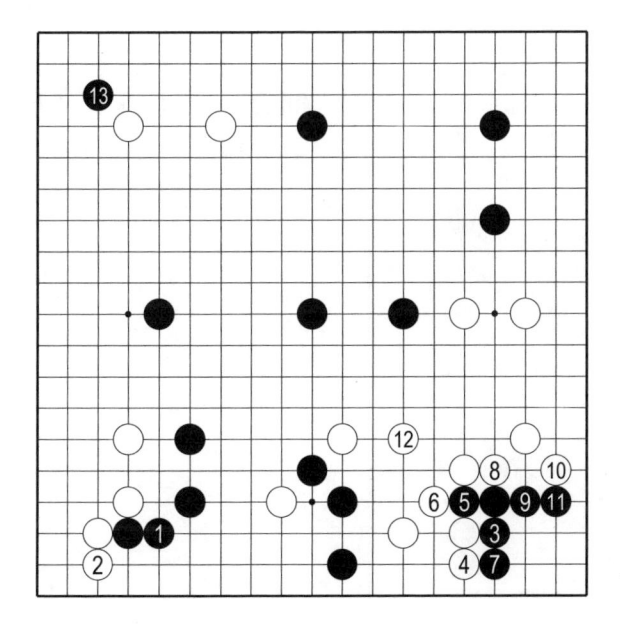

围棋 AI 认为黑 1 还是应该坚实地退回，得先后再抢救右下角。

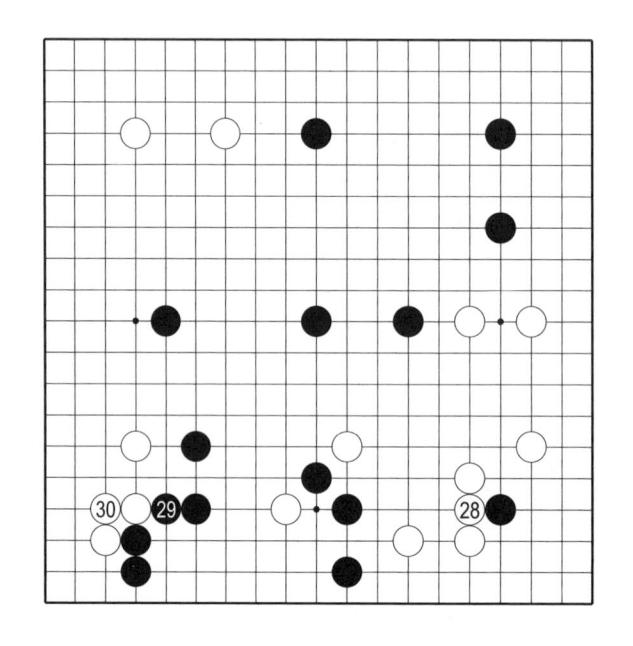

白28在右边补一手当然是好点，不过角上仍有味道。

胜率下降6个点。

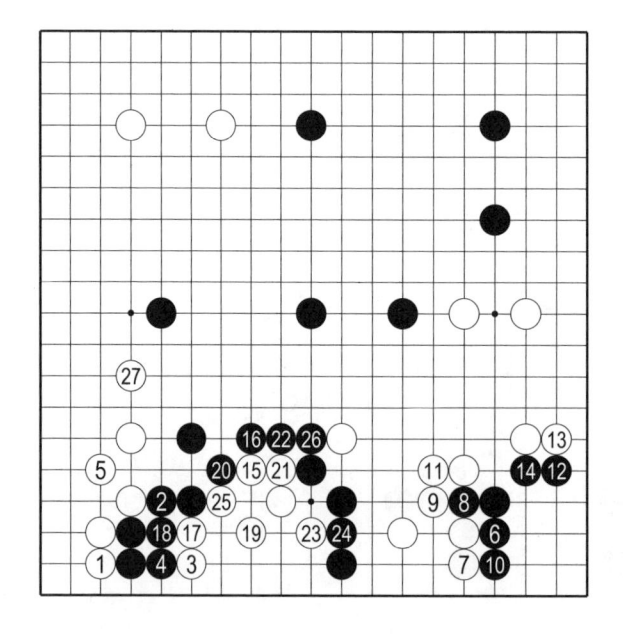

白1在左边挡，彻底活净，避免了被对方搜刮，似小实大。

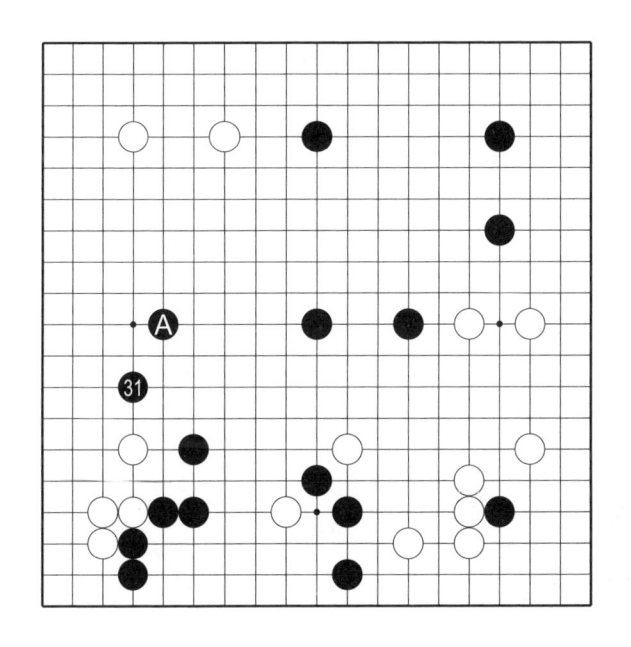

黑31方向正确但位置不够精确，可能是为了兼顾与黑A的联系而牺牲了攻击性，也可反推当初黑A的位置不佳。

胜率下降5个点。

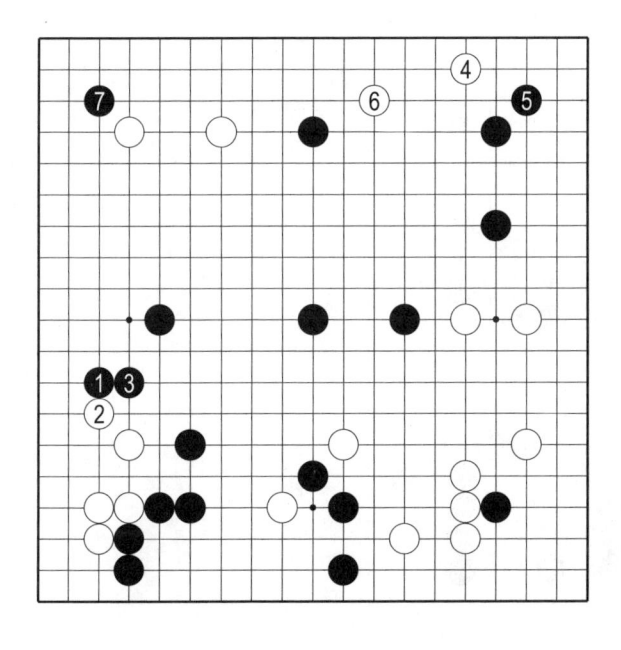

白在四路，黑1逼在三路攻击性大增。

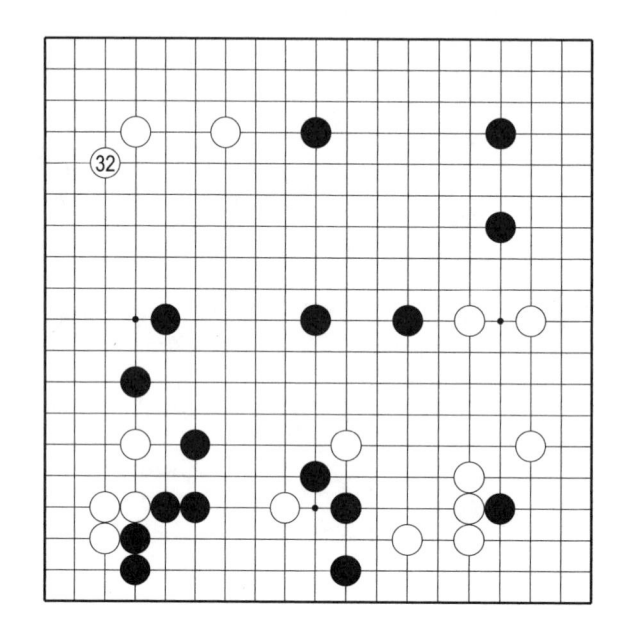

白32脱离主战场，白左下角很弱，胜率下降6个点。

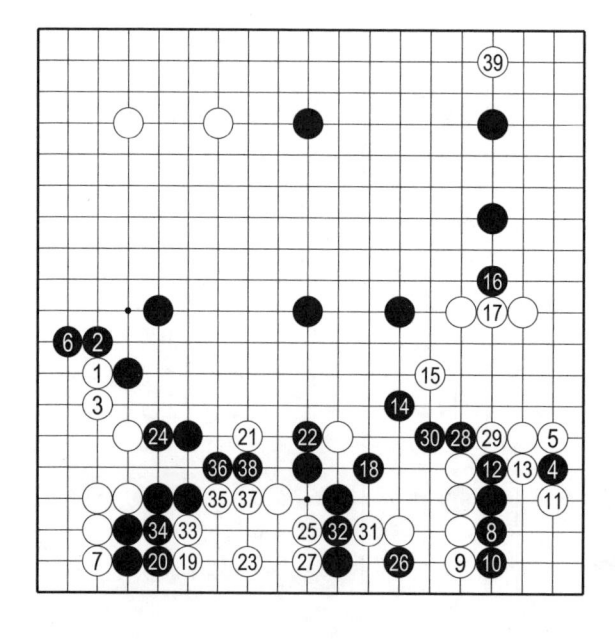

白1补强后，不仅避免了自己被搜刮，还可在外围发起反攻。

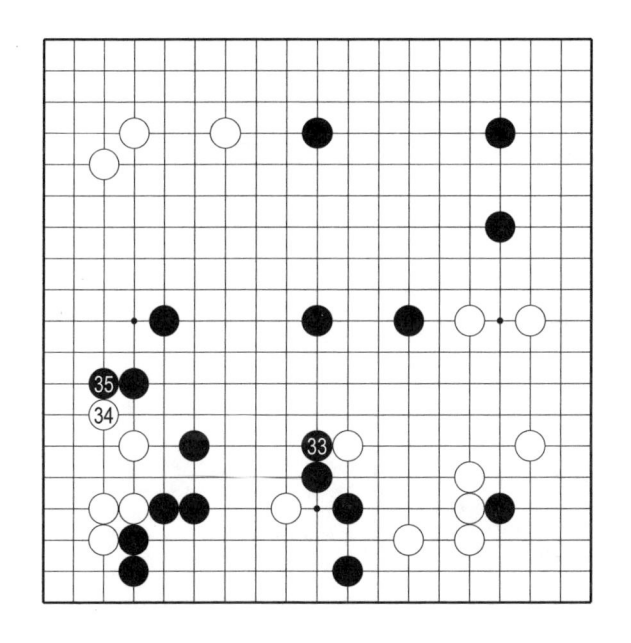

黑 33 失机，错过了在左下角攻击白棋的好时机，胜率下降 4 个点。

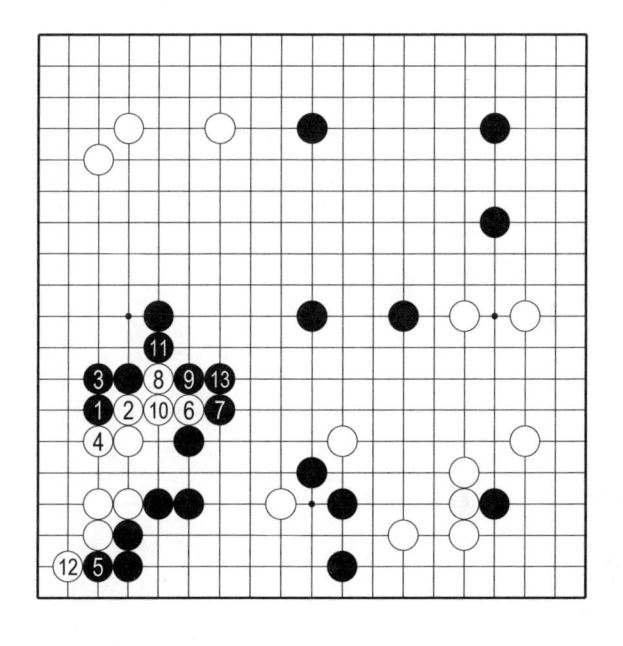

通过黑 1 抢攻左下角，黑能把外围下得很厚。

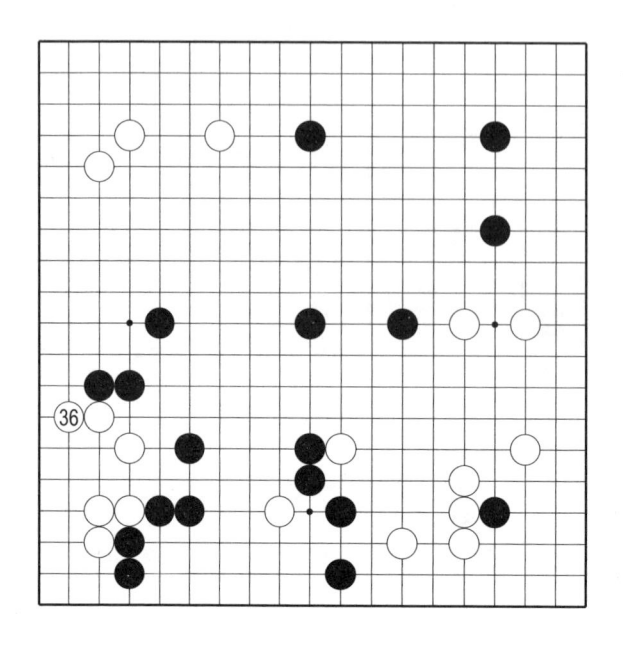

白36缓手，左下角已无死活问题，胜率下降8个点。

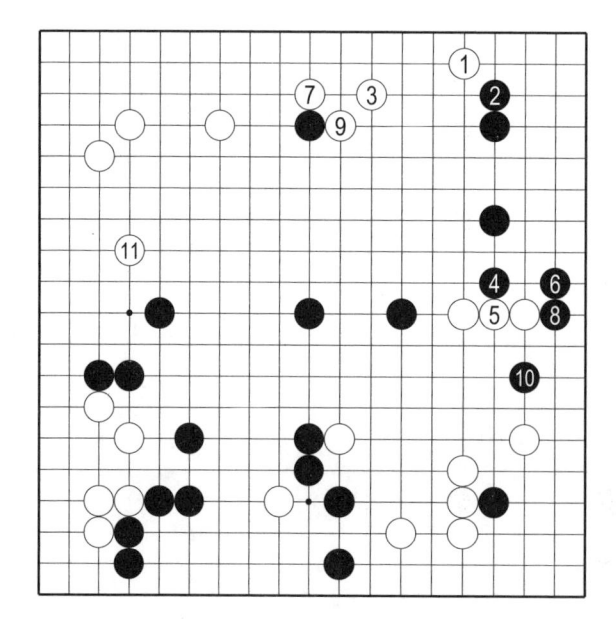

此时白棋应转身侵入右上角，这是全局最后一个大场。

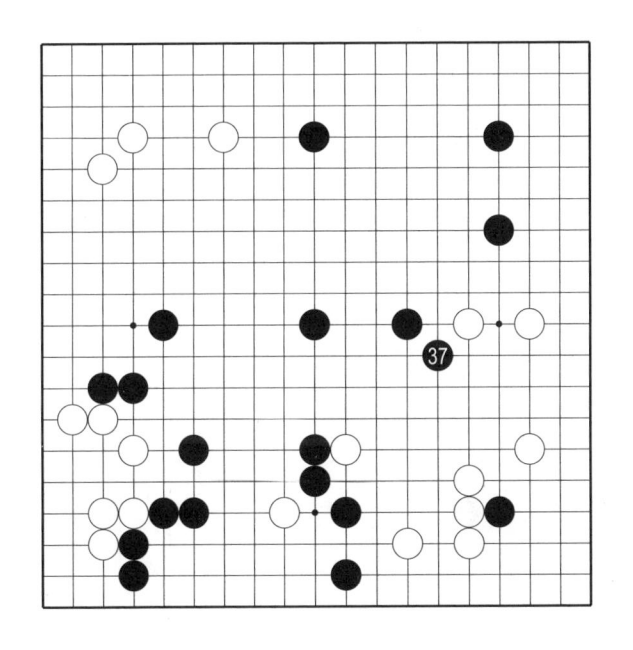

黑 37 也是缓手，胜率下降 8 个点。新布局有过于看重中腹的倾向。

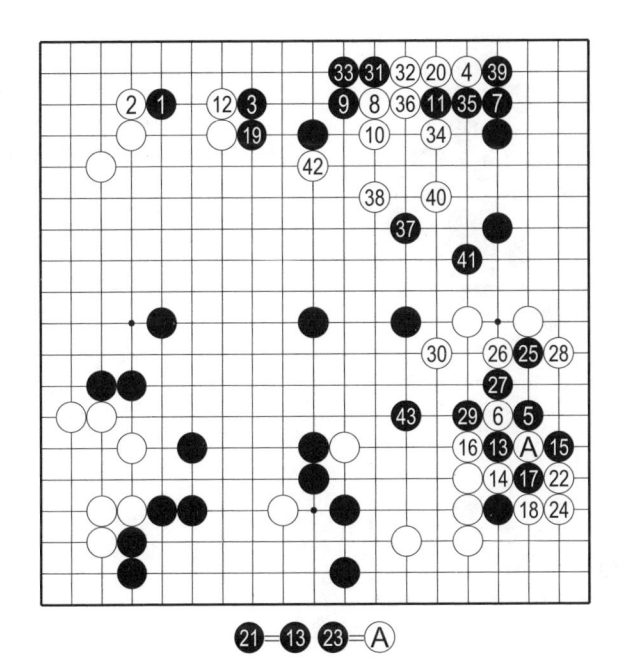

黑当务之急是经营比较空旷的上边。

㉑=⑬ ㉓=Ⓐ

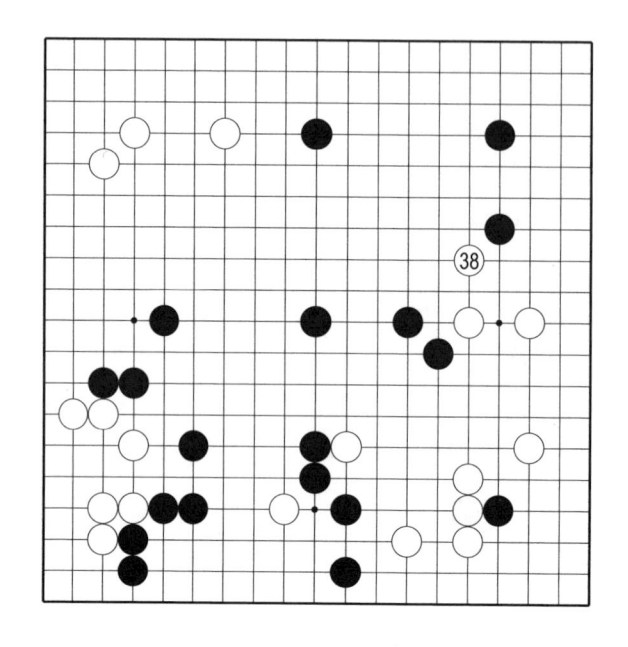

角上还空着，白38不必着急进入中腹，胜率下降6个点。

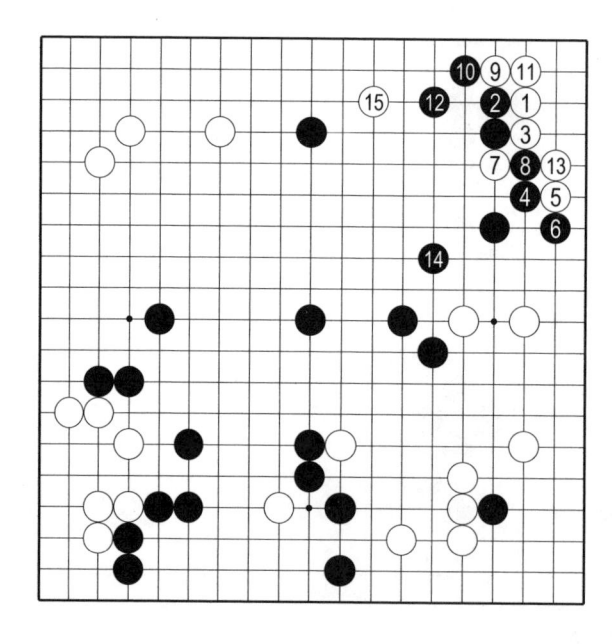

"两番收腹成犹小"，白点角之后，黑在中腹并不容易围出大空。

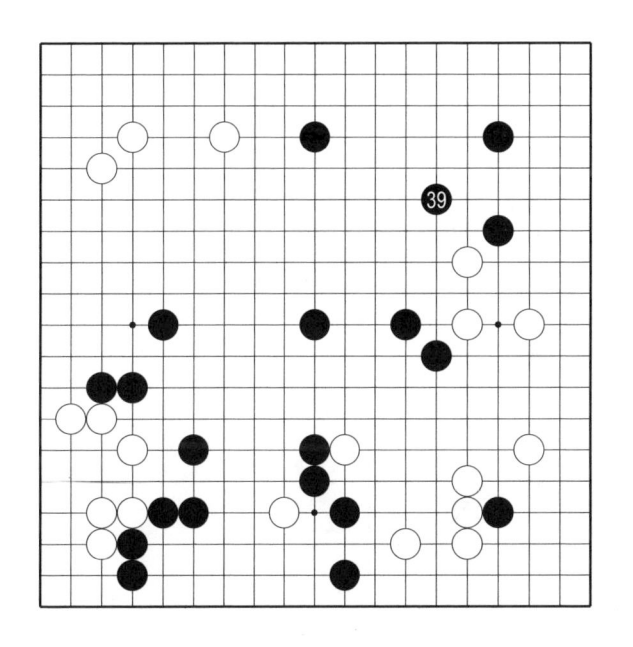

双方都过于重视中腹，黑 39 跟着应，胜率下降 15 个点。

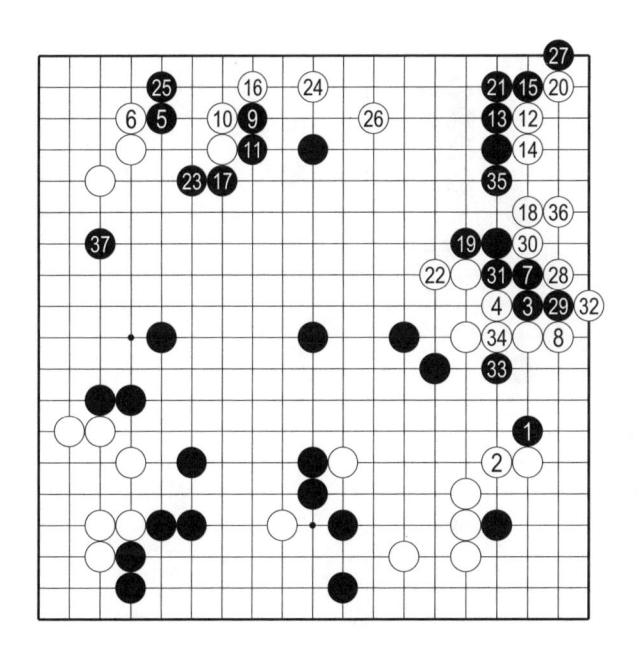

利用黑 1、黑 5 的先手利，黑 3、黑 9 进行边上的定形，紧凑而实惠。

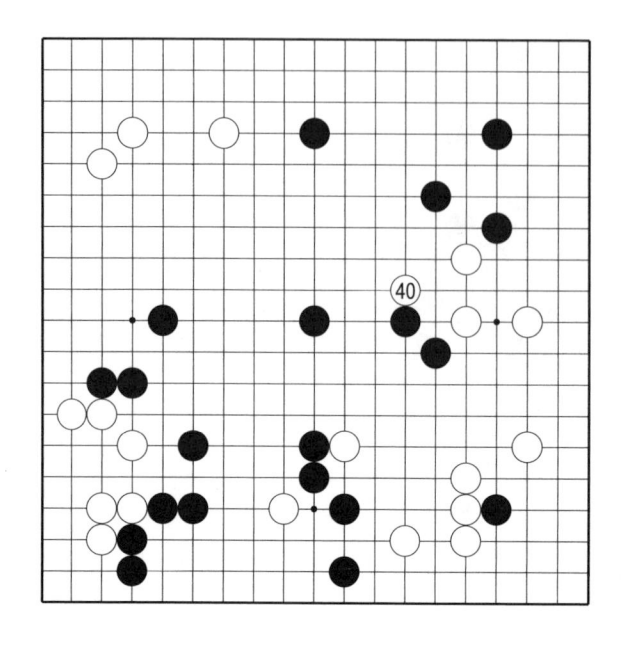

白40继续在中腹纠缠，胜率下降16个点。

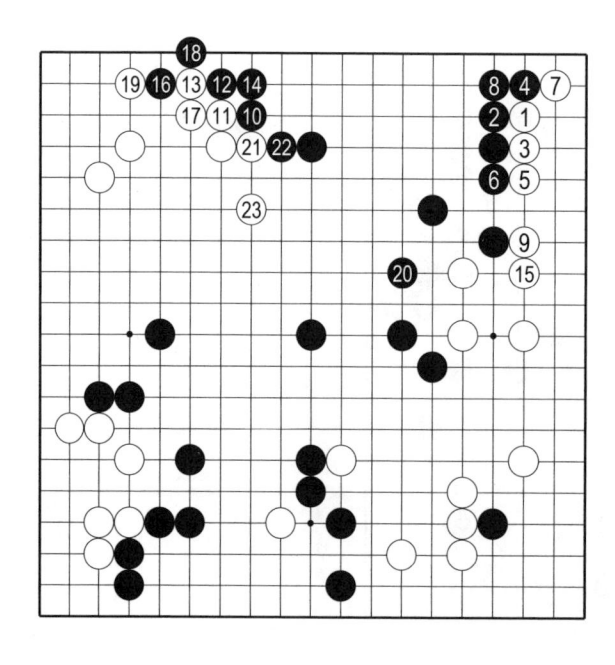

从围棋AI的推荐图来看，角的优先级是很高的，挂角容易形成孤棋，点三三更省心。

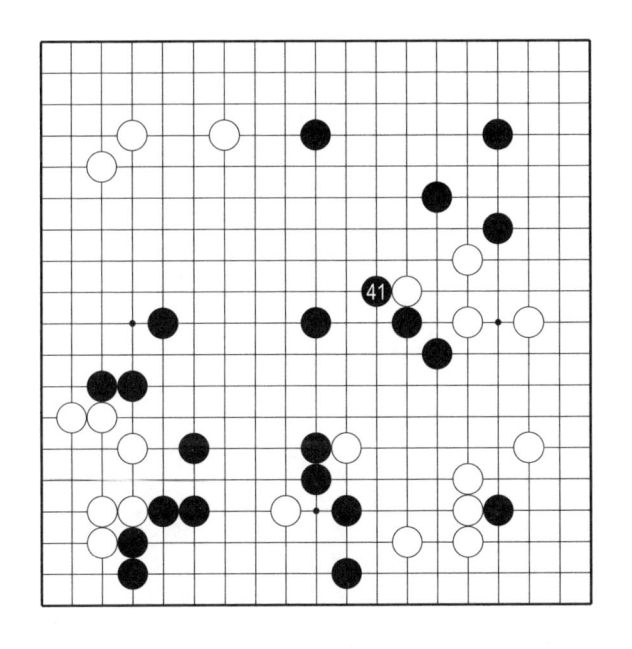

黑41跟着白棋在中腹落子，胜率下降5个点。

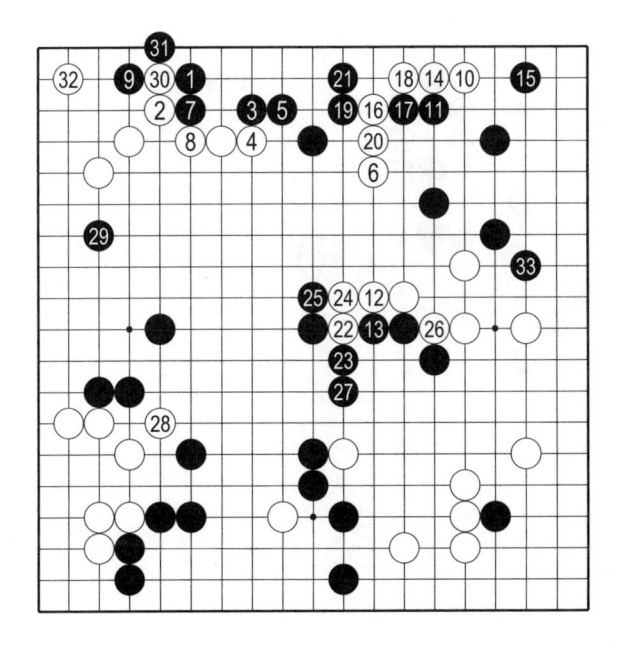

黑1下在上边二路，拿到边空，实惠。

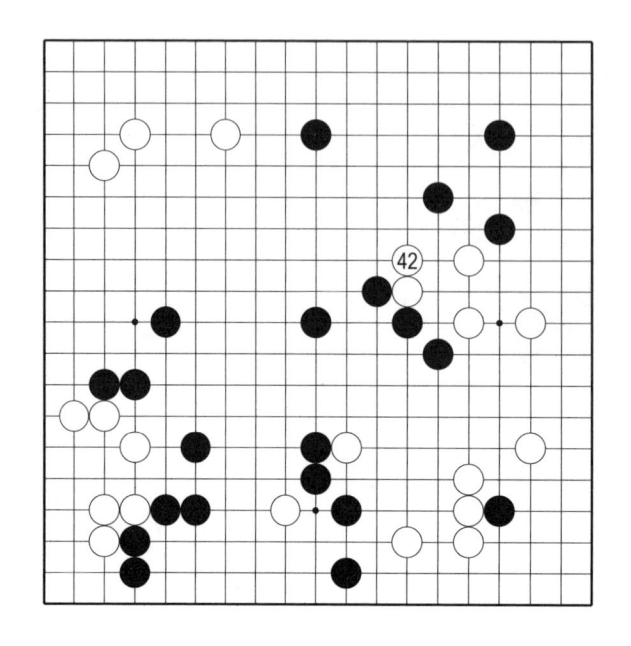

白42继续被思维惯性牵着走，胜率下降10个点。

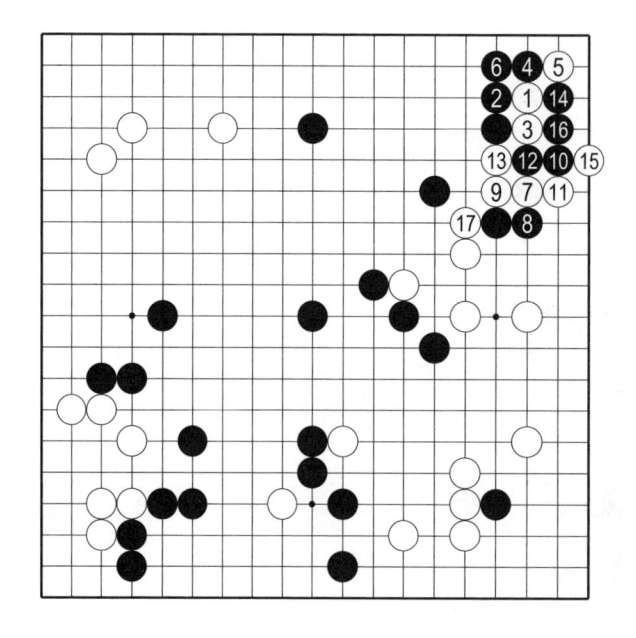

围棋 AI 在怒吼："点三三呀！"

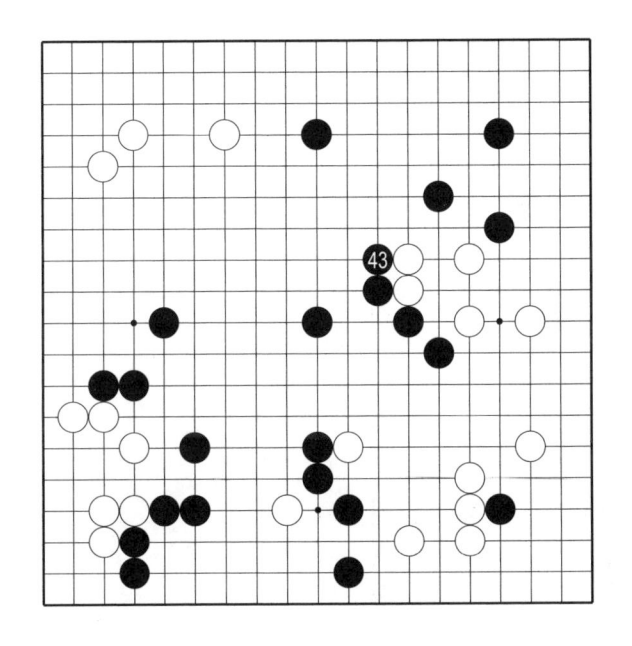

黑43继续在错误的方向行棋，胜率下降11个点。

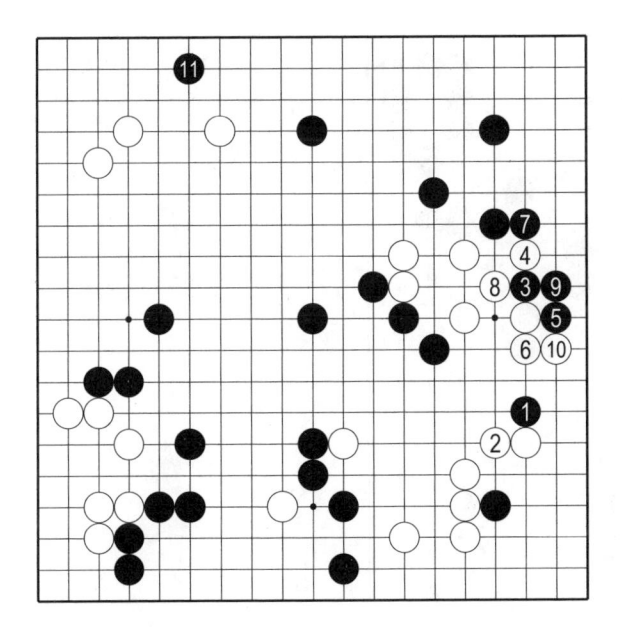

还是边角优先于中腹。

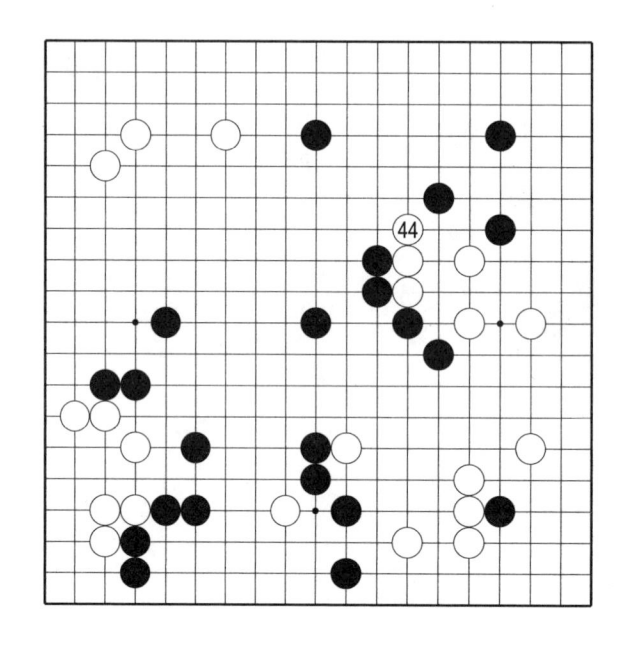

白44出头价值不大，胜率下降11个点。

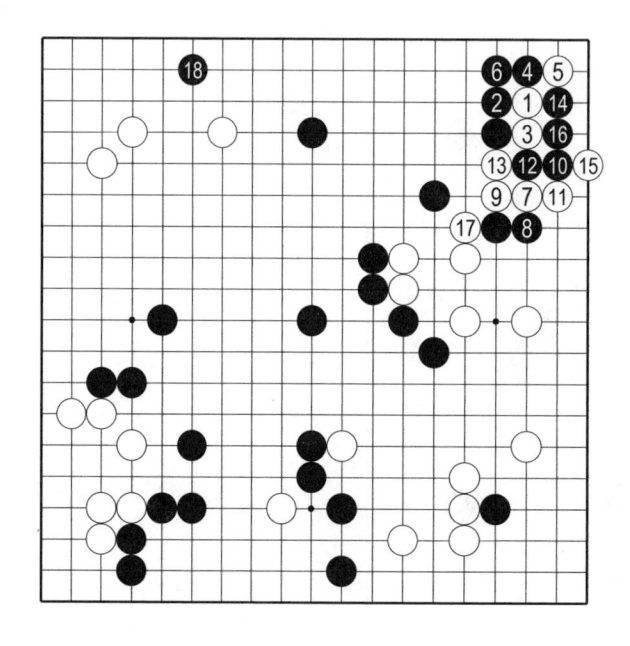

白仍然应该点角，更容易拿到实实在在的目数。

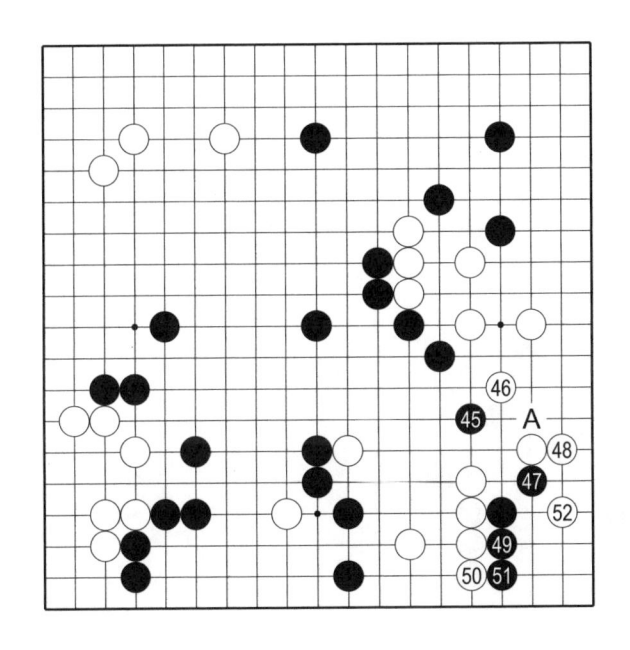

黑45仍然意在中腹。

局部来看，与白46交换让白补强了，损失了A位碰的手段。

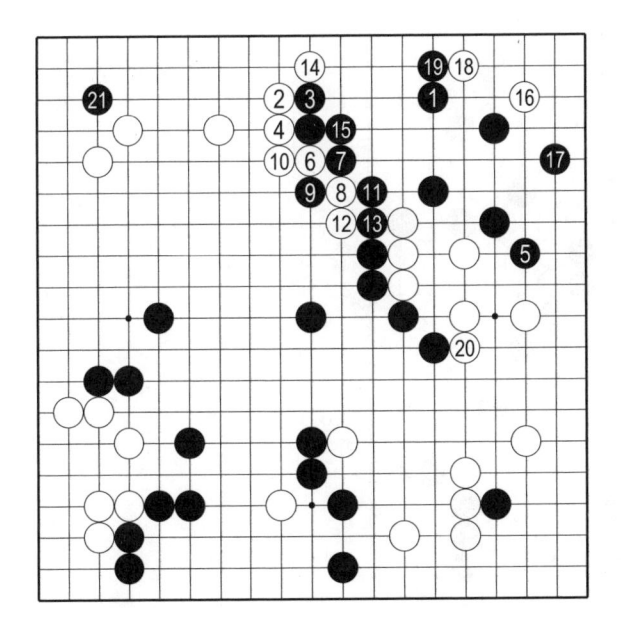

全局来看，黑1守角最大。

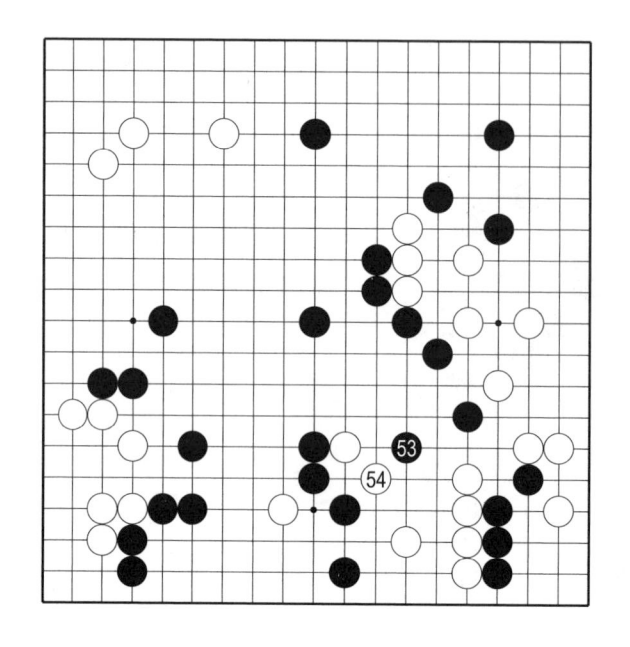

黑 53 封锁中腹，胜率下降 10 个点。

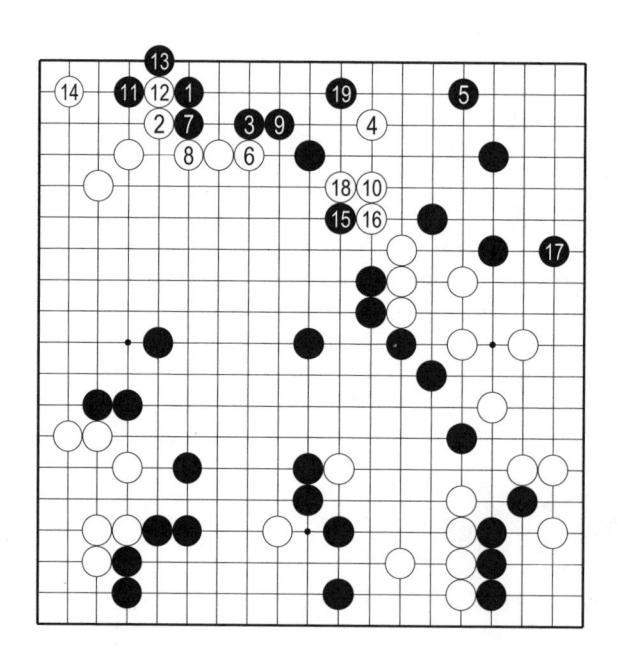

围棋 AI 反复提示中腹不大，上边优先于中腹。

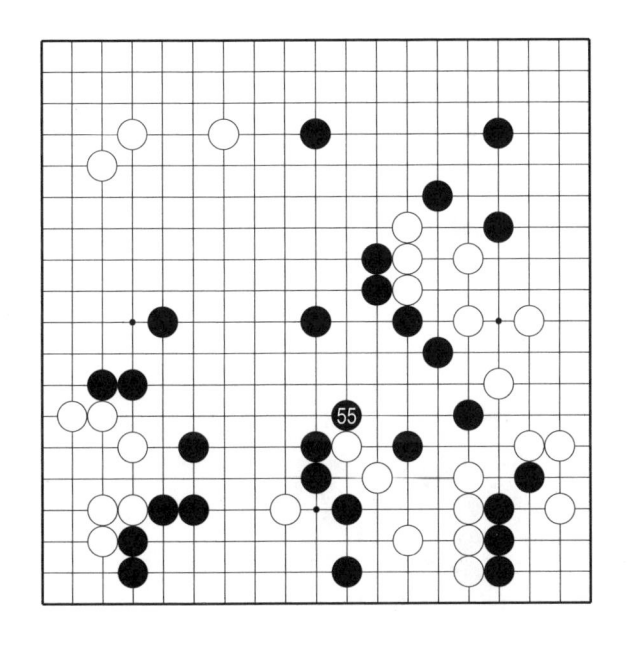

黑 55 不够紧凑，胜率下降 10 个点。

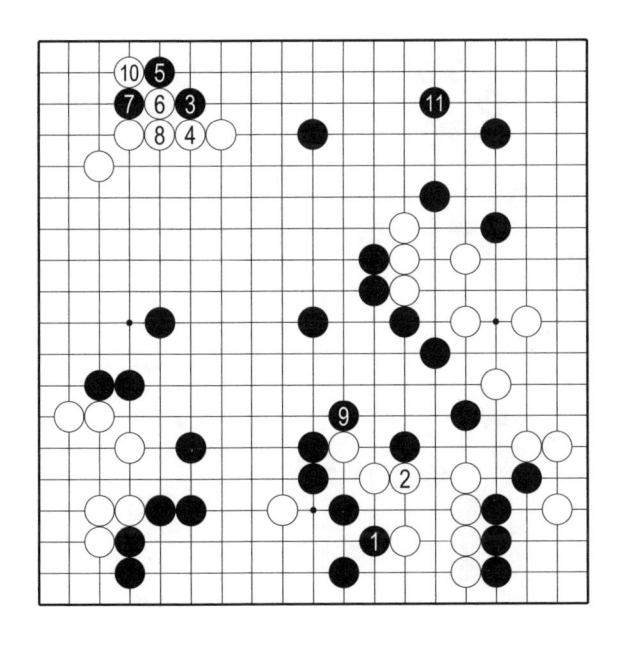

围棋 AI 提示了黑 1 先顶的手段，下边便宜了。

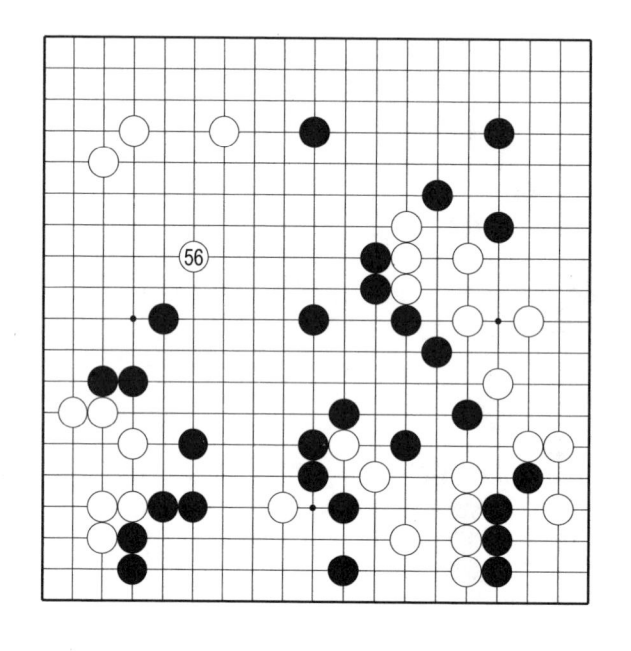

白56发动了一场中腹界线划分的大战役，双方接下来要在这里大动干戈。

胜率下降16个点。

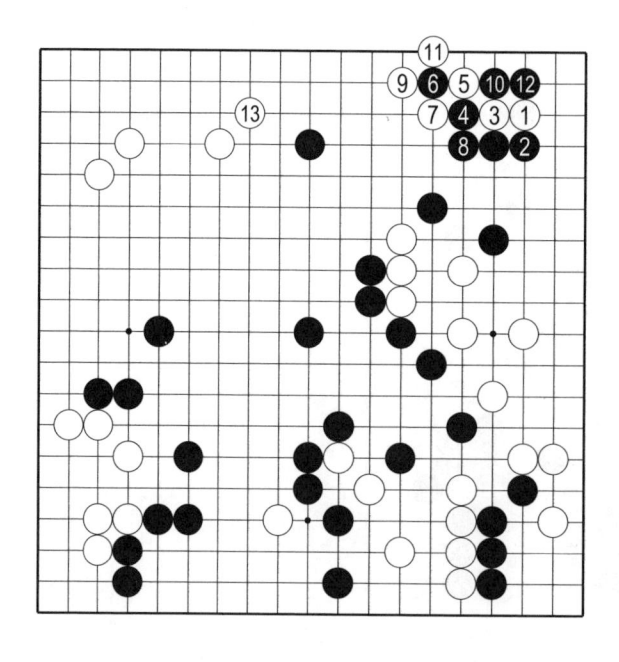

围棋AI认为实战侵消中央时机的选择不对，此时上边比中央更大。

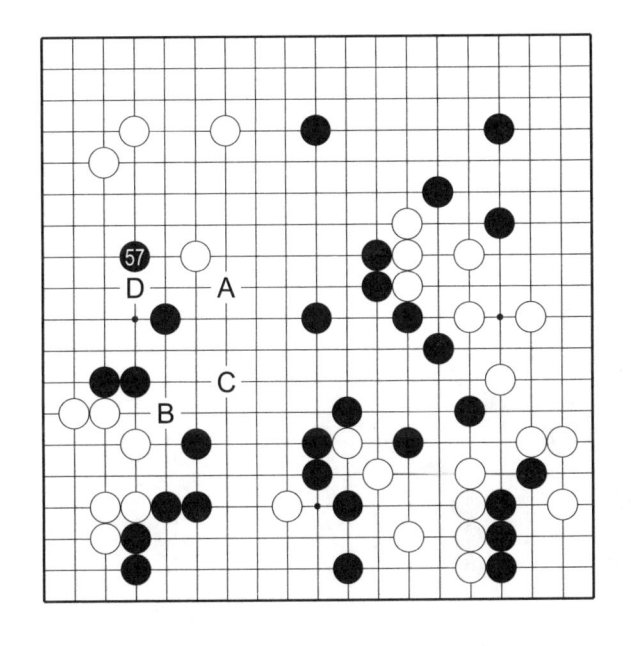

吴清源先生解说黑57是想让白应一手再回头于A位围空。因为直接在A位围空的话，则白B、黑C、白D，白也能围很大的空。

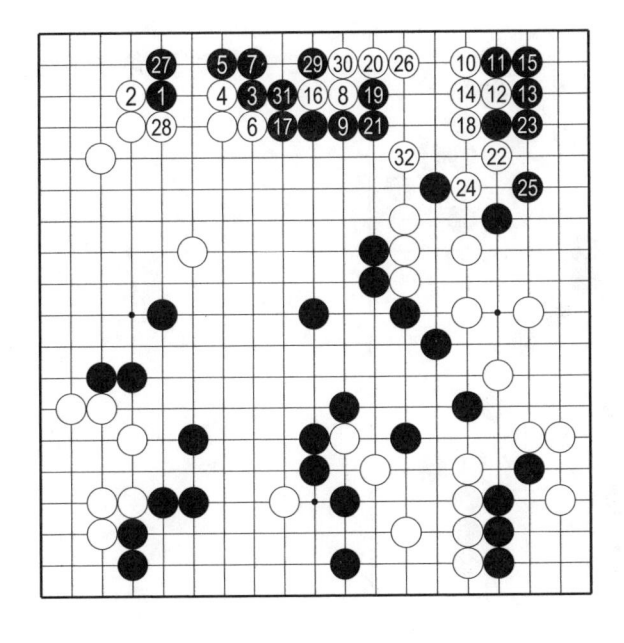

围棋AI判断黑57行棋方向错误，胜率下降8个点。

此时应直接从上边破白空。

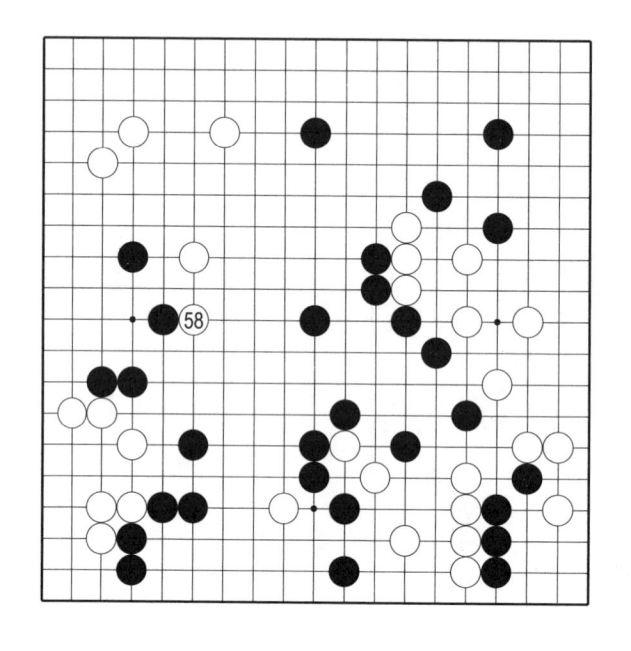

白 58 压缩中腹，价值也不大，胜率下降 13 个点。

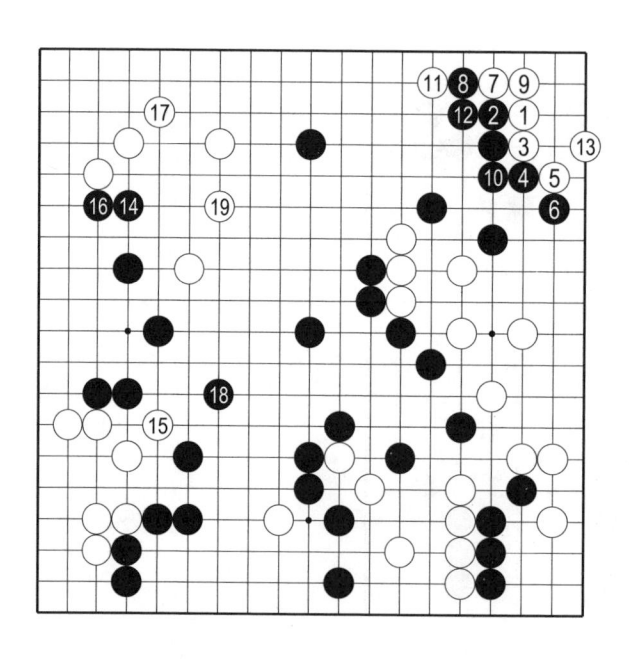

此时掏角的价值最大。

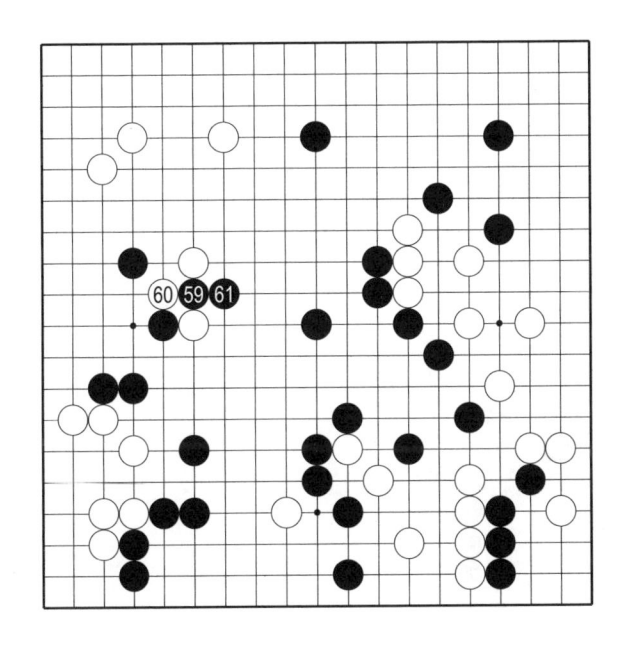

黑 59 挖断并不严厉，胜率下降 10 个点。

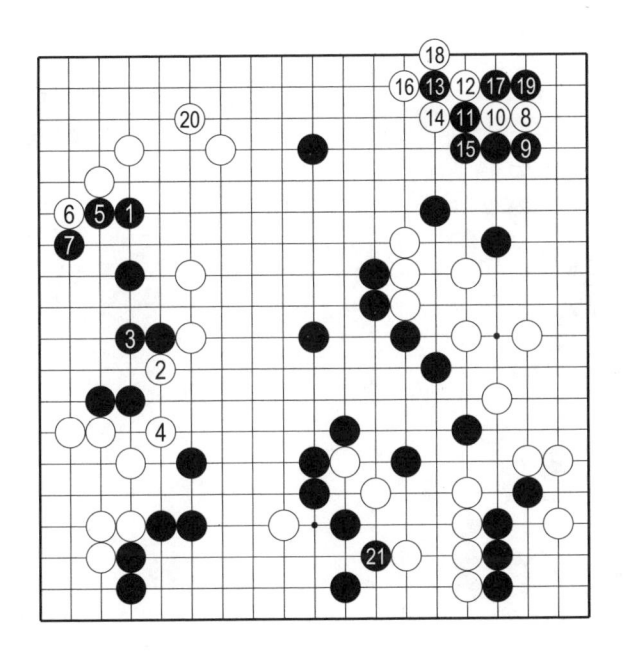

终究还是因为中腹不够大，围棋 AI 认为黑不如转身活在边上。

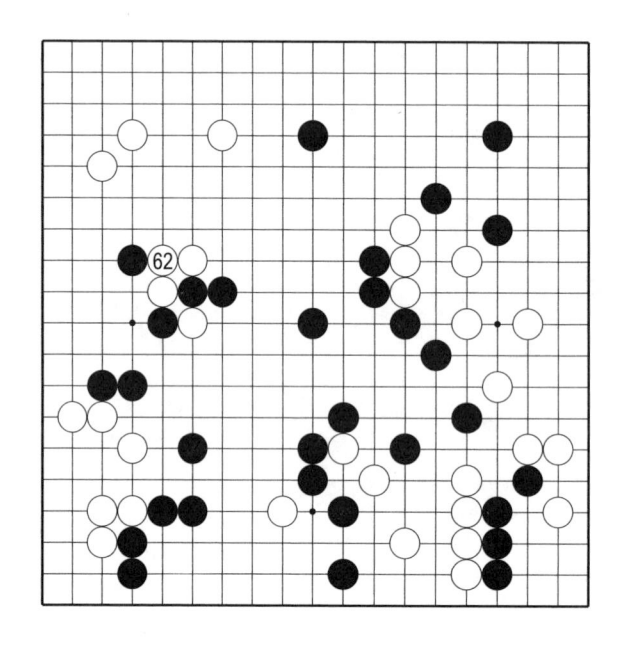

白62粘不够严厉，给对方留下了四路退回的好点，胜率下降10个点。

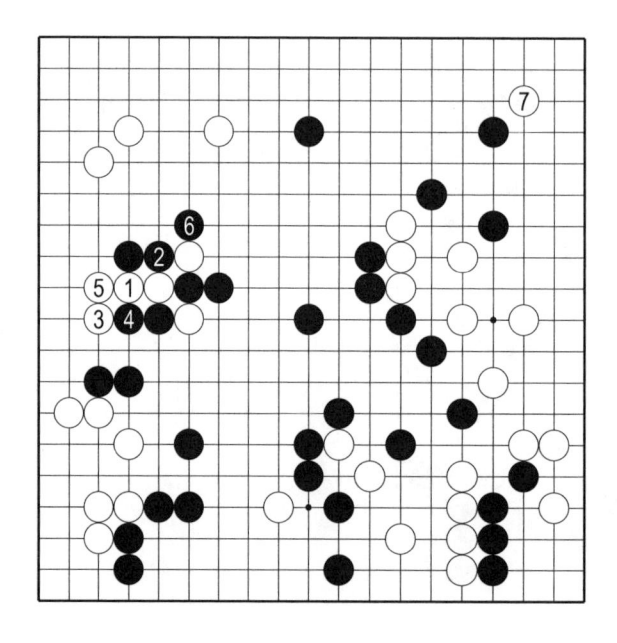

白1直接往下面冲是成立的，局部是先手，之后右上点角很大。

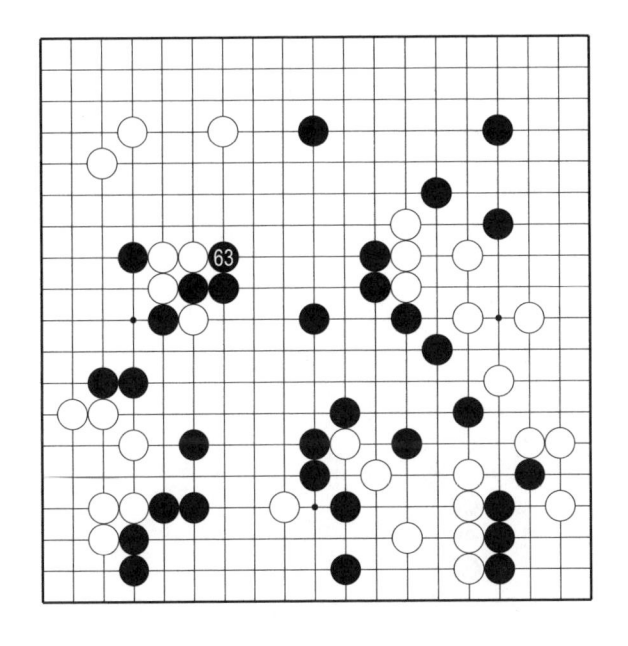

吴清源先生解说黑63是双方必争的要点，这是基于双方对中腹价值的误判。此手导致胜率下降33个点。

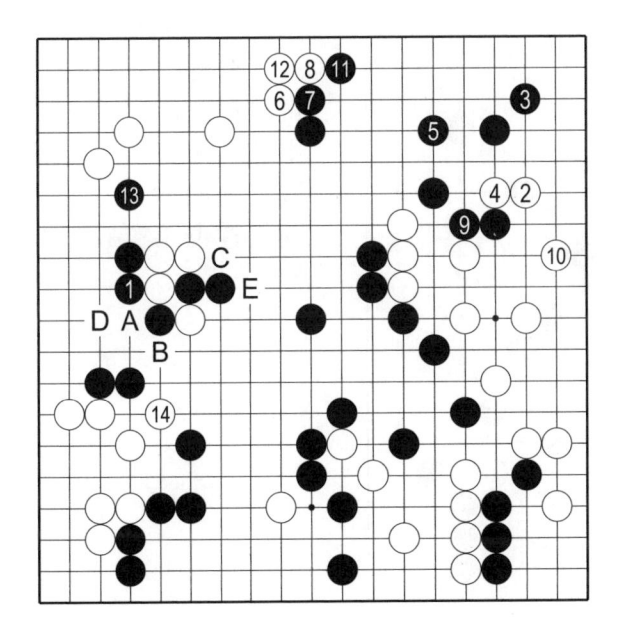

实战之所以没下黑1挡住，是担心白A、黑B、白C、黑D、白E。但围棋AI认为那样下反而是白不行，中腹的价值不如边角，所以围棋AI的白2是局部脱先转向右边。

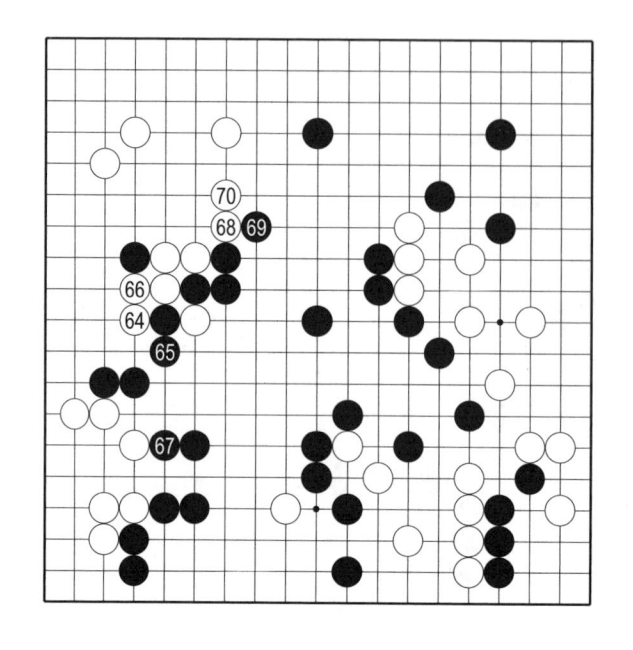

白 64 打吃是俗手，凑黑 67 一手补净中腹，胜率下降 10 个点。

白 56 至白 70 这一场中腹界线划分之争，围棋 AI 认为时机选择不对，因为空旷的上边价值更大。

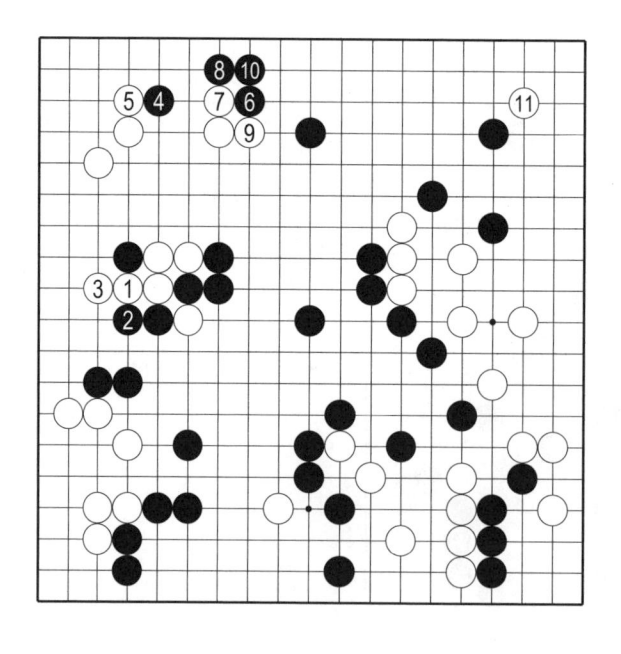

白 64 应改下白 1 直接拐出，黑 2 挡下不如实战厚，中腹白残子还有余味。白 3 的位置也比实战白 64 好。

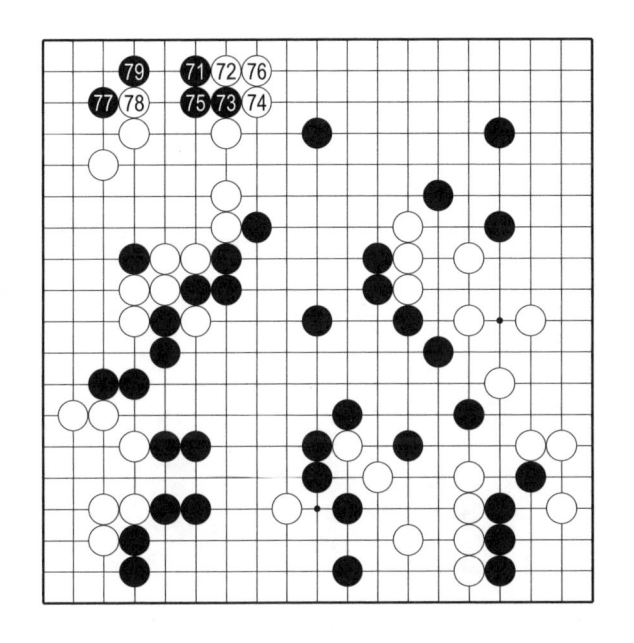

黑 71 潜入是好点，也是本局的胜负手。

白 76 粘补，胜率下降 11 个点。

实战白的意图是将打入的黑棋全部吃掉。

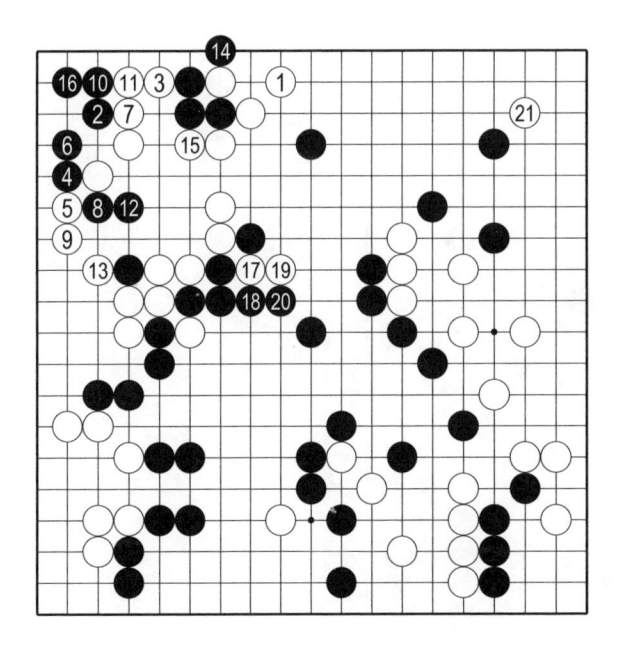

围棋 AI 的方案是让黑活角，白 1 虎补就比硬粘便宜。

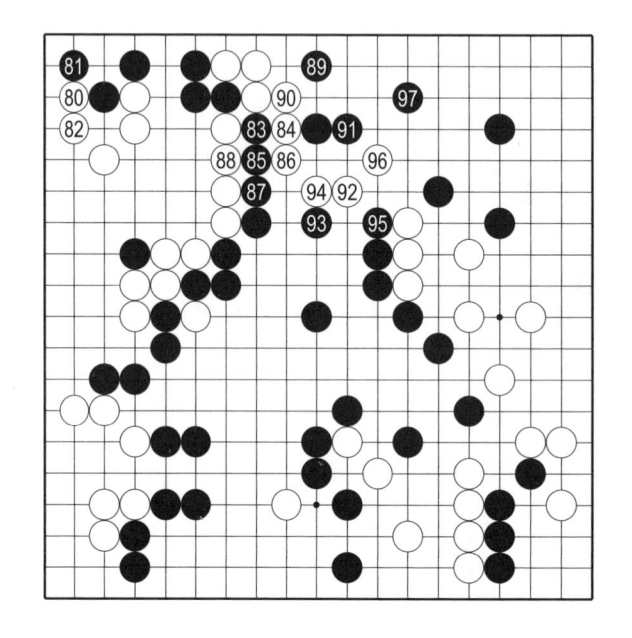

白80失着，胜率下降25个点。

虽然黑角不活，但空间大、气长，黑83切断后在上边收获很大。

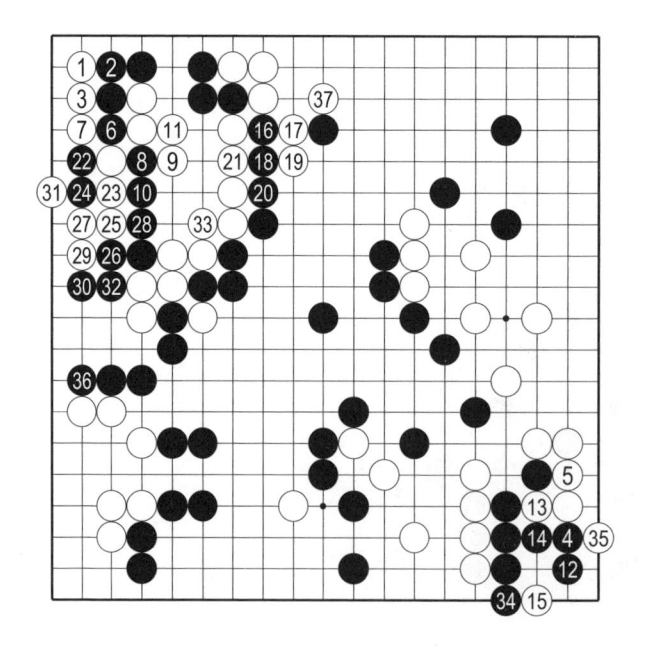

围棋AI推荐白1点，也能杀角，好处是黑气短，缺点是会被黑8切断。

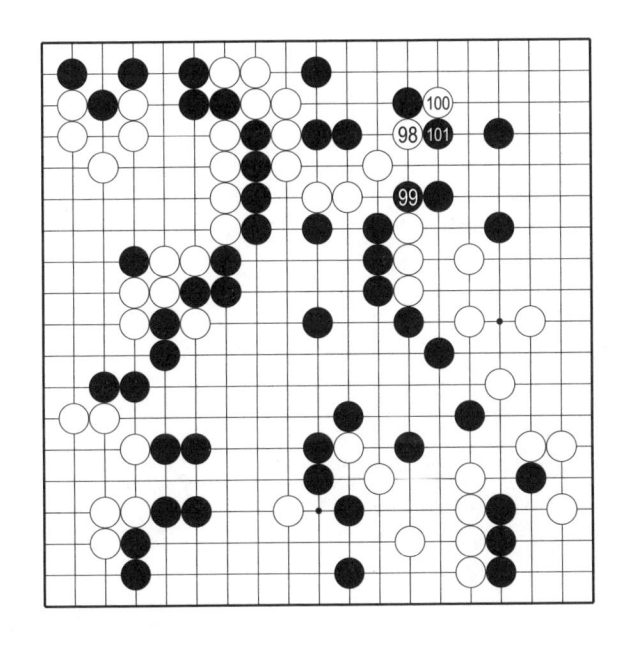

白98联络手法错误，黑99挡住后白下得很困难，胜率下降28个点。

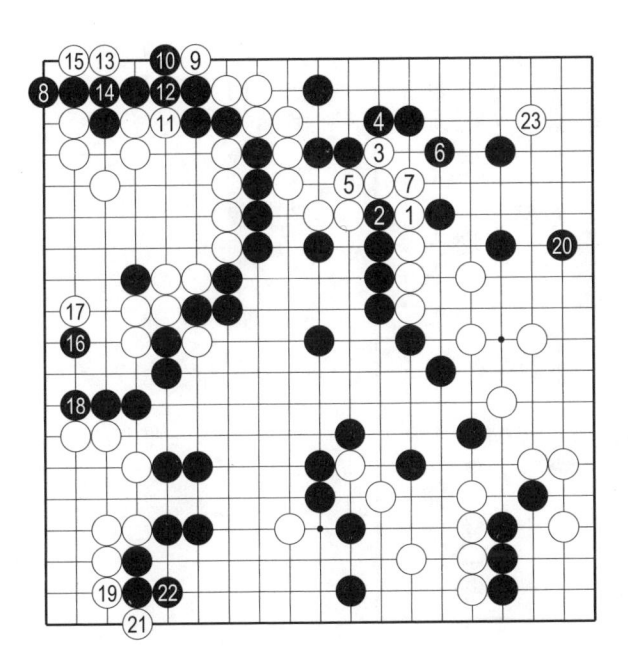

白1冲后白3再冲，可保持联络，干净无余味。

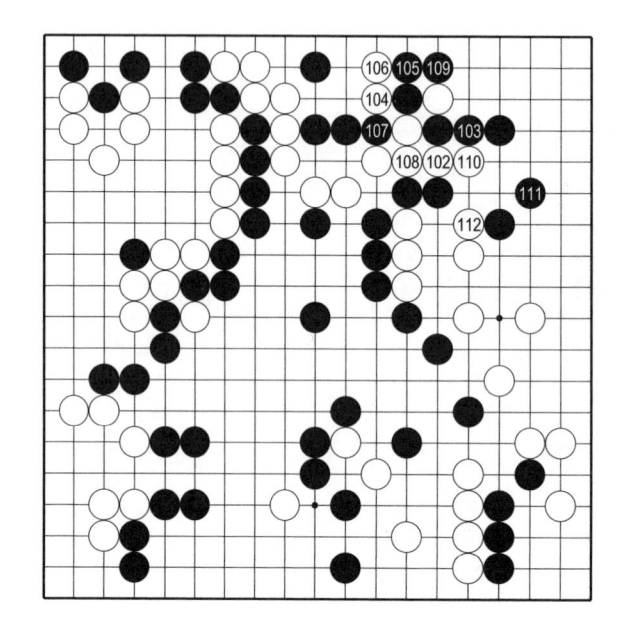

白 102 打吃恶手，让黑 103 粘厚了，损失了下图的可能性，胜率下降 18 个点。

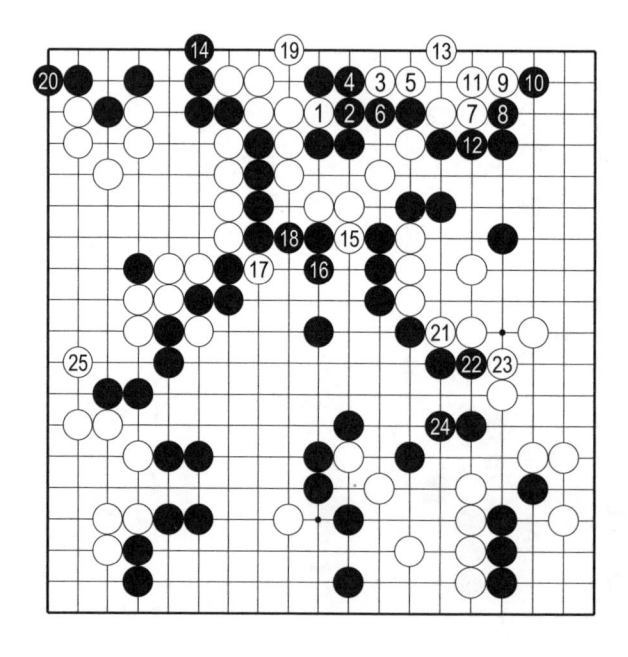

白 1 冲后白 3 点是要点，这个方案是成立的，黑 12 补断点很重要。

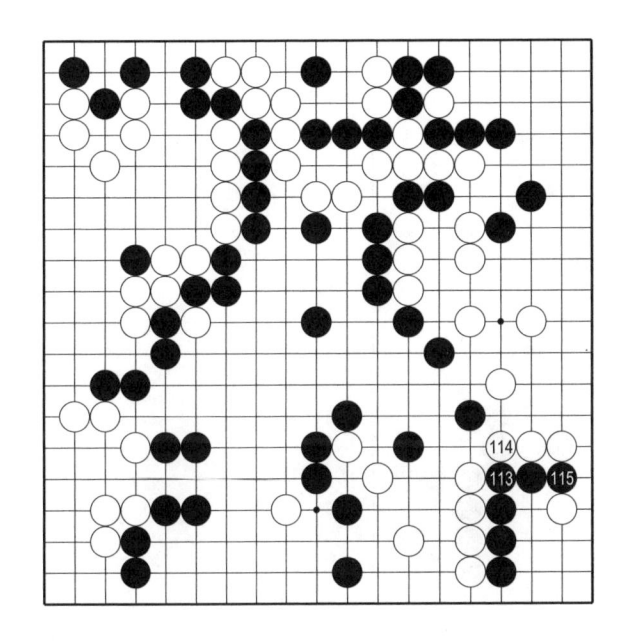

黑意图在角上延气增加利用，黑 115 冲是失着，胜率下降 10 个点。

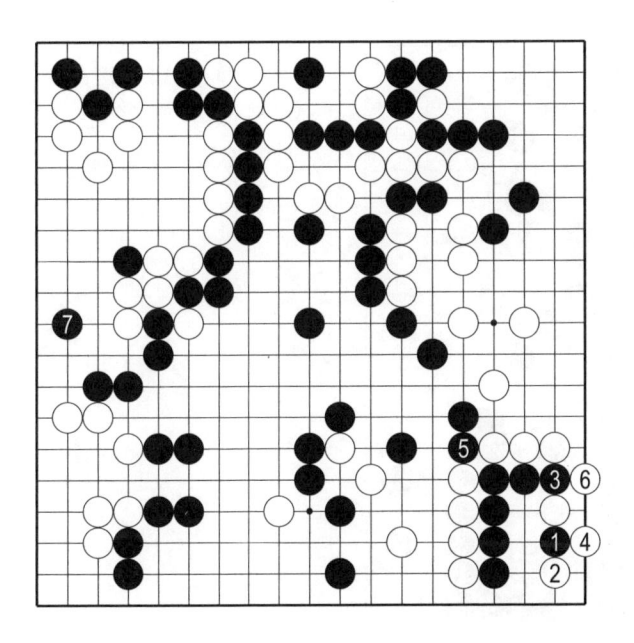

黑 1 应单靠，黑 5 切断意图让白在角上收气吃。

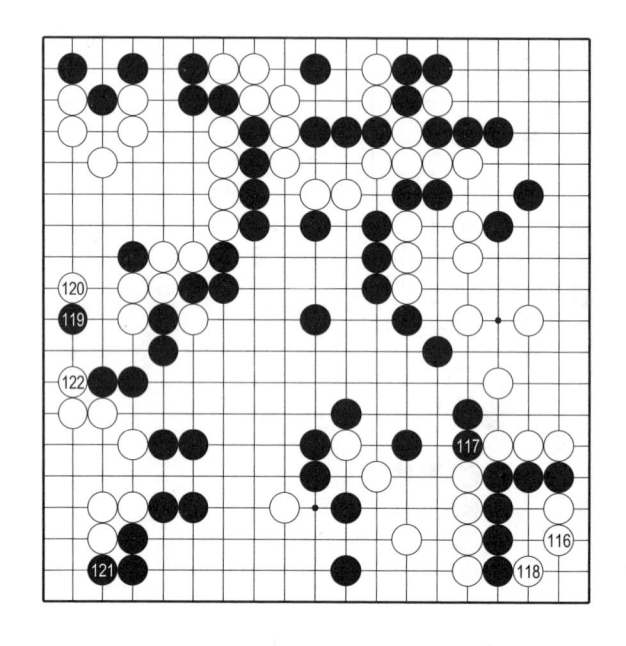

白 116 杀角，胜率下降 13 个点。

黑 117 切断后白只得继续在角上补棋。

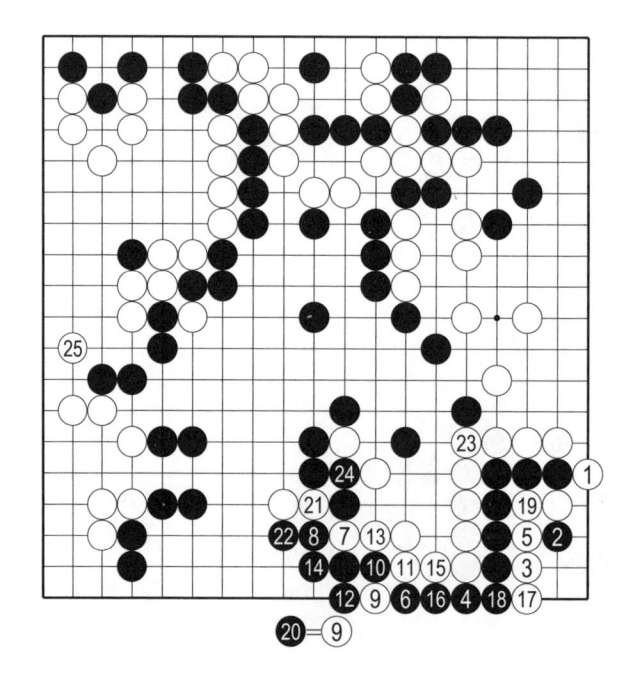

围棋 AI 的方案竟然是放黑棋逃走，争到白 25，补好左边。

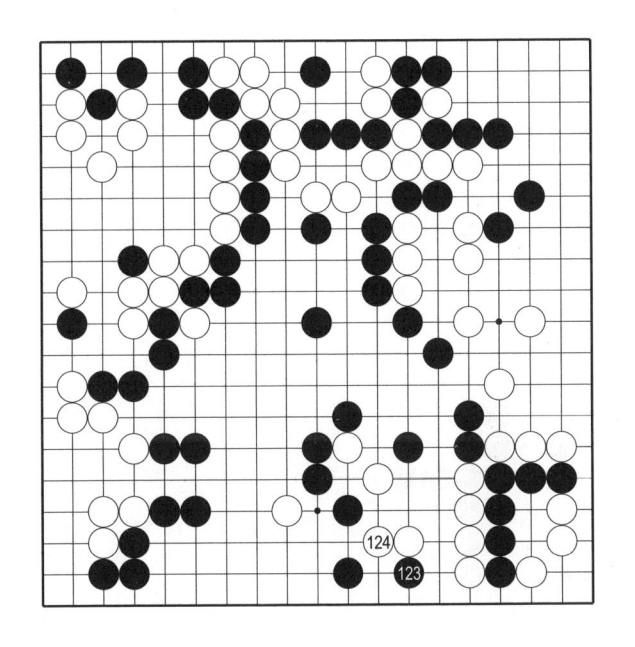

黑123严重失误，是本局败着，胜率下降43个点。

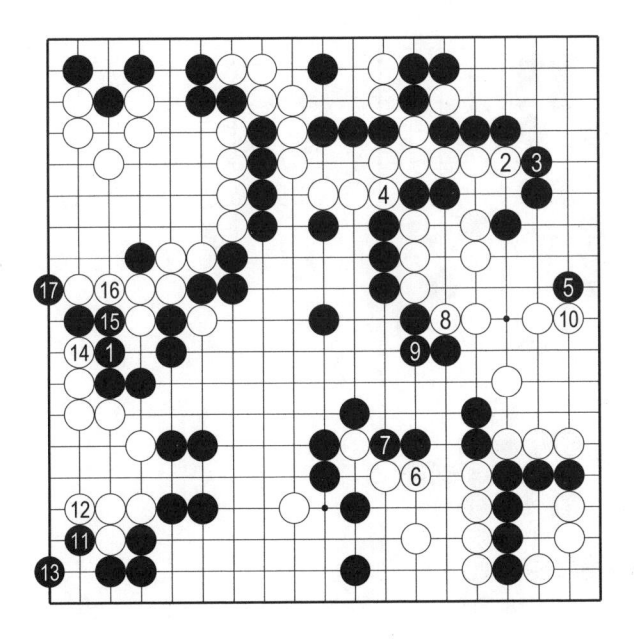

黑1连回黑一子极大，后续还有角上扳粘的官子，如此黑是优势。

实战黑在右下落了后手，被白抢到1位，割下黑的尾巴。

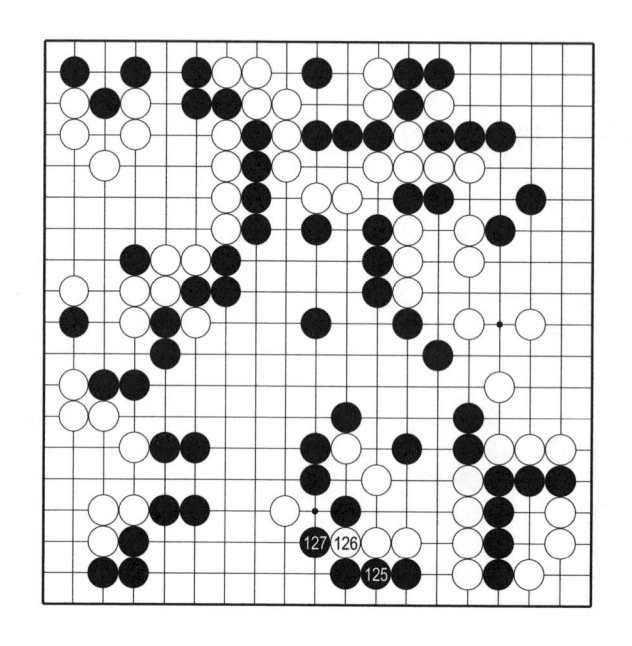

黑125再次失误，被白126冲出薄味，胜率下降23个点。

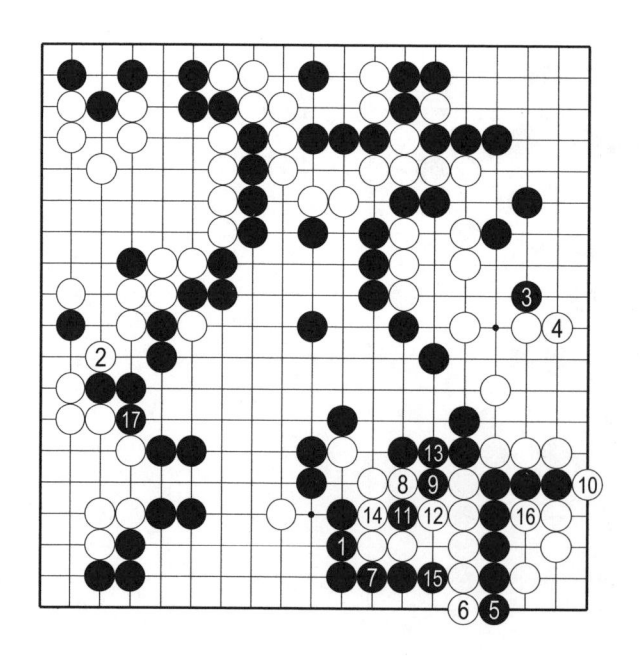

黑1接在左边厚实。白2抢左边大官子，黑5让白收气，如此仍是细棋局面。

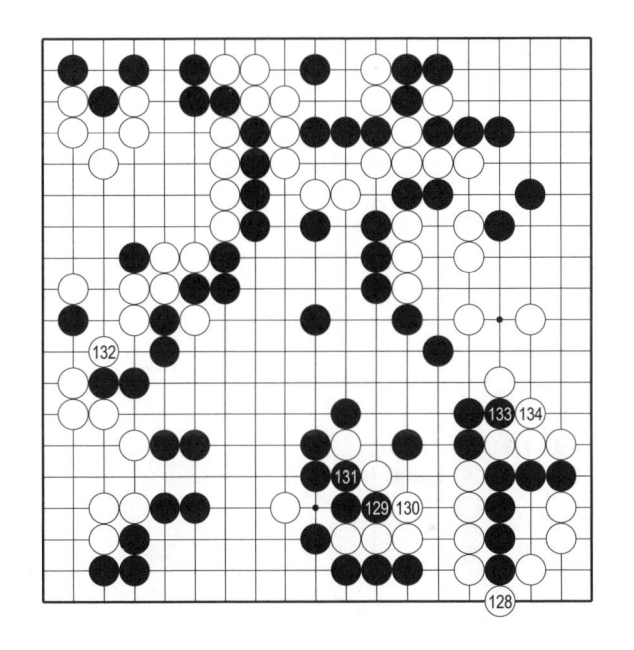

白128缓手，胜率下降13个点。

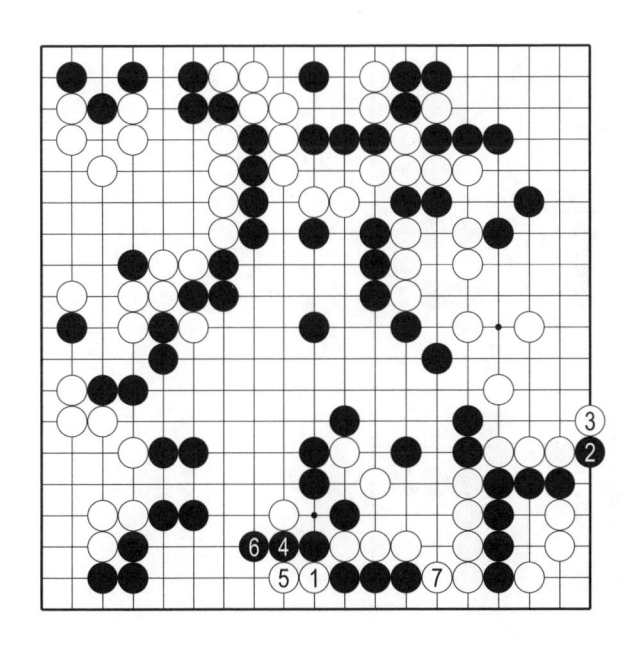

利用黑的断点薄味，白1断犀利。

结果白7顶成了先手，大便宜。

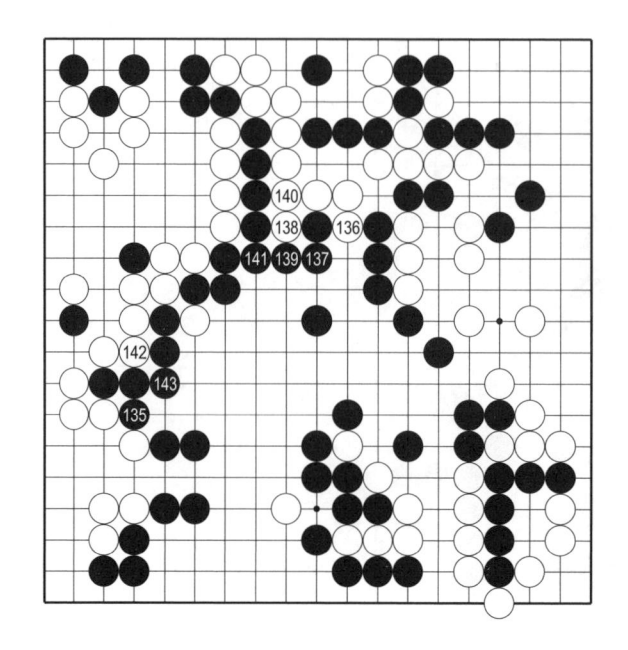

黑 135 没有看到右边的手段，胜率下降 17 个点。

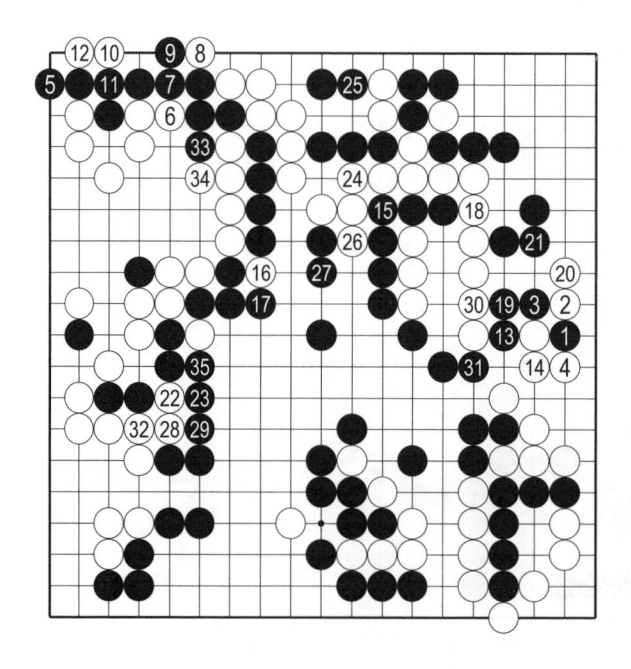

围棋 AI 推荐的方案是黑棋在右边二路托。

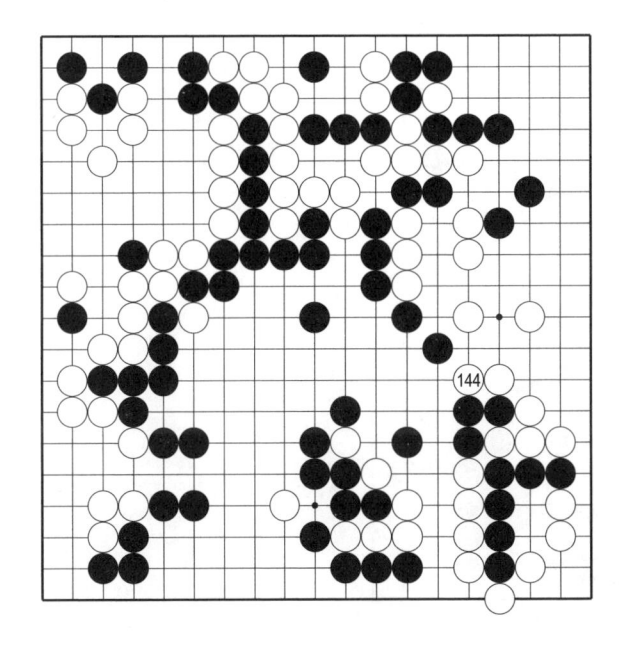

白 144 失着，胜率下降 13 个点。

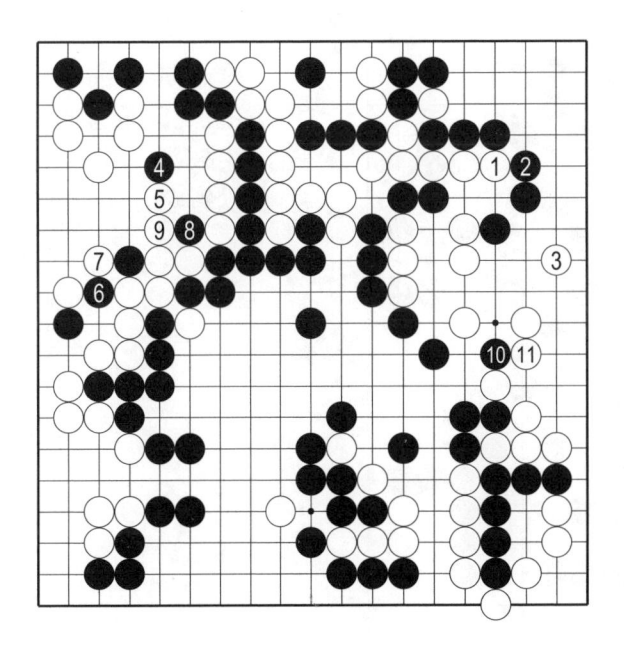

白 1 先冲一手确保联络，然后白 3 守住边空。

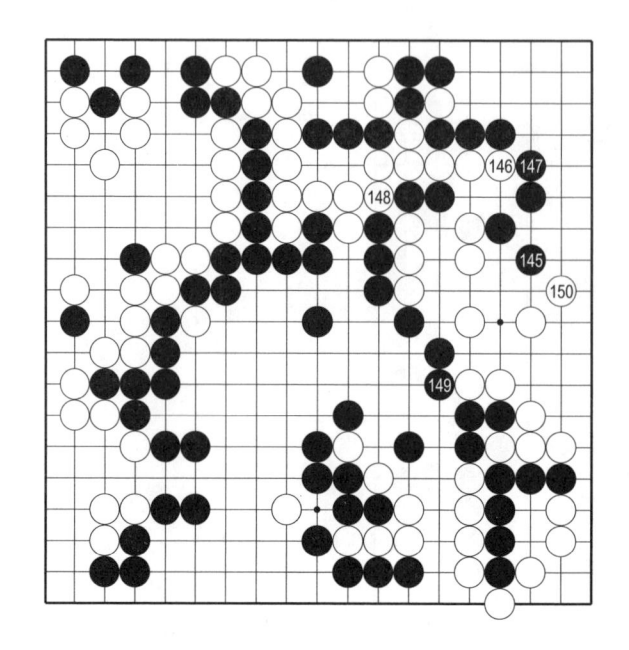

黑 145 收官手法有误，被白 150 下到二路小尖，胜率下降 19 个点，黑方再无胜机。

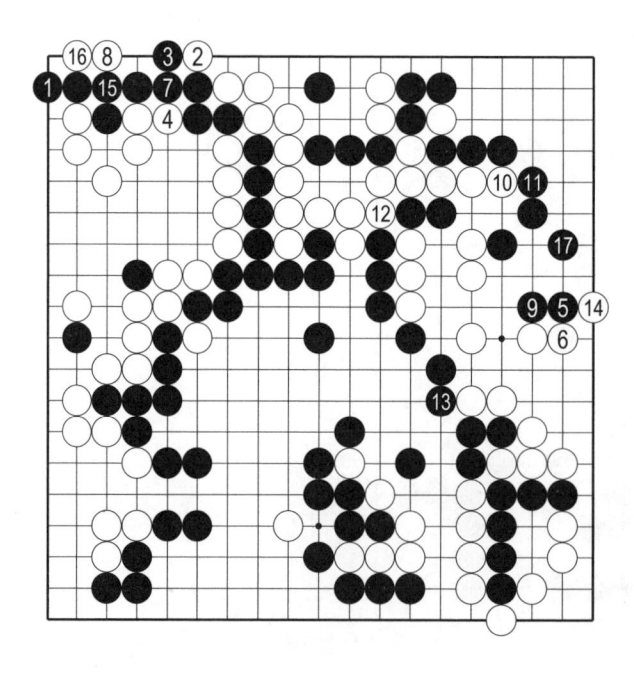

这个局部的正确下法是黑 5 直接抢二路，实战黑 145 这一手可以省略。

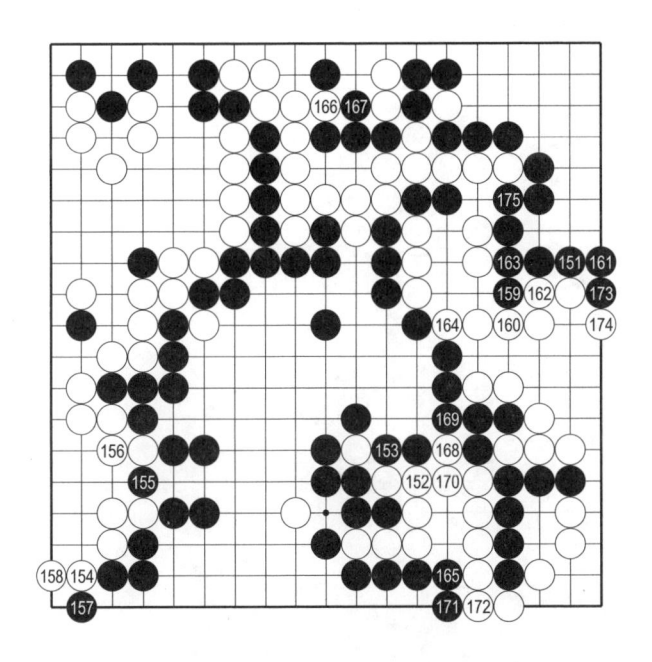

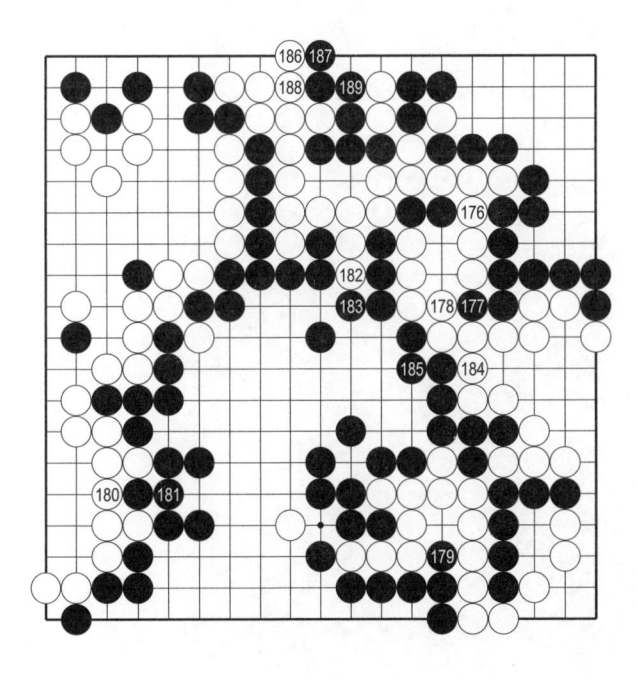

共 189 手
白胜 4 目

本局胜率走势及 AI 吻合度

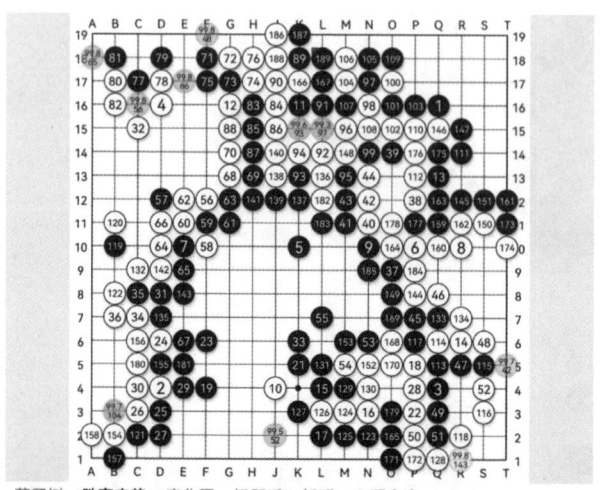

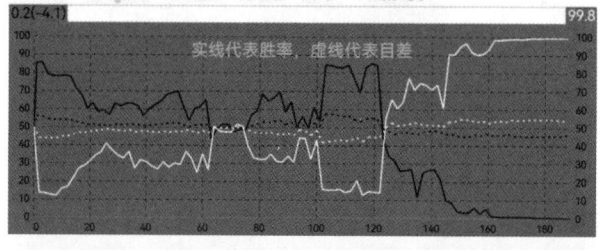

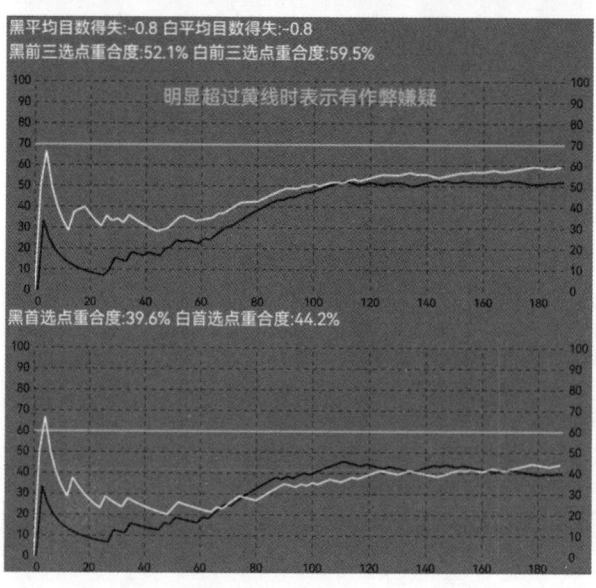

黑平均目数得失:-0.8 白平均目数得失:-0.8
黑前三选点重合度:52.1% 白前三选点重合度:59.5%

黑首选点重合度:39.6% 白首选点重合度:44.2%

藤泽库之助 VS 吴清源

总谱

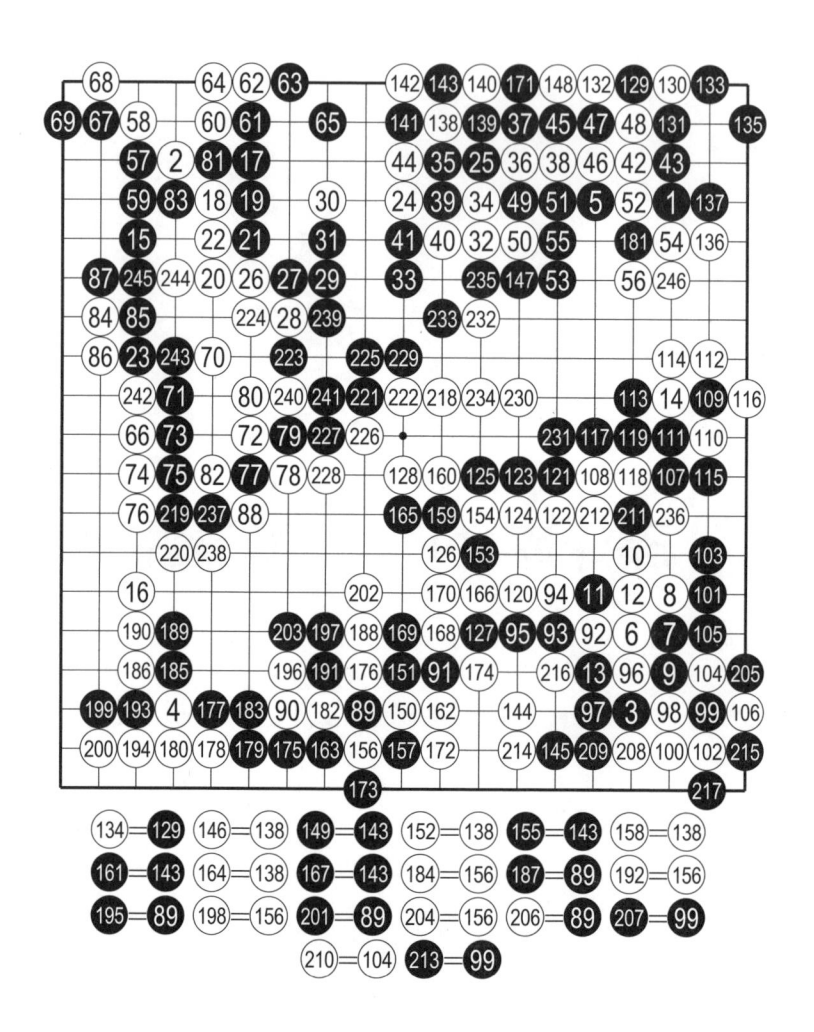

●藤泽库之助 VS ○吴清源

十番棋第二局
1943年2月25日、26日
不贴目
共246手，白中盘胜

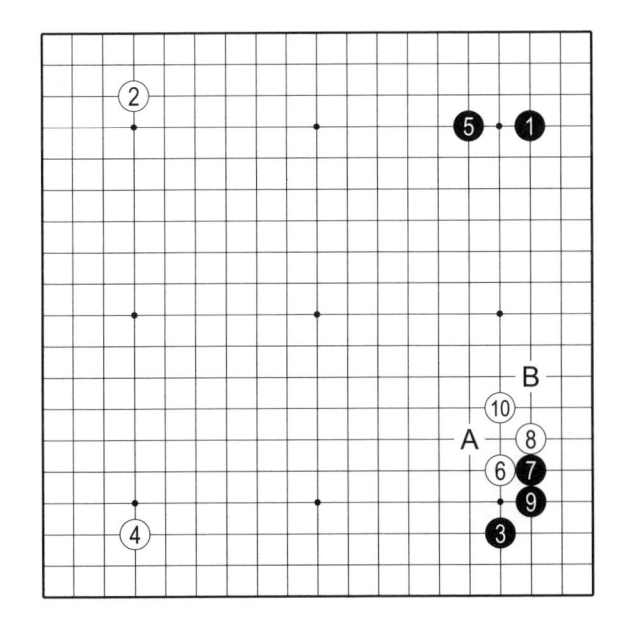

黑错小目对白向小目，这是经久不衰的经典布局。

围棋AI评价白10虎要比粘的胜率低4个点。就局部来说，白有A、B两个显而易见的被攻击点；就全局而言，虎不够坚实，对黑角的压力不够，黑可脱先抢占其他大场。

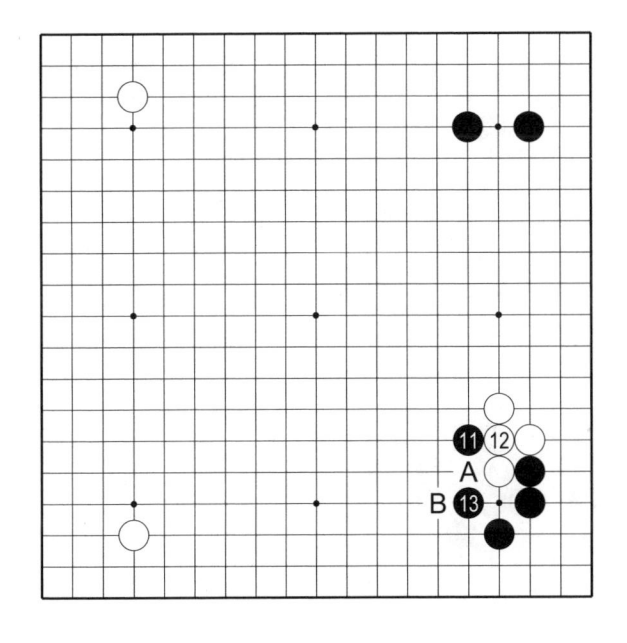

黑13导致胜率下降10个点，明显有白A冲的缺陷。

就局部而言，黑13应改下B位。

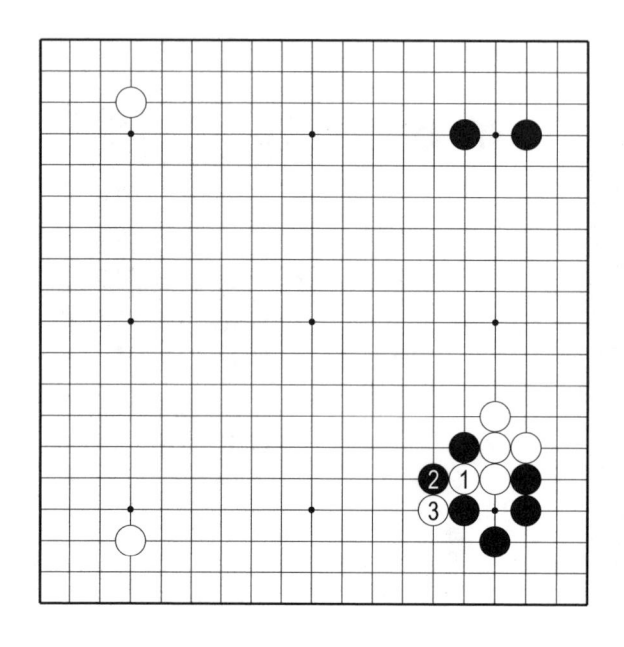

白 1 往外面冲，黑 2 挡，白 3 切断很严厉，黑难以处理。

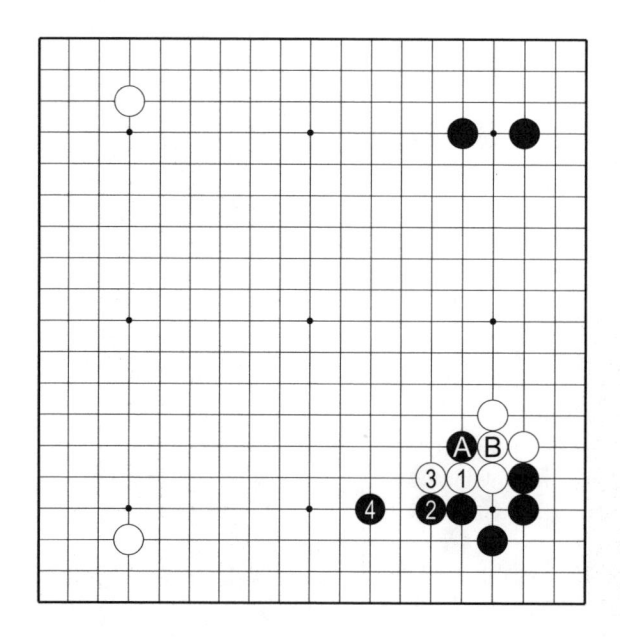

黑 2 如果退，白 3、黑 4 告一段落后可以看到：当初黑 A 与白 B 的交换成了强化白棋的恶手。

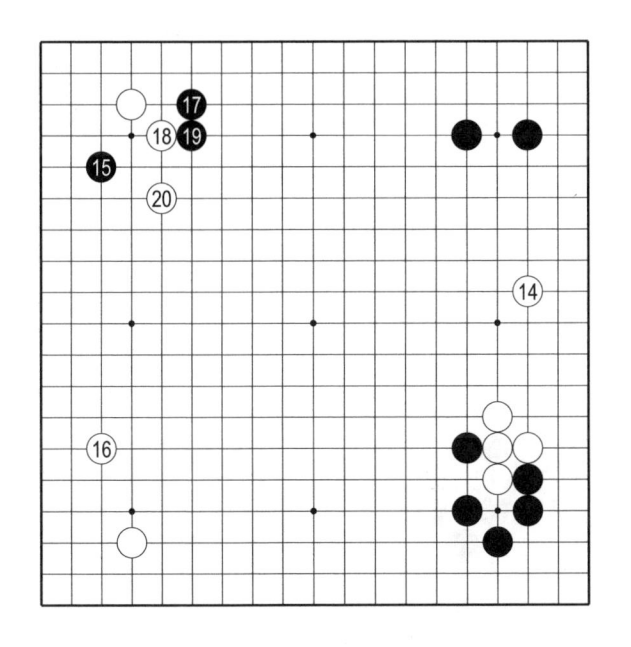

白 14 拆边防守，没有抓住黑方缺陷发动攻击，胜率下降 6 个点。

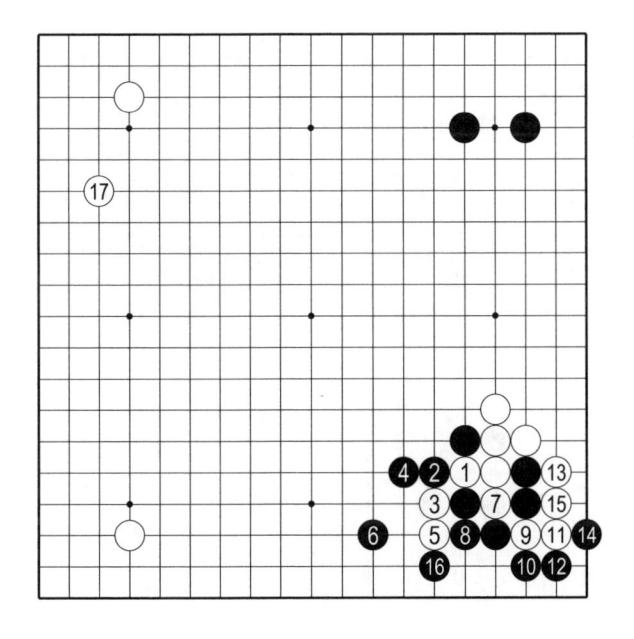

白 1、3 冲断很严厉。如图白吃掉黑两子先手安定，转身抢到白 17 守角，心情愉快。

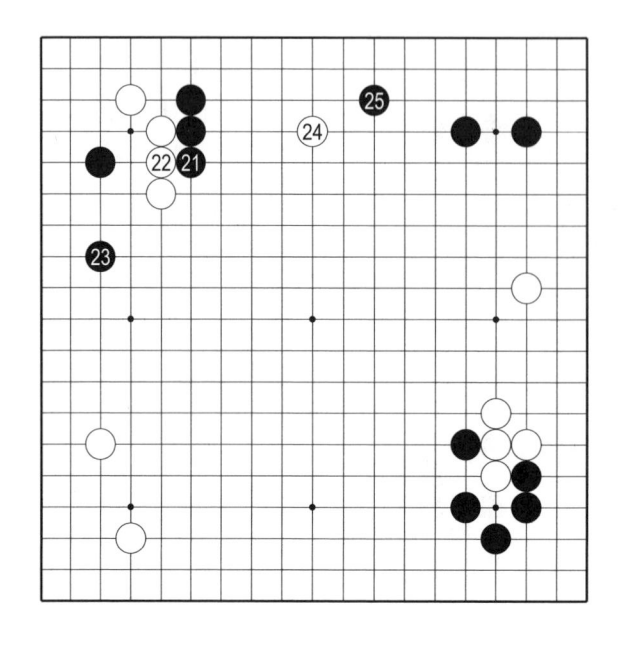

黑 25 行棋方向欠佳，胜率下降 4 个点。

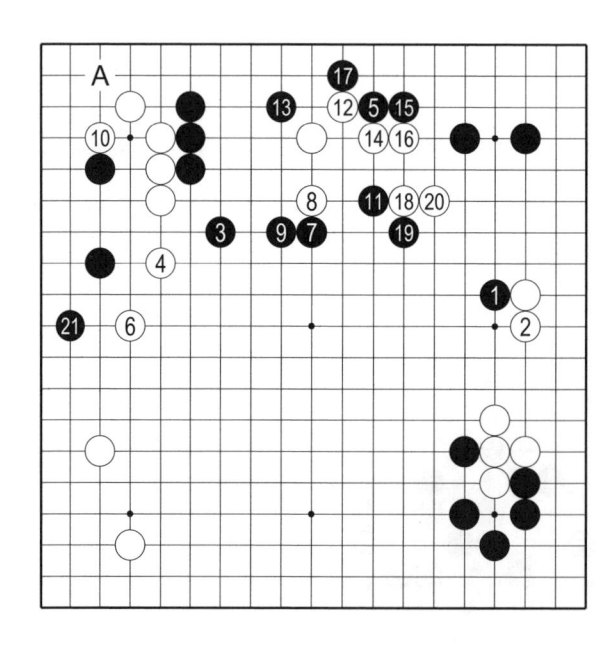

黑 1 先手利后，黑 3 往中腹飞出是正确的行棋方向，这是双方的攻防要点。待白 4 应后，黑 5 再逼住比实战严厉。

白 4 若抢 15 位，黑 A 位点入搜根严厉。

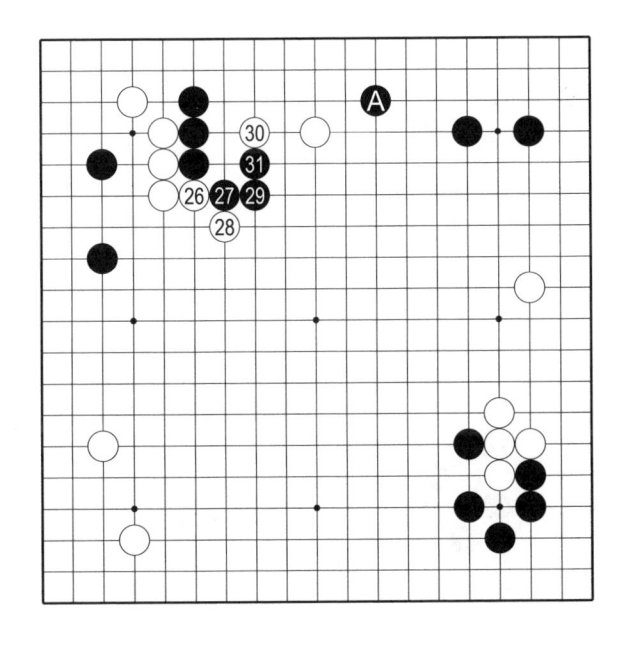

由于黑A方向选择失误，白26获得了率先挥拳的机会。

黑31补断，棋形愚成一团，胜率下降9个点。

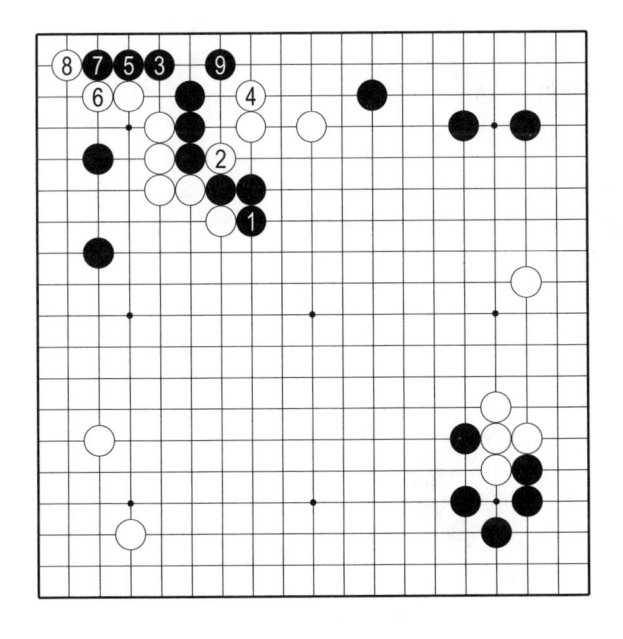

黑1往外拐局面更开阔。白2若切断，黑要么上边渡过，要么就地做活，反而是白两块棋都需要处理。

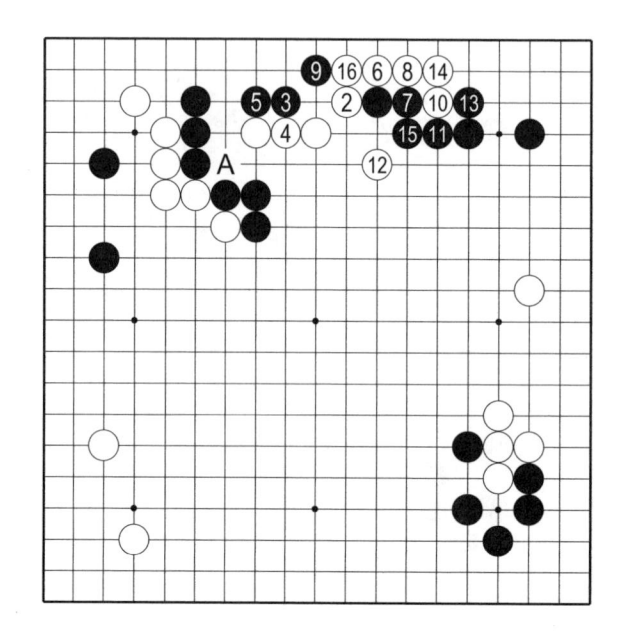

因此白2先阻渡更合理，黑3至黑9护住上边做活空间，已不惧白在A位切断。

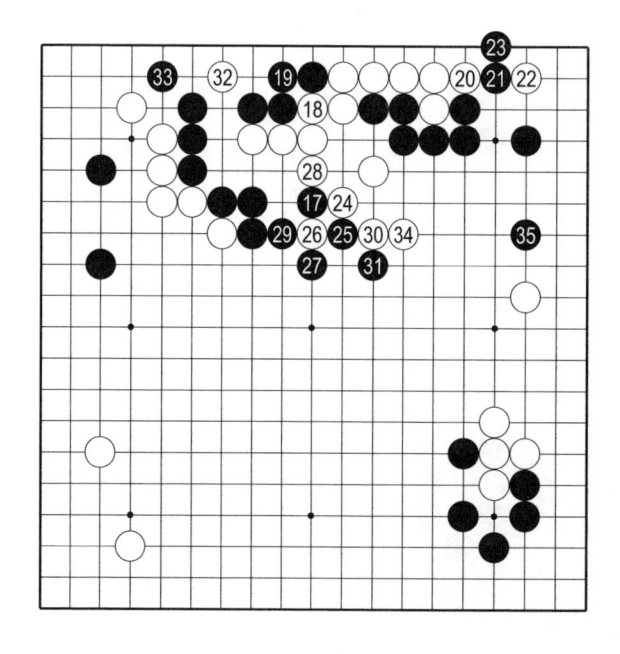

这是围棋AI推演的后续变化，对黑方而言优于实战。

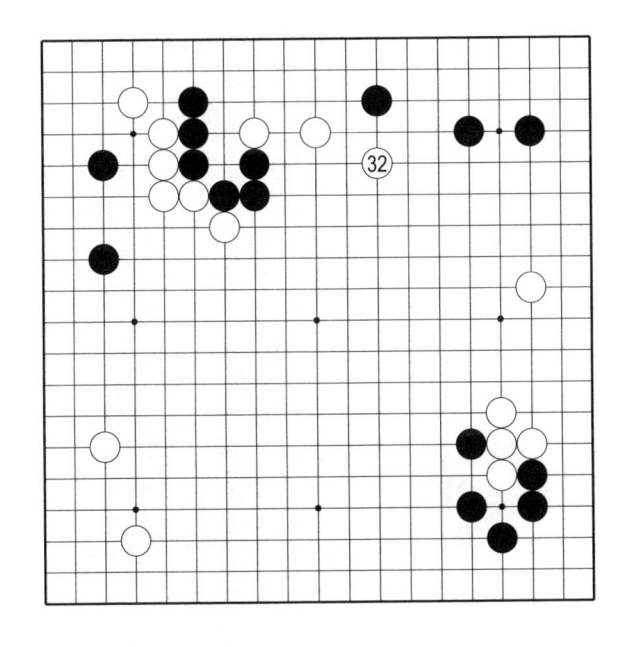

吴清源先生解说"白32的飞,是感觉的一手"。就局部而言起到了出头的作用,但胜率下降了11个点。看了围棋AI推荐的下图,实战应该是方向有误。

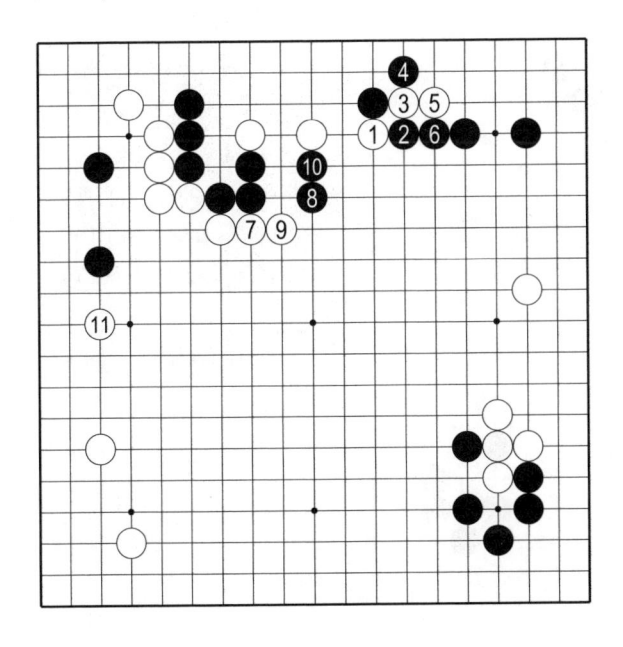

围棋AI的方案是白1、3、5在上边留下余味后,白7、9控制中腹,之后白11逼住。

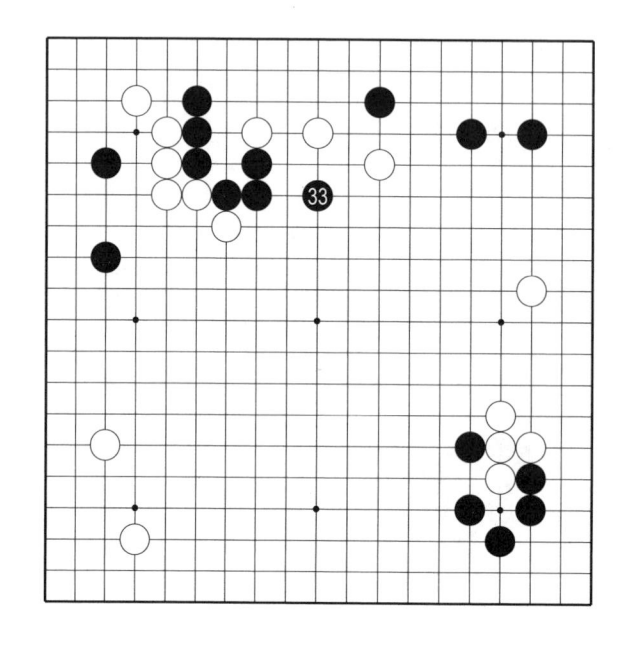

黑33本意是出头的同时觊着白小飞的薄味，与下面的围棋AI推荐图比较，应该也是方向有误，胜率下降6个点。

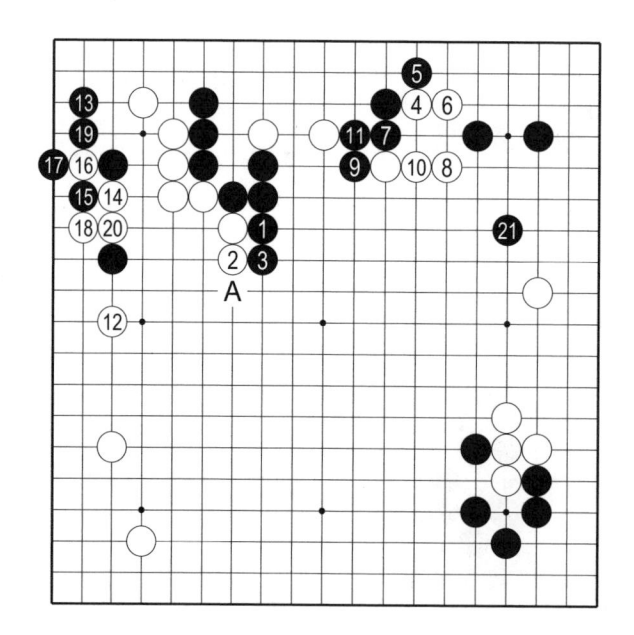

黑1、3走强中腹之后，上边的白棋更显单薄，白虽然很想于A位长出，但黑在9位跨严厉，所以白4只得在左边脱先转身处理上边。

如图黑11割下白两子可以满意。

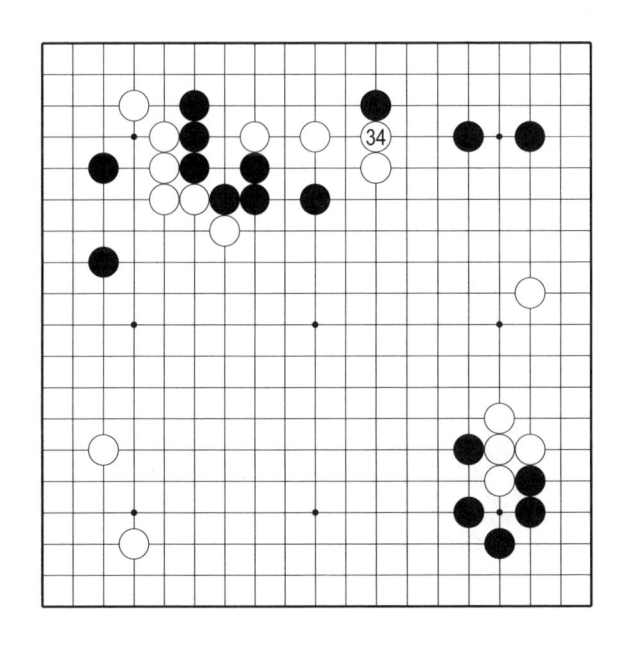

白 34 侧重防守，棋形较凝重，胜率下降 6 个点。

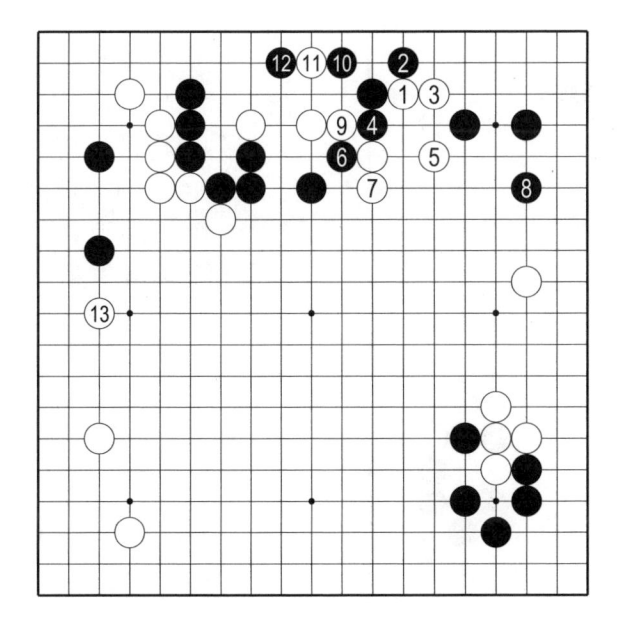

白 1 灵活，借力从右边突破黑阵。

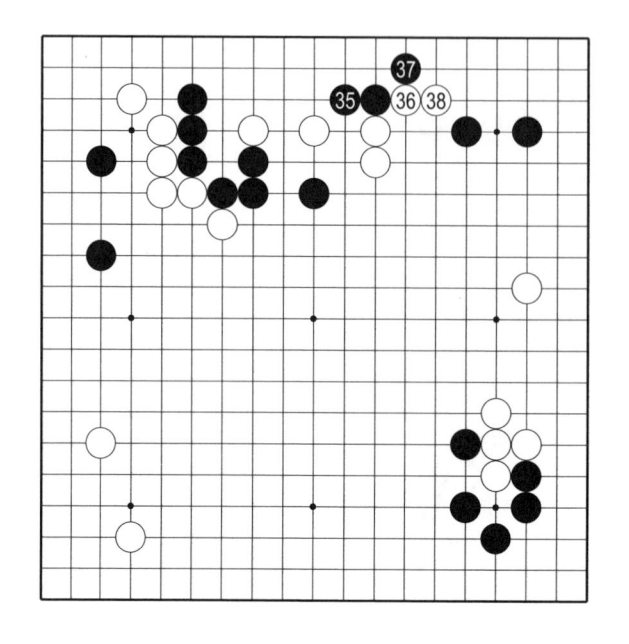

黑35凶狠，是体现藤泽库之助棋风的一手。此手用力过猛，给了白36愉快扳下的机会，胜率下降6个点。

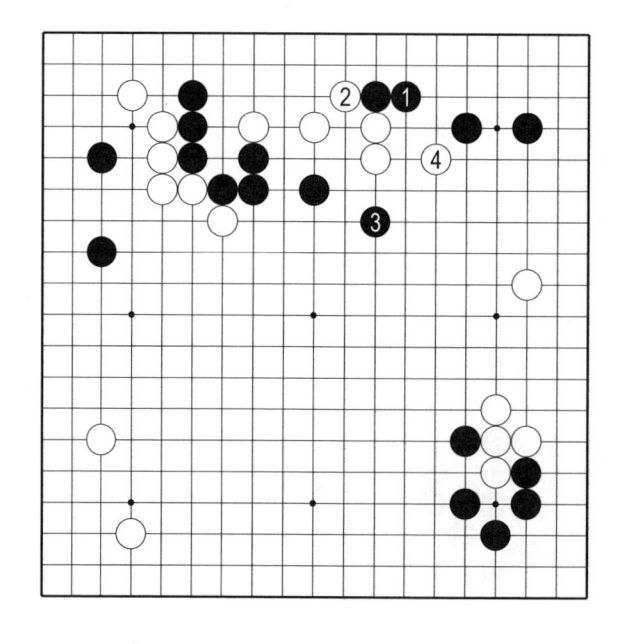

这是吴清源先生提供的参考图，他认为"黑1稳健地退，黑3、白4的话，彼此安定，作为黑方，这样也许比实战要好一些"。

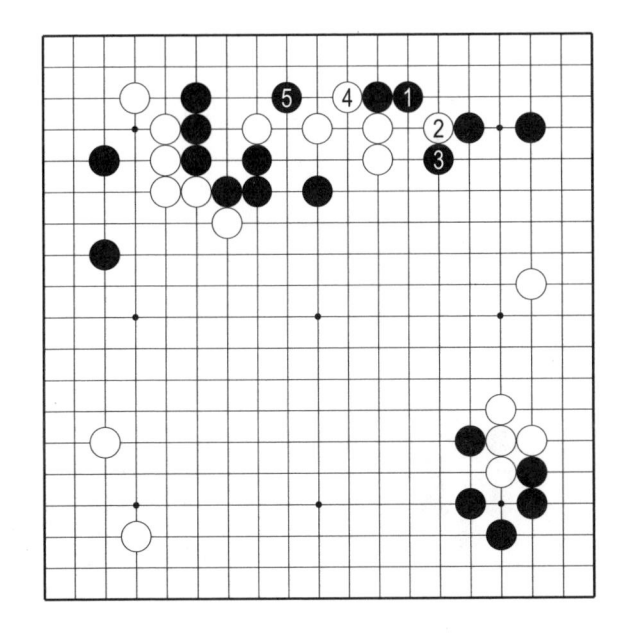

围棋 AI 赞同吴清源关于黑 1 稳健退出的意见。

白 4 虎的时候，围棋 AI 推荐黑 5 点，比吴清源的方案更激烈。

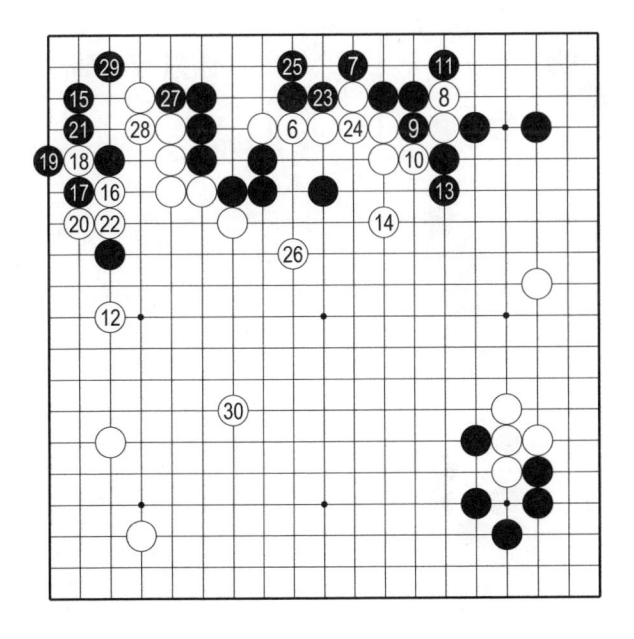

之后黑 7 紧凑扳过，可保边上成空。

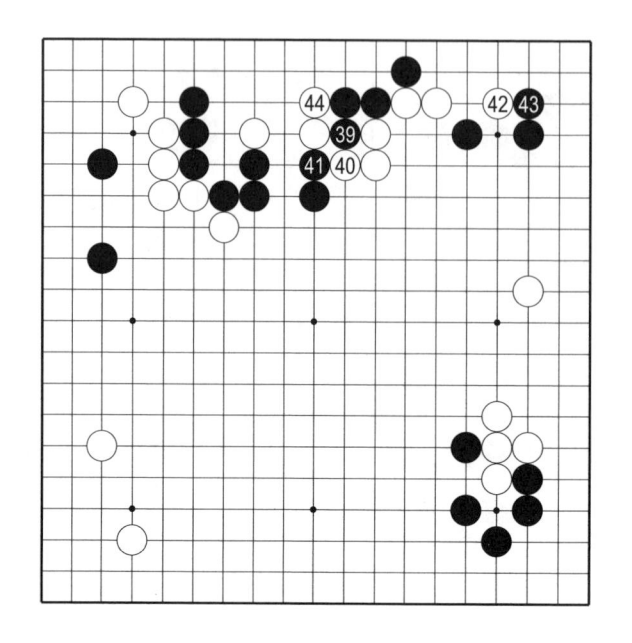

黑39硬冲不好，自身气紧，胜率下降8个点。

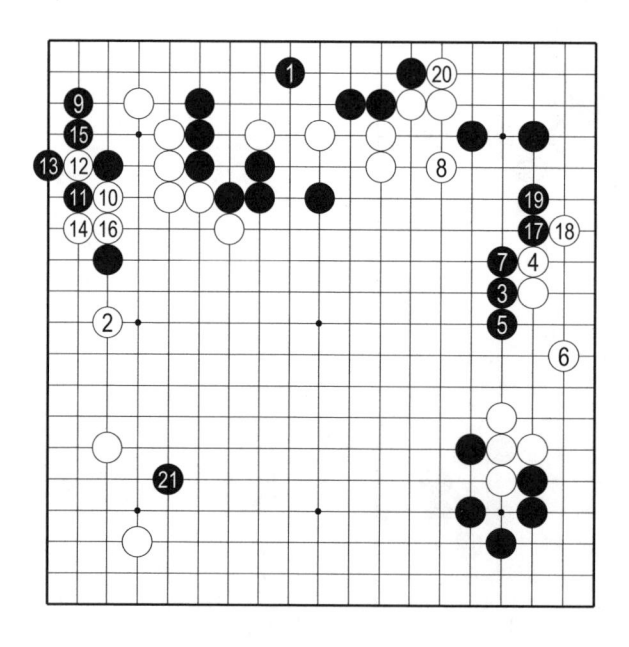

不必强行冲断，黑1飞回从容，白也没有补断的心情。

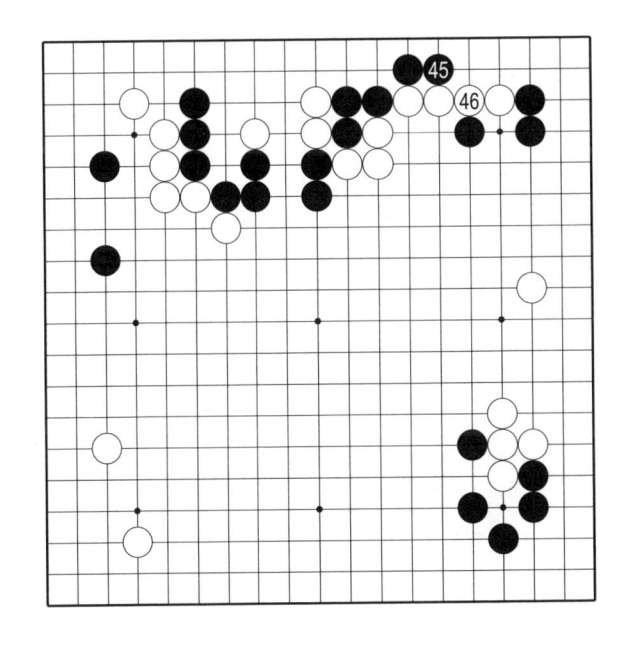

为了对杀，黑 45 与白 46 交换延气，强化了白棋，胜率下降 5 个点。

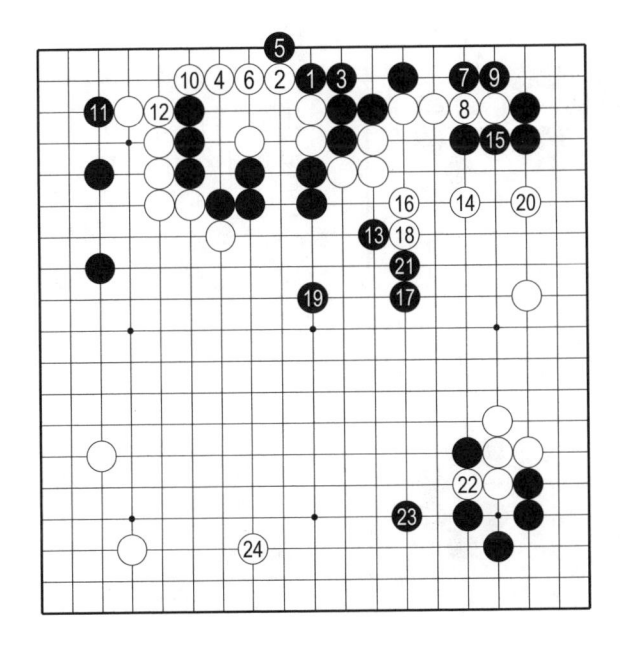

黑 1、3 扳粘后，黑 7 可渡回。虽然没有杀掉空中的白棋，但得到了先手，黑 11 强化角部后，黑 13 中腹飞出，步调从容。

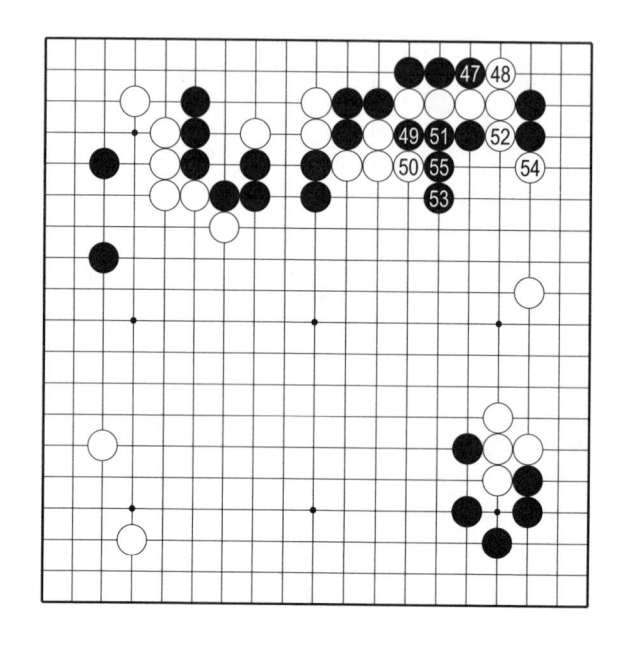

黑47继续爬与白48拐下交换，对角上不利，胜率下降6个点。

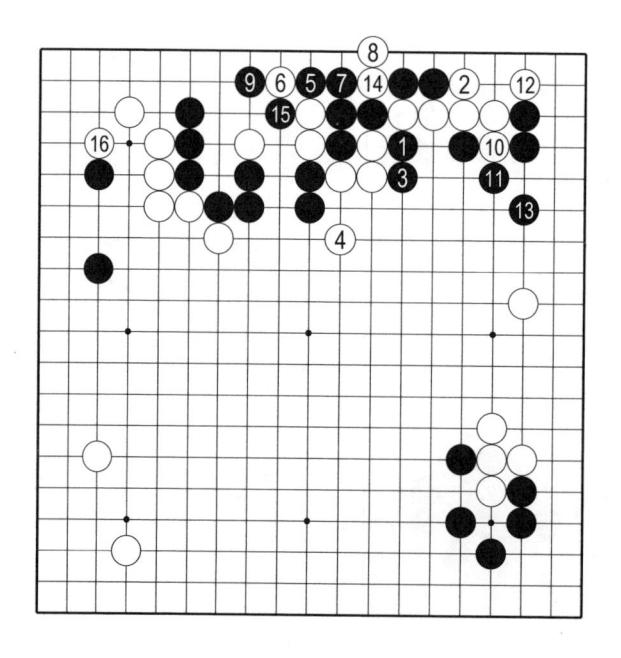

不如黑1直接断，让白活在边上，如此黑角不至于全丢。

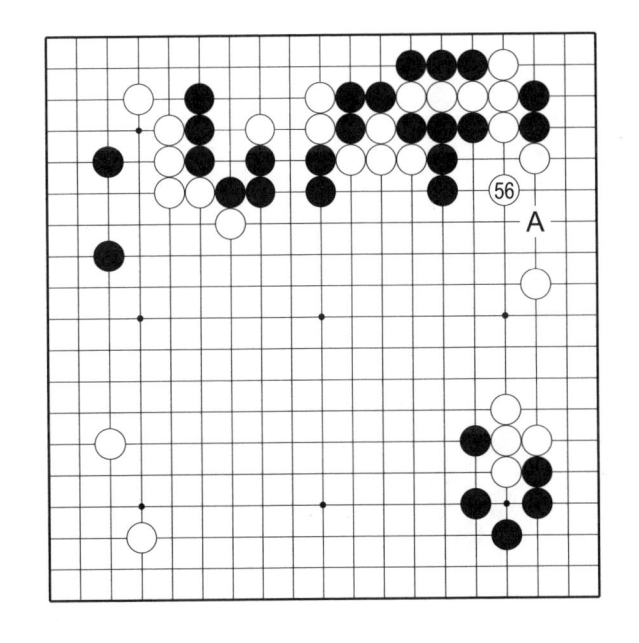

白 56 虎补后，断点仍在，尾巴上气紧，给黑棋留下种种借用，右边还有 A 位弱点。胜率下降 5 个点。

至白 56，上方的激战以大转换告一段落，围棋 AI 判断：黑方领先 1.3 目，不贴目的先行优势已丢失大半。

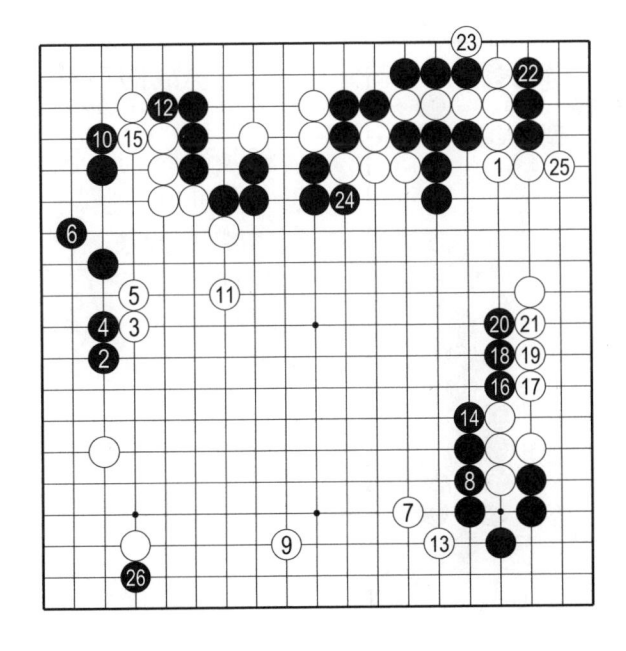

围棋 AI 推荐白 1 粘牢，味道干净。

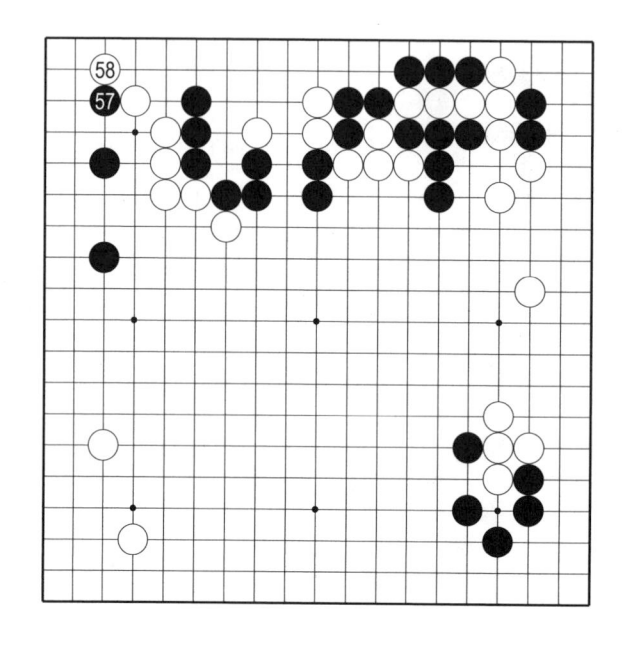

吴清源解说黑57搜根攻击是"重要的一手。这样一来，黑棋掌握了局面的主导权"。

围棋AI评价黑57导致胜率下降了11个点。

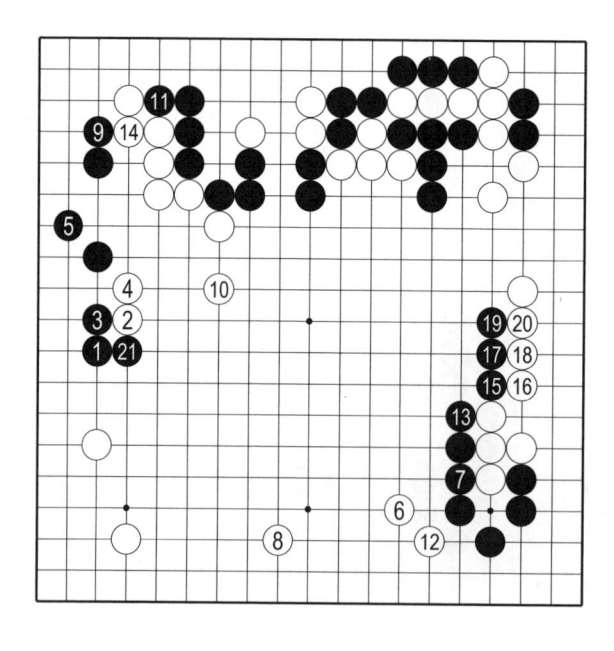

从实战的后续进程来看，黑方掌握主动权是暂时的，因为黑方自身也不强。

黑1拆二，棋往宽处行，优于急攻。和围棋AI的方案相比，人类表现得更加好战。

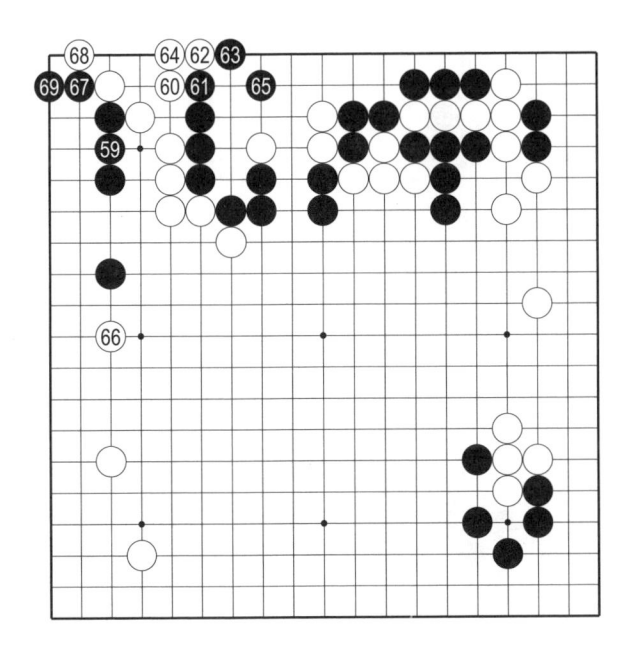

黑59没补到位，棋形略嫌呆板，胜率下降3个点。

白66逼住后，黑薄味顿现。

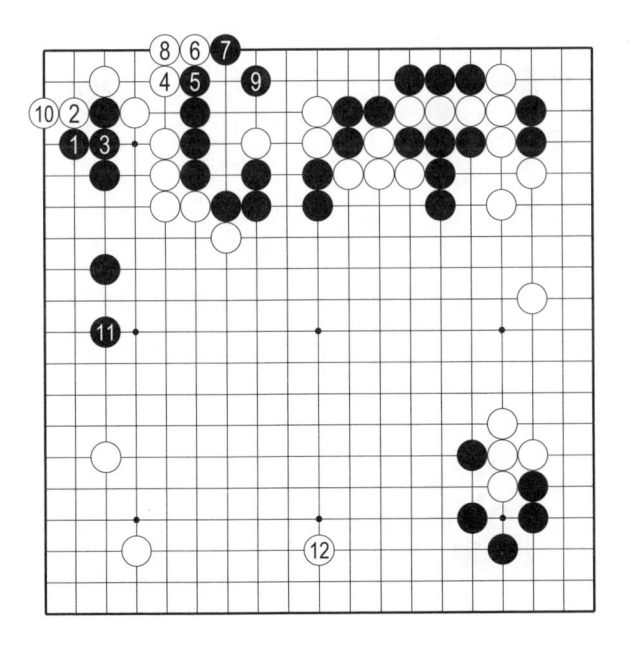

黑1二路虎是局部的正形。

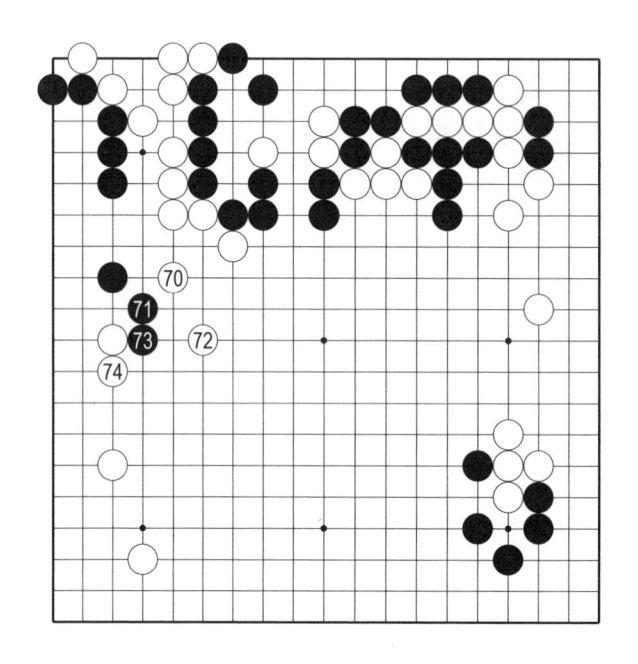

白 74 松缓，与白 72 没有形成良好配合，胜率下降 17 个点。

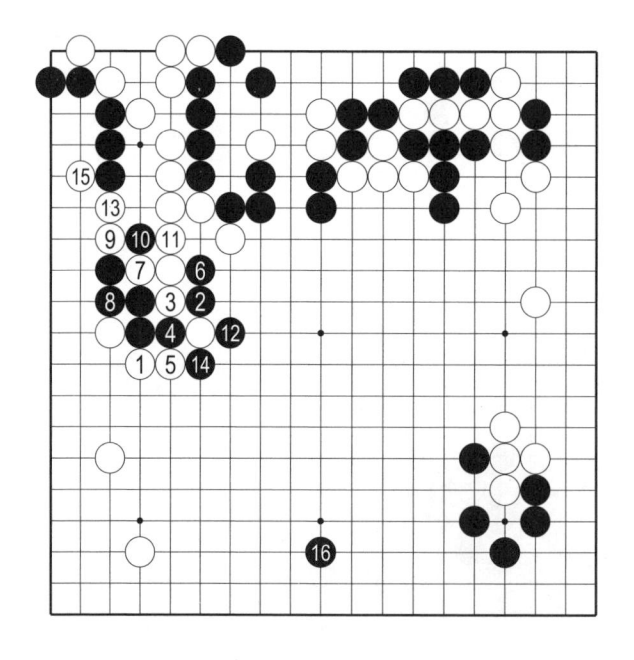

白 1 扳起紧凑，黑棋出头不畅。

如图白利用黑气紧的弱点，割下了黑角上尾巴。

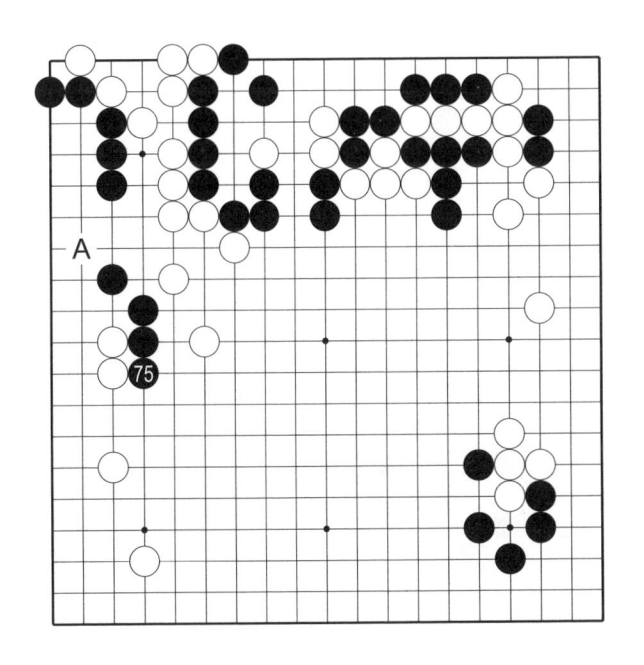

黑75鲁莽，暴露出 A 位缺陷，胜率下降12个点。

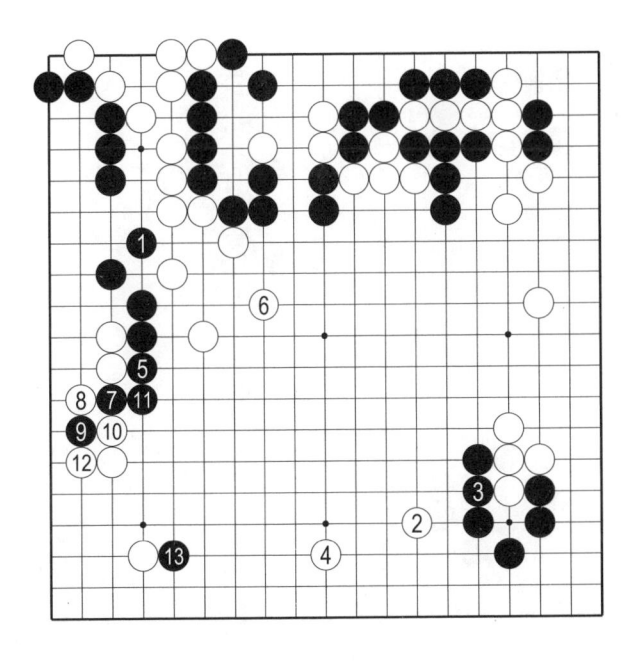

黑1好点，不仅补厚自身，让白棋失去攻击目标，还威胁着中腹白棋。

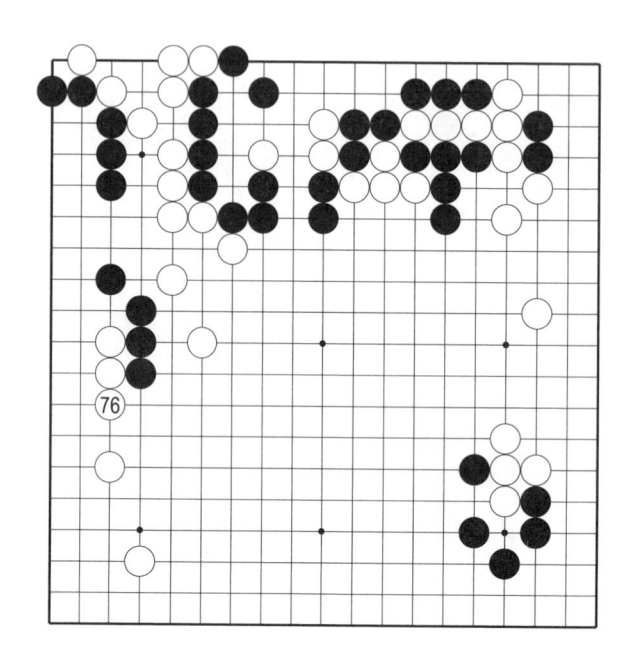

白 76 缓手，胜率下降 23 个点。

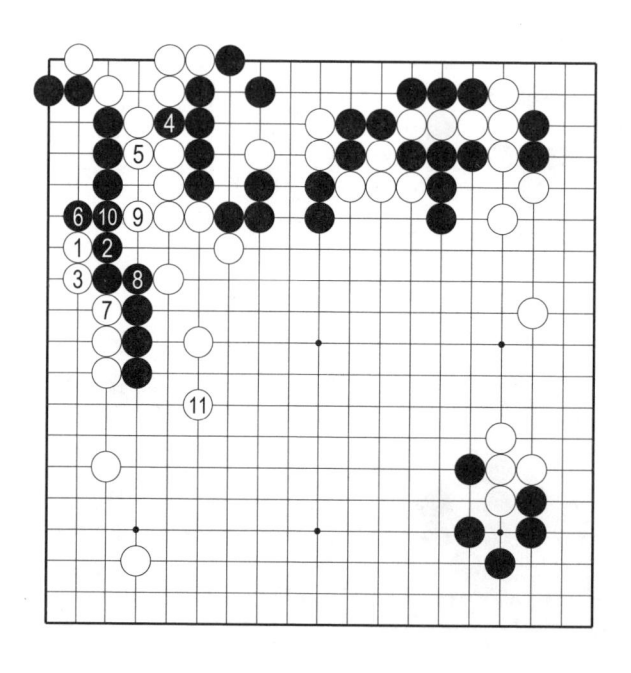

白 1 二路搜根非常犀利，黑 2 以下别无选择，至白 11，黑局部尚未活净。

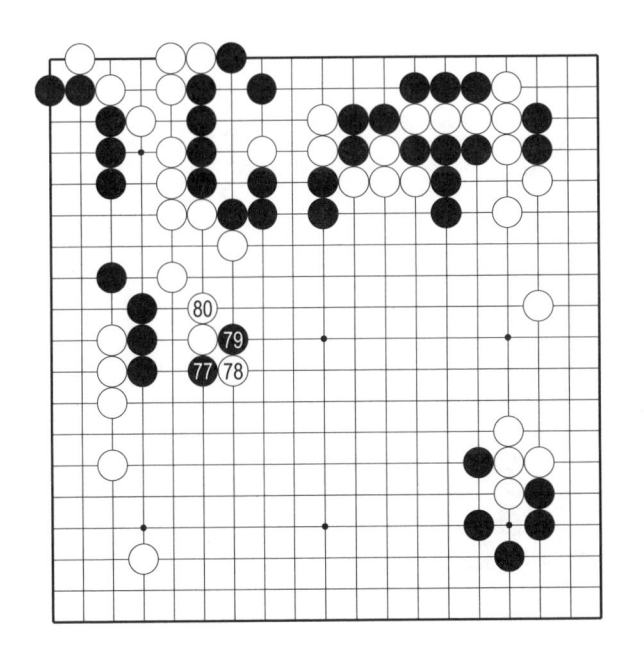

黑 77 出头，仍然没有补住边上的缺陷，胜率下降 16 个点。

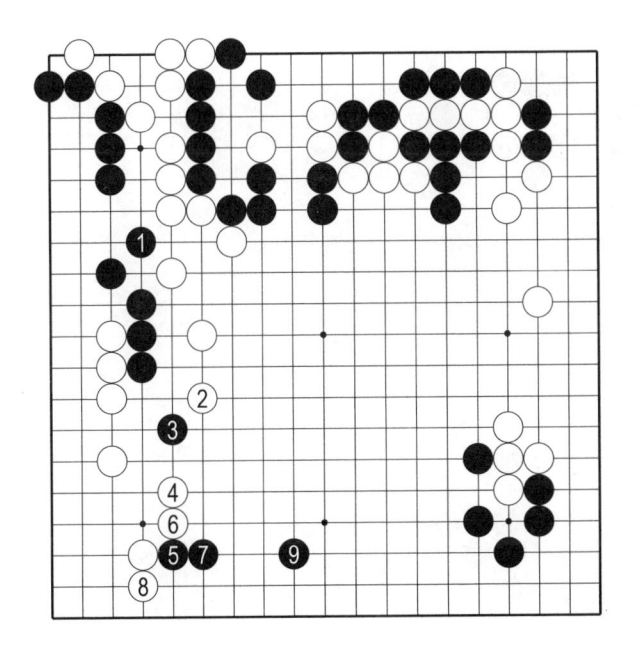

黑 1 仍应自补。

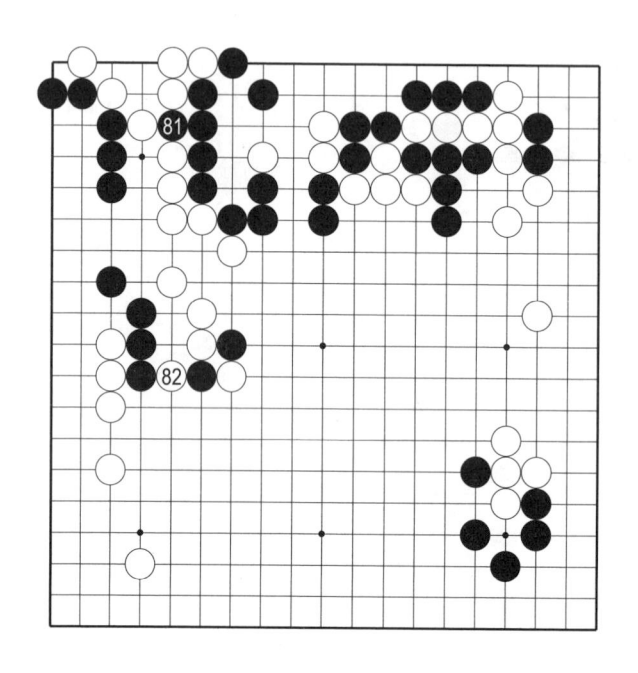

白82打吃方向不对,给了黑棋转身跑出的机会,胜率下降22个点。

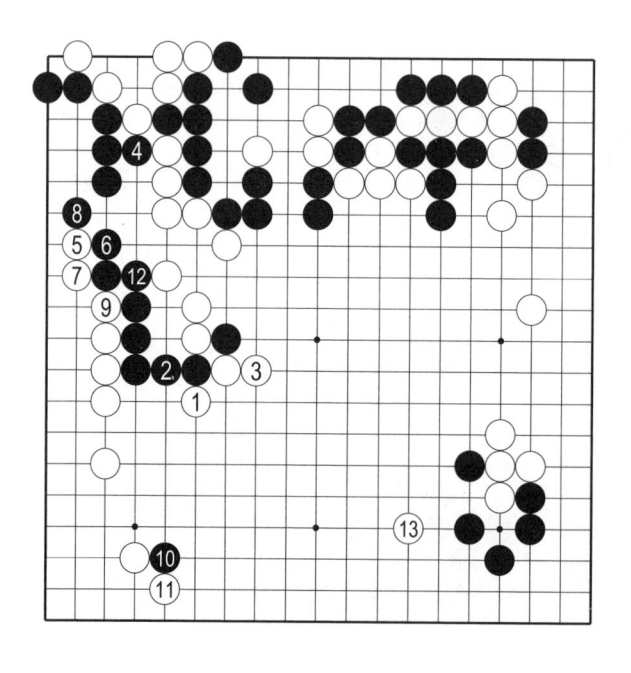

白1应从外面打吃强行封锁,下面的潜力可观。

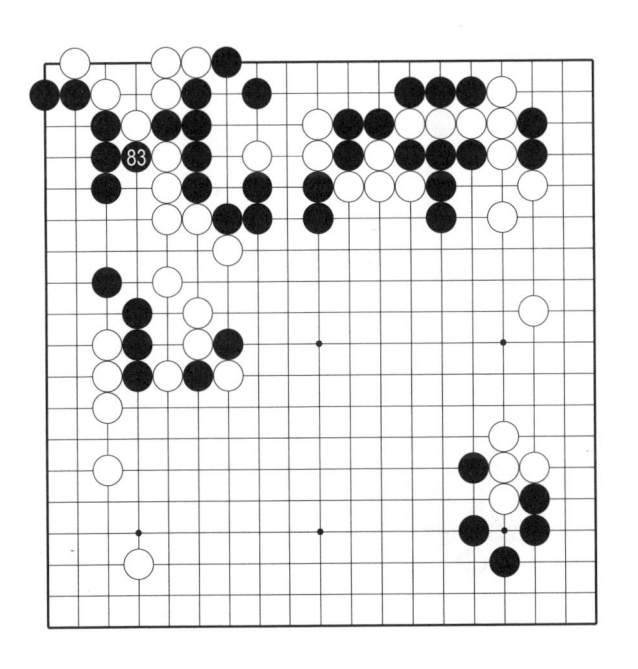

黑 83 贪吃，胜率下降 20 个点。

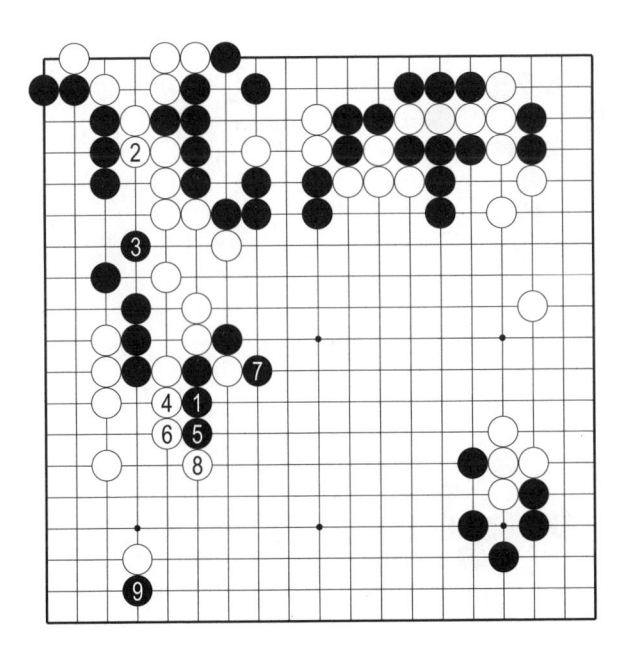

黑 1 当然应该长出，不能让白棋干干净净地拔花。

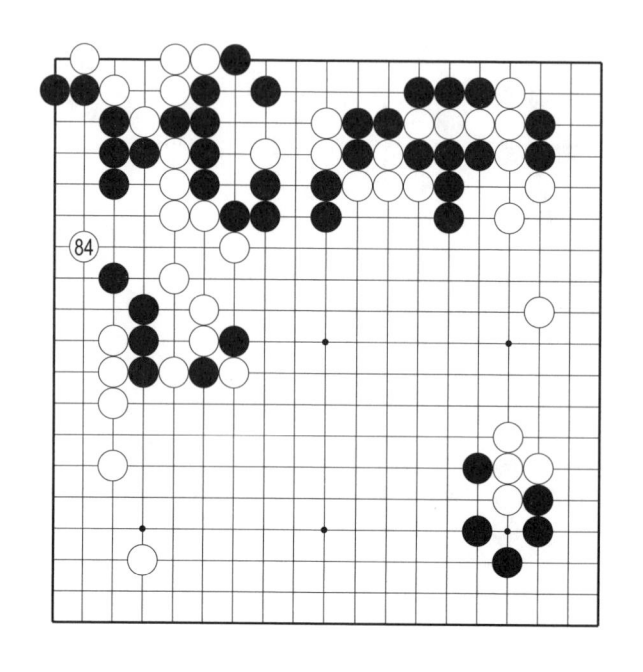

白84过分,胜率下降26个点。

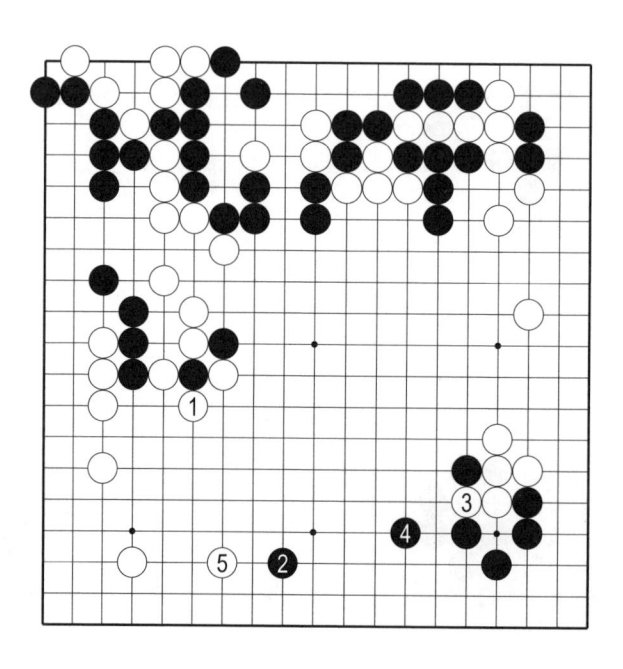

白1拔花最大,不给黑棋长出的机会。

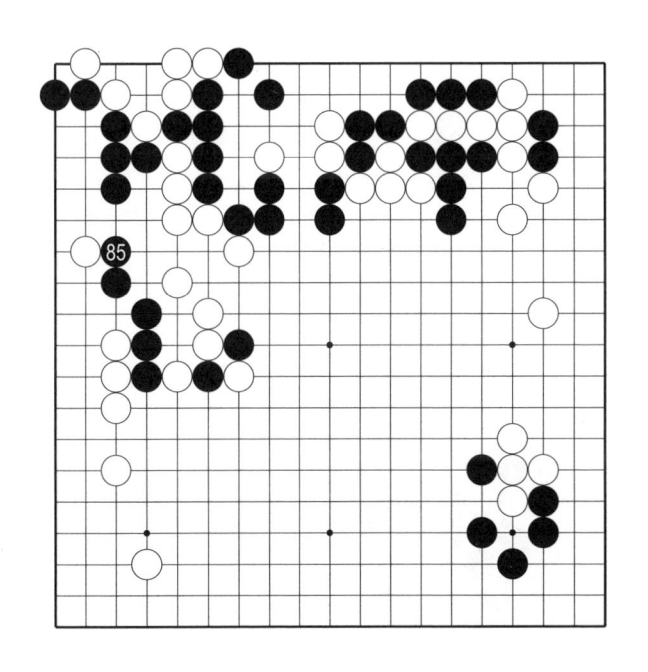

黑 85 随手，失去转身的机会，胜率下降 20 个点。

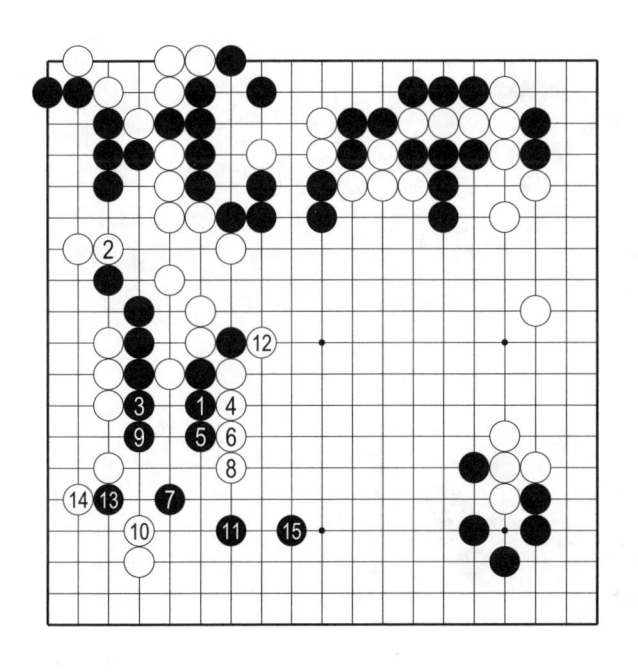

现在黑 1 跑出是机会。白 2 割下黑尾巴虽然大，但黑从此轻装上阵，可以放手在外面行棋。

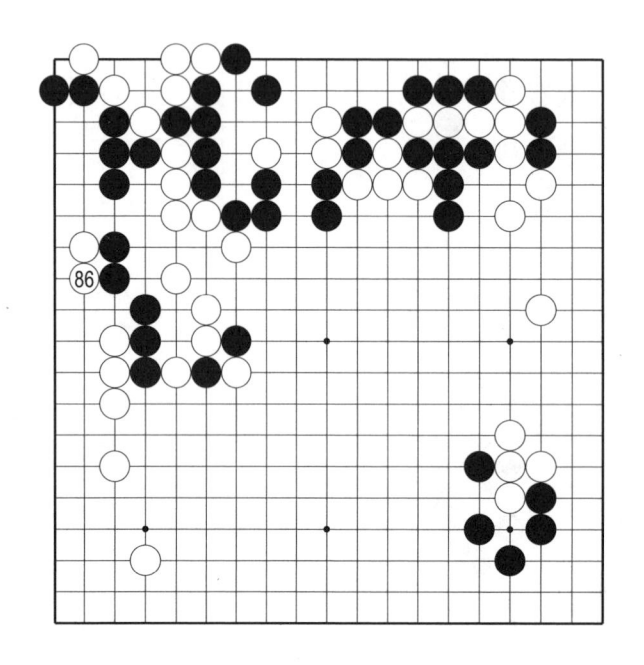

白 86 同样失机，此时当然应在中腹拔花，胜率下降 14 个点。

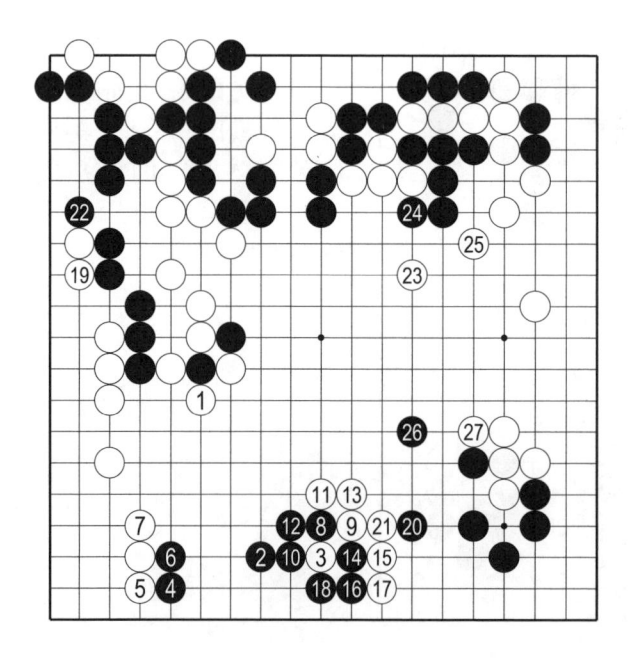

白 1 拔花极厚，黑 2 刻不容缓，防止白做大模样。

白 3 至黑 18 先手交换后，白 19 仍有机会走到。

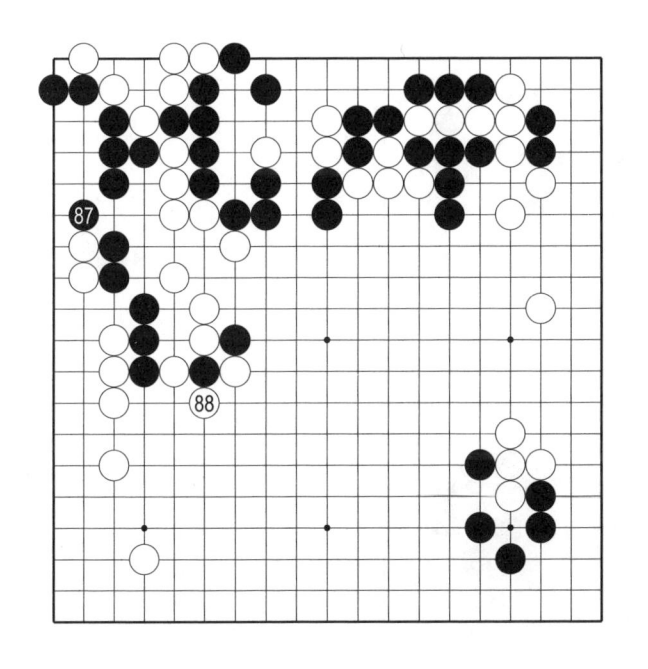

受制于行棋惯性，黑87仍然纠缠于角部，失去转换机会。

至白88拔净，左上的战斗告一段落。围棋AI判断为白方领先0.3目，与吴清源先生的判断"极细的棋"一致。

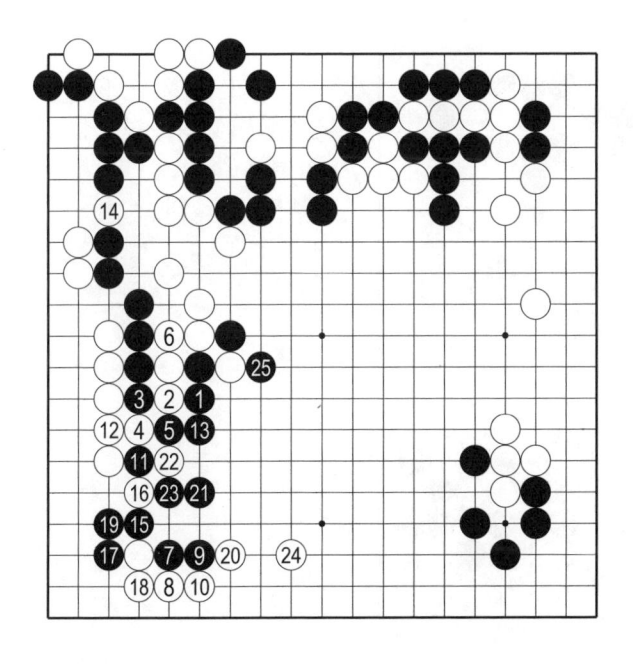

黑1长出仍是放下包袱的机会。

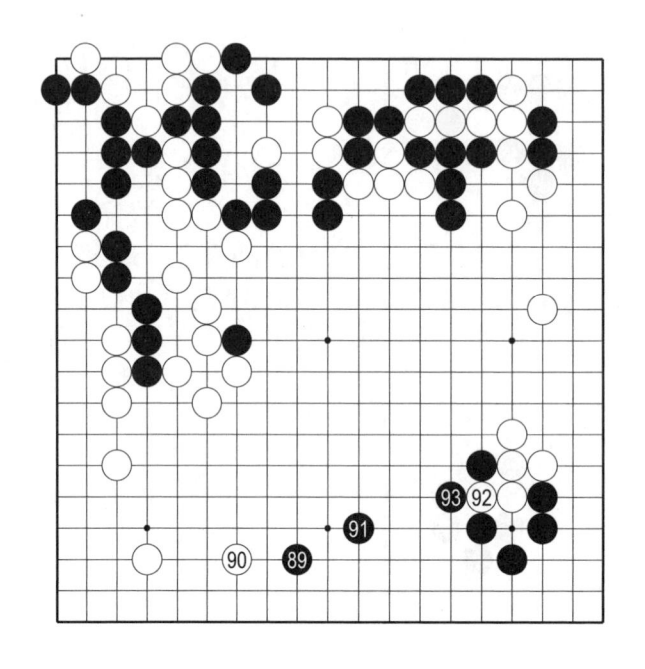

白 90 单纯围空，次序不佳，胜率下降 10 个点。

黑 91 补强，白 92 冲时，黑 93 挡住成立。

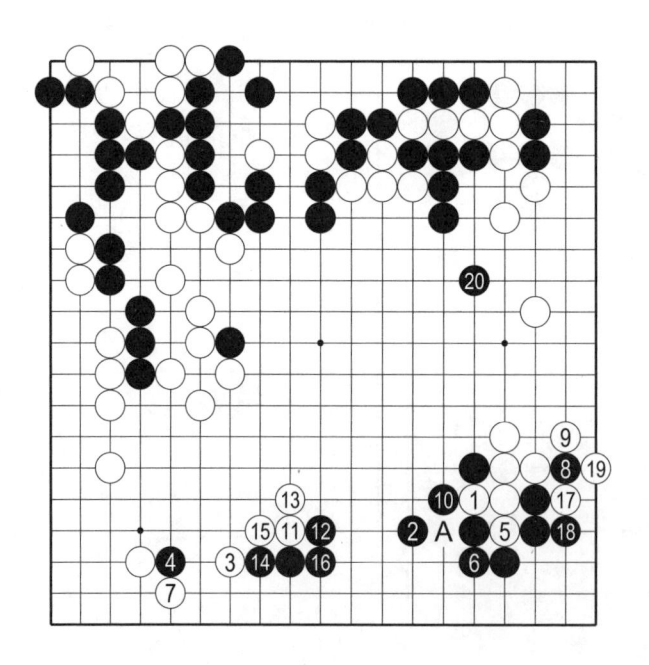

白 1 应先冲，袭击黑棋缺陷，黑 2 若在 10 位挡，白 A 切断，黑作战不利。

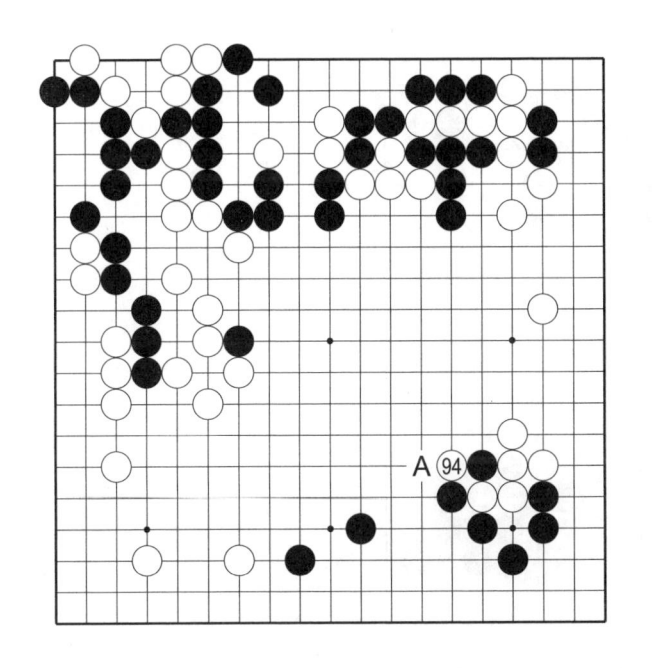

白94见小，且给黑方留下 A 位反打的好点，胜率下降 13 个点。

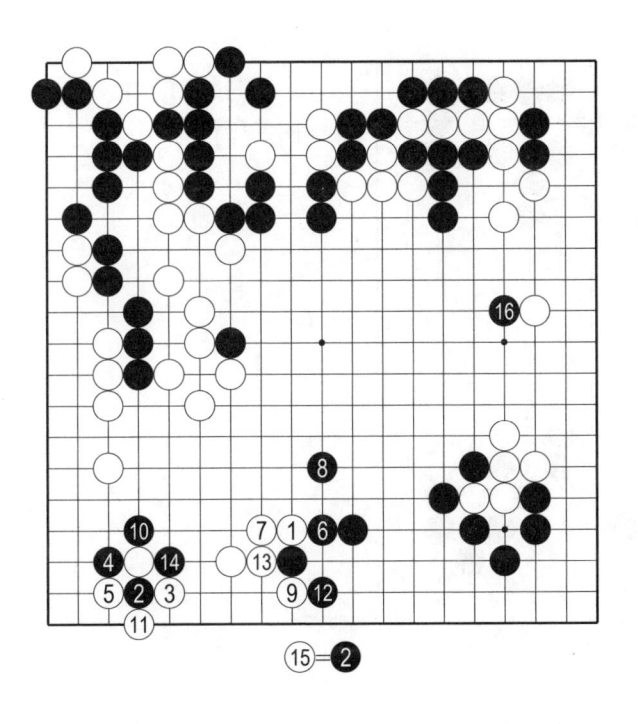

此时白应于 1 位靠压，这里是双方围空的消长点。

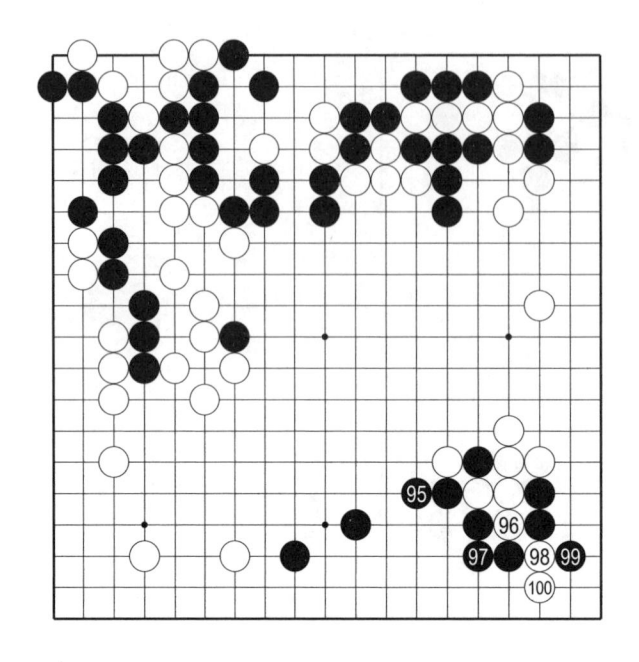

黑 95 松缓，过于厚实子效就低，胜率下降 10 个点。

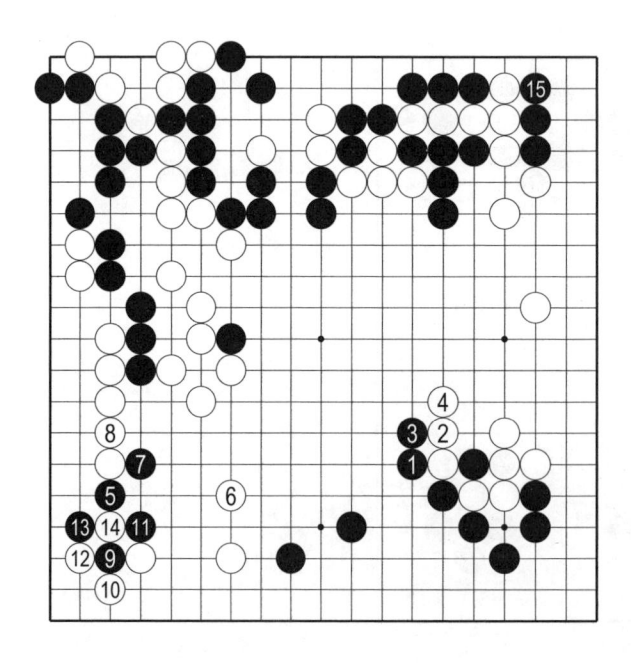

黑 1 反打，角上并没有棋。

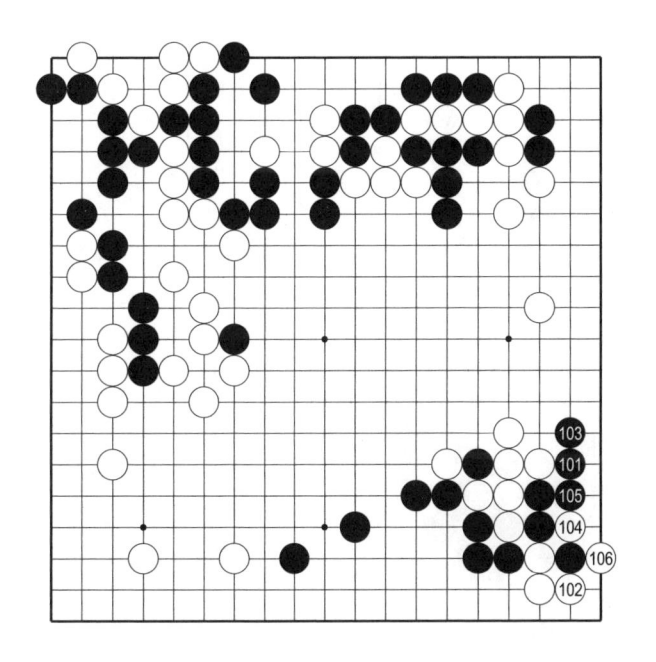

黑 101 恶手，企图先手便宜，遭到白 102 猛烈反击，胜率下降 25 个点，目差为白领先 2 目。

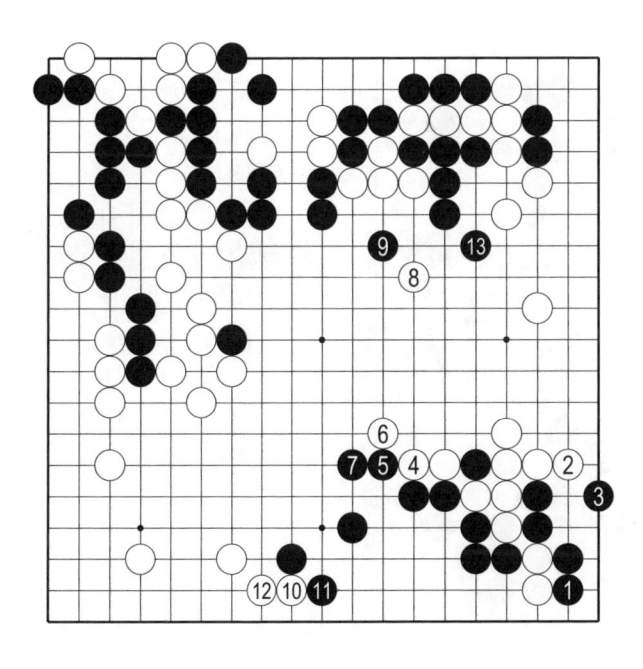

黑 1 按常理稳健收官，进行至黑 13，目差为黑领先 1 目。

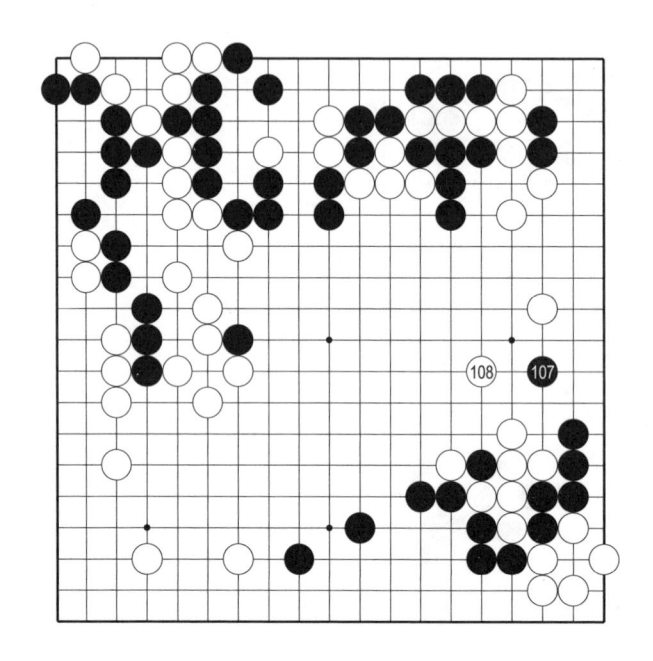

白 108 是和右边黑棋作战的攻防要点，但对下边黑棋的弱点认识不足，胜率下降 11 个点。

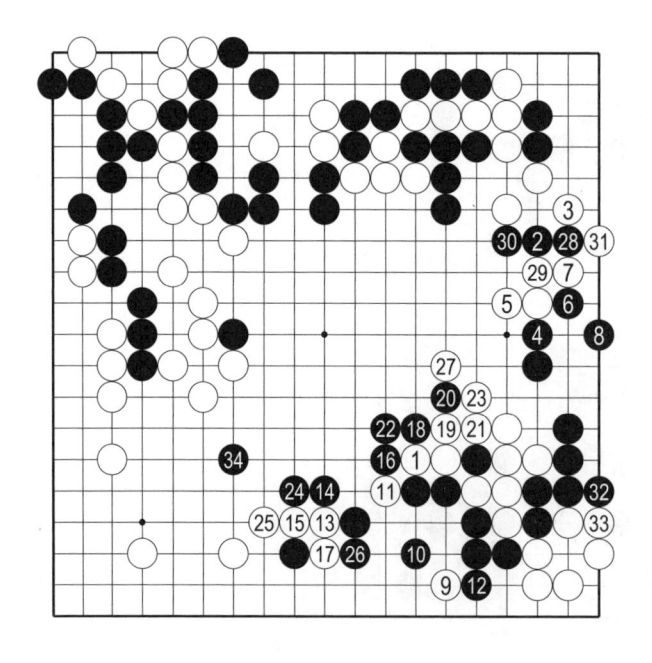

白 1 压，补强自己的同时对下边的黑棋施加压力。

黑 2 至黑 8 急于治理右边孤棋，无奈落了后手。白 9 开始在下边发难，黑 14 扳头是不让白做大中腹，至白 17 割下黑一子，白颇有收获。

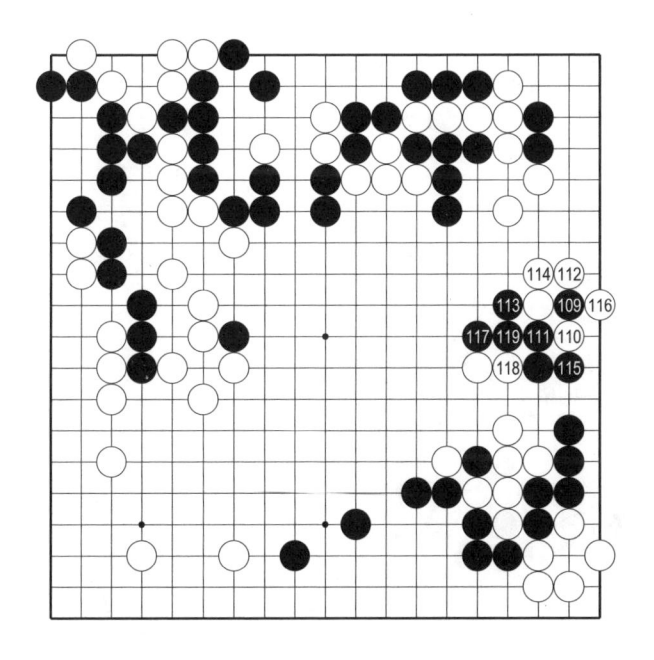

黑109托虽是整形的常用手段，用在此处却是恶手，对敌方的缺陷利用不足，错失了就地安定的机会。

黑方胜率下降29个点。

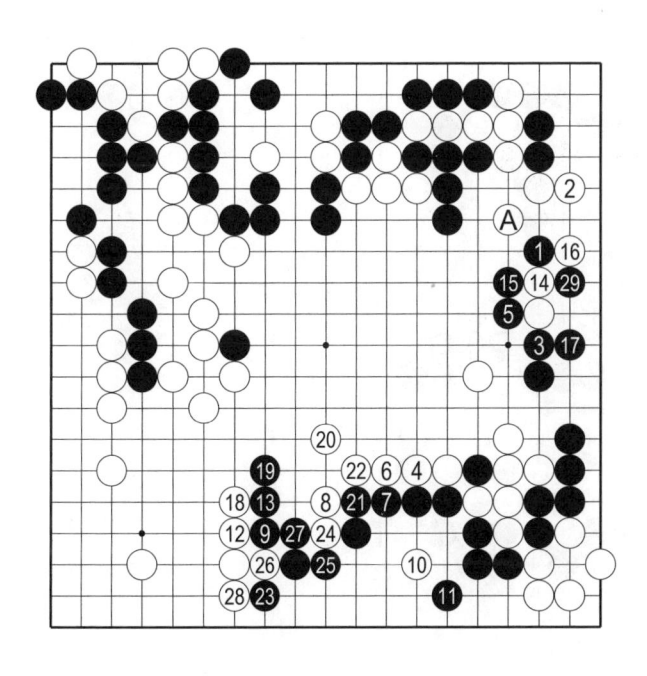

由于当初白A是虎的，现在黑1点是先手，黑3顶时，即使白在5位长，黑在边上扳虎即可安定。

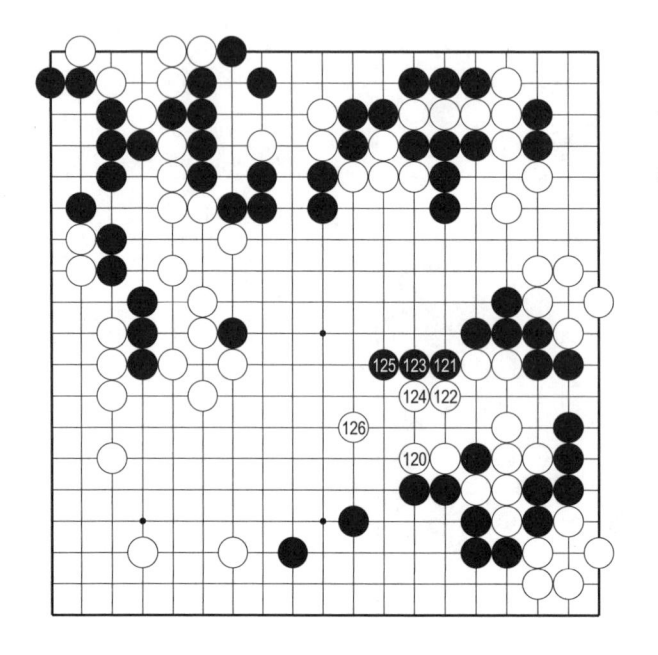

白 126 松缓，对下边的黑棋压力不足，胜率下降 5 个点。

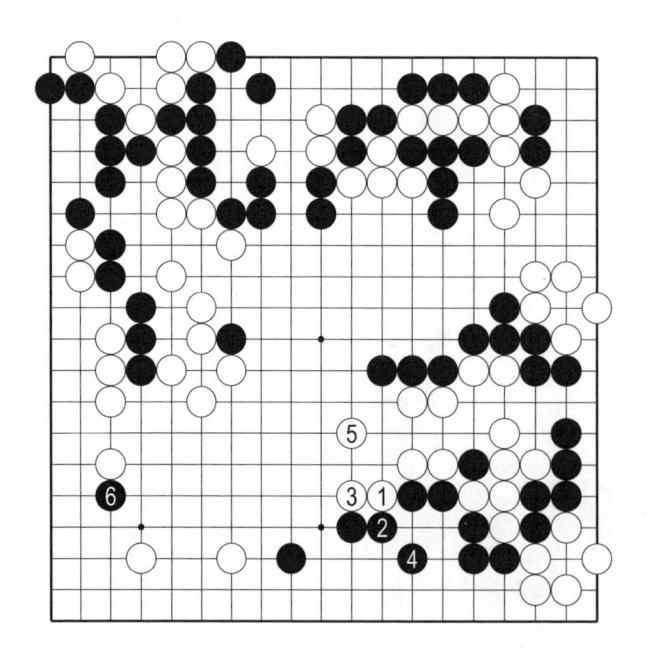

白 1、3 与黑 2、4 交换紧凑，比实战便宜。

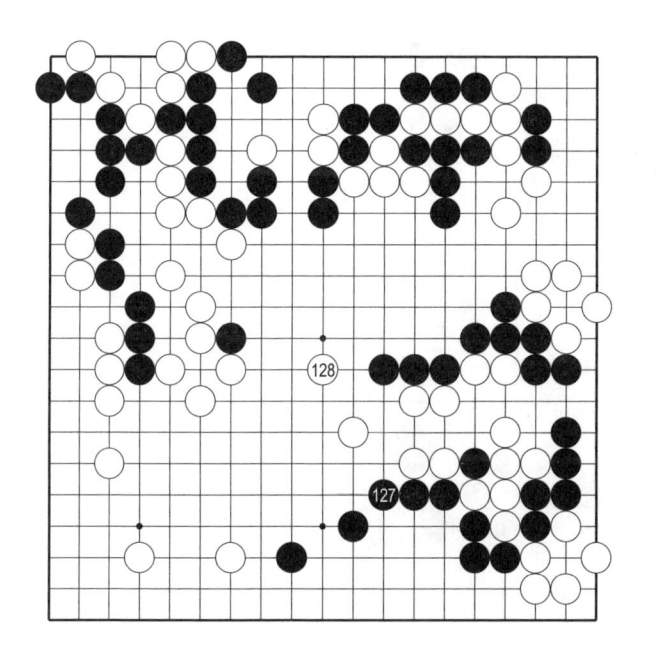

白 128 缓手，白已无生死之虞，应抢先收官。白胜率下降 4 个点。

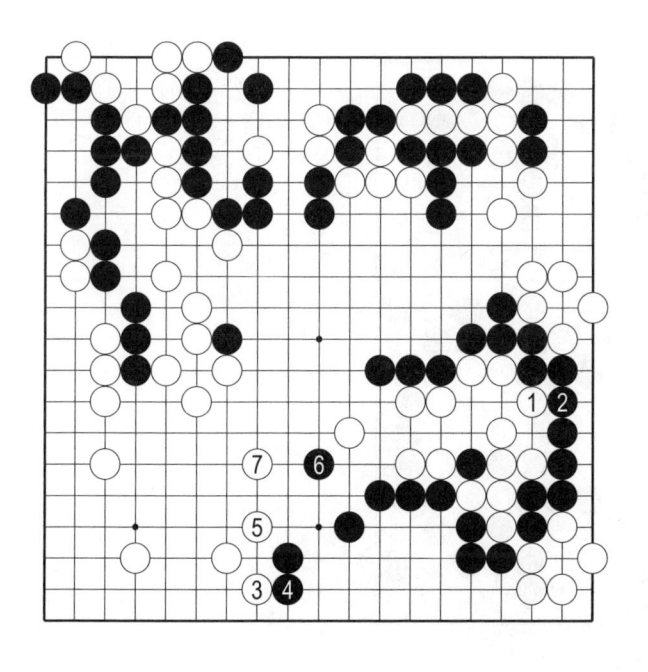

白 1 先手利，继而白 3、5、7 围住左边的空，白有 3 目左右的优势。

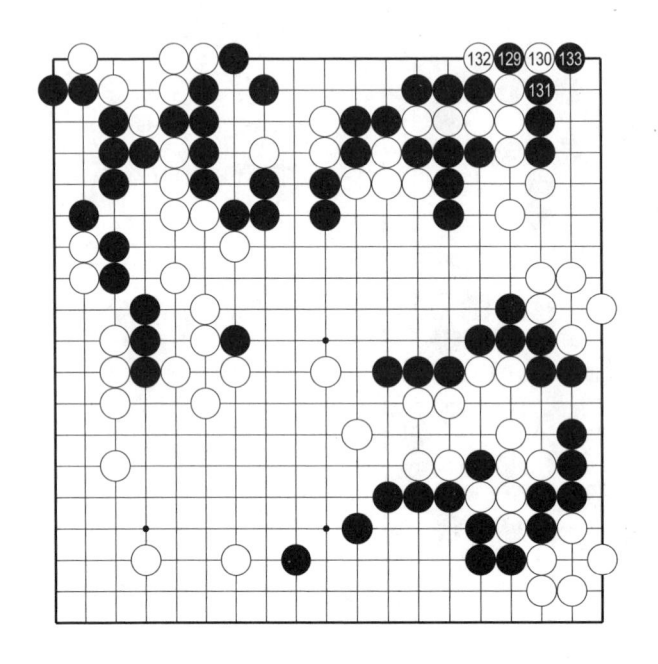

黑 129 失着，胜率下降 8 个点。

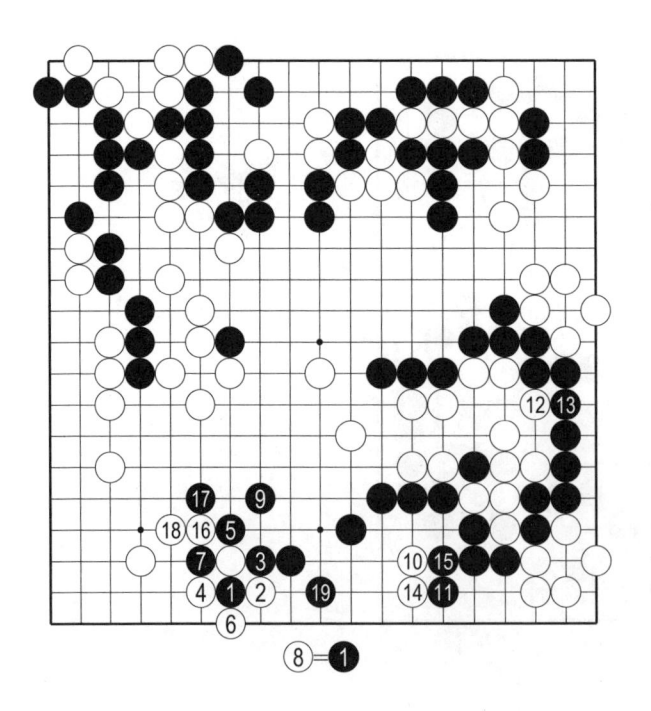

黑 1 托是目前最大的官子。

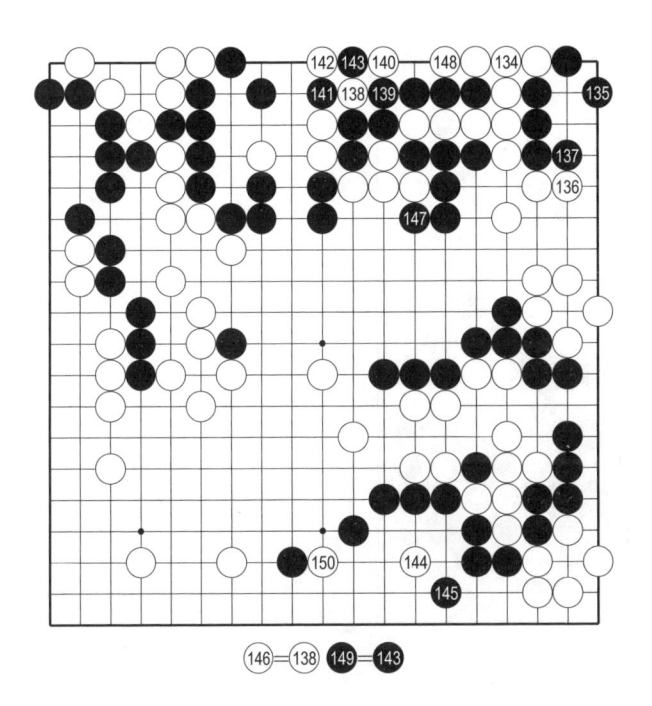

黑虽然做活了右上角，上边却出现了黑输不起的大劫。

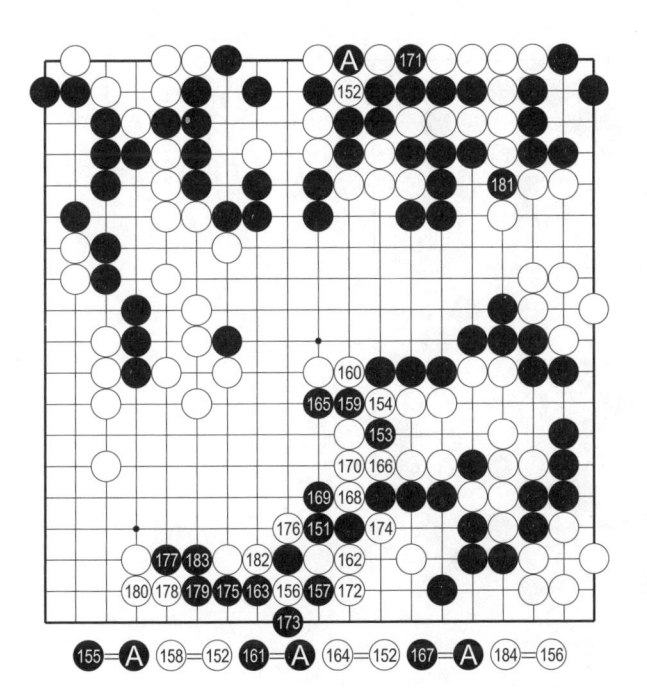

⑭⑥=⑬⑧ ⑭⑨=⑭③

黑 171 消劫的代价是下边被白 174 割下尾巴。

黑 181 贪吃上边十子，下边白 182 又形成大劫。

⑮⑤=Ⓐ ⑮⑧=⑮② ⑯①=Ⓐ ⑯④=⑮② ⑯⑦=Ⓐ ⑱④=⑮⑥

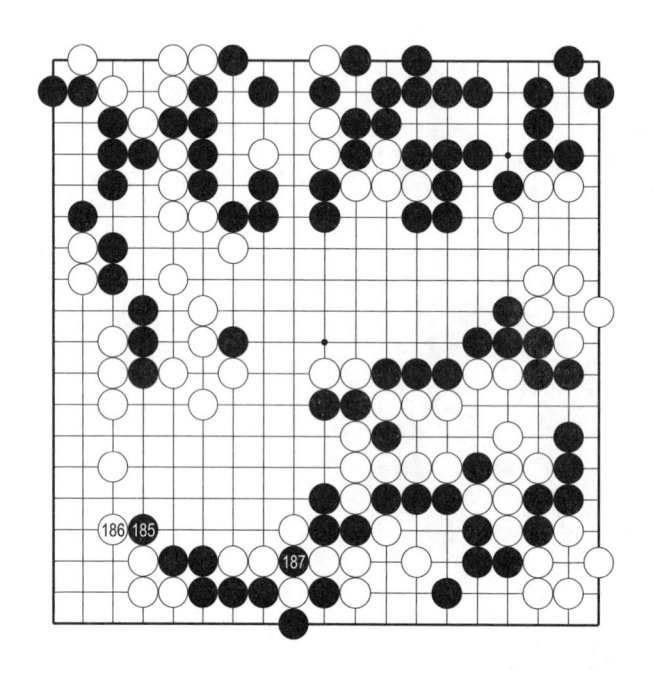

白 186 失机，胜率下降 5 个点。

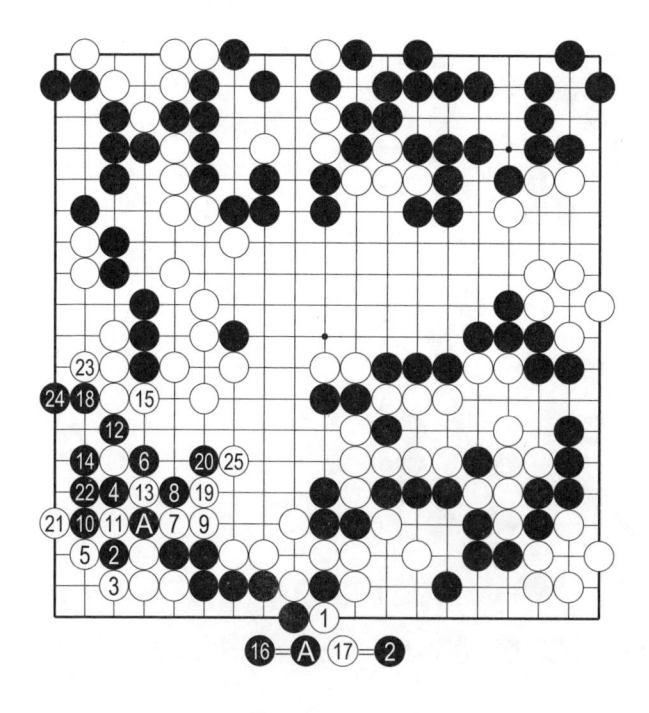

白棋应于 1 位消劫，黑棋在左下角并无严厉的后续手段。

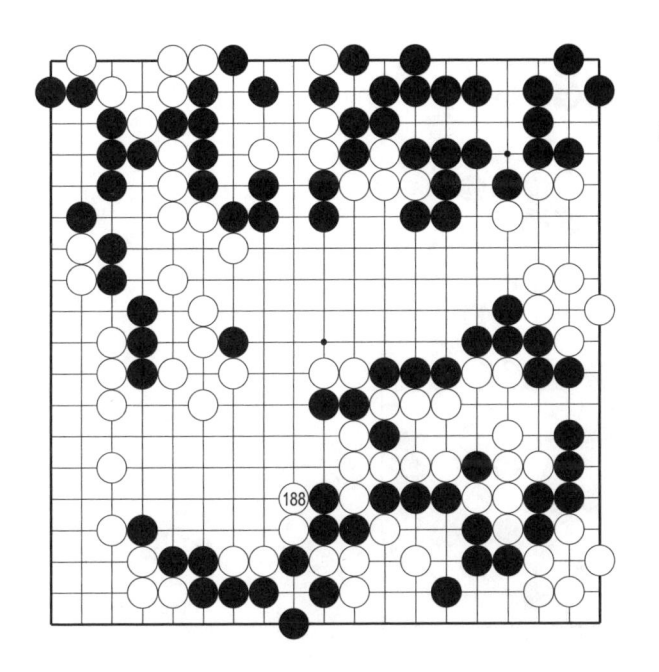

白 188 失着，胜率下降 14 个点。

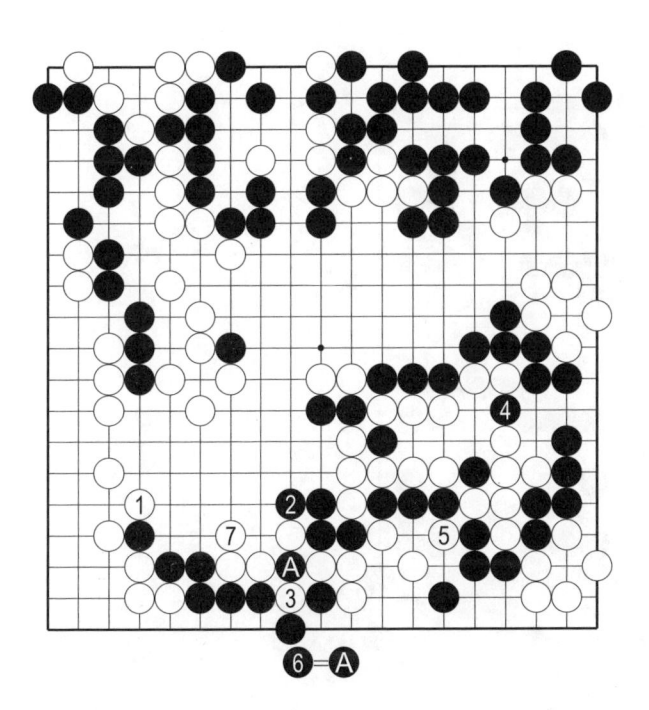

白 1 打吃，黑左下无法做活。

6=A

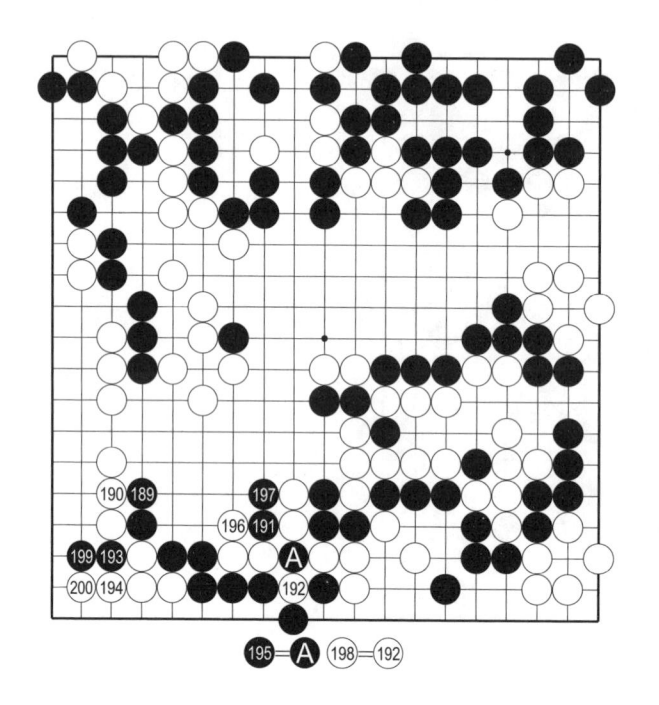

黑 189 错失最后的机会，此时应直接于 191 位开劫。

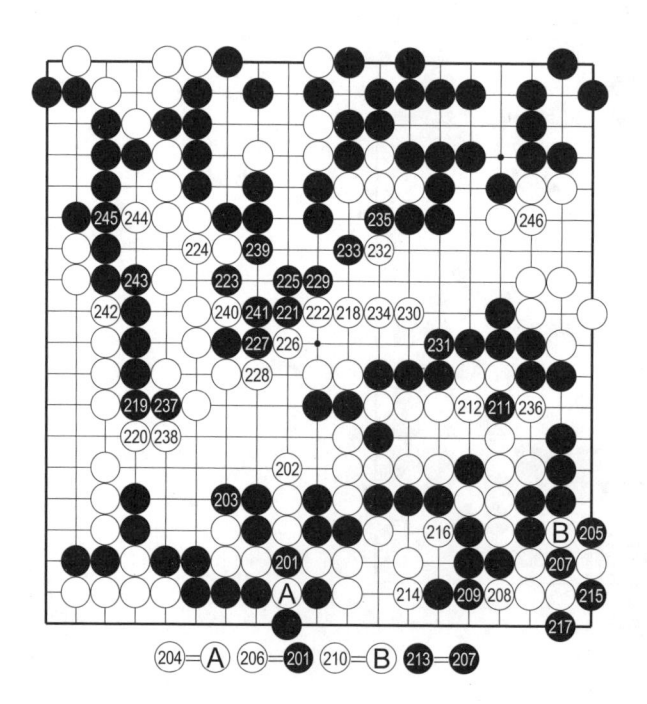

195=A 198=192

共 246 手
白中盘胜

204=A 206=201 210=B 213=207

本局胜率走势及 AI 吻合度

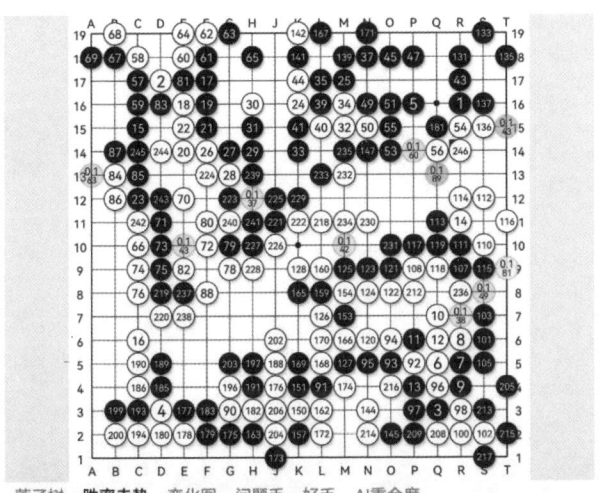

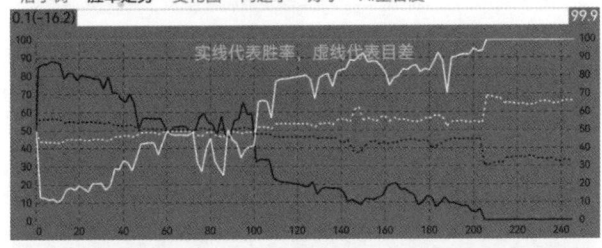

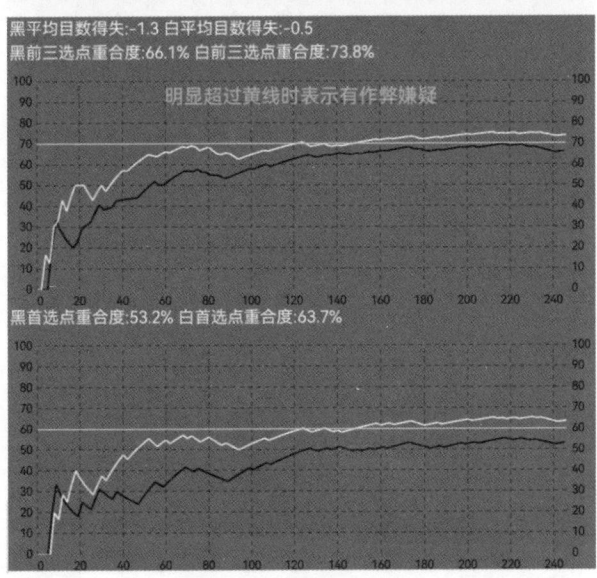

实线代表胜率，虚线代表目差

黑平均目数得失:-1.3 白平均目数得失:-0.5
黑前三选点重合度:66.1% 白前三选点重合度:73.8%

明显超过黄线时表示有作弊嫌疑

黑首选点重合度:53.2% 白首选点重合度:63.7%

高川格 VS 吴清源

总谱

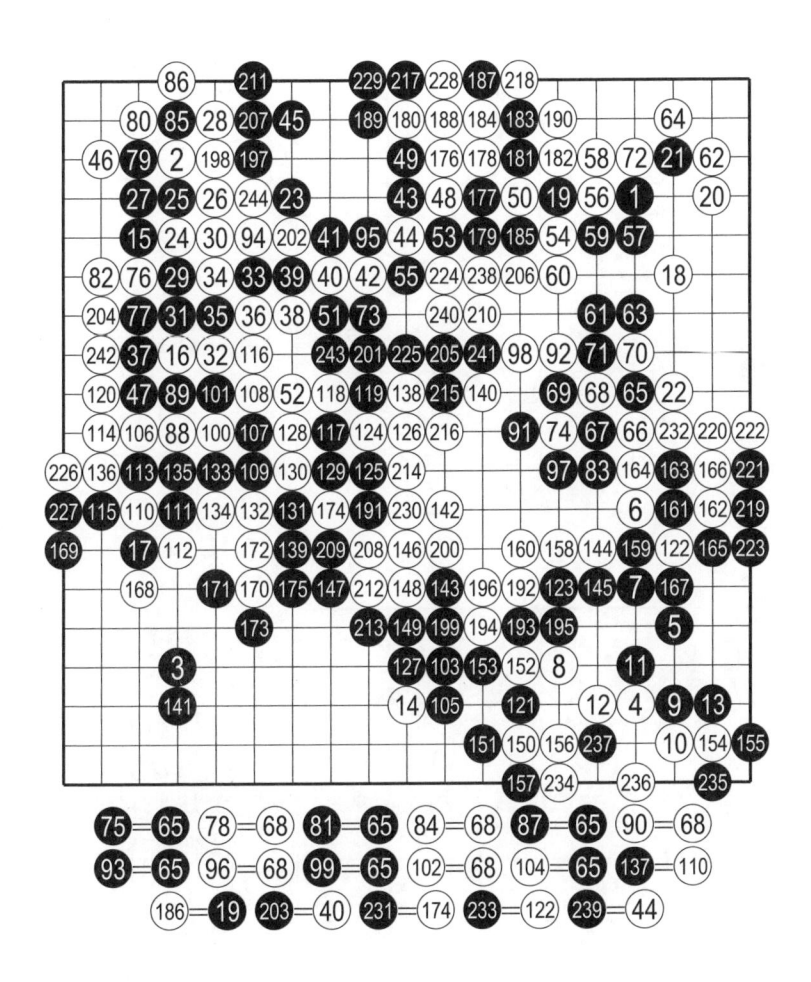

● 高川格 VS ○ 吴清源

本因坊纪念三番棋第二局
1959年1月9日、10日
黑贴4.5目
共244手，黑胜0.5目

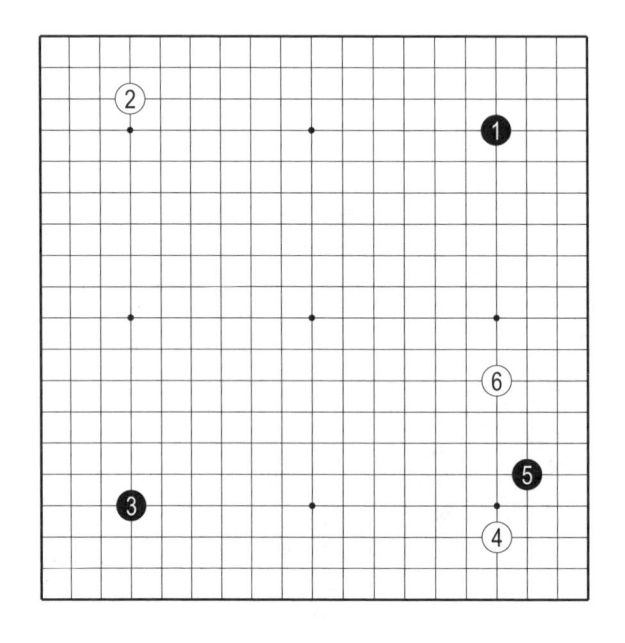

黑贴 4.5 目，黑方起始胜率接近 65%。

白 6 导致胜率下降 3 个点。布局早期没有外势为依托的夹击基本都不被围棋 AI 看好。

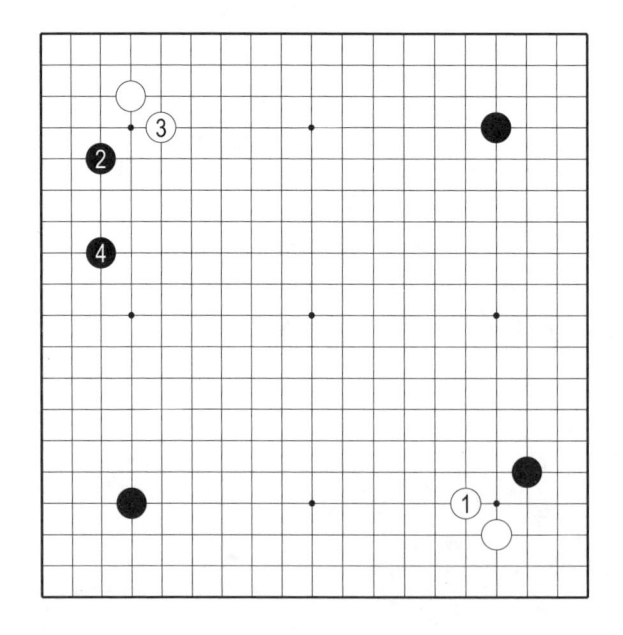

这是围棋 AI 给出的参考图。吴清源在自战解说中提出过类似下法，认为"像这样从容的下法自然会导致细棋，而一旦出现了细棋局面，黑棋要贴出的四目半就将成为负担"。

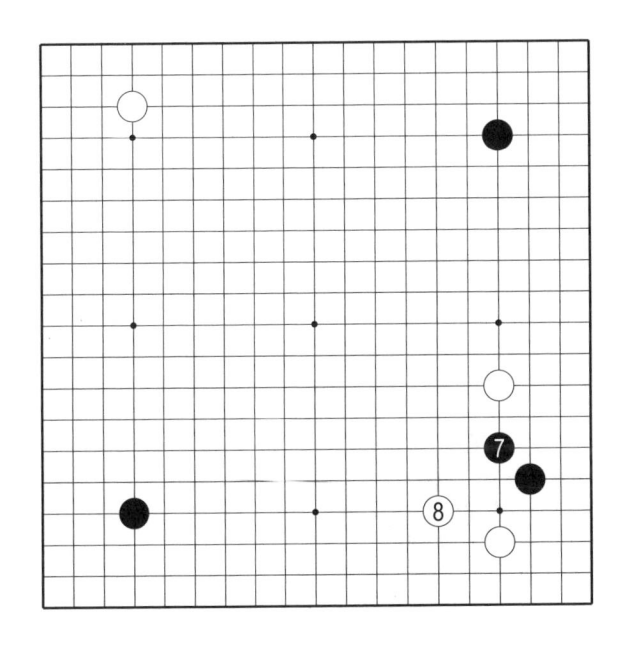

黑 7 小尖出头是流行多年的缓手，胜率下降 5 个点。

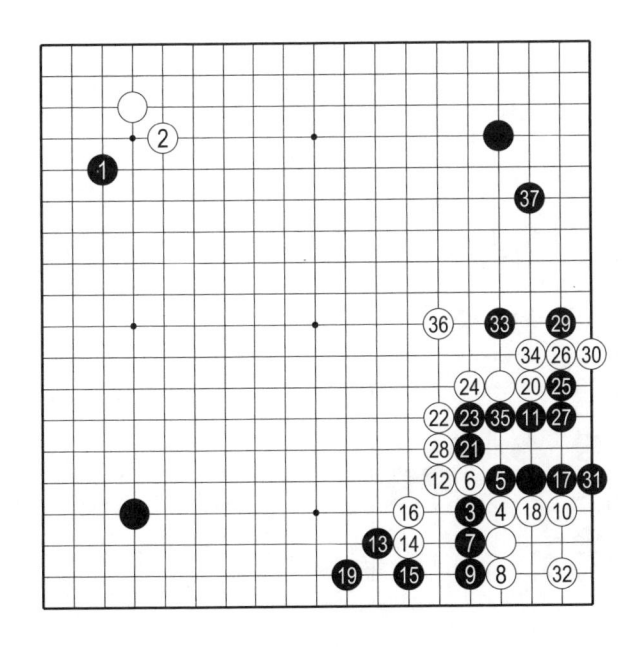

围棋 AI 认为局部正解是黑 3 飞压，后续变化复杂难解。现在二间高夹很少见了。

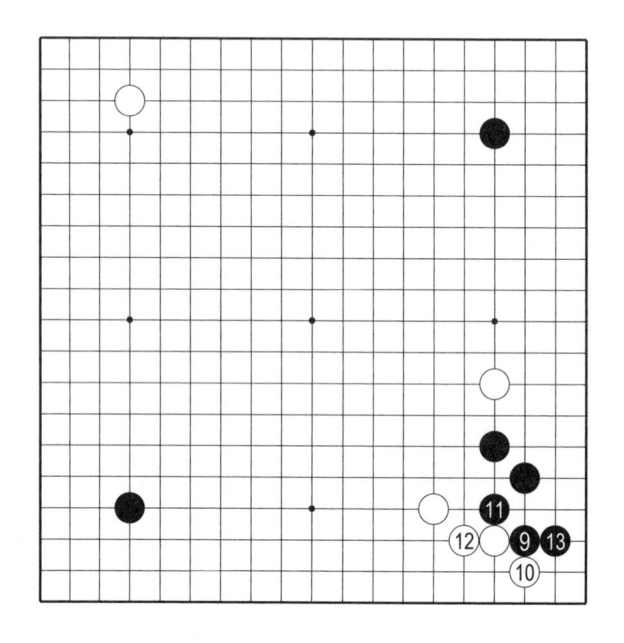

黑 9 导致胜率下降 6 个点，把对方撞厚没必要，要局部安定直接13位飞就可以了，就全局来看可以脱先挂角。

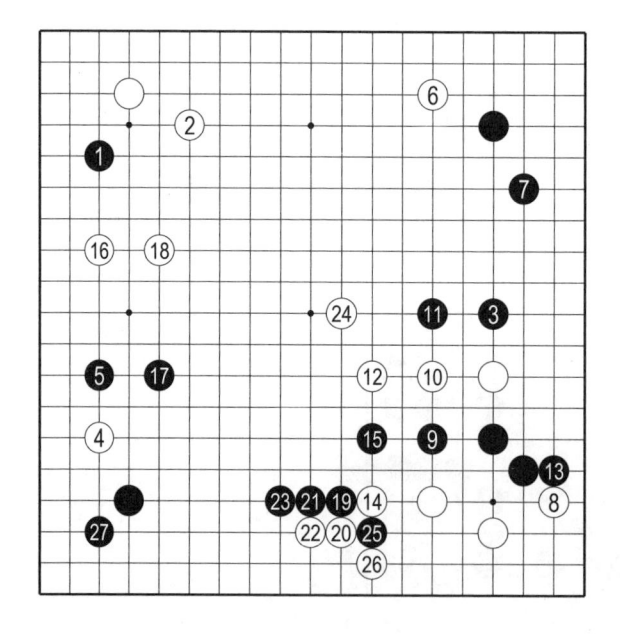

黑 1 脱先挂角，右下角黑不弱，不惧战斗。

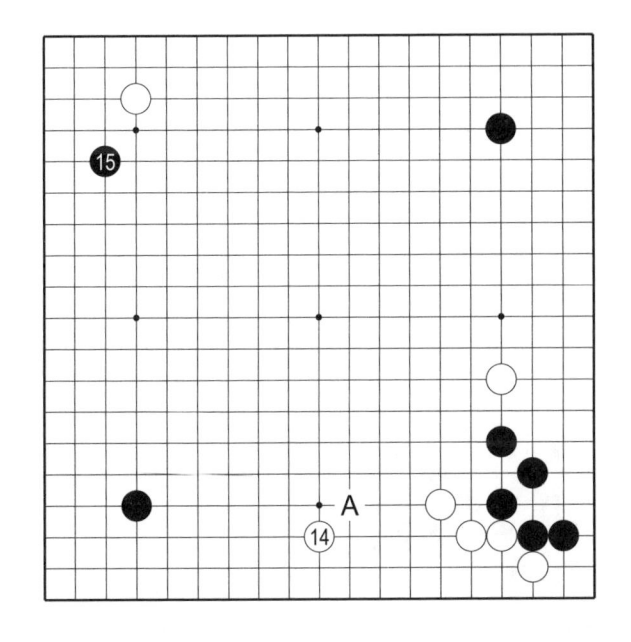

白14这种以前常见的三间拆是薄形，黑在 A 位附近有很多先手。

胜率下降5个点。

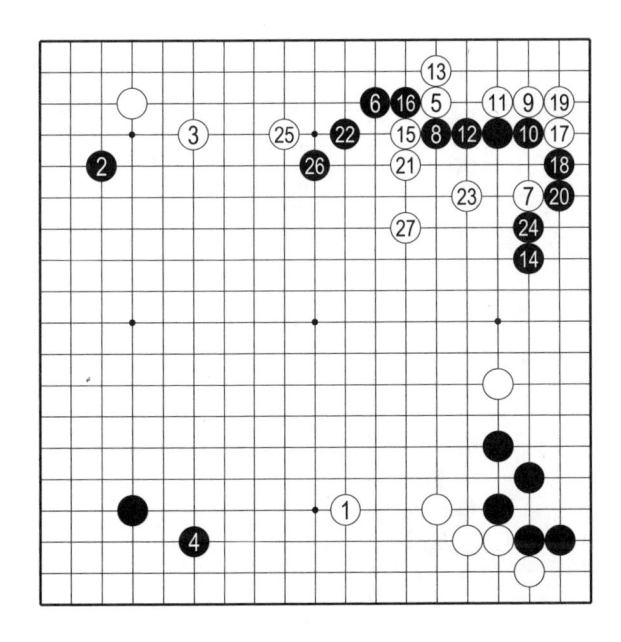

围棋AI推荐的高拆二是人类棋手比较陌生的手法。

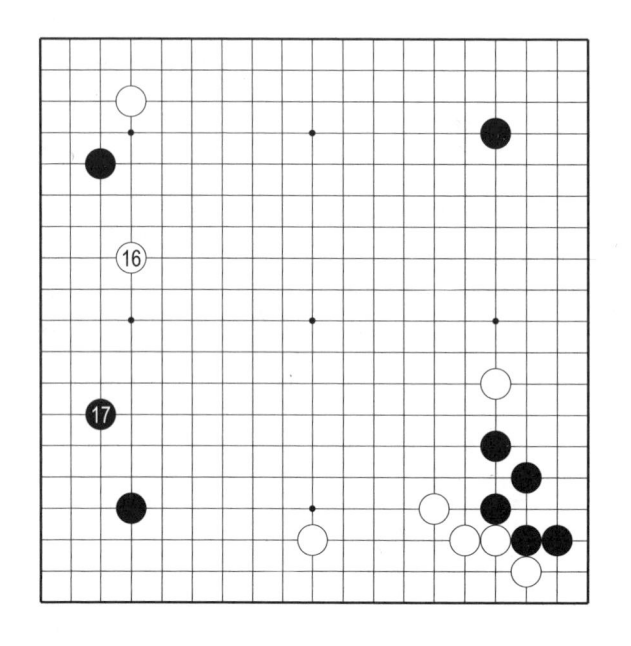

那些年二间高夹真是流行啊，白16又来一个。

黑17是不愿意被白挂角，但还是不如左上角的处理急切，黑应该在左上角正面应战。

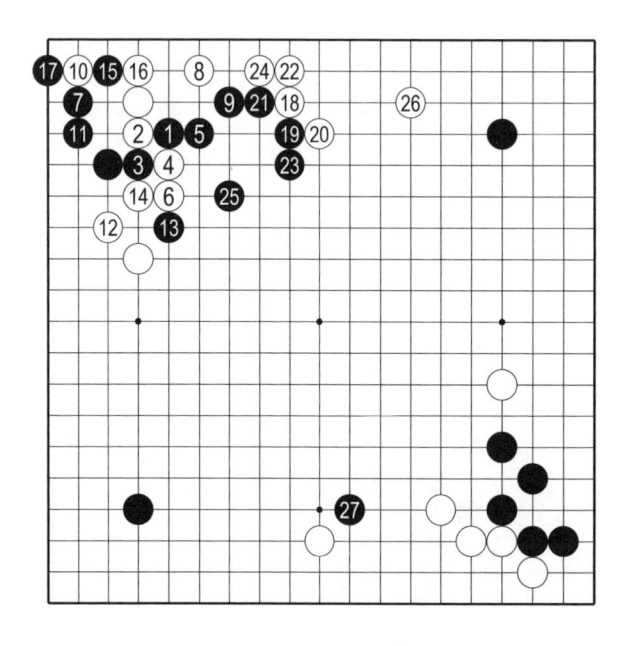

不只是二间高夹，围棋AI应对夹击通常是飞压，然后对方冲断形成激战。

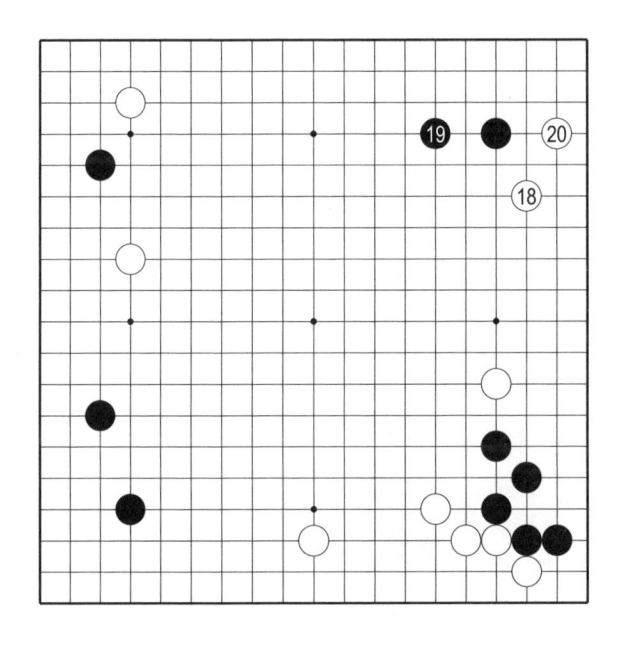

白 20 飞边稍缓，胜率下降 4 个点。此时应在左上角抢攻争夺主动权。

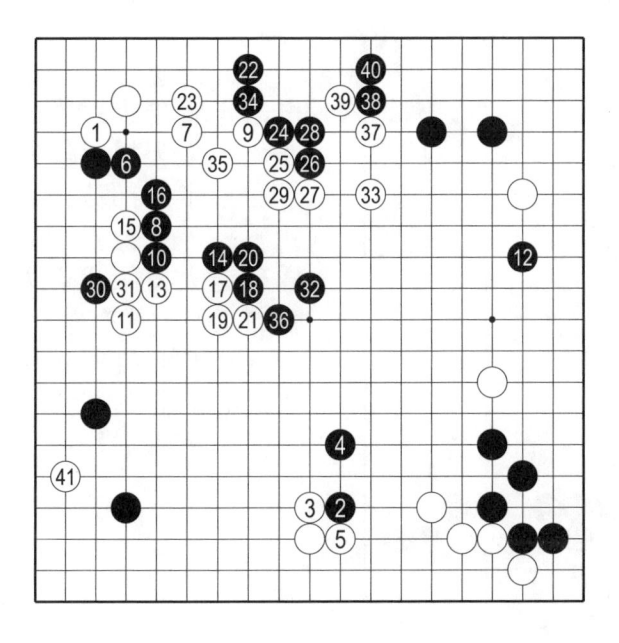

白 1 尖顶，角上先获得安定，外面双方形成对攻。

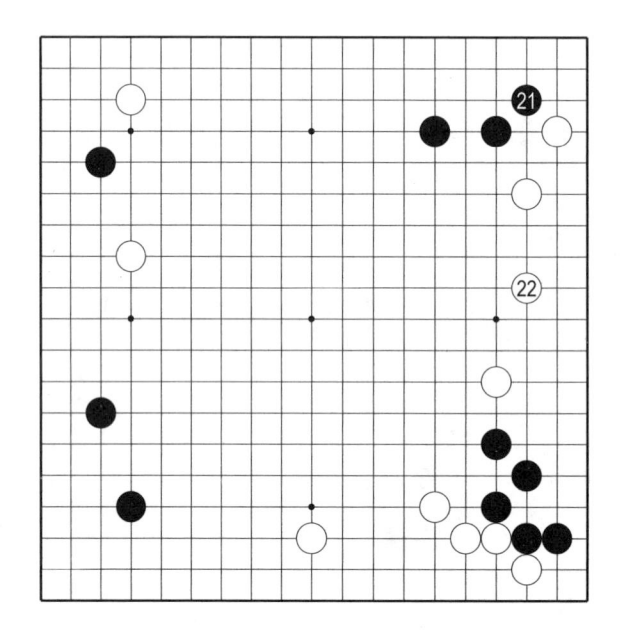

黑21同样失去急所，胜率下降4个点。围棋AI推荐按下图在左上角飞压。

白22安定告一段落。全局焦点转到左上角。

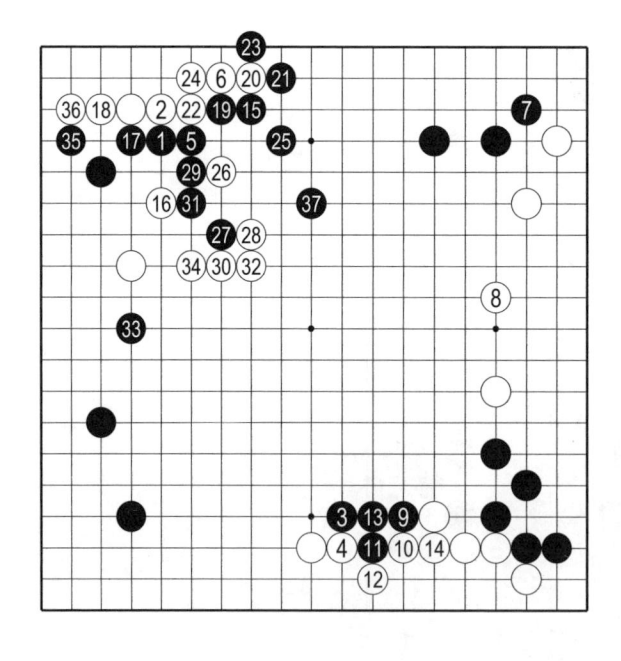

吴清源先生曾指出，定式带来思维的僵化。人类棋手倾向于在一个局部按照定式下完，就像上图一样。这大概跟我们大脑的工作方式有关。

而围棋AI只选胜率最高的点落子，不受人类思维惯性的影响。

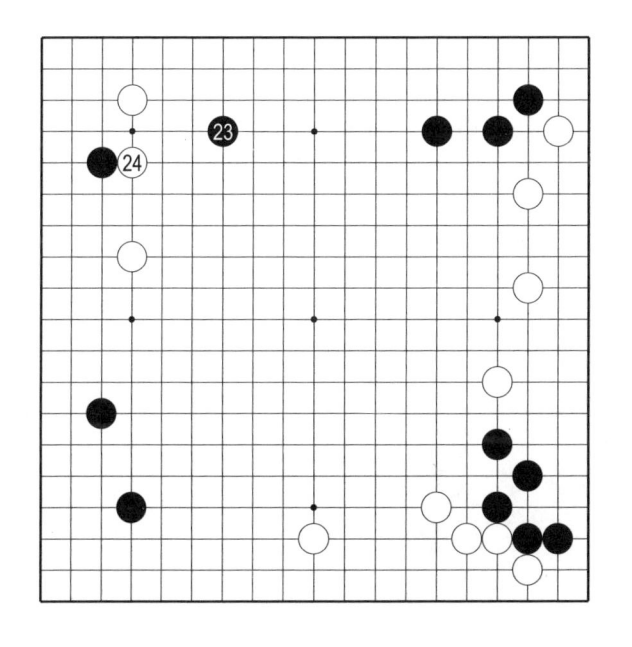

上边是最后的空旷地带。吴清源说："高川先生正是认为上边很大才下黑 23 的。"

白 24 使胜率下降 4 个点，这样压出头也强化了黑方。

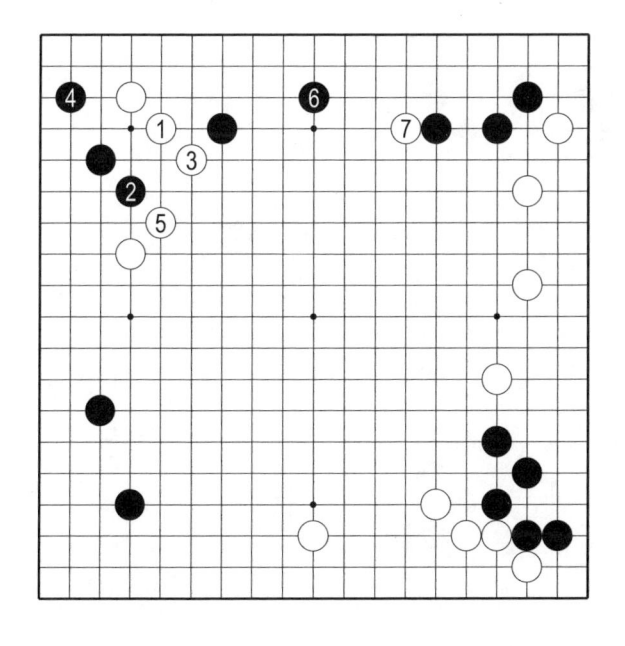

围棋 AI 推荐白 1 小尖出头，黑借不上劲，大致也是小尖出头。

白 5 走厚左边之后，白 7 再在上边寻找战机。

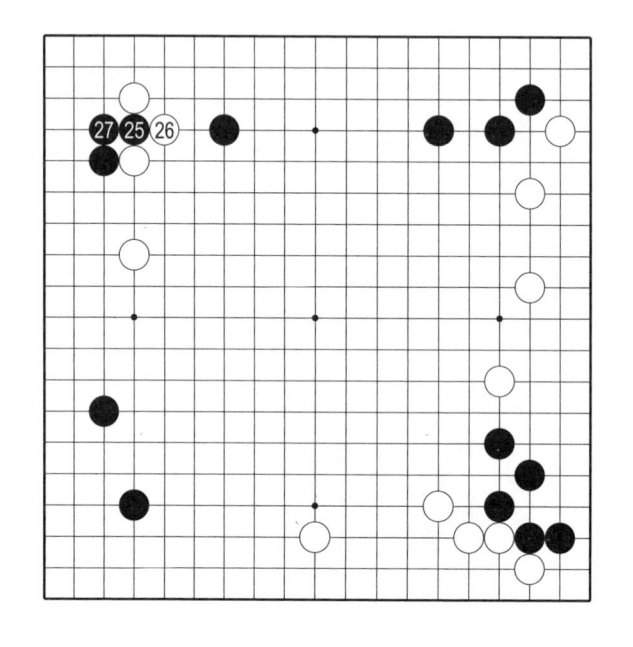

激战爆发了。

黑25使胜率下降6个点,这个发力点是把角上两子当成了主要攻击目标。

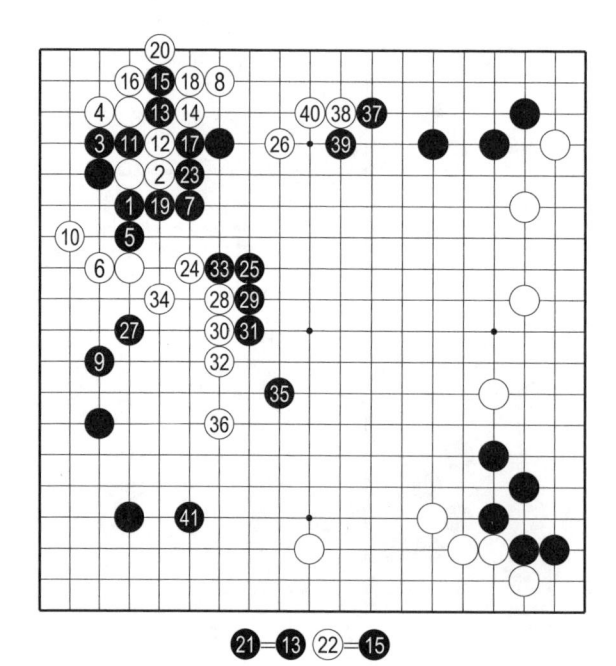

围棋AI的方案是黑1扳起,攻击目标是外侧的白棋。

㉑=⑬ ㉒=⑮

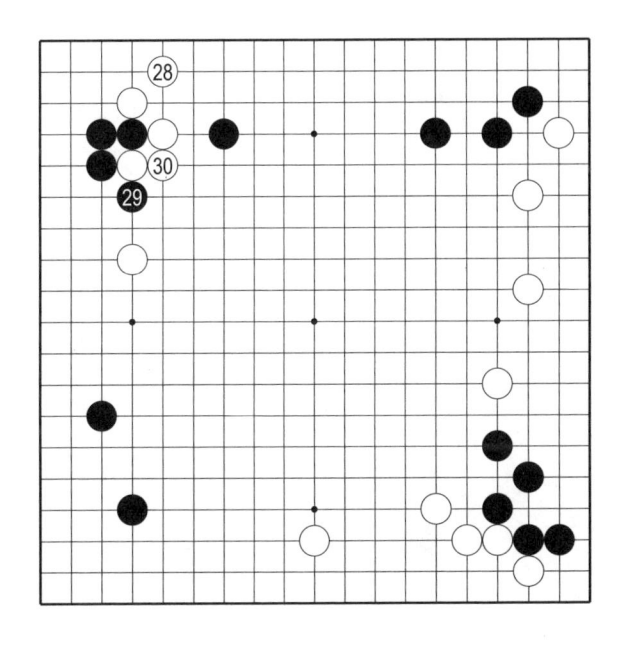

白28虎在二路松缓,胜率下降4个点,不如直接挡住三三活得更大。

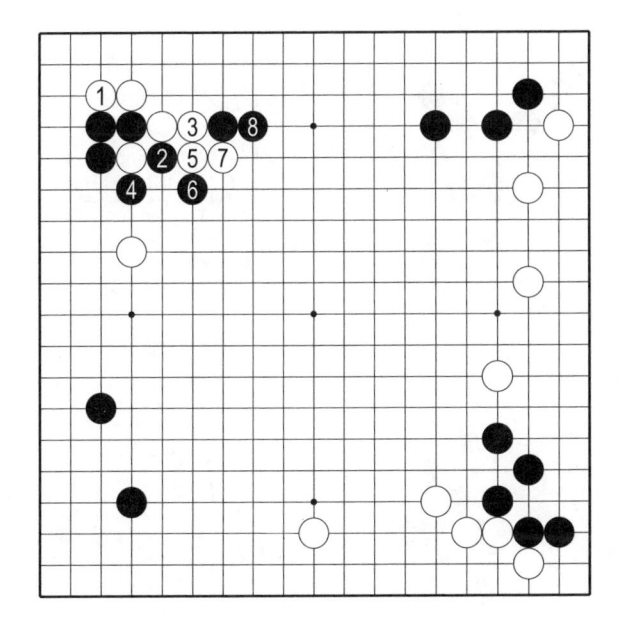

吴清源先生在自战解说中列出了这个变化图,认为"被黑2、4开花提子,随后,黑6、8两边都走到,白不行"。

但白1至白7正是围棋AI推荐的最优次序。可能人类夸大了开花提子的价值。

黑8被围棋AI认定为恶手,这样直接拖出来较重,给白方留下很多利用。

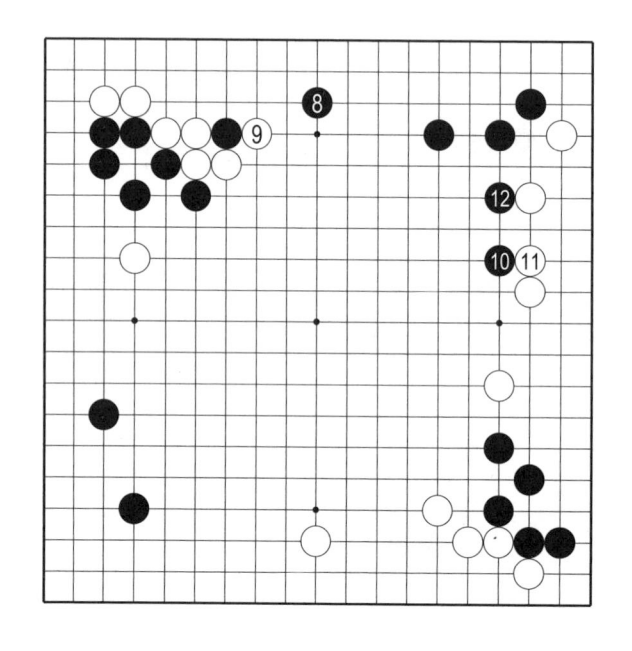

围棋AI的方案是黑8先拆，白9若吃，则黑10、12撑大右边。

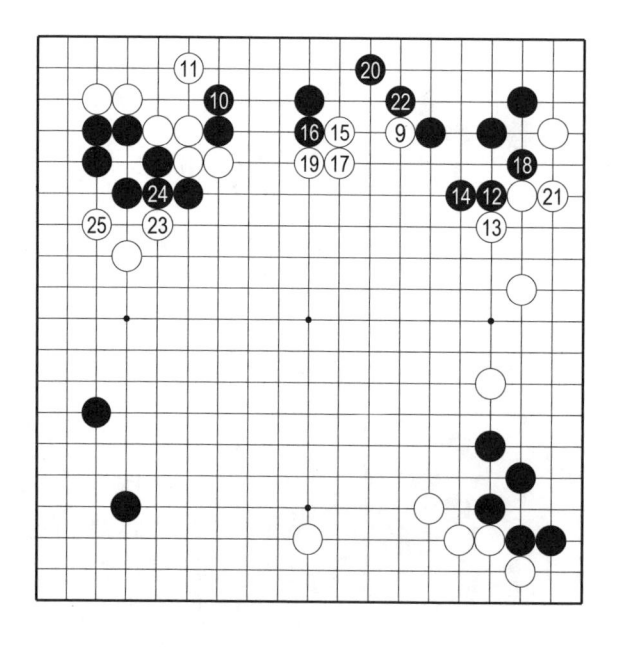

这是围棋AI给出的双方合理下法：白9在右边碰，侵入黑空，黑10则救回左边黑子。

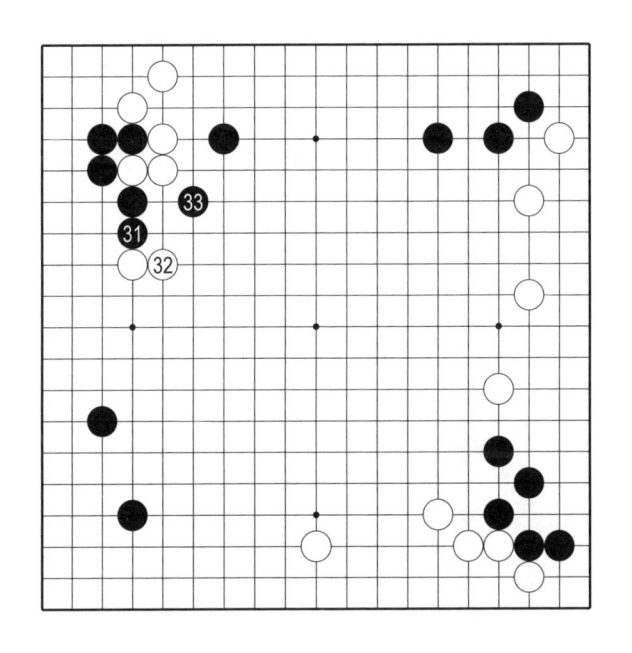

黑33跳出分断白棋，围棋AI提供了更实惠的方案。

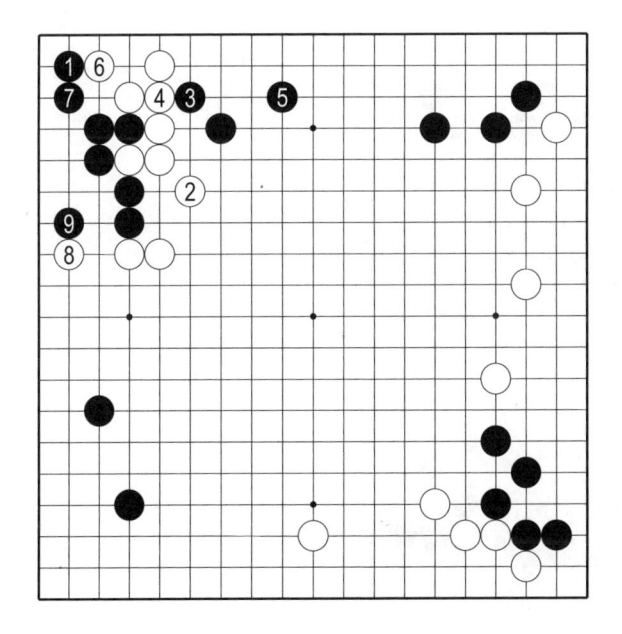

黑1进角实惠，让白2联络。

实战的战斗进程比较漫长，一时看不到明确的结果。

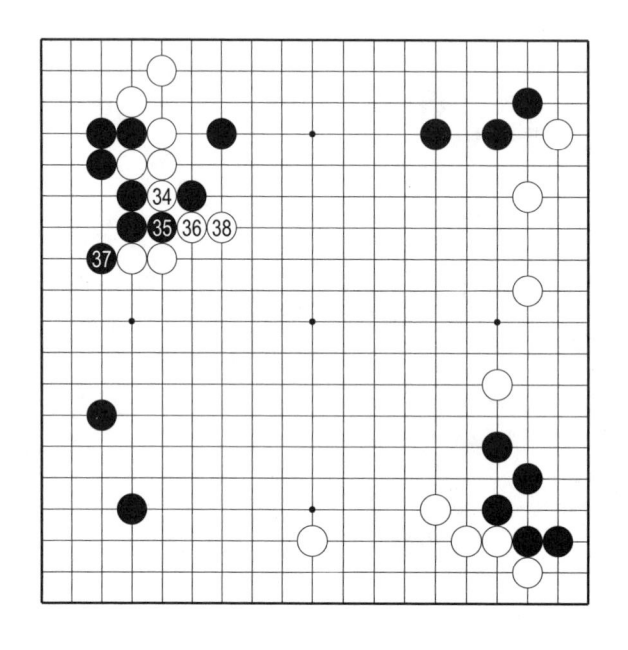

白38次序有问题，放过了左边挡住的好点，胜率下降7个点。

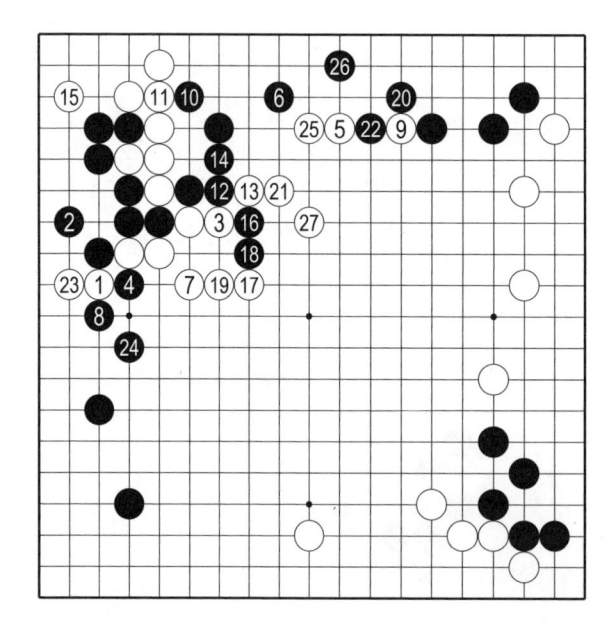

白1应该先挡一手，黑2不得不补。

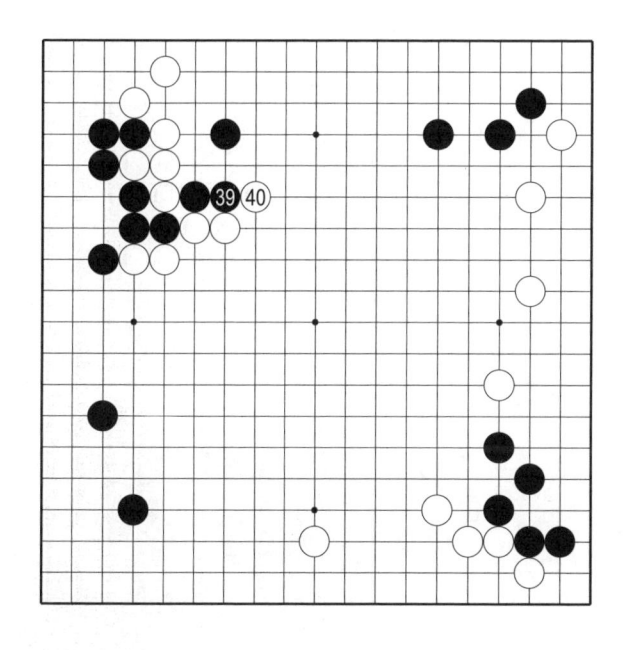

黑 39 的胜率比在左边挺头低 20 个点。

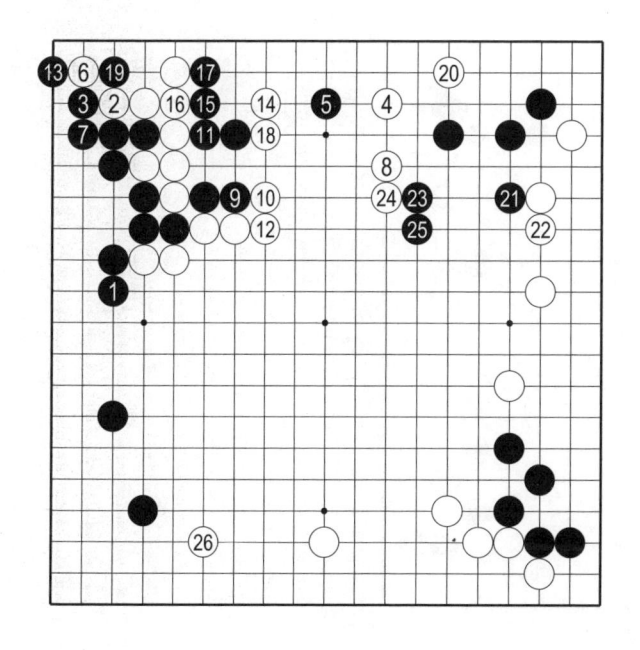

黑 1 挺出，棋形顿时变得舒展，边上完全变成实地，这种棋比在中腹斗气实惠多了。

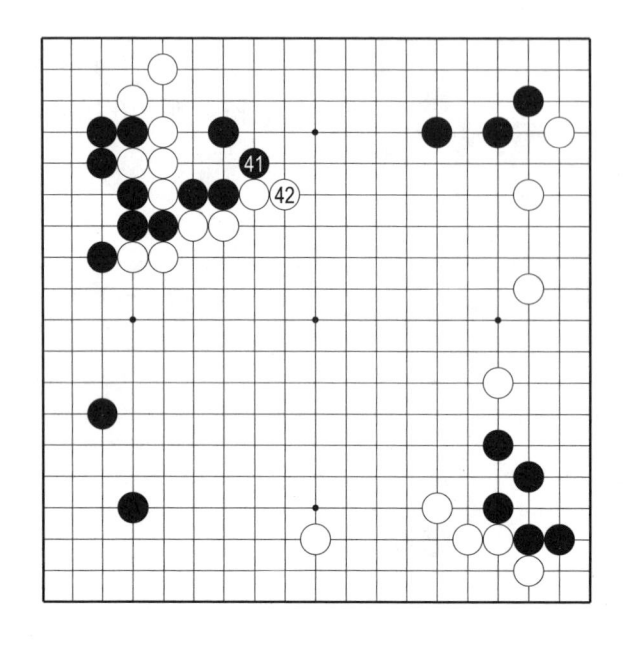

白 42 缓手，没有抓住黑棋气紧的毛病，对黑方施加的压力不够，胜率下降 10 个点。

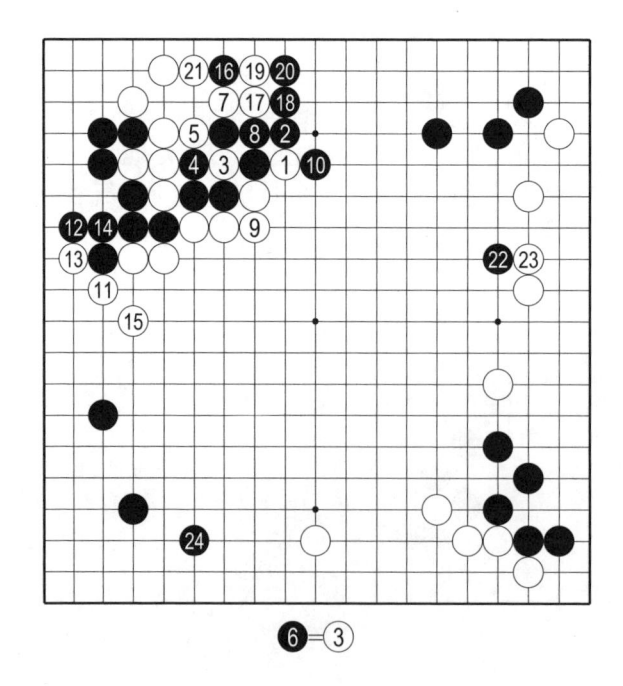

黑方气紧，白 1 连扳更为紧凑，可以把黑方拍成一团效率低下的凝形。

⑥=③

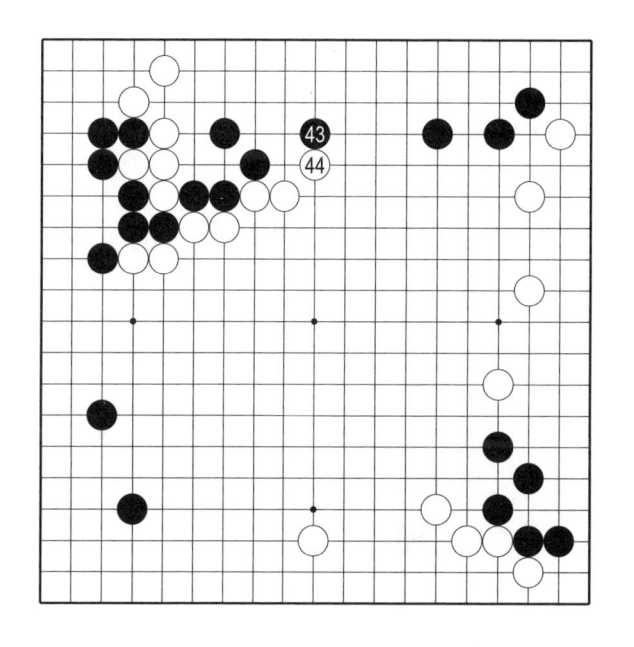

白44失误，没有抓住棋形的要点，胜率下降16个点。

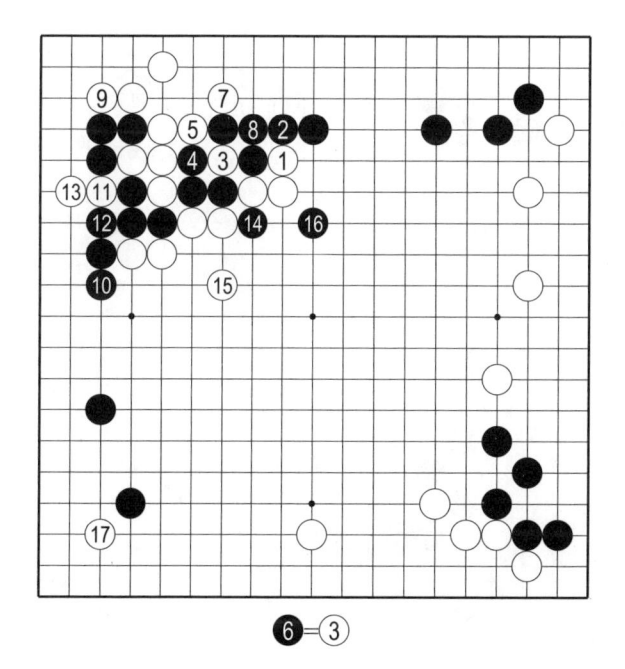

看来围棋AI是高度认可"滚打包收俱谨避"这一棋谚的。

⑥=③

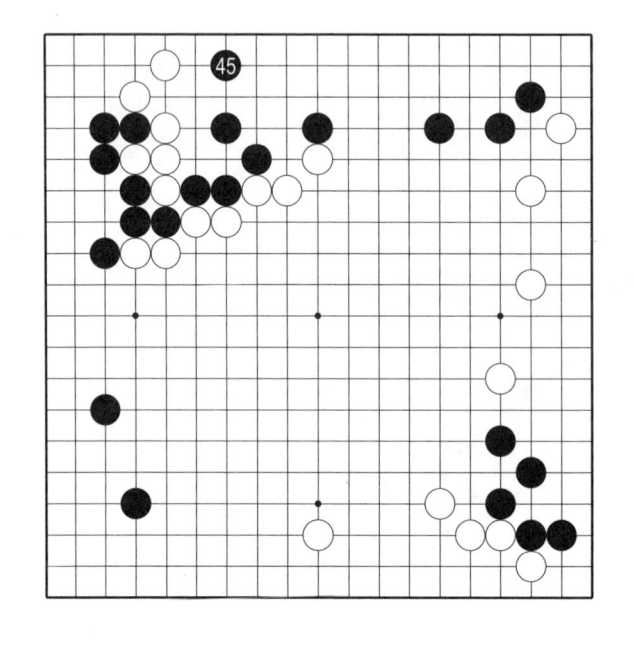

黑45恶手，胜率下降29个点。

吴清源先生解说："白44，寻求行棋的步调。让黑走45位之后，白46安定，这是这个局面行棋的调子，待黑47长出后，白棋走到48位的扳。"

实战黑45正好凑白的调子。

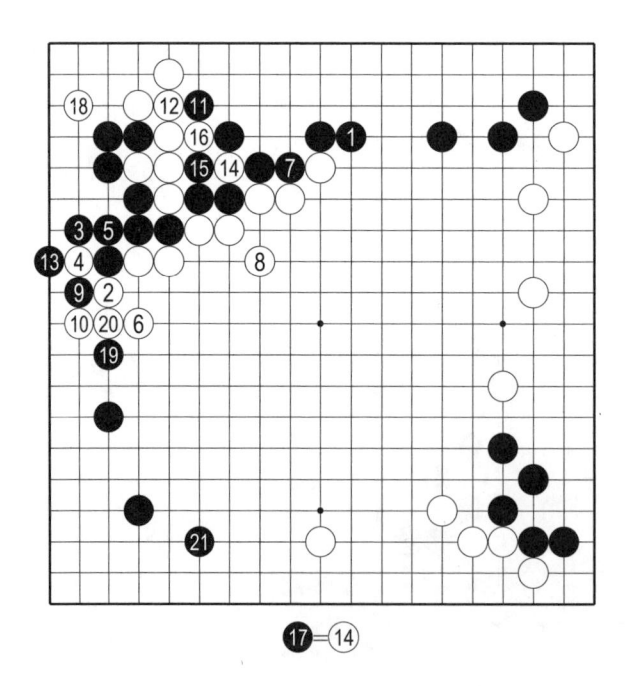

黑1挺头，先把自己走畅。黑1这个位置正是实战的白48。

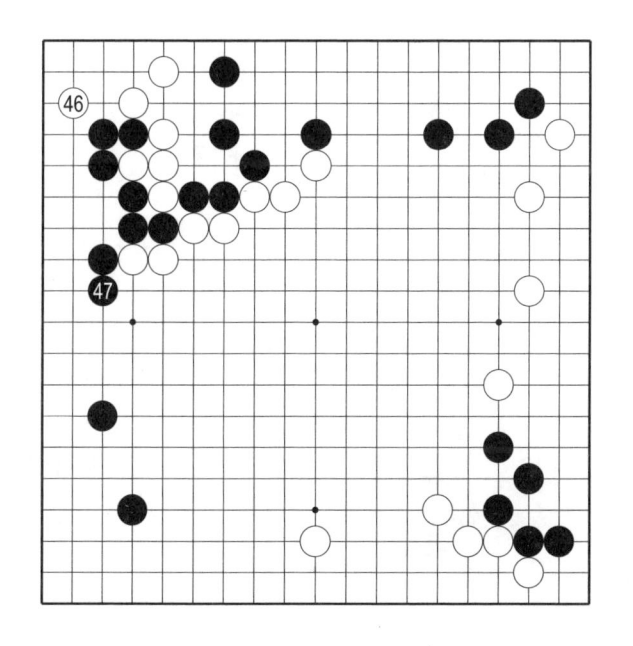

白 46 次序欠佳，胜率下降 5 个点，应如下图先在左边便宜一手。

黑 47 挺头非常舒服。

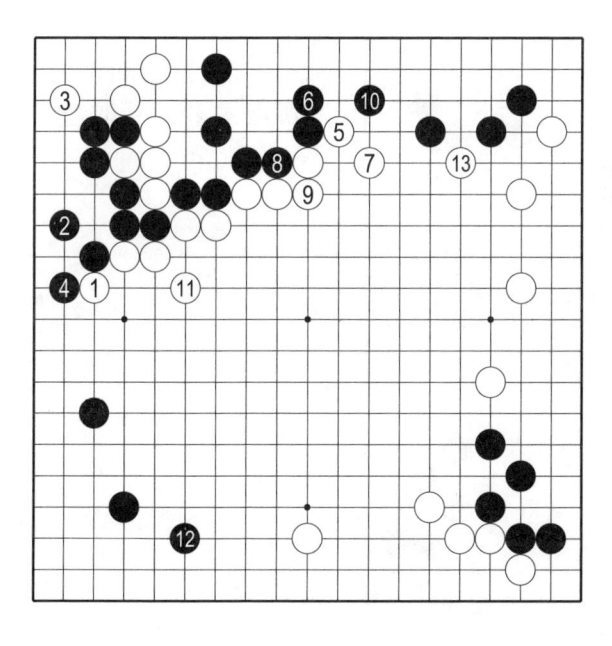

白 1 此时先扳一手与黑 2 交换明显便宜，既压缩了黑棋，也利于自己整形。

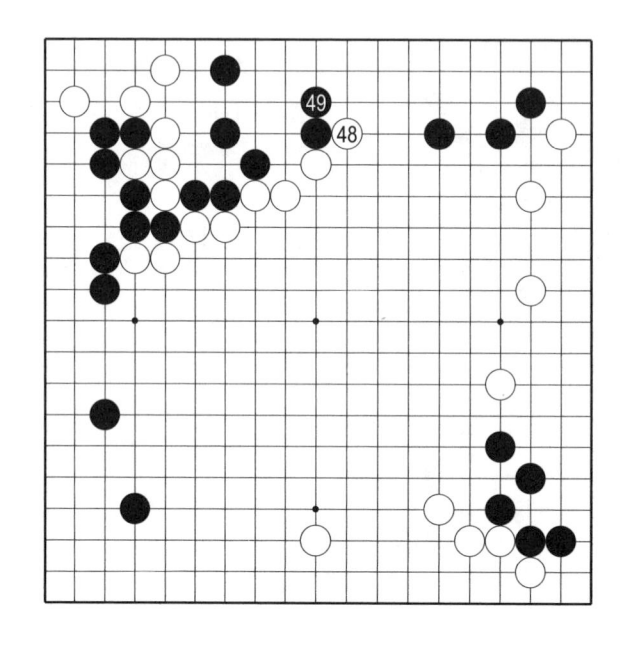

黑49下立过于稳健，没有抓住机会，胜率下降7个点。

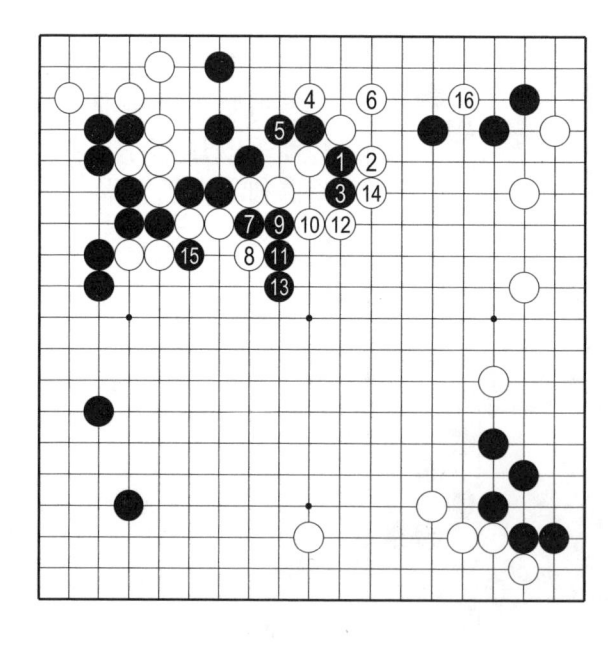

黑1切断，白方断点太多，很难处理。

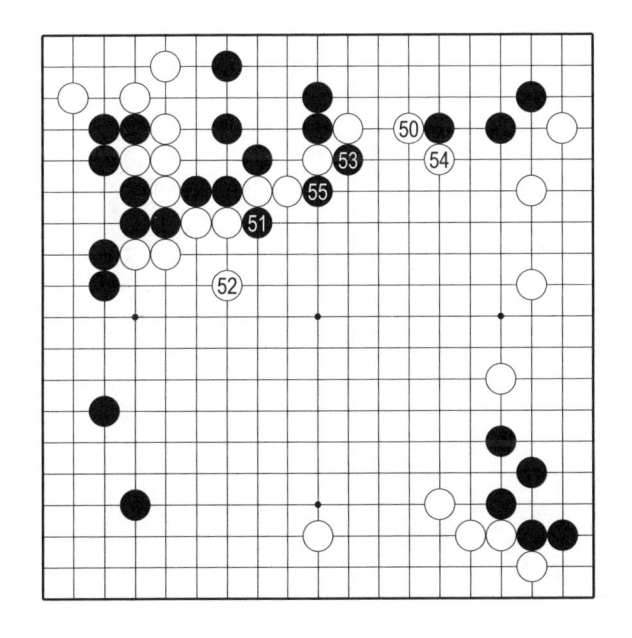

白50过分，自己一串断点却不防守，胜率下降13个点。

吴清源自己也承认"白50过于贪婪了"，"含有一边缠绕着黑棋右上角、一边补掉左方白棋断点的意思，但从结果上看，这手棋惹火了高川先生。"

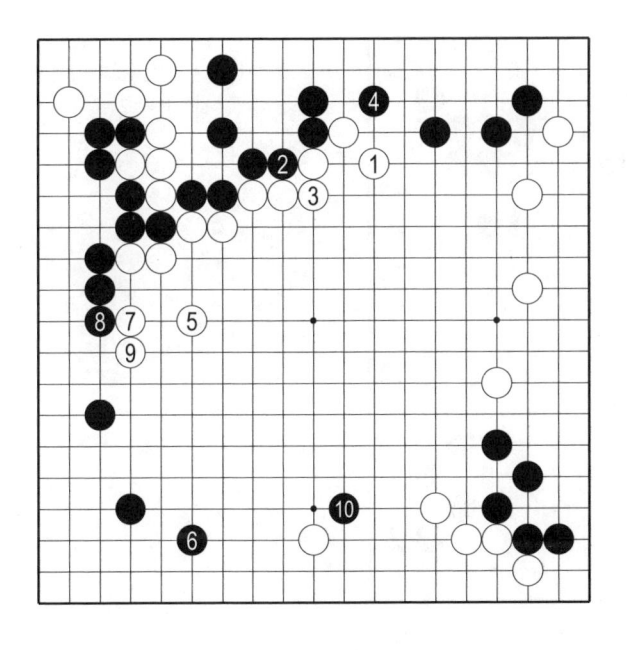

白1自补本手，本来中腹收拾一下还是不错的外势，结果实战被切得七零八落。

吴清源后来提出了类似方案，认为白中央变厚是局面从容的棋。

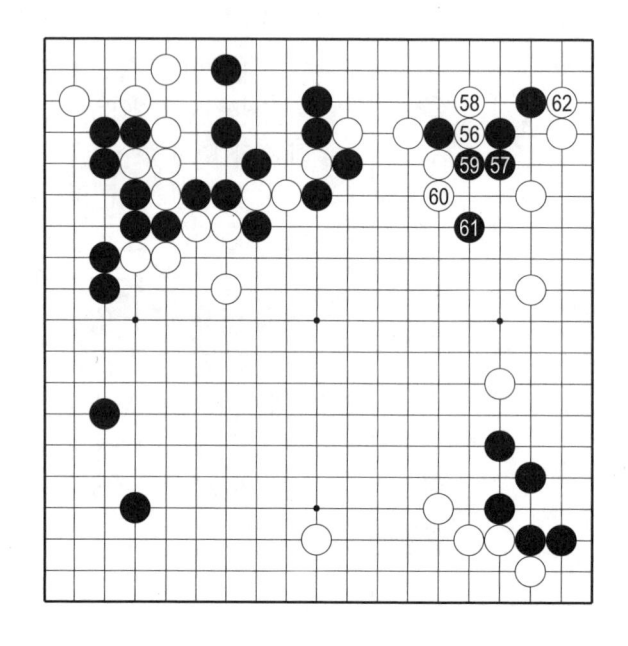

白62恋战，胜率下降10个点。

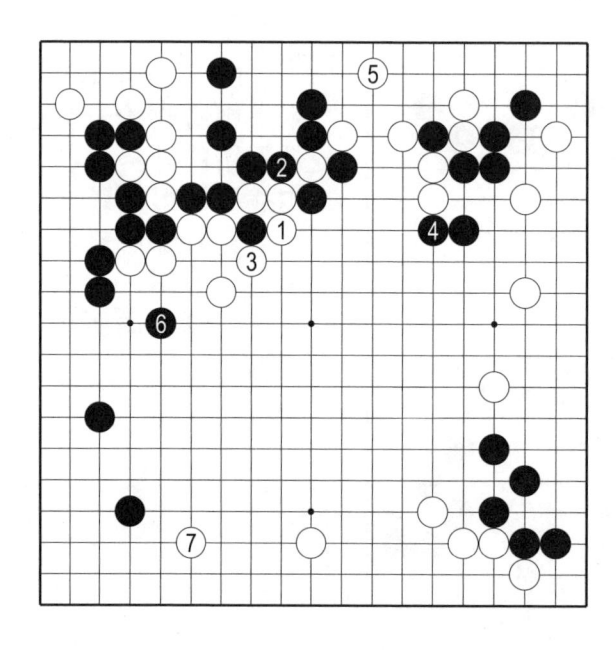

白1此时长出白二子，中腹基本就处理好了。

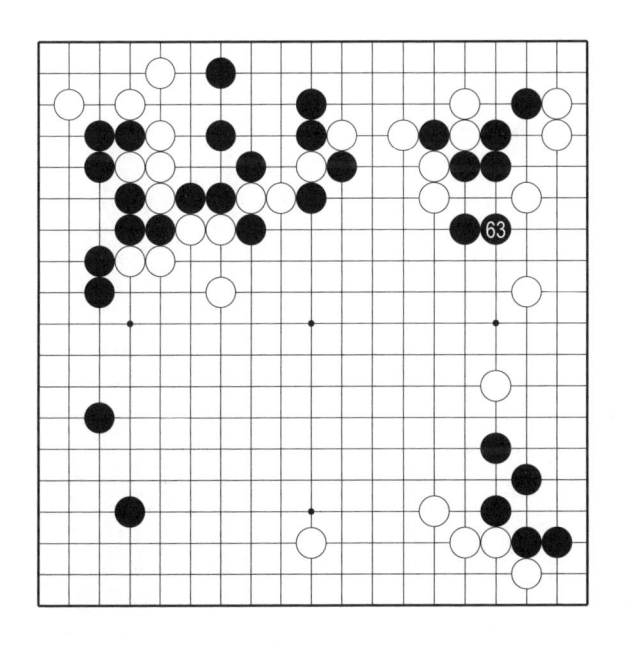

黑63也未下出最佳手段，胜率下降4个点。

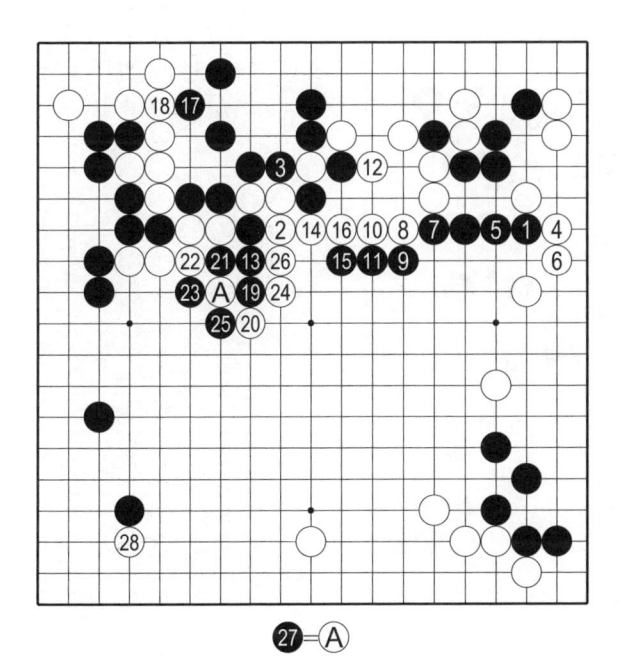

黑1靠是棋形要点，同样起到补断的作用，给白棋的压力比实战大。

27 = A

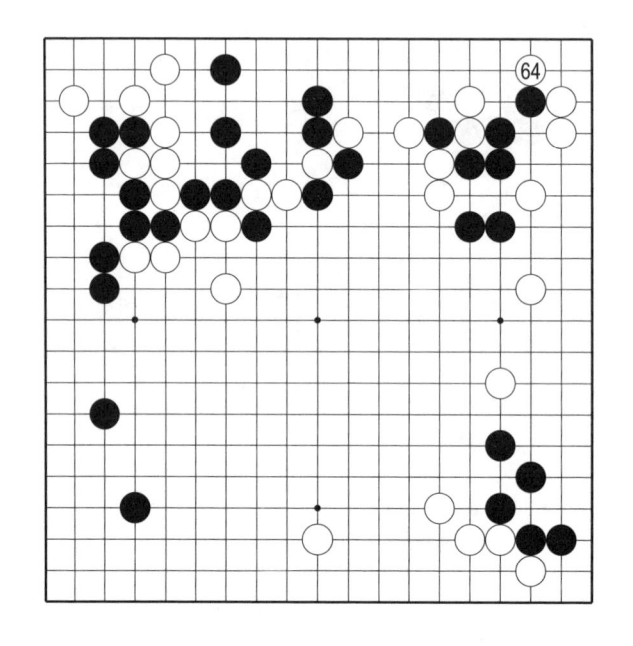

白64导致胜率下降24个点。

吴清源先生的本意是"白62、64一边捞地,一边对黑棋进行追击"。

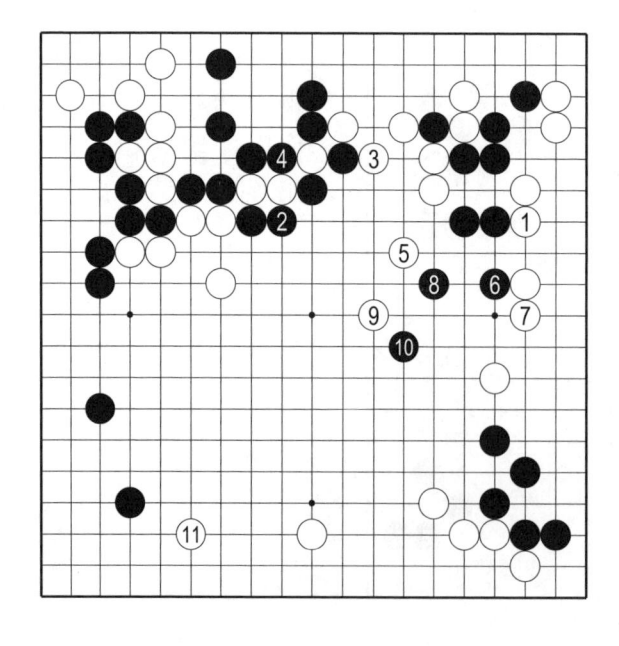

白64应改下白1,把外边补厚才更利于追击。

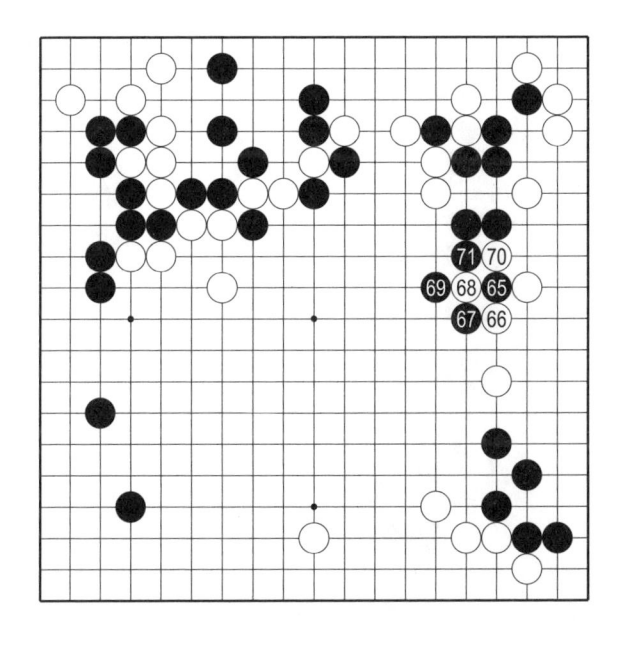

黑65失机，胜率下降12个点。

黑67、69、71是整形的好手。

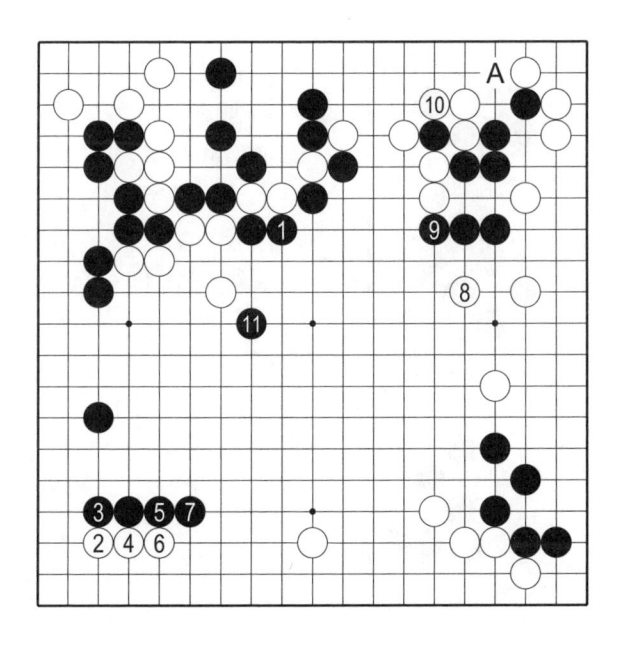

黑65应如图黑1吃，价值很大，因为中腹左边的白五子也立即陷入困境。

白10不能省，否则黑可A位扳下分断白棋。

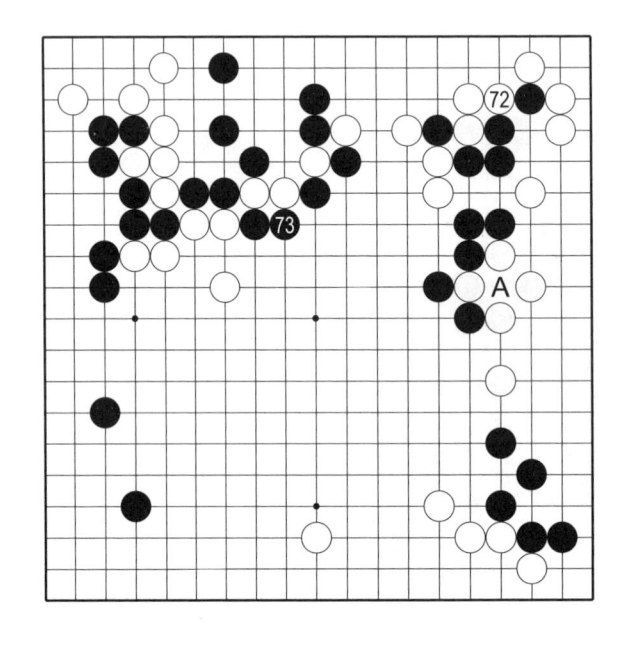

白72缩回去补棋不好，胜率下降18个点。

黑73抢到绝好点，黑73若在A位提也极大。

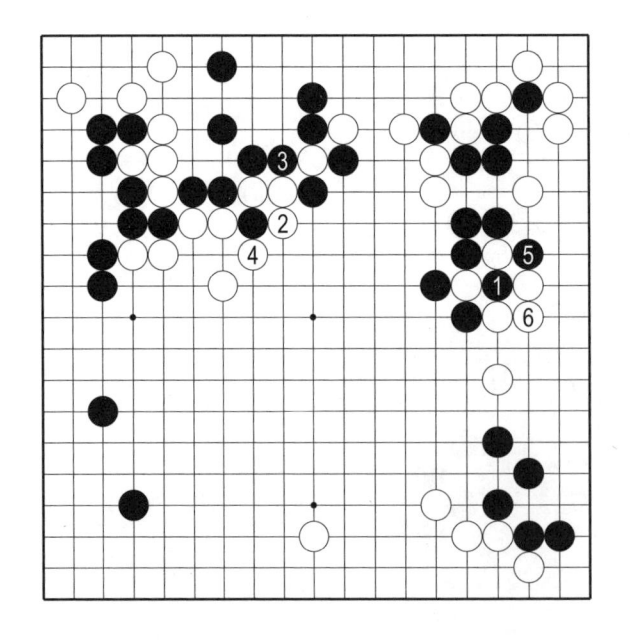

这是吴清源先生在自战解说中给出的黑73的参考图。解说原文为："黑1的话，则白2、4。黑5虽然心情很好，但白6之后，黑吃不住右边的白棋。"

此图正是围棋AI的推荐图，黑下厚之后已是优势，不必去吃右边的白棋。

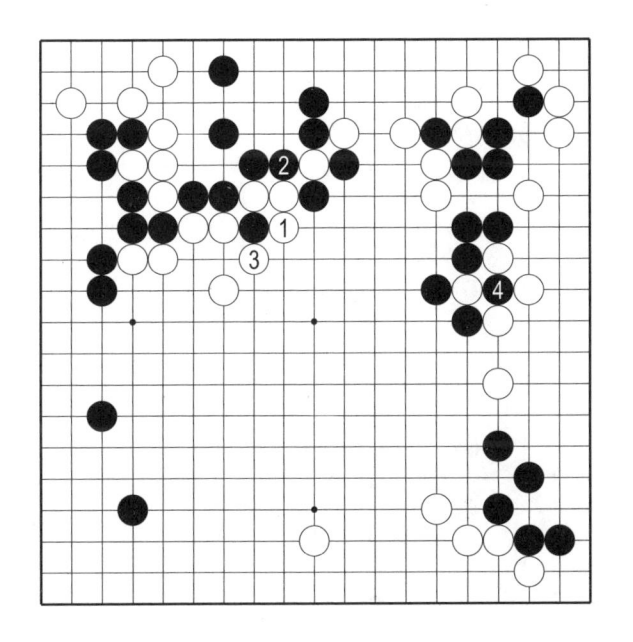

因此，白72更好的下法是如本图白1救活中腹。

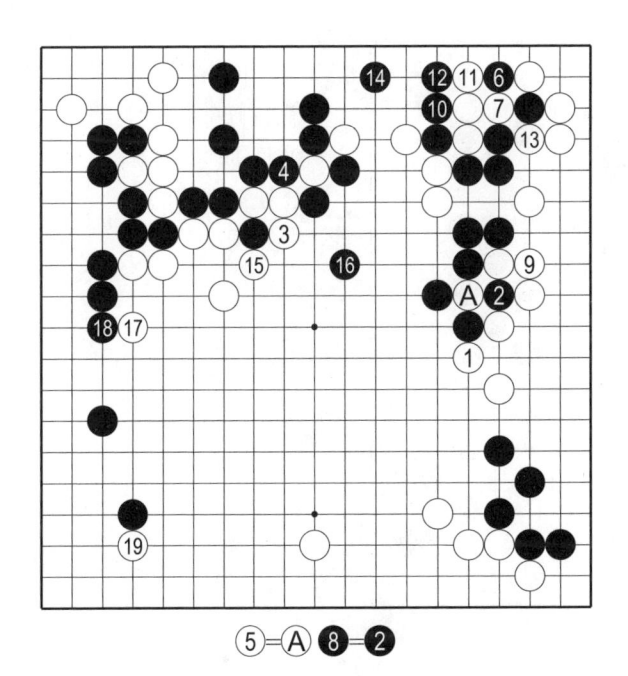

或先在右边开劫。

⑤=Ⓐ ❽=❷

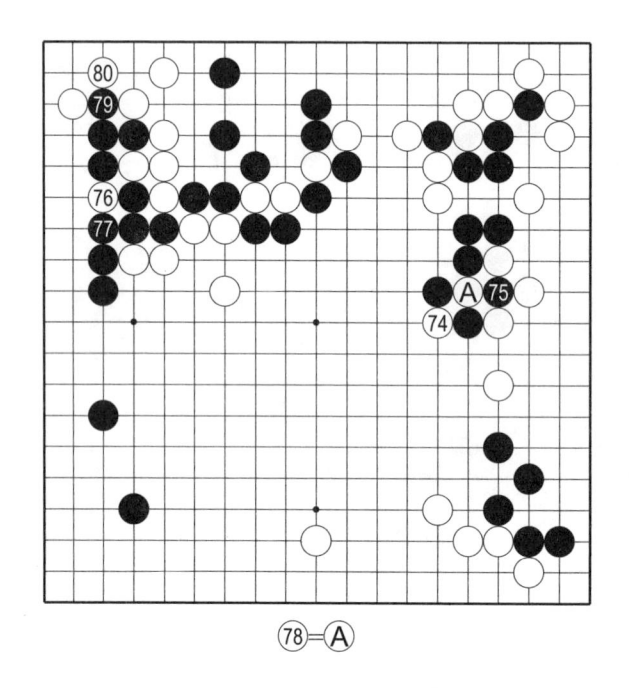

因为中央被吃得七零八落的白子留下了很多劫材，白74挑起大劫。

在这个位置打吃开劫风险太大，若劫败则白74成为废棋。胜率下降6个点。

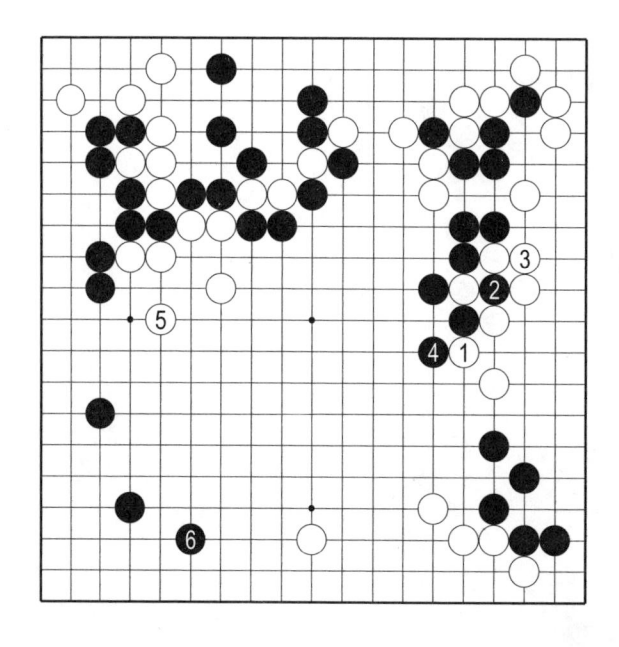

⑦⑧=Ⓐ

围棋AI认为白1在右边打更合理。实战是基于白棋形势不乐观的判断。

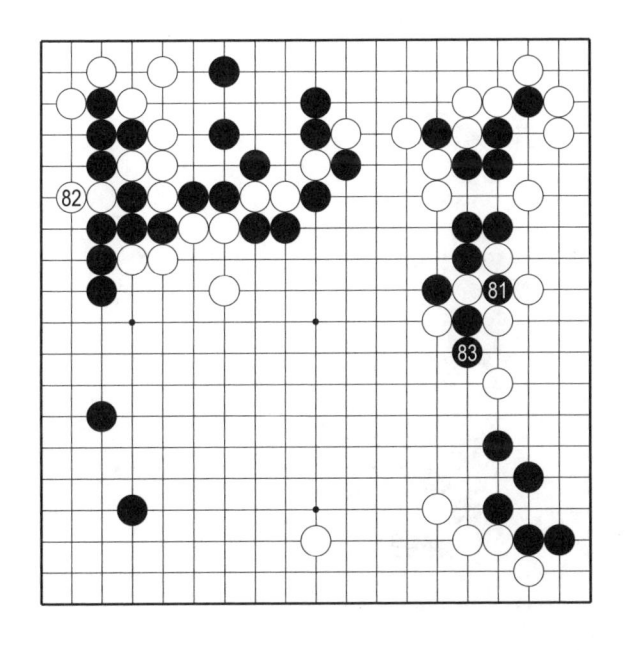

黑83采取了攻击全体的态度，继续打劫。胜率下降21个点。

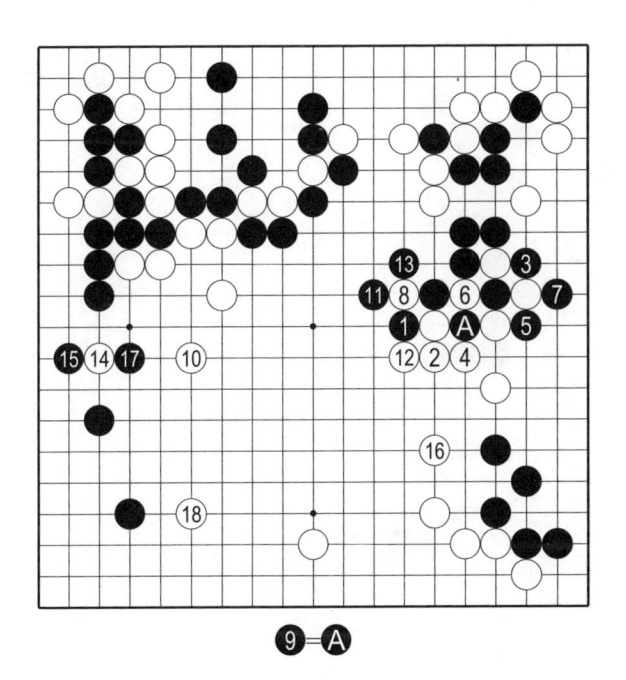

黑1简单消劫后是黑领先的局面。

⑨=Ⓐ

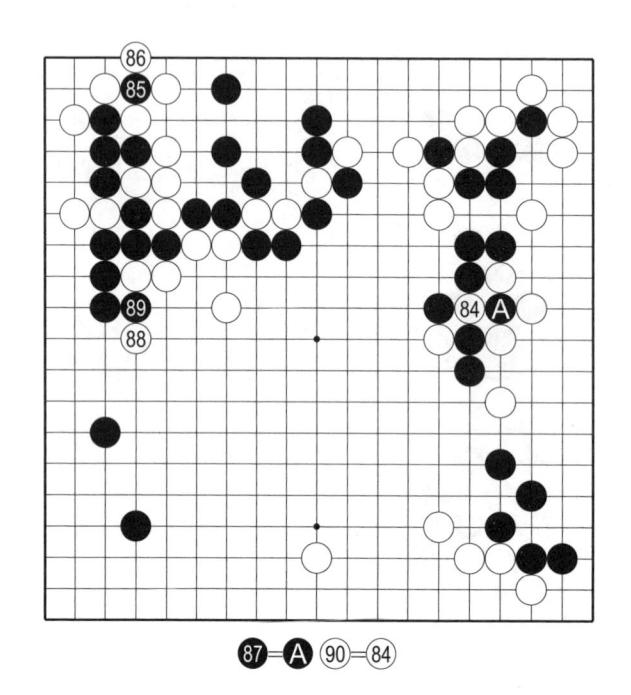

黑 85 继续找劫，胜率下降 3 个点。

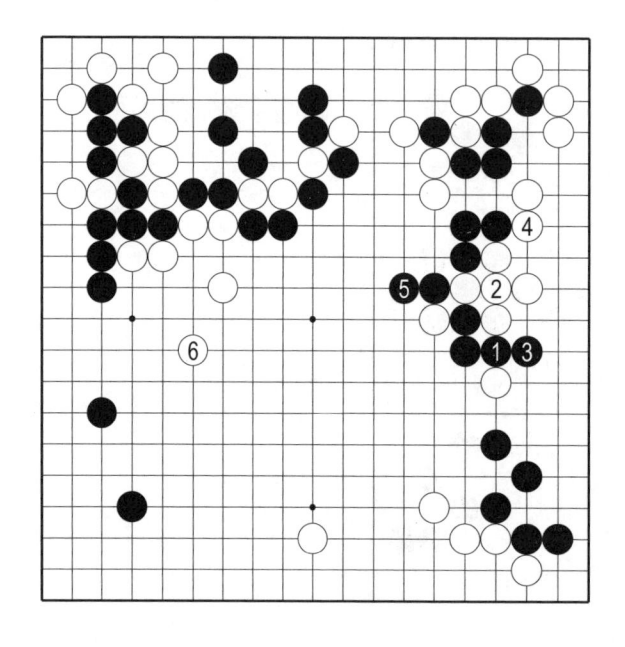

⑧⑦=Ⓐ ⑨⓪=㊱

黑方并不需要打赢这个劫，黑 1 冲下割下白尾巴，全局大致双方均势。

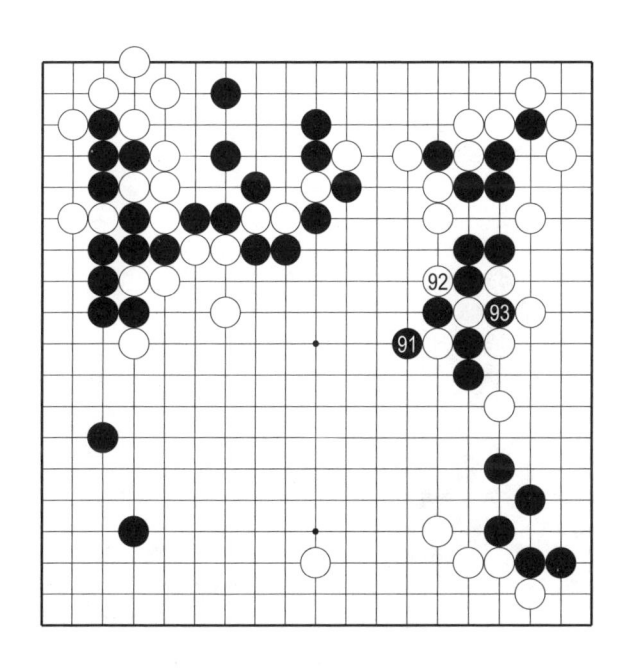

白92太过分，胜率下降31个点。

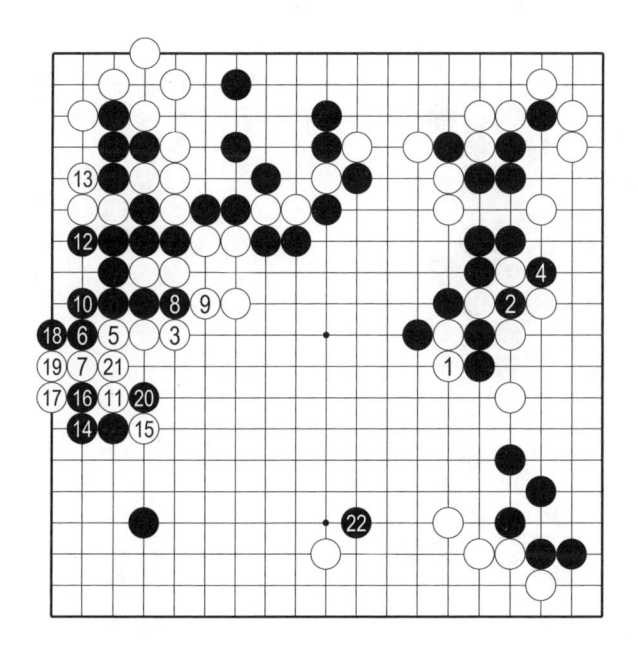

白棋应于1位长出，放大劫的价值。

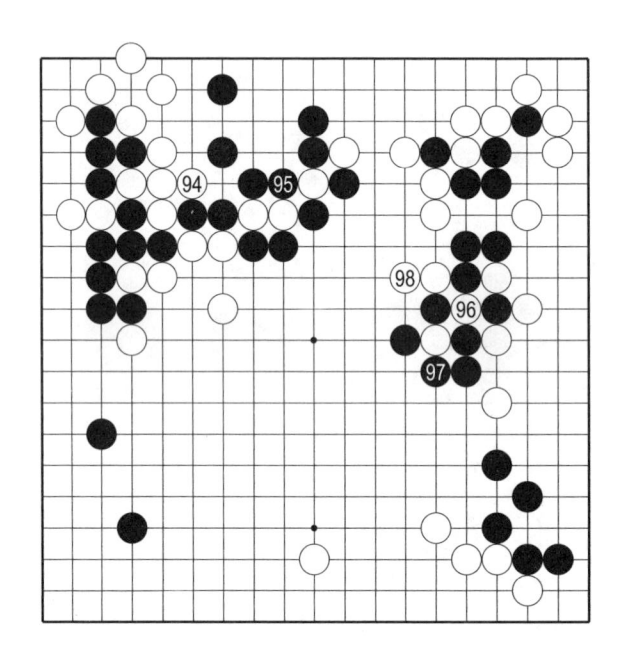

白94是损劫，胜率下降6个点。

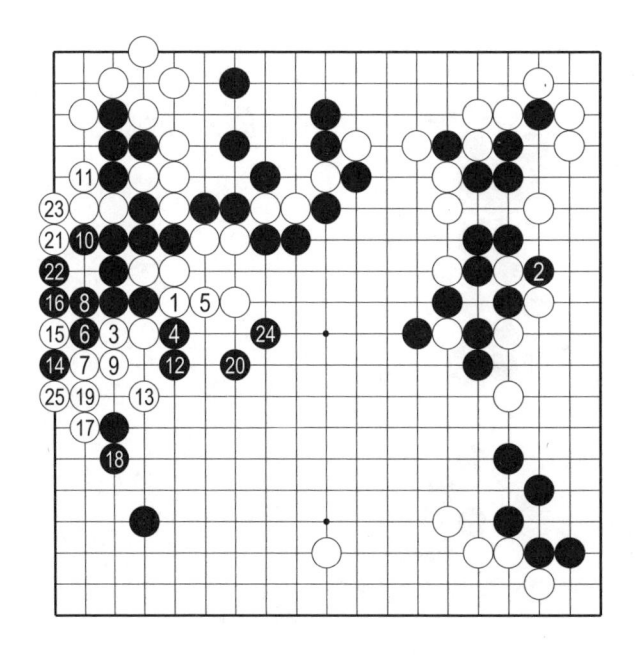

白1挡寻劫，黑如果应劫会没完没了，所以黑2消劫比较好。左边又会发展成一个大劫。

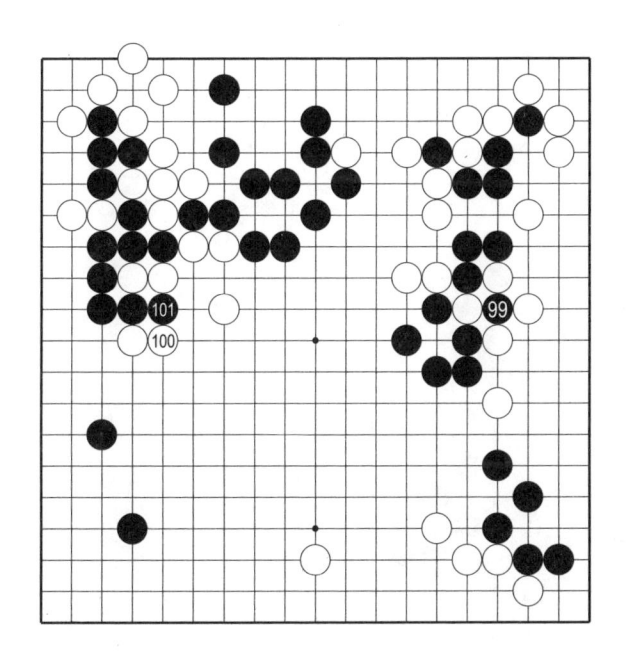

黑 101 继续应劫不好，胜率下降 11 个点。

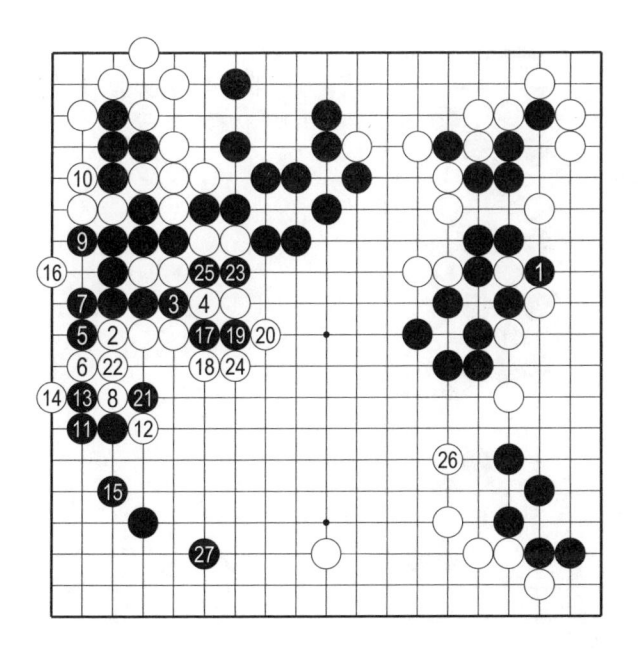

黑 1 正是消劫的时机。

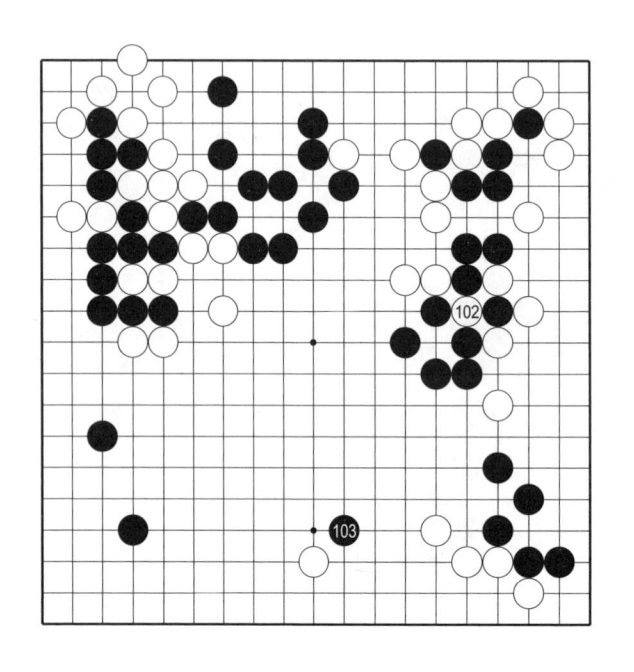

黑103是个瞎劫，胜率下降18个点。

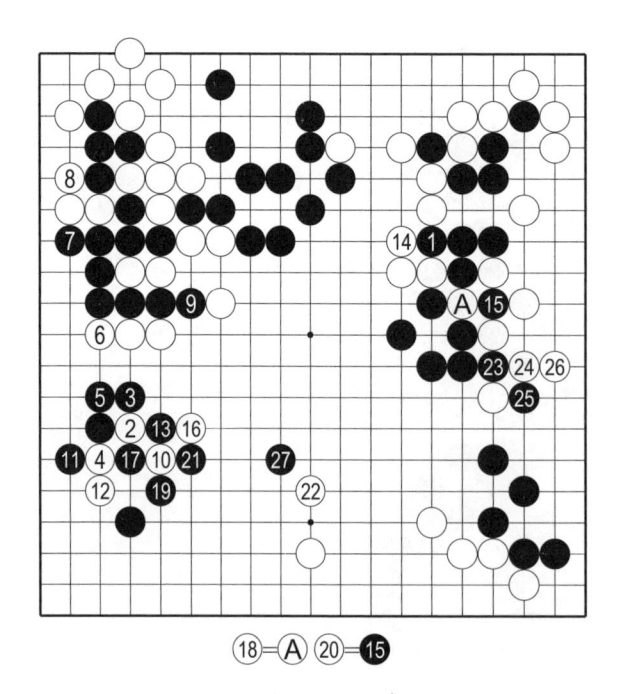

此时黑应于1位冲找本身劫。

⑱=Ⓐ ⑳=❶⑮

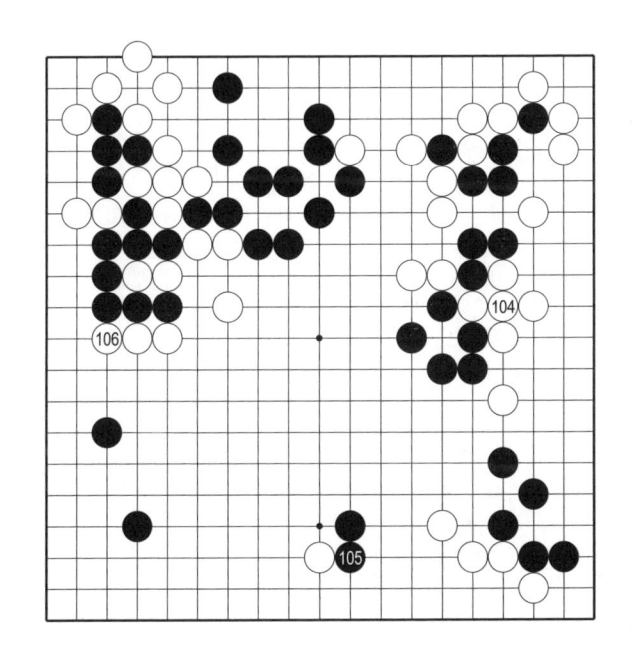

白 106 出动，意图发挥残子的作用。

围棋 AI 不看好这个行动，胜率下降 7 个点。

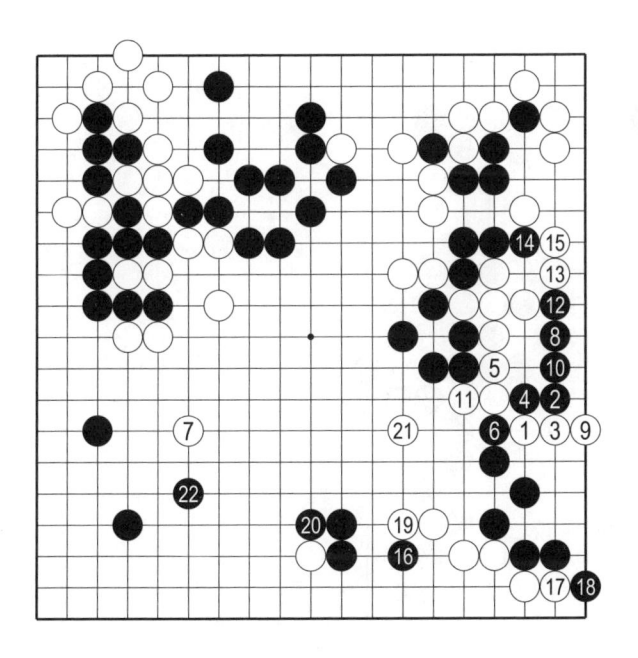

此时白 1 补右边是好点，对右下白棋也是一种声援。

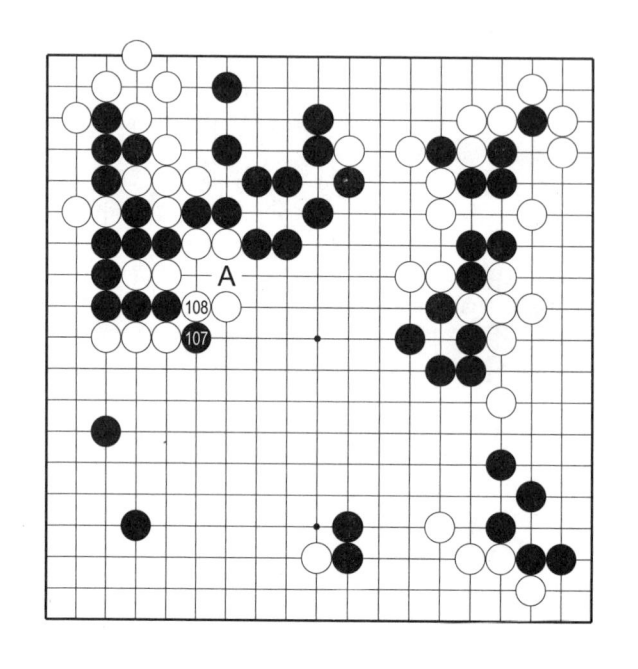

黑 107 扳出反击强硬，若在 A 位吃则对白方压力不足。

白 108 切断是想尽量利用黑气紧的弱点。胜率下降 10 个点。

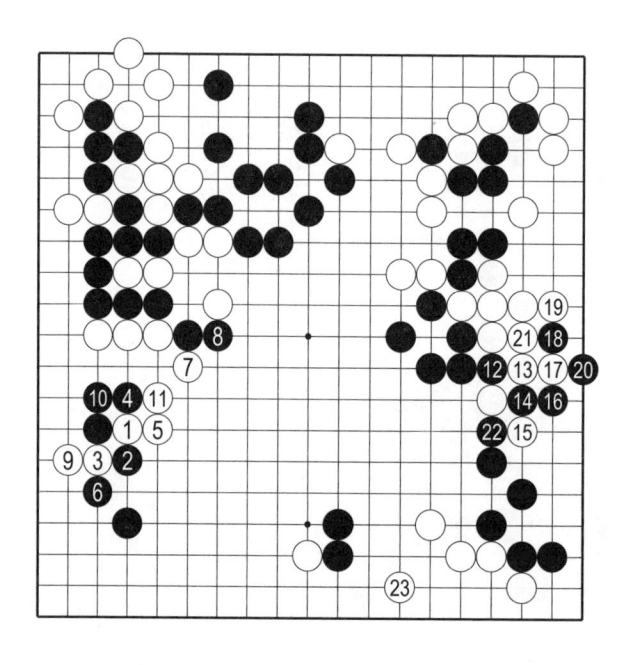

此时白 1 碰正是腾挪的时机。

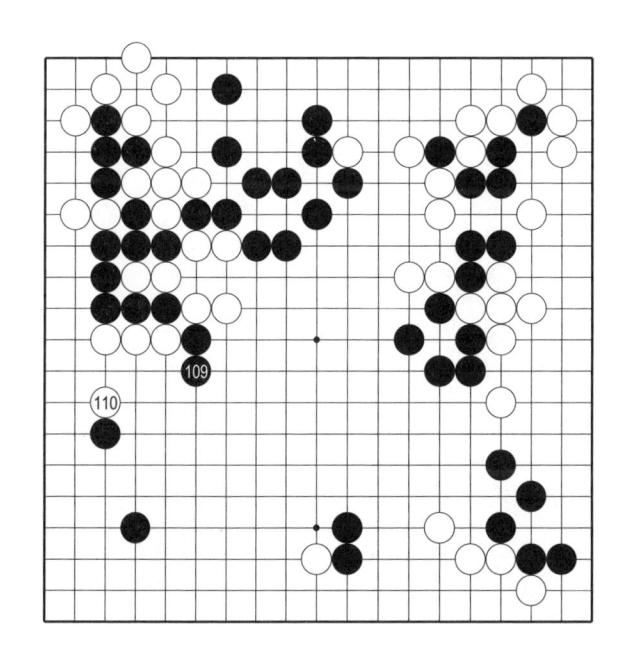

黑109挺出后，白方再想腾挪就困难多了。

白110碰在三线，出路狭窄，胜率下降9个点。

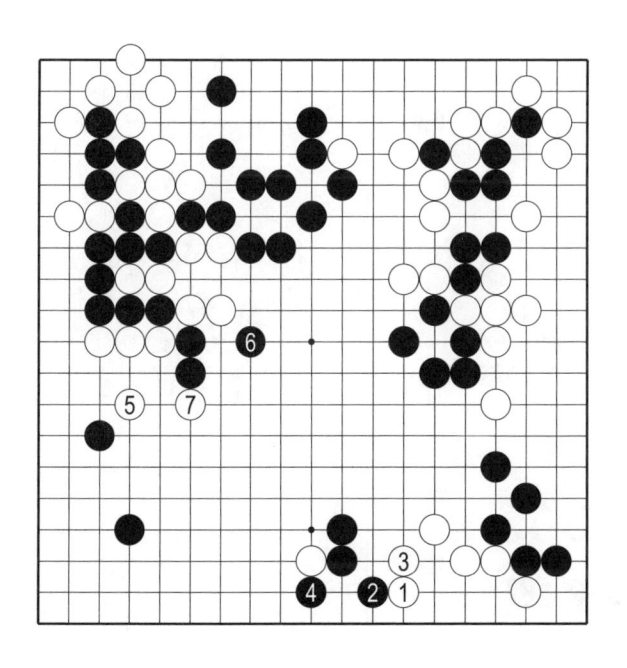

围棋AI推荐白1、3先处理好右下角，再回头白5、7治孤。

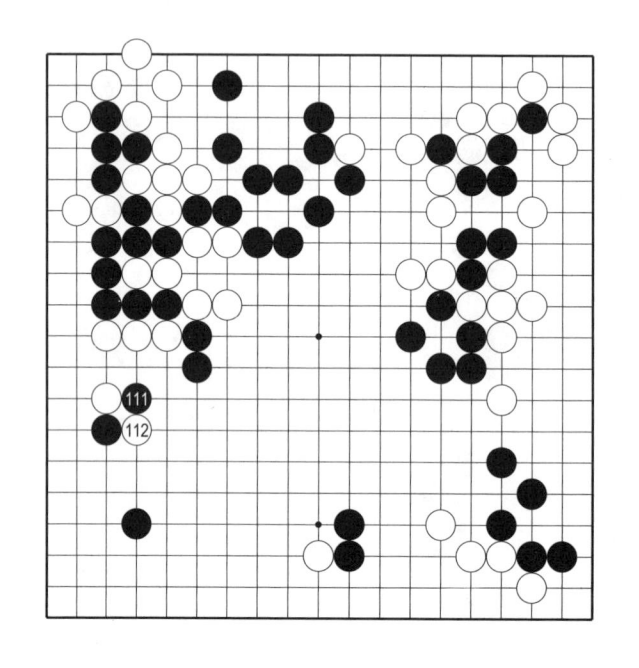

白 112 扭断的治孤手法似是而非，胜率下降 13 个点。

黑方此时有扩大优势的机会，见后面黑 113 的参考图。

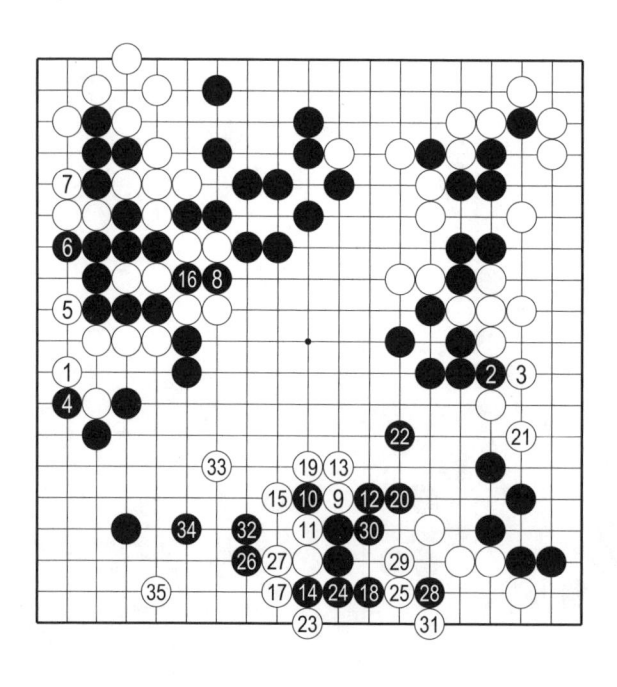

围棋 AI 提供的参考图可谓用意深远：

白 1 倒虎迫使黑 4 打吃，白 5 求渡，黑 8 征子有利，若改在 16 位提子则对杀不利。

白 9 已可渡过，但如图引征收获更大。

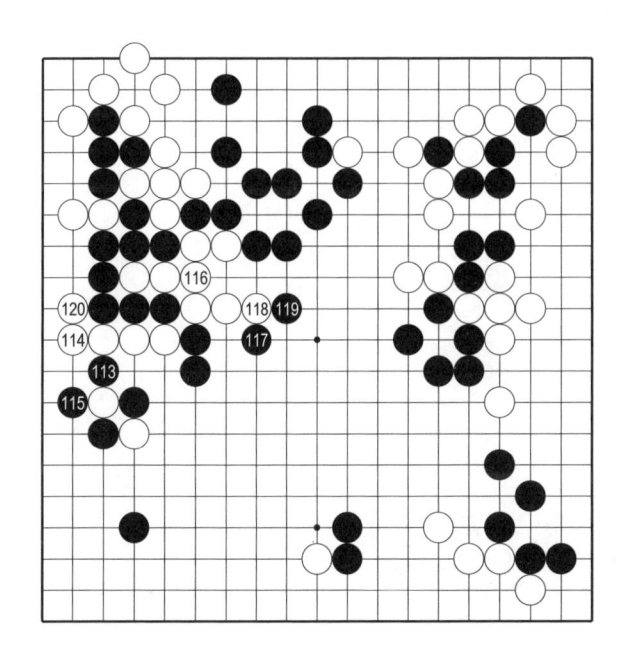

黑113重大失误，打吃方向不对，使白114下立成为先手，进一步导致上边的对杀失败。

胜率下降19个点。

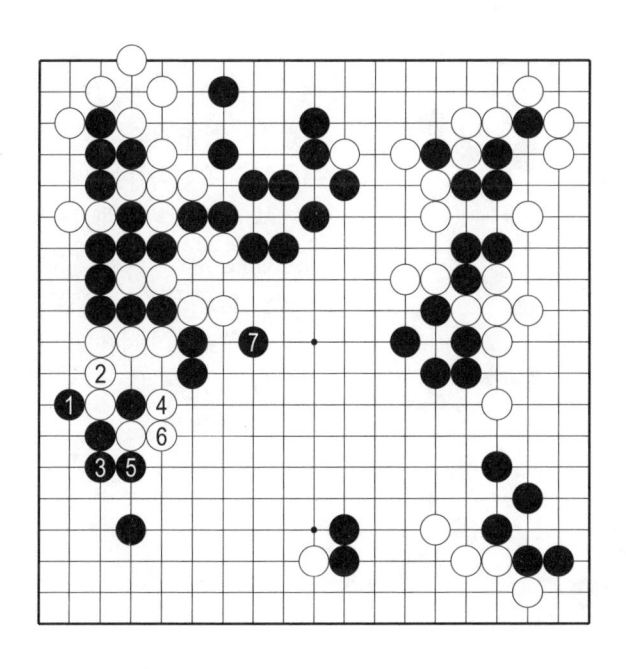

黑1在二路打吃正确，加固角部并且不影响上边的黑棋——上边的对杀白不行。

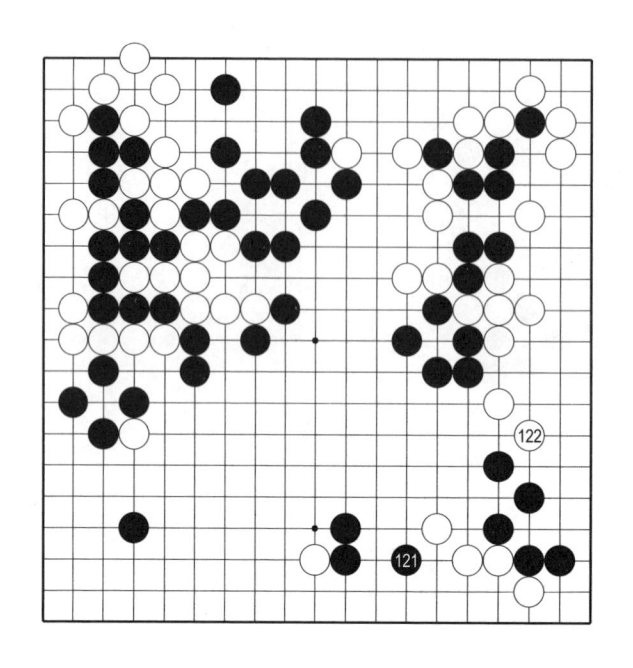

黑 121 虽然是攻击的要点，但这样吃子的效率不够高，胜率下降 18 个点。

白 122 补强是好点，同时削弱了黑角。

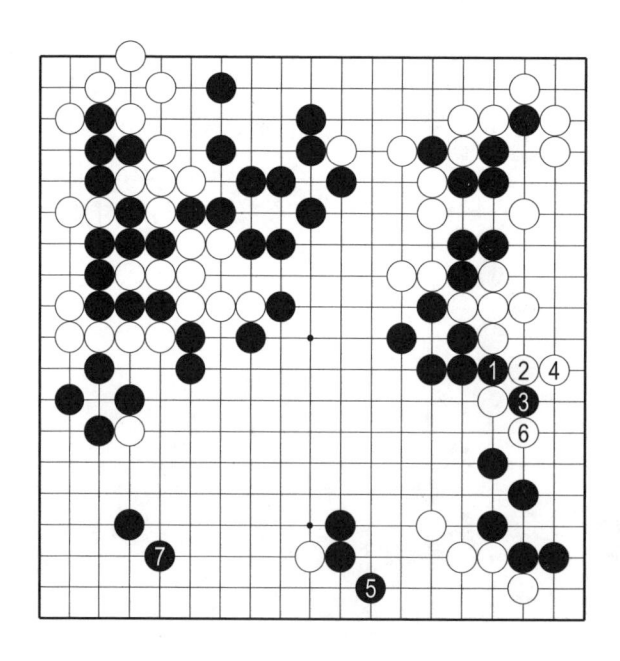

围棋 AI 的方案是黑 1、3 先在右边先手便宜，这两手增加了白从此处往中腹出头的难度。

然后黑 5 尖在二路杀角，同时对左边还有一定影响力，比实战的效率高。

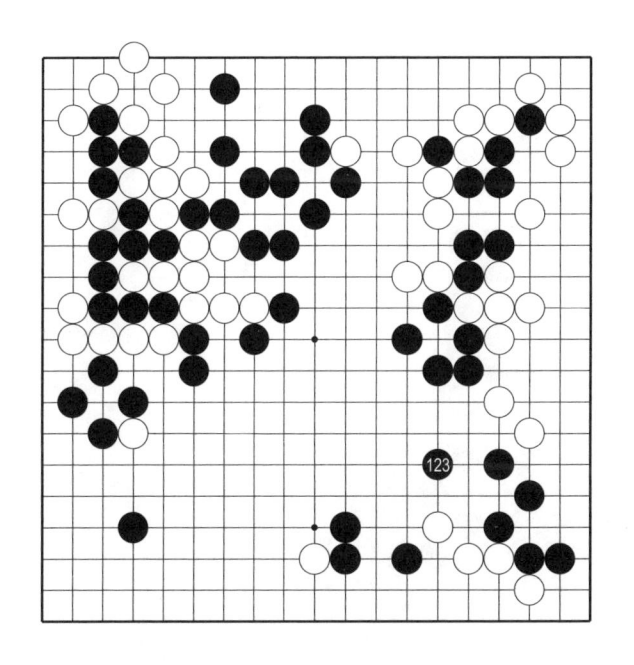

黑 123 再补略嫌重复，吃角的投入过大，胜率下降 11 个点。

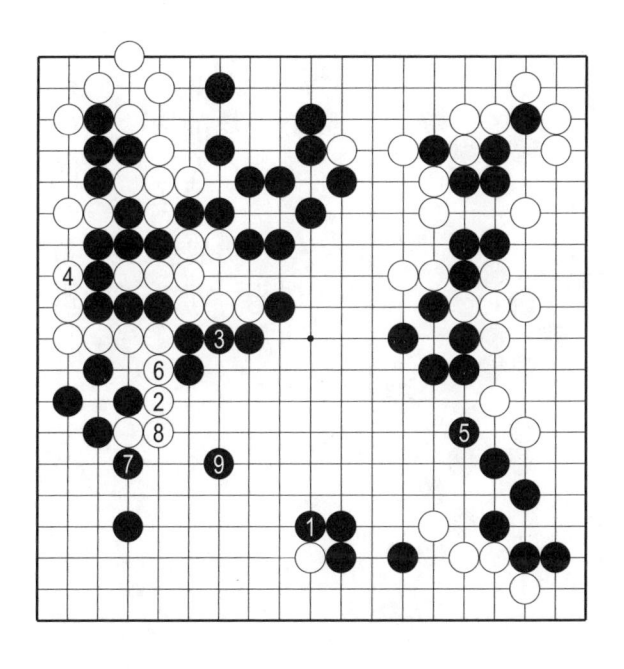

应改下黑 1 坚实地拐头控制住下边的白子，为左下围空创造条件。

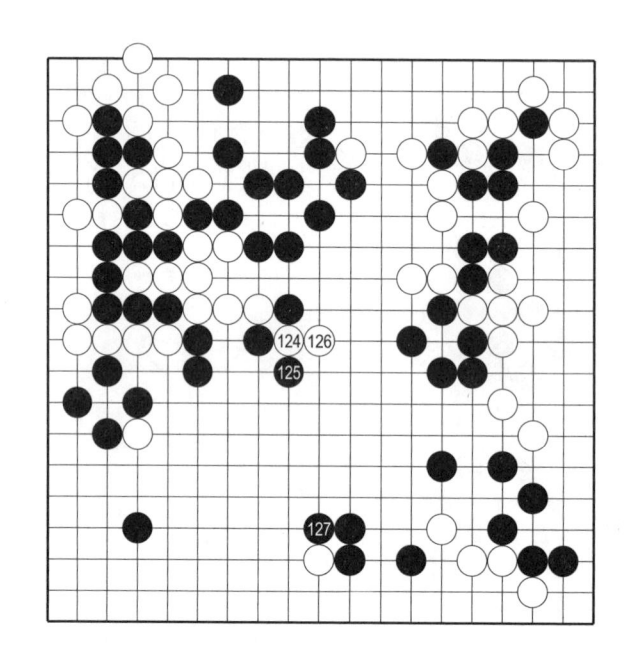

白 124 在中腹寻找头绪，行棋方向欠佳，胜率下降 5 个点。

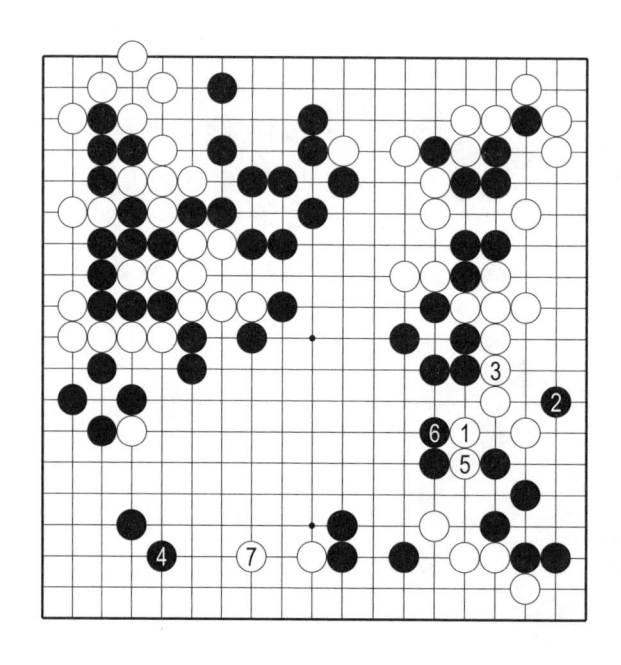

白棋应于 1 位追究黑棋的薄味，借机寻找在左下破空的头绪。

实战黑 127 抢到拐头，左下得到极大的强化。

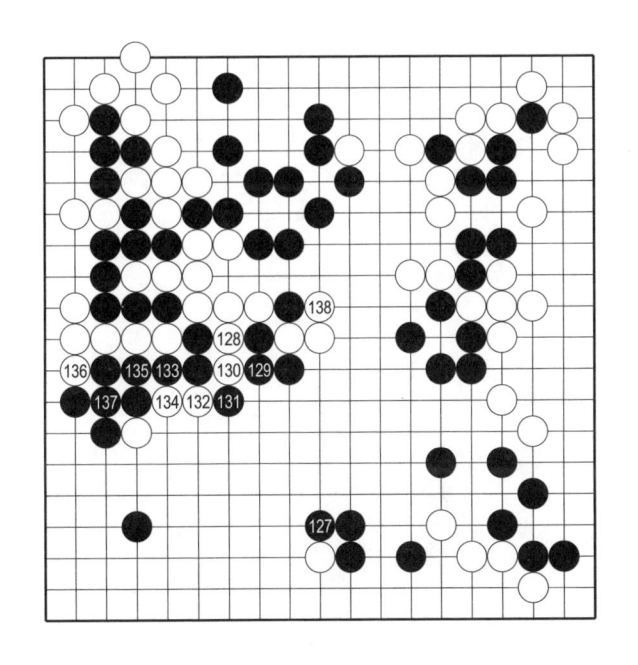

白 128 打吃失着，一通冲撞反而帮黑棋下厚了外围，胜率下降 17 个点。

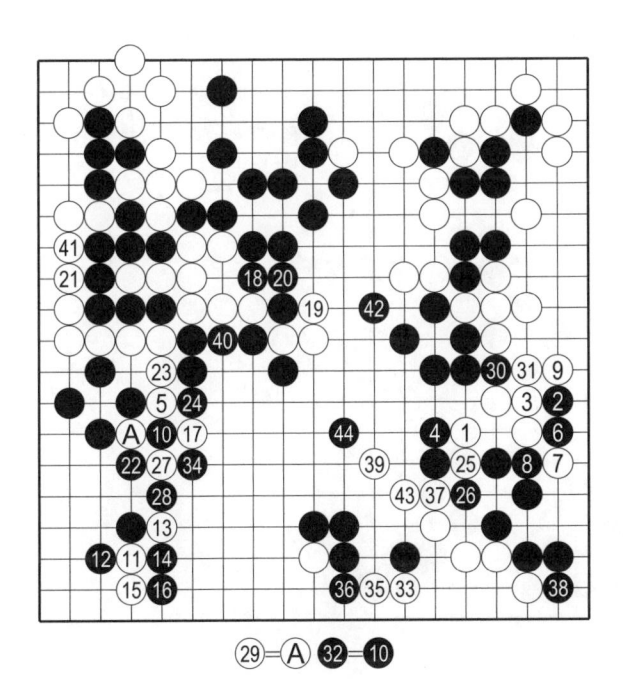

白棋此时还是应于 1 位先追究黑棋的薄味，在右边留下一些味道后白 5 扳是好点，黑棋断点太多并不敢强行切断。

㉙=Ⓐ ㉜=❿

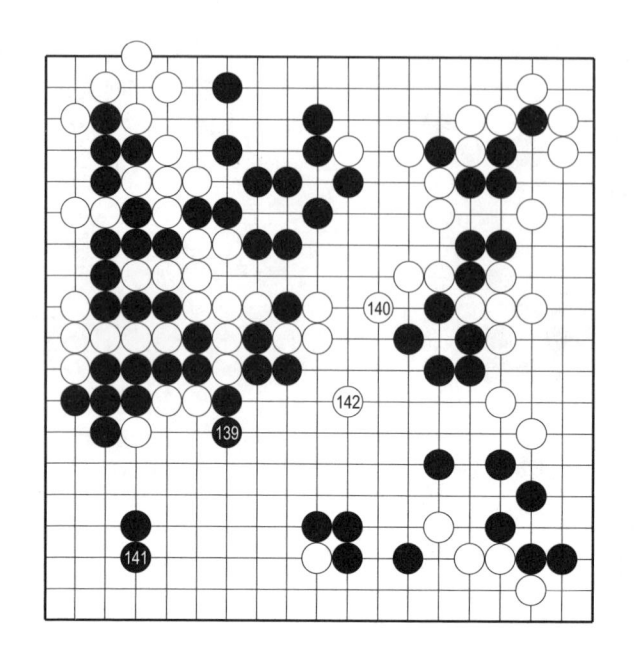

白 140 大缓手，给了黑 141 从容补强下边大空的机会，胜率降 17 个点。

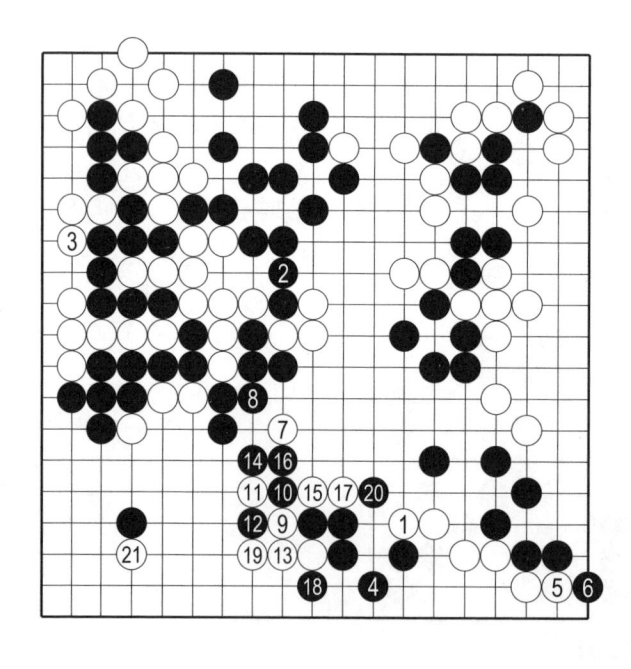

围棋 AI 推荐的方案是设法利用残子在黑大空中出棋。

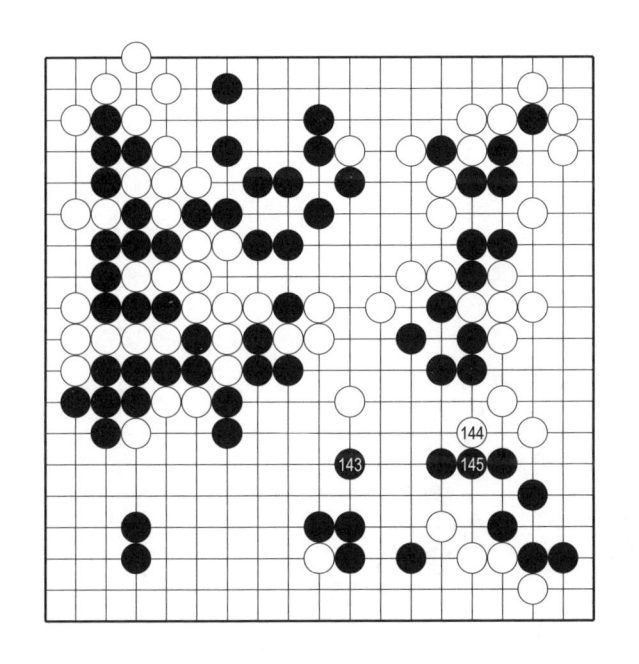

黑 143 防守位置欠佳，对中腹黑五子的照应作用不大，胜率下降 18 个点。

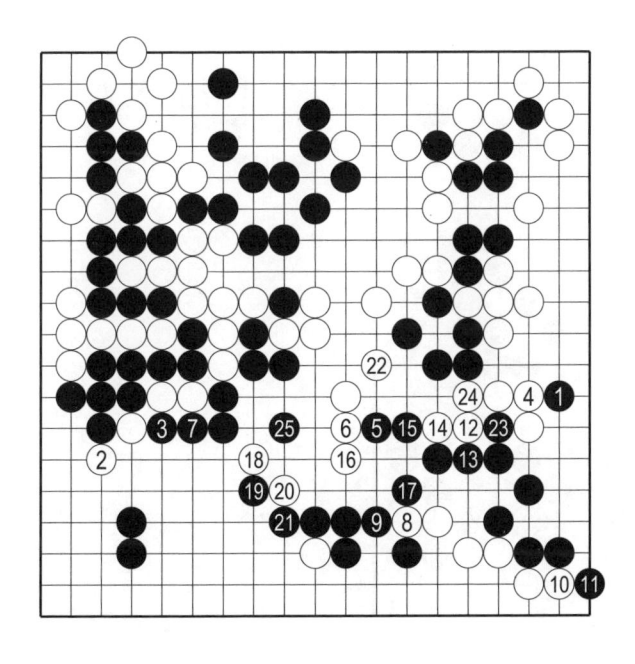

围棋 AI 推荐的防守点是黑 5 肩冲。

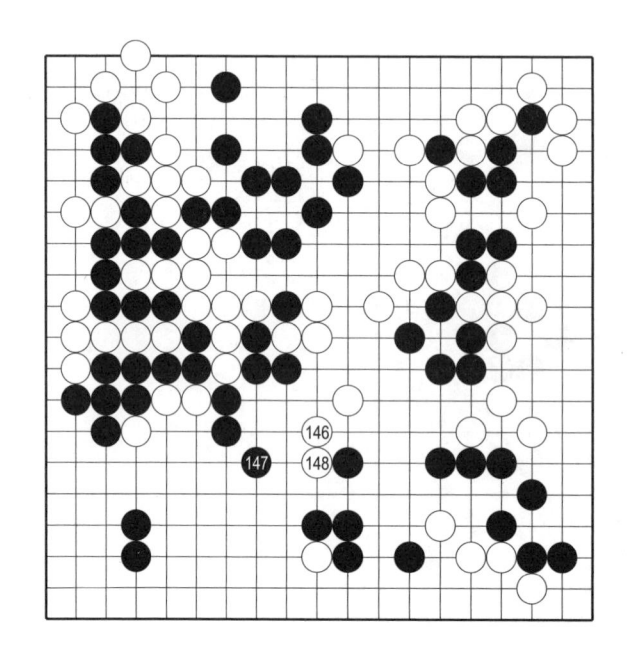

白146次序欠佳，对左边残子的余味利用不足，胜率下降16个点。

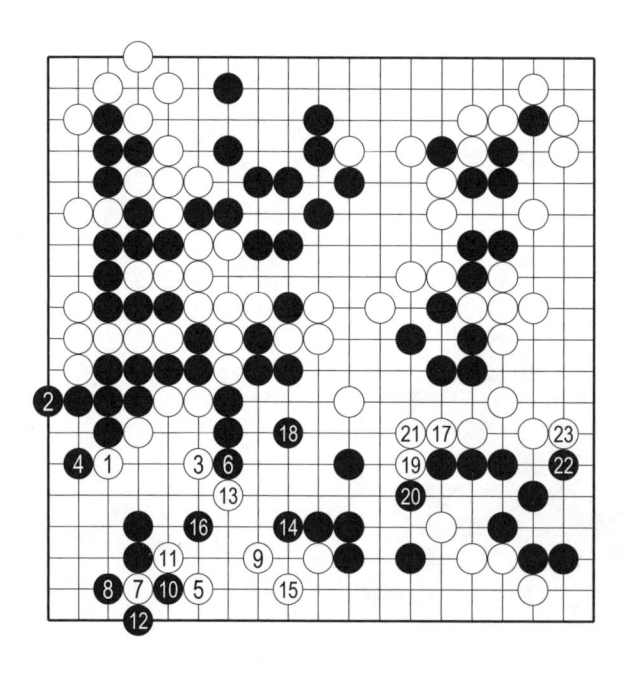

白棋应于1位先扳试黑应手，黑2大致阻渡。

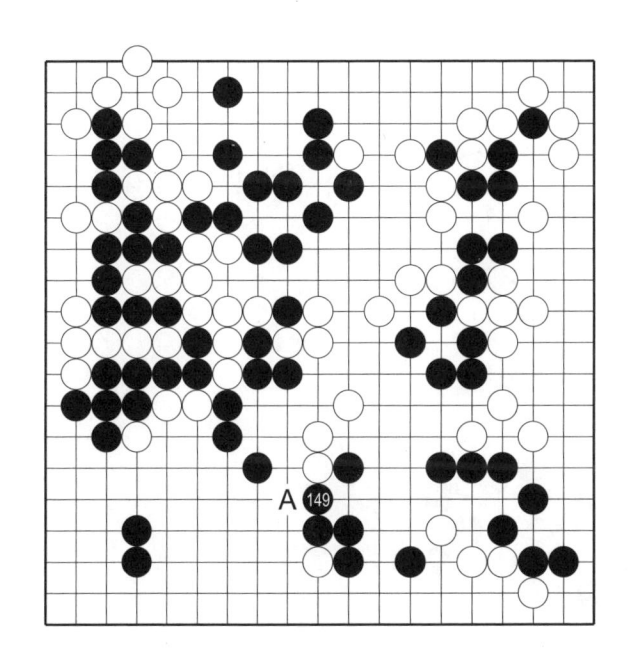

黑 149 补棋没补到点上，白在 A 位附近的先手余味是个隐患。

胜率下降 16 个点。

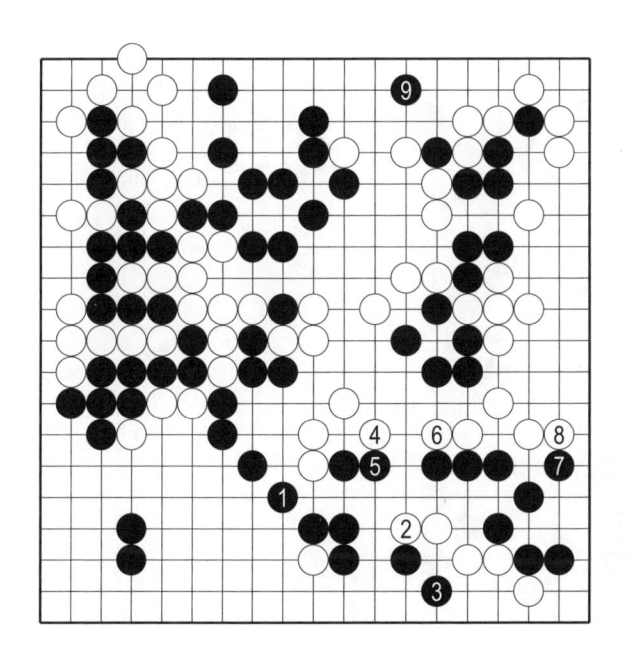

黑 1 小尖补棋更好。

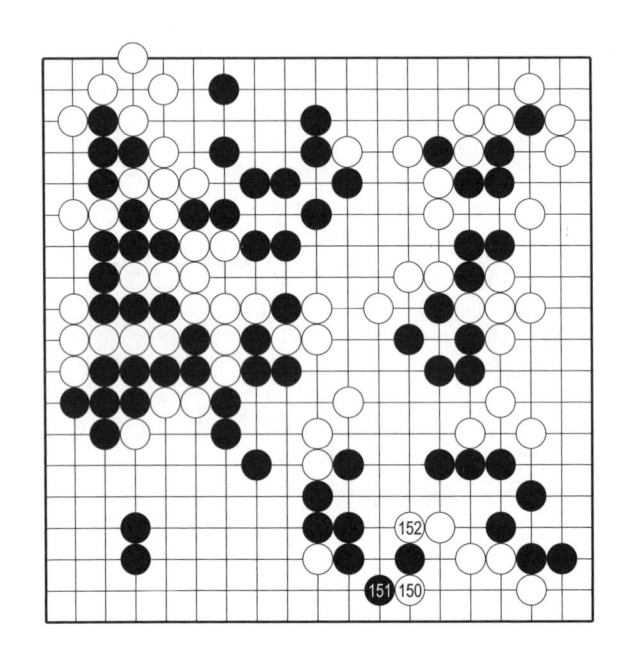

白 150 没有抓住黑 149 的缺陷，胜率下降 13 个点。

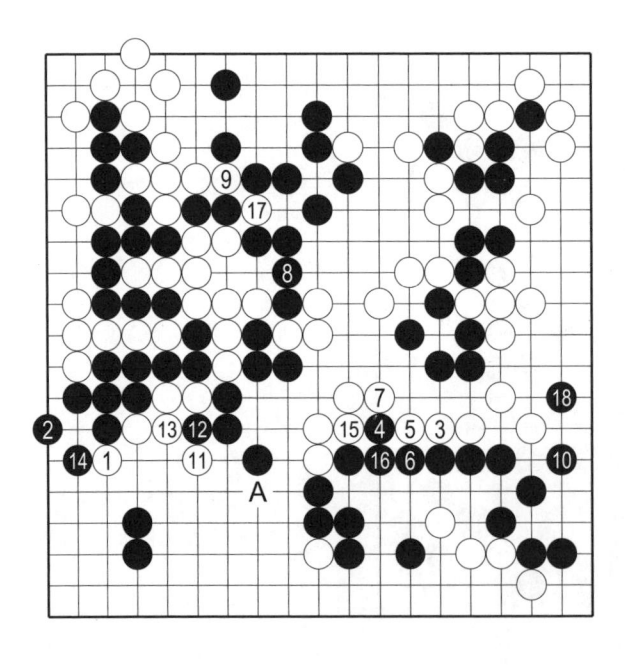

白 1 先手利。这个局部在黑 14 补棋后，仍有白 A 托的余味。

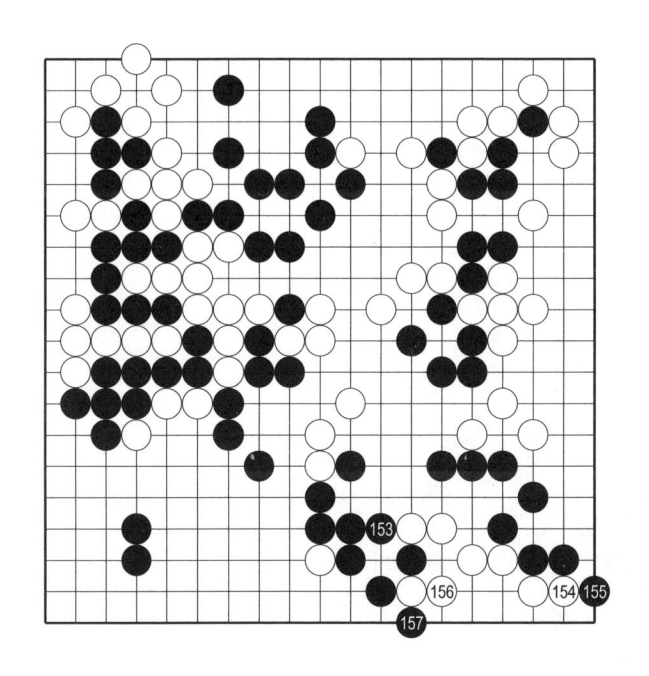

黑153也没补到点上，白在角上先手延气后多了很多余味，胜率下降13个点。

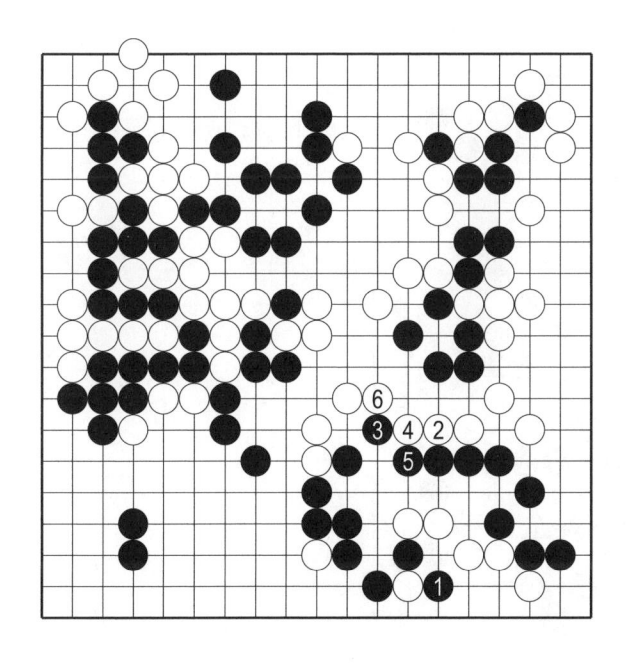

黑棋应于1位抱吃补棋，厚实。

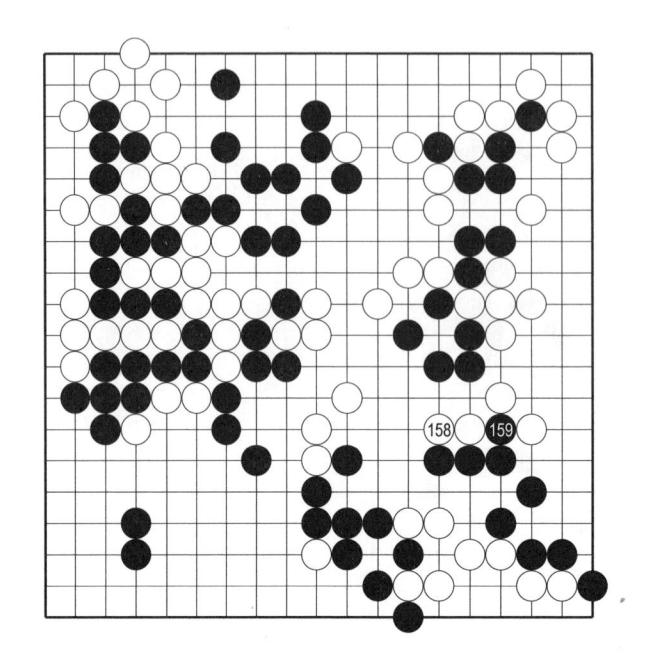

黑159挤入过分，胜率下降23个点。

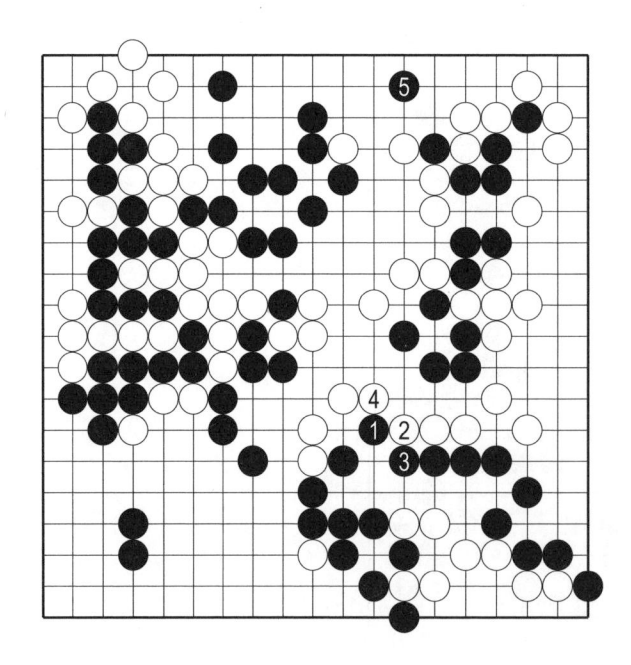

不如黑1、3先手下厚，之后黑5溜边实惠。

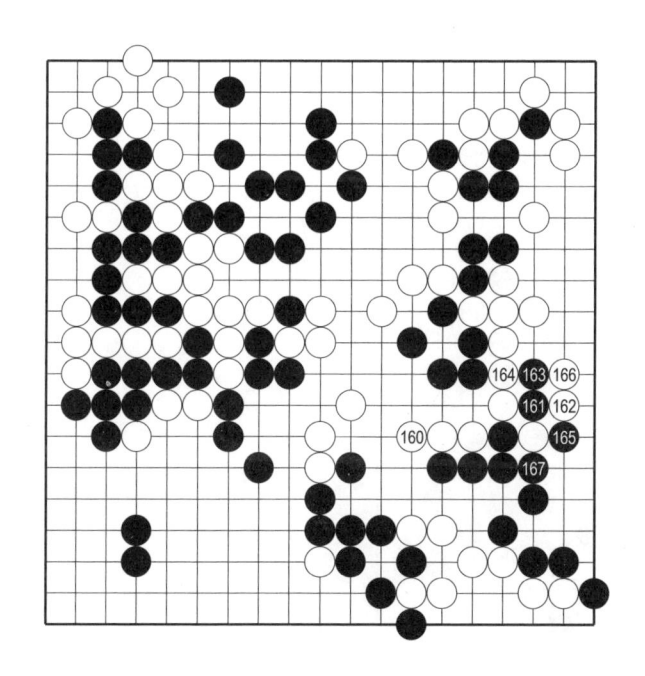

白 160 没补到点上,胜率下降17个点。

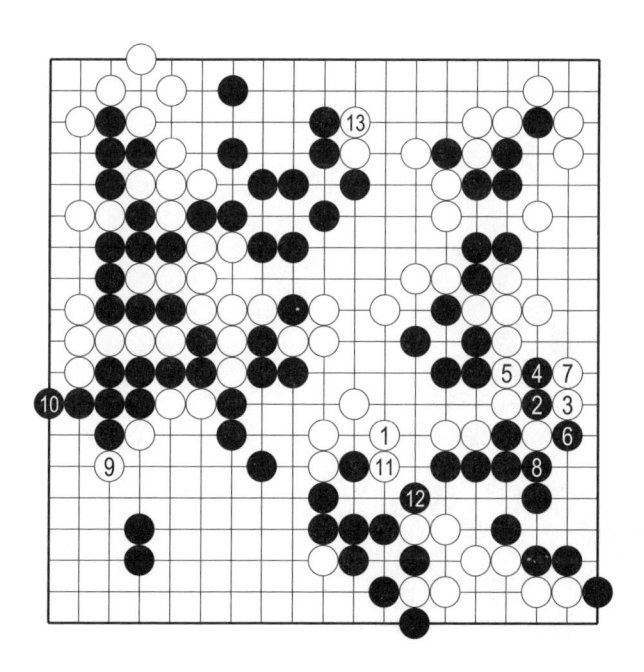

白 1 小尖下在正确的位置。

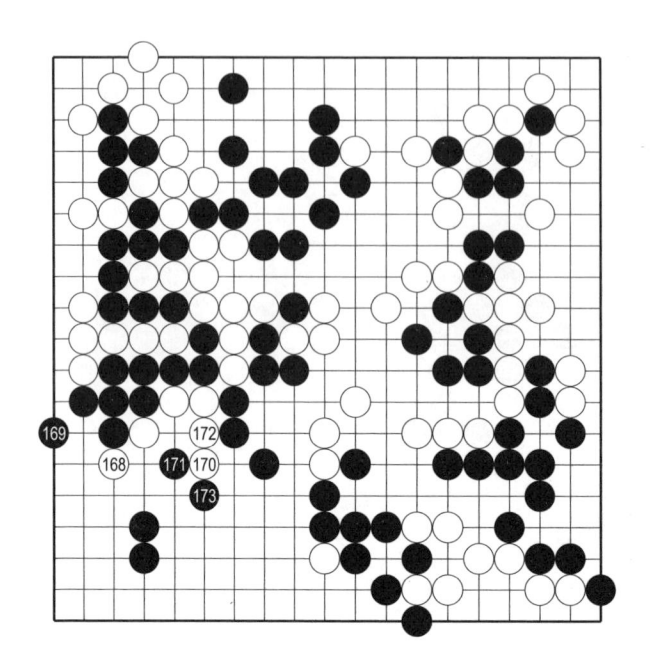

黑 169 小尖补棋损官子，胜率下降 12 个点。

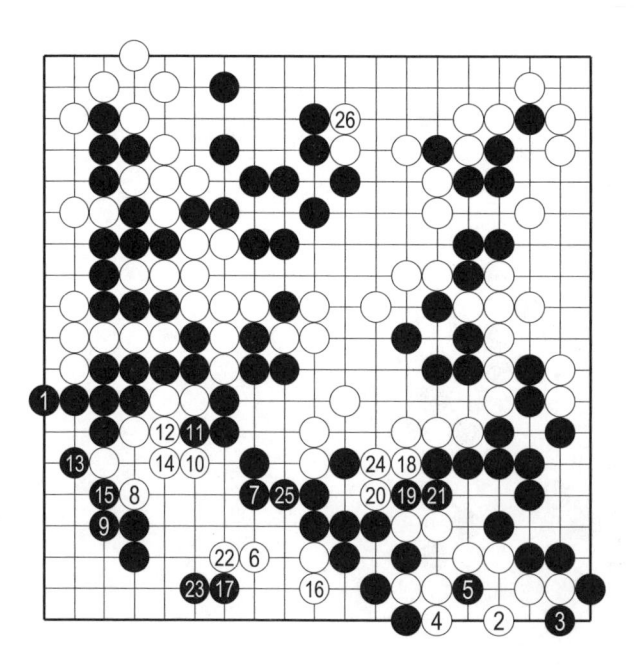

应该黑 1 硬腿补棋。

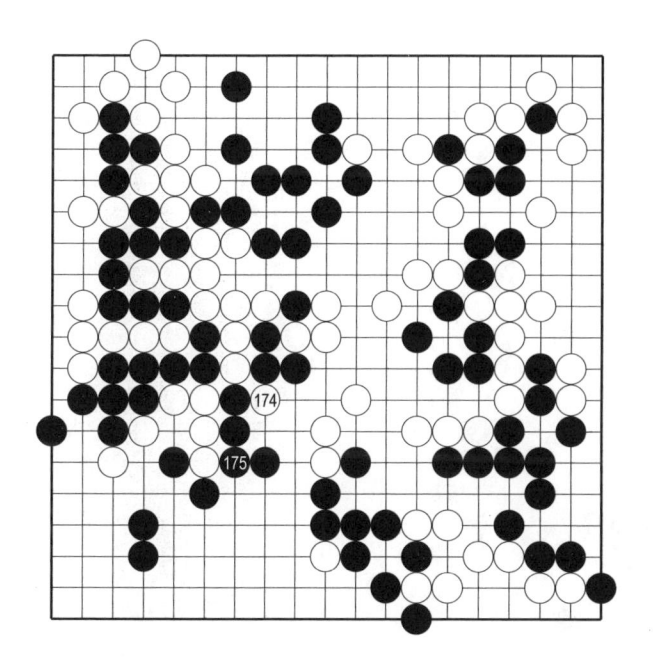

黑 175 没有抓住反击机会，胜率下降 24 个点。

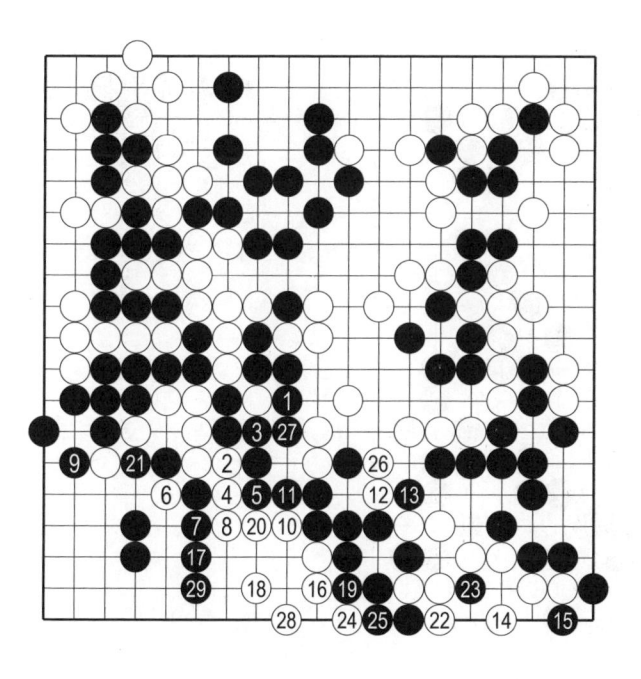

围棋 AI 认为应下黑 1 吃住白 1 子。

不过这样把白 2 放出来形成对杀，下面的应对容不得黑方有半点闪失，对人类棋手来说确实风险非常大。

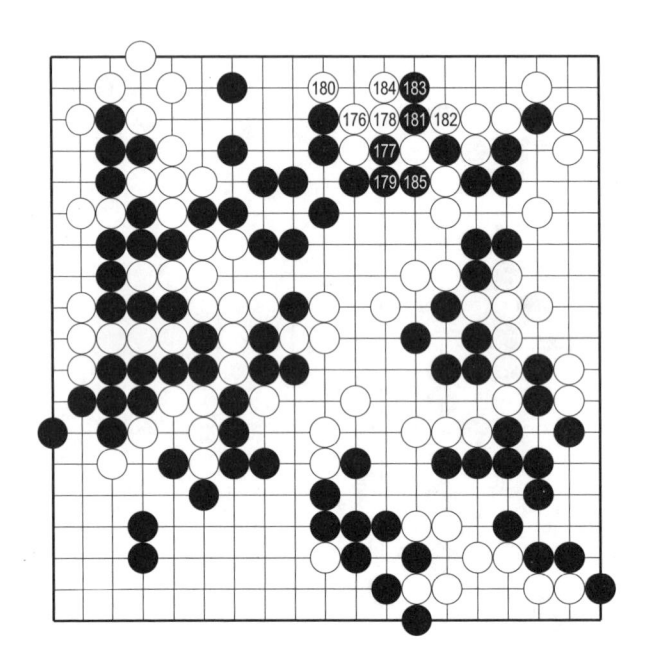

白 176 见小，胜率下降 25 个点。

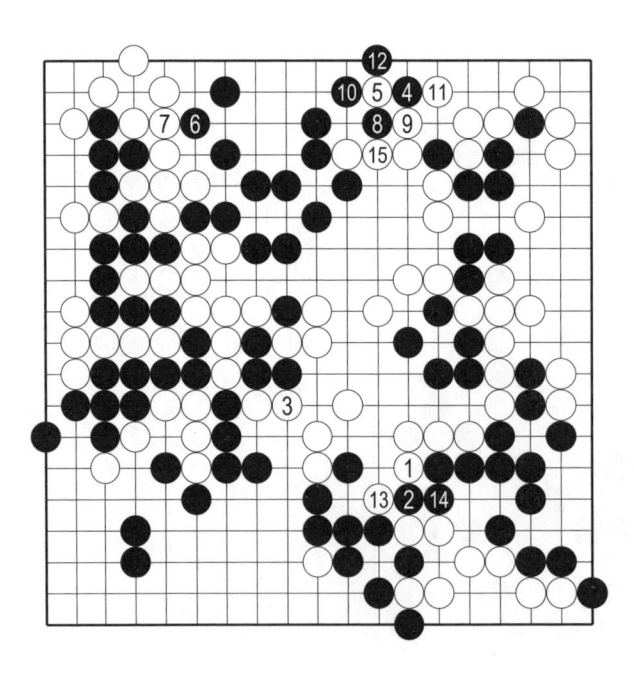

白 1 先手拐，然后白 3 吃掉黑中央三子，如此是简明胜势。

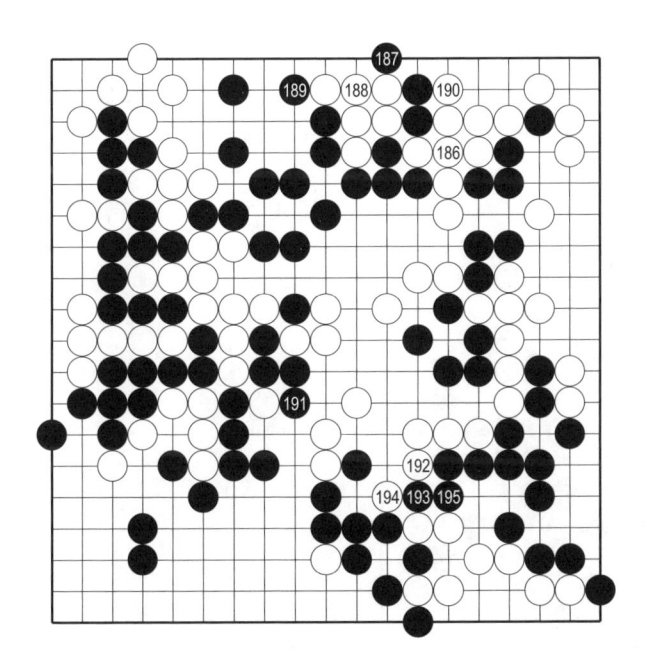

白 190 失机，胜率下降 13 个点。

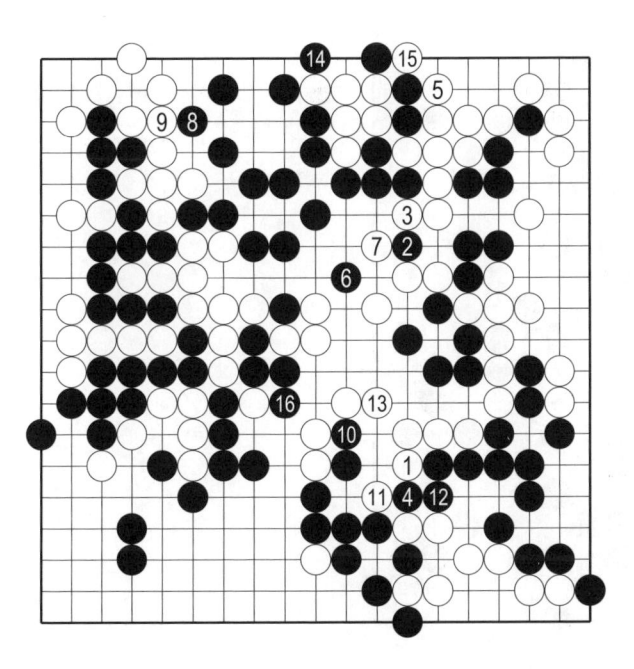

这是围棋 AI 优化后的收官次序。

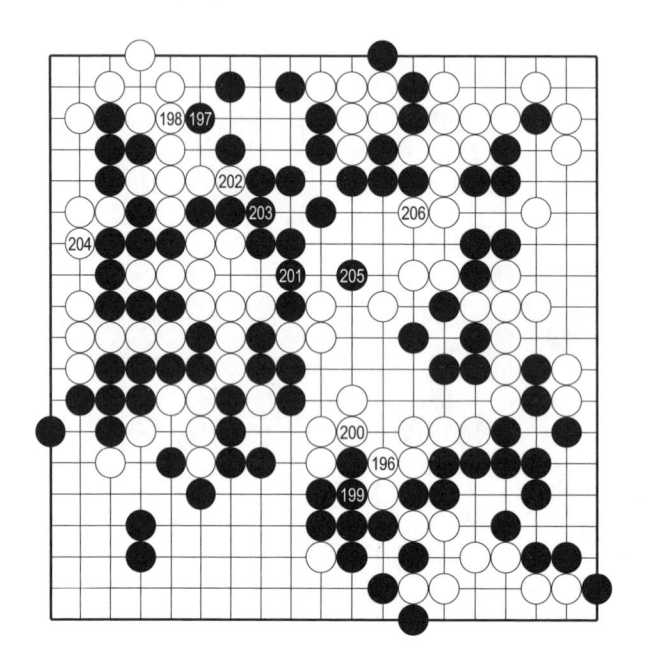

白 196 失着，胜率下降 35 个点。

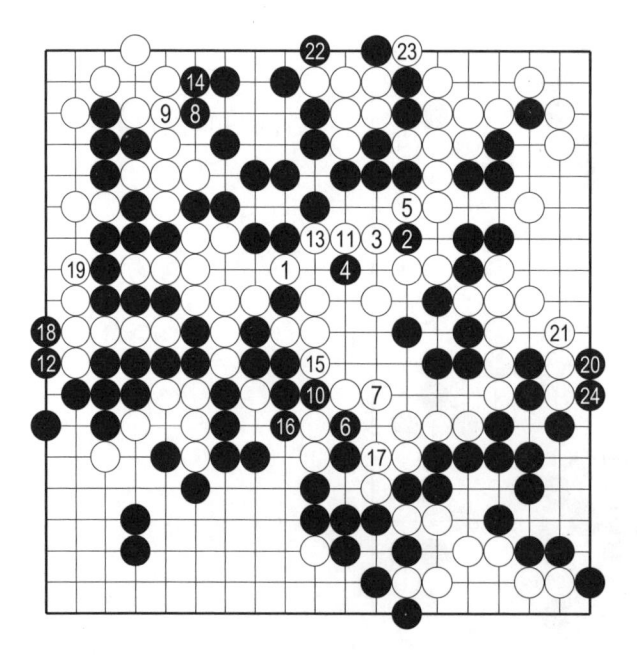

此时中腹白 1 提掉黑一子最大。

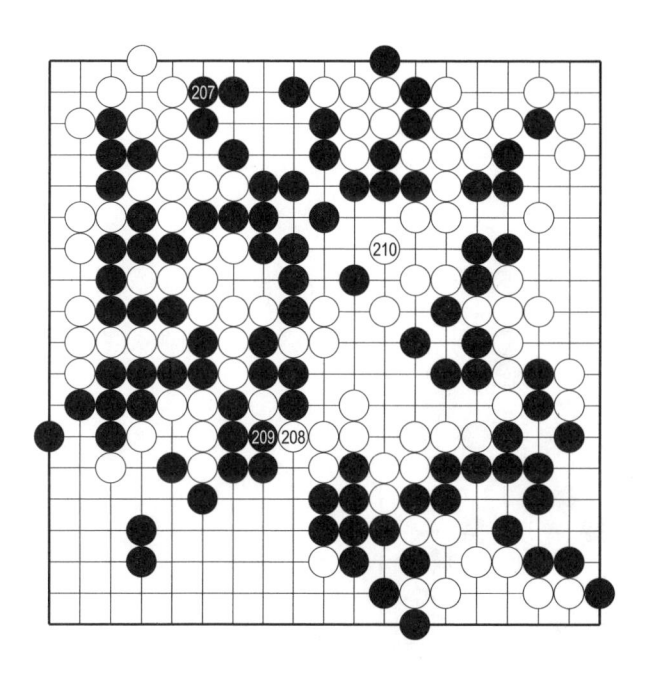

黑 207 后手团见小,胜率下降 5 个点。

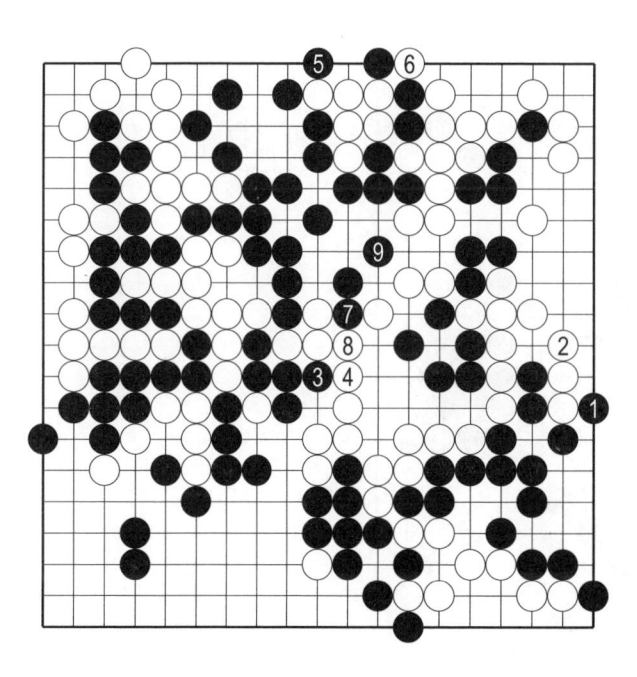

黑 1、3、5、7 都是先手,之后黑 9 护住中间最大。

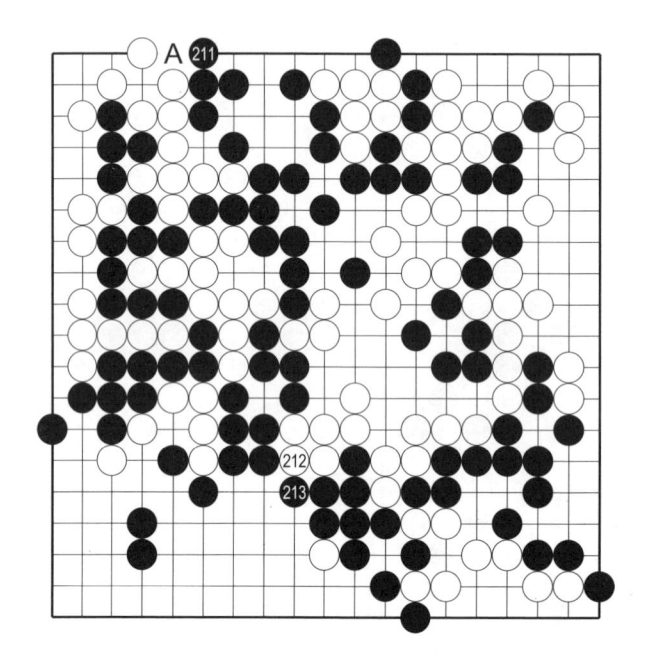

黑 211 失误，今后 A 位只是单官。胜率下降 54 个点。

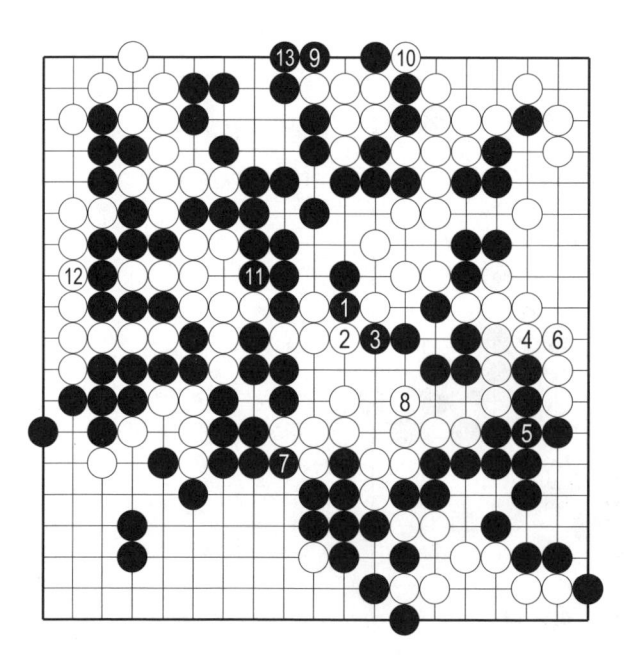

黑 1、3 冲断好手，利用白中腹的恶味搜刮白棋。

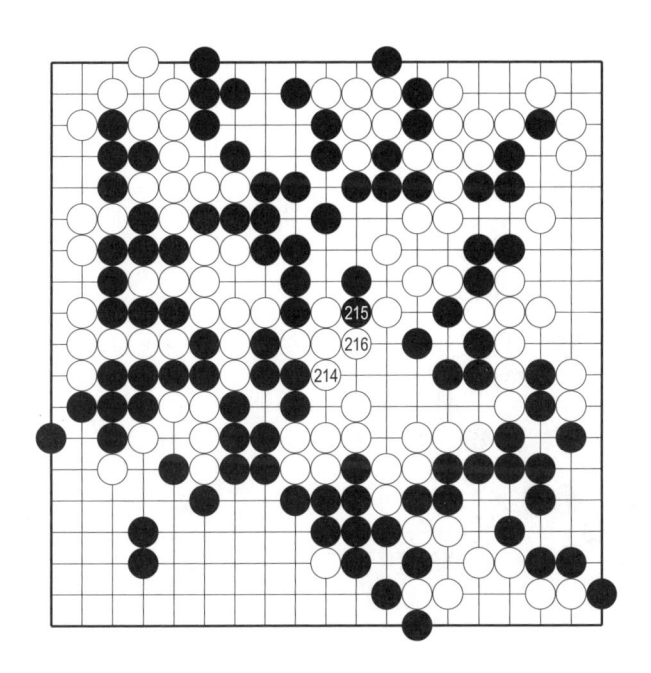

白214严重失误，黑215冲非常严厉，白味道很恶。胜率下降62个点。

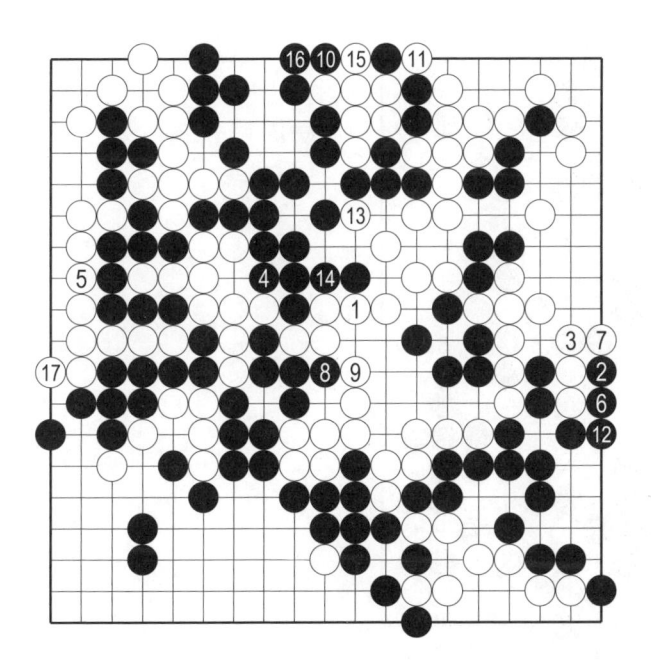

白1补断才是本手。

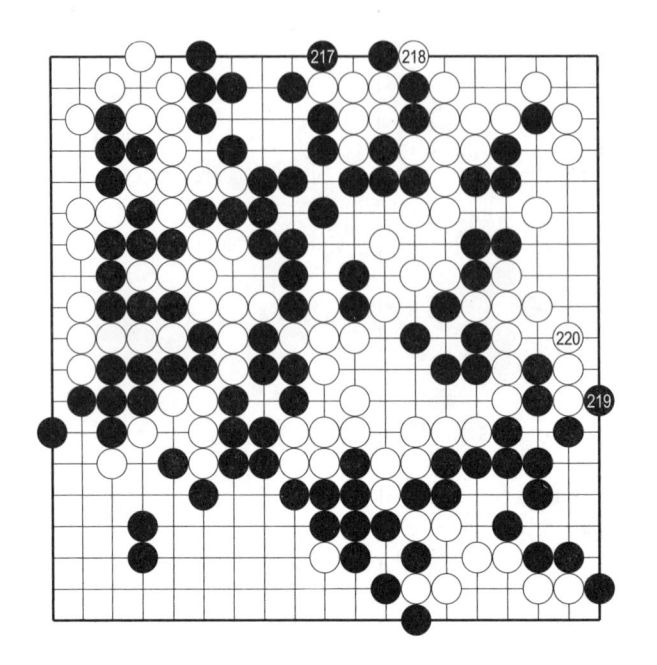

黑 217 失机，胜率下降 15 个点。

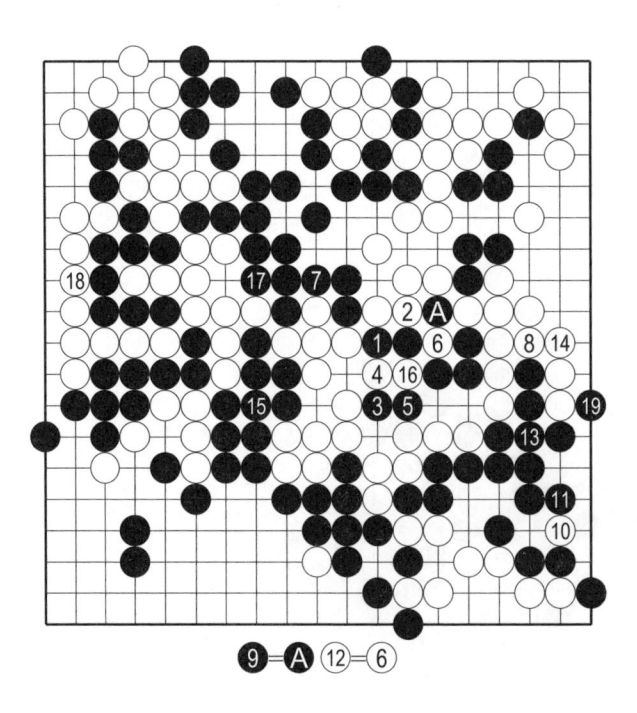

应改下黑 1 切断，发挥残子的余热，搜刮白棋。

9=Ⓐ ⑫=⑥

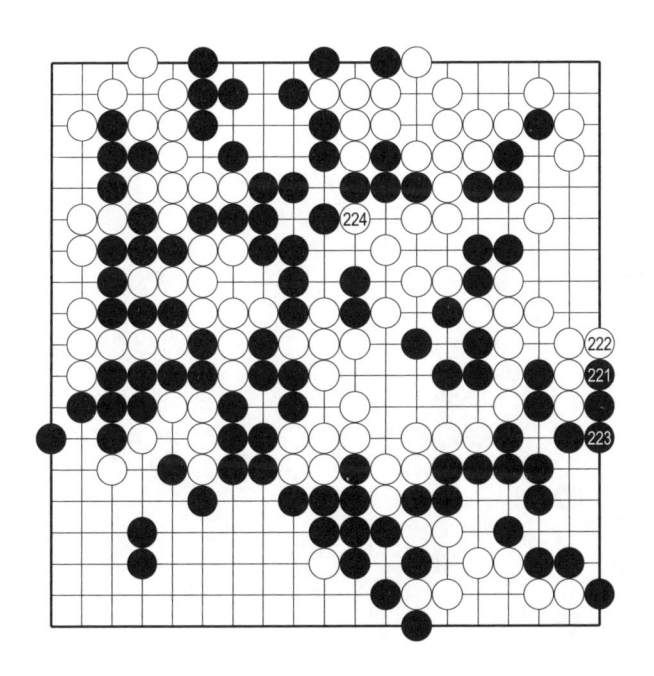

黑 221 大失着，胜率下降 24 个点。黑棋始终未发现下图的手段，非常可惜。

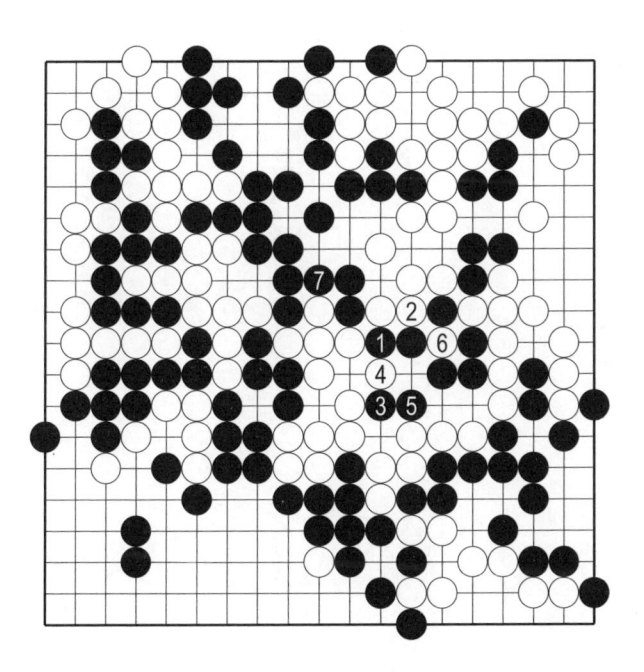

此时黑 1 切断的手段依然成立。

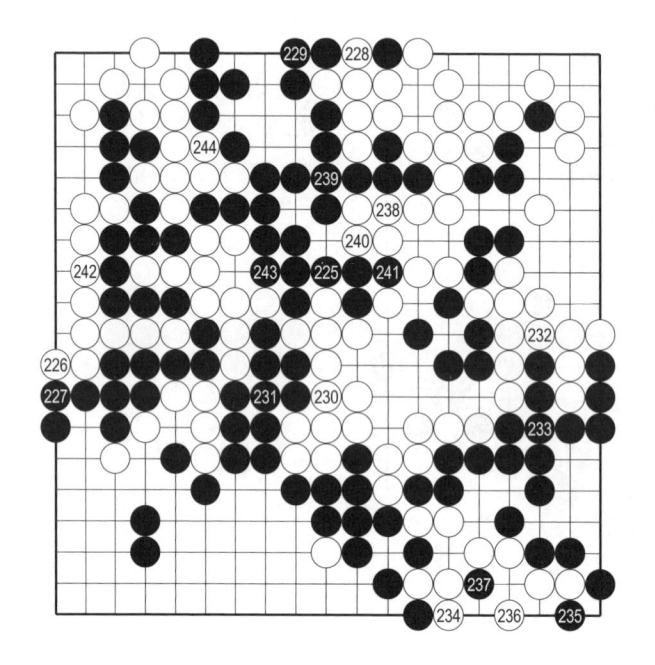

共244手
黑胜0.5目

本局胜率走势及 AI 吻合度

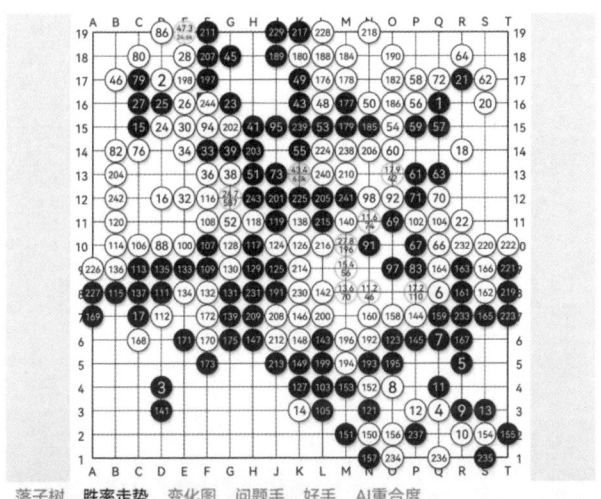

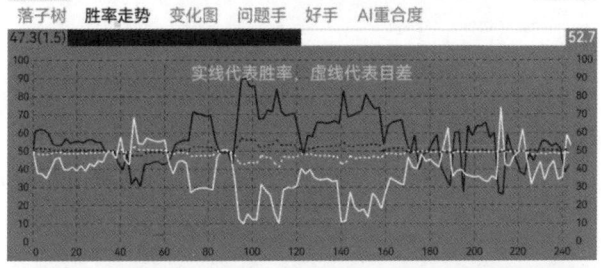

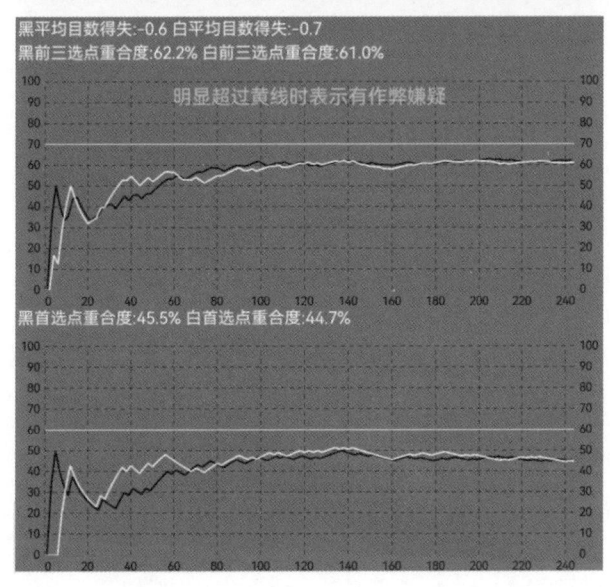

黑平均目数得失:-0.6 白平均目数得失:-0.7
黑前三选点重合度:62.2% 白前三选点重合度:61.0%

黑首选点重合度:45.5% 白首选点重合度:44.7%

吴清源 VS 桥本宇太郎

总谱

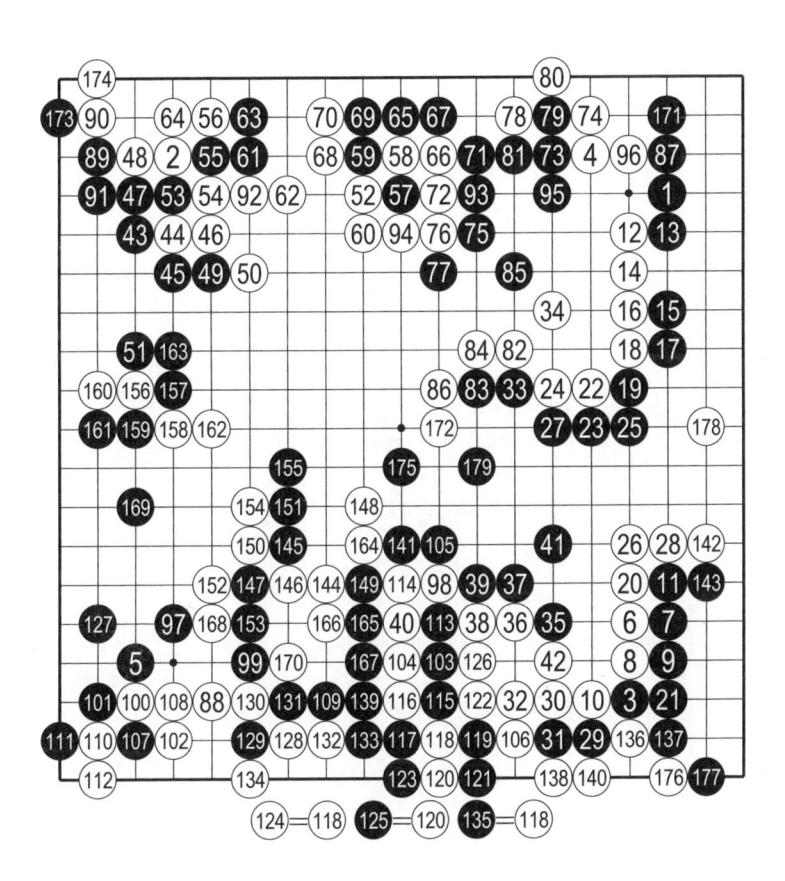

● 吴清源 VS ○ 桥本宇太郎

第二届日本最强决定战
1958年6月25日、26日
黑不贴目
共179手，黑中盘胜

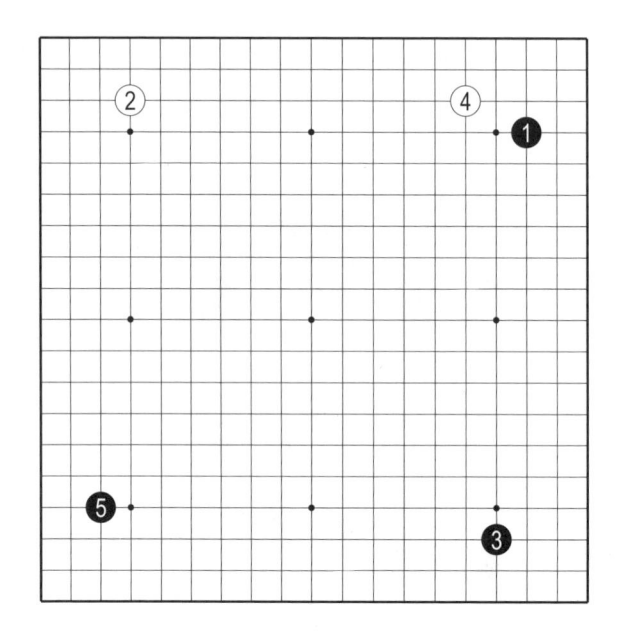

黑 1、3、5 秀策流是一个"长寿"的经典布局。

日本围棋传统上是两手占角，小目加目外或高目，这三个点都被认为是好点，这是白 4 留着空角不占而挂角的原因之一。

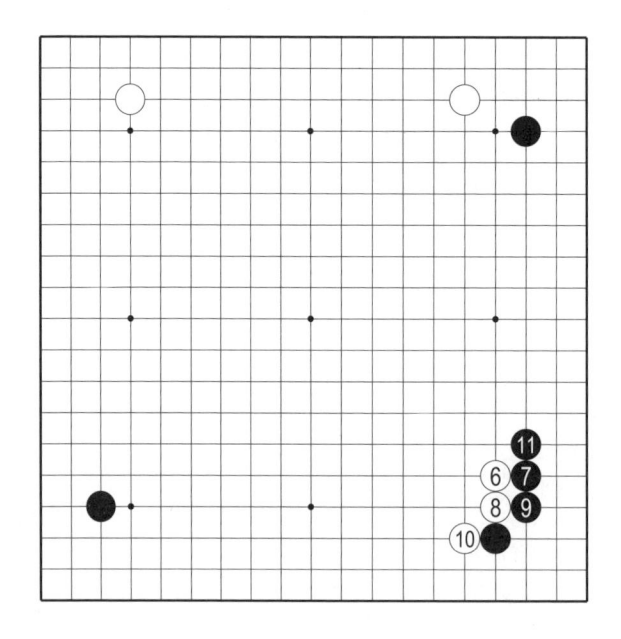

白 8 雪崩型曾流行多年，围棋 AI 出现后逐渐消失了，现在高挂小目一般会下成托退定式。

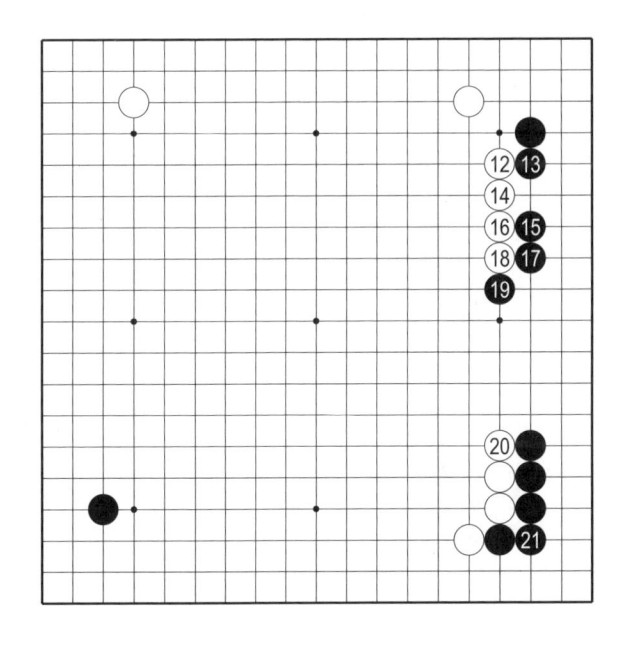

黑21硬粘保守，过于坚实，对对方的影响力不足。

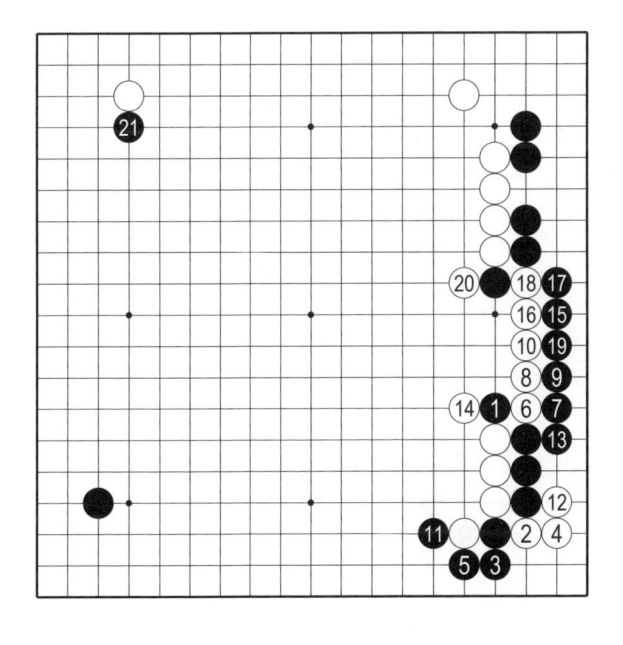

上边有黑棋接应，黑棋应于1位扳起作战。

白20之后虽然形成厚势，但下边黑11已经抬头，上边还是黑先动手，黑方好下毫无疑问。

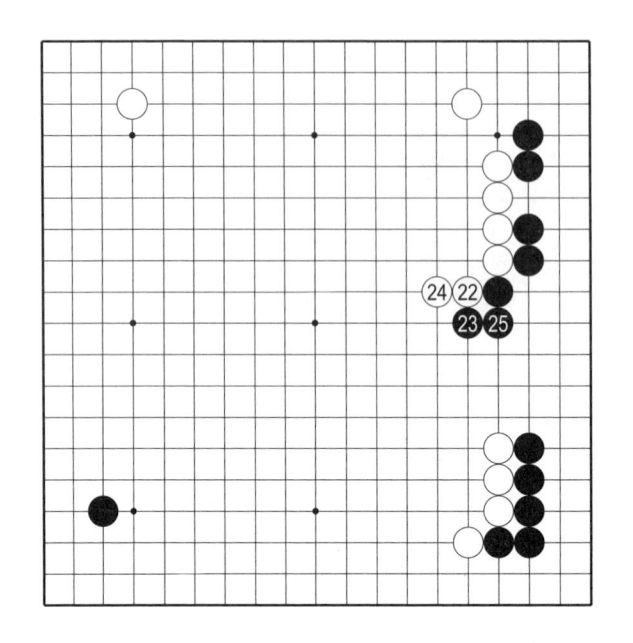

白 24 次序错误，黑 25 补掉断点后棋形坚实，再也找不到可加以利用的缺陷。

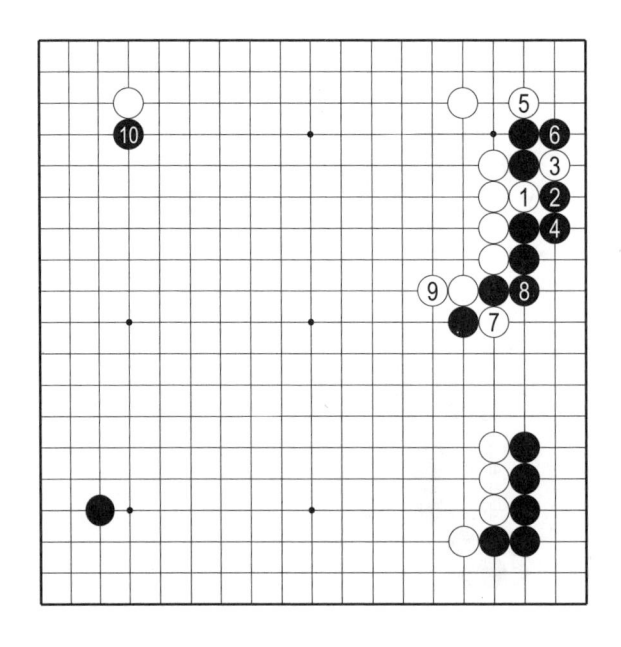

白 1 先冲，角上有白 5 的先手便宜，白 7、9 之后，黑在此处子力凝聚，已经无心再应，况且上边白阵太广阔了。

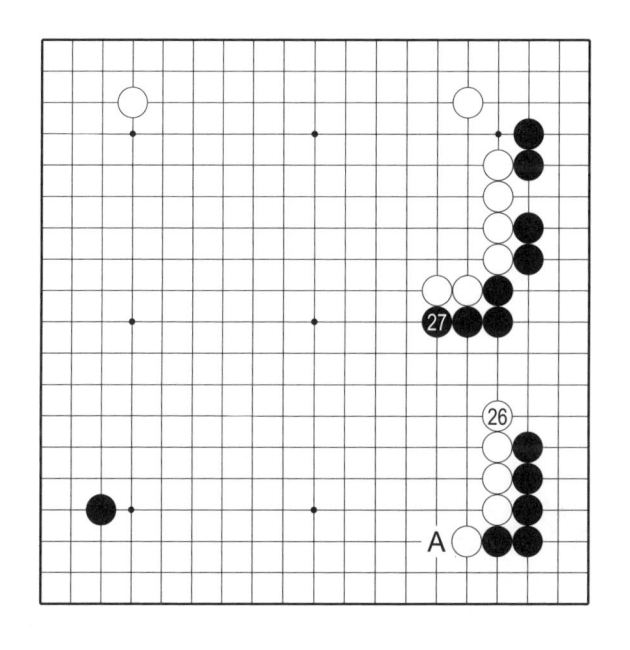

白 26 的本意是防止黑在 A 位夹的攻击手段，但此手往狭隘的地方长，价值不大，黑 27 贴起后感觉更明显。

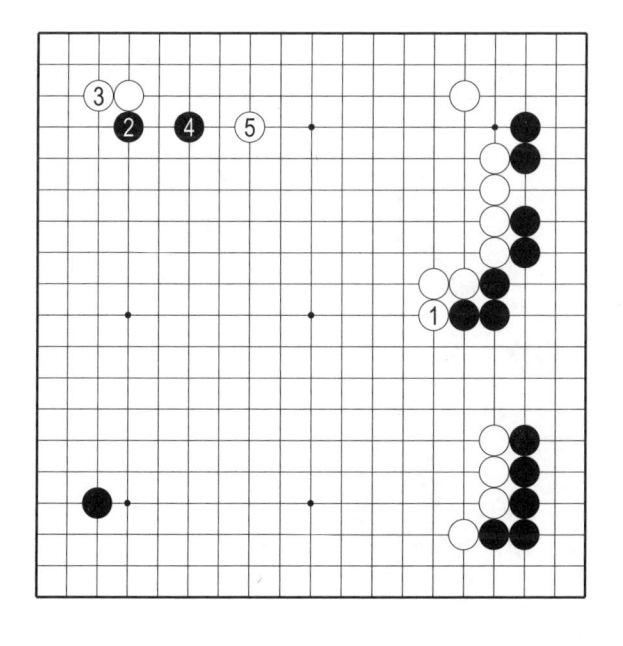

围棋 AI 推荐白 1 拐头，然后黑 2 局部会脱先而进入上边。

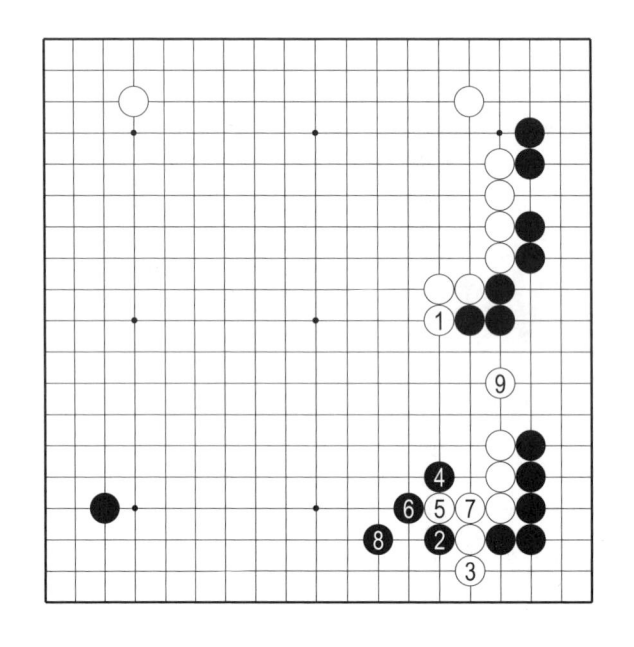

至于对局者担心的黑2夹，围棋AI认为根本不足为惧。

白3立下后，黑棋最佳下法是于4位跳起进攻白棋，但白5挖粘后黑已无力继续进攻。

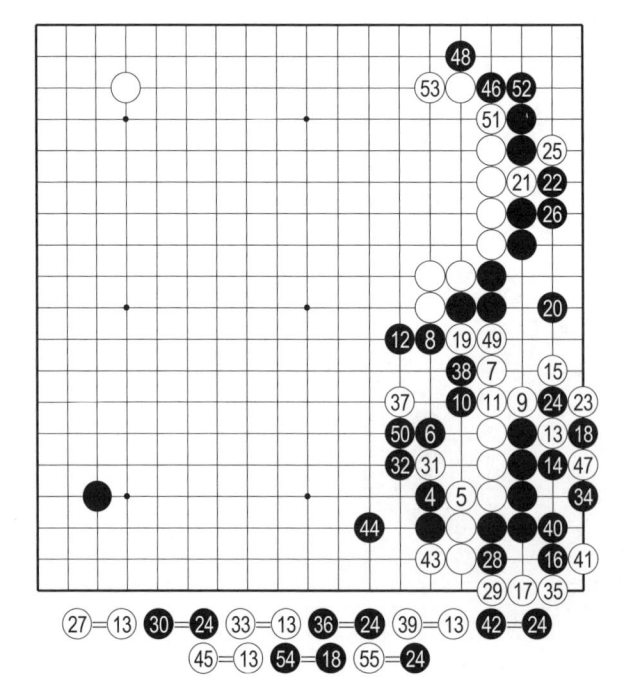

如果黑4长再黑6跳封白棋，白7跳出，黑8扳分断白棋，白9虎下，一边破黑空，一边治孤。

至白55为后续一例，黑的强攻以失败告终。

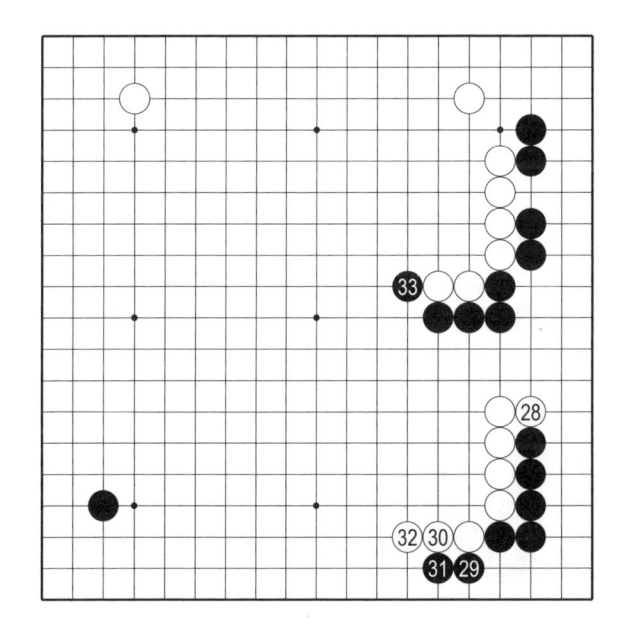

白28继续往价值不大的地方行棋，恶手。

黑33扳头后优势明显，我们来做一下形势判断：

左边两个角相互抵消，右边两个角都是黑地白势，黑实地都不小，而白的外势被分割没有形成合力，并且棋形还有一些缺陷。

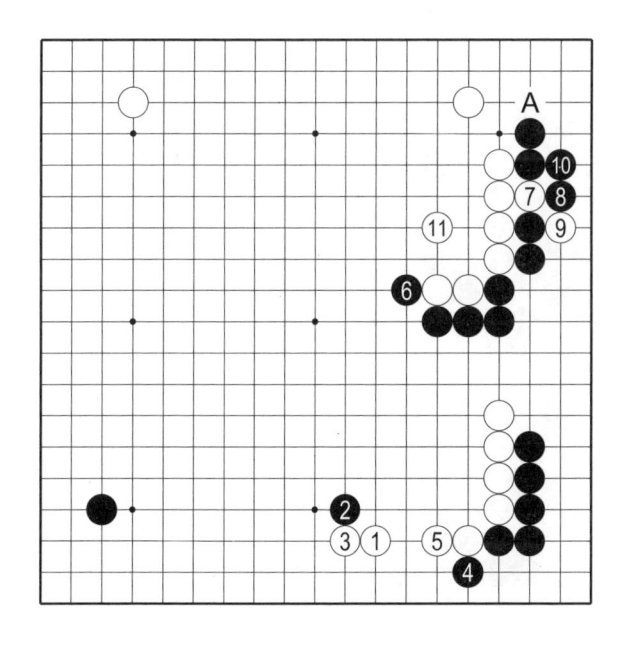

白棋应该"棋往宽处行"，迅速扩大生存空间。

白9断在边上是希望得到A位的先手，在上边获得生存空间就可省略中腹的白11补棋。

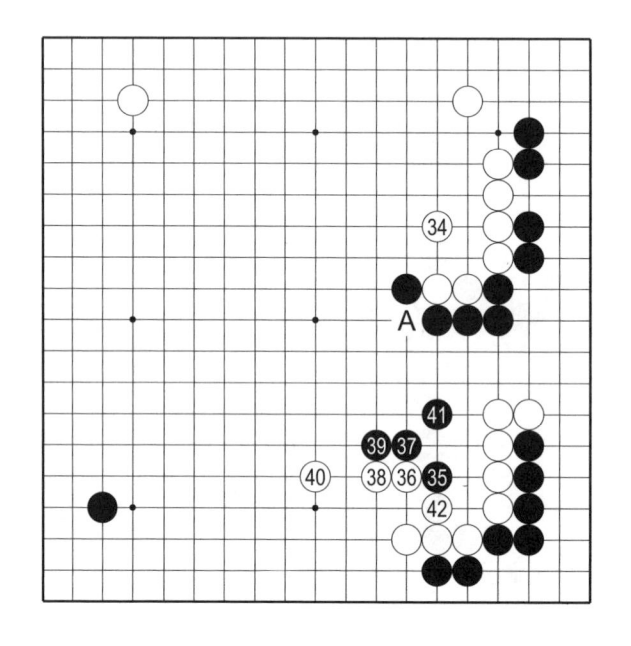

黑35以攻为守，本意是间接补A位的断点。

白36中计，黑41虎后A位断点已不存在，白42愚形补断后味道不好，目前黑方先手在握。

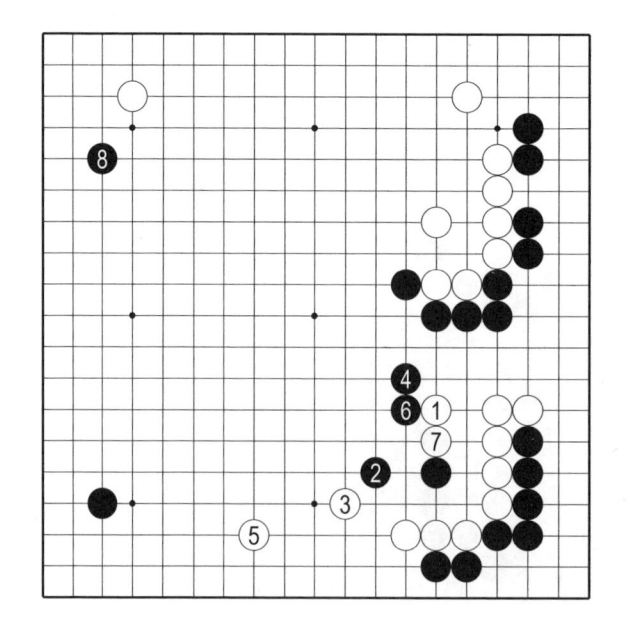

围棋AI的方案是白1反击，黑2跳出后，白3顺势拆边。黑4、6连络时，白7自然补掉了断点。

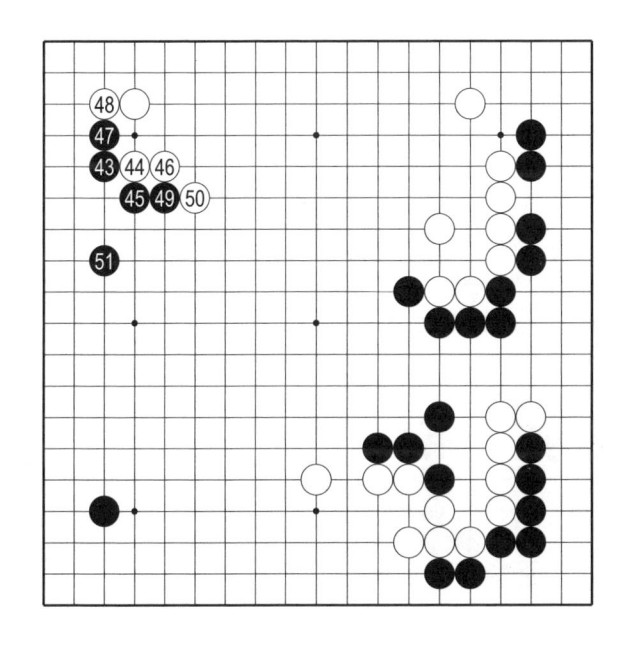

由于上边白差一手连片的棋，白44压经营上边显得勉强。

黑51坚实地小飞拆后，过于空旷的上边白无法一手成空。

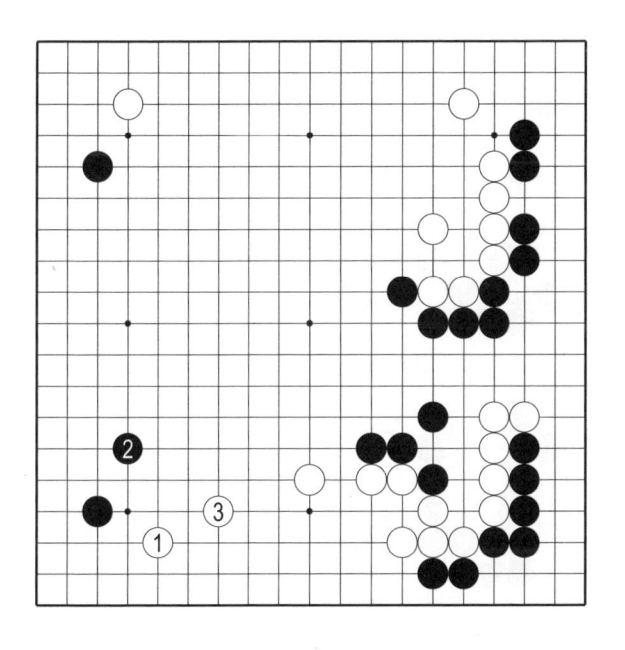

上边看起来巨大，可是太虚，不如下边一手成空来得实惠。

上边不妨留给黑方先动手，右边的厚势正期待着战斗。

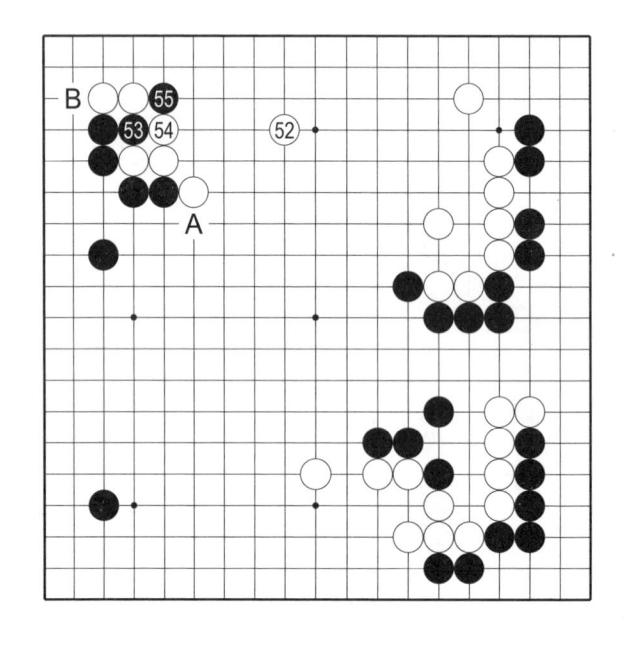

白52连片似是而非——由于左边棋形太薄经不住冲击，这一手想围空的愿望很容易落空。

黑53、55冲断产生了A、B好点，白苦。

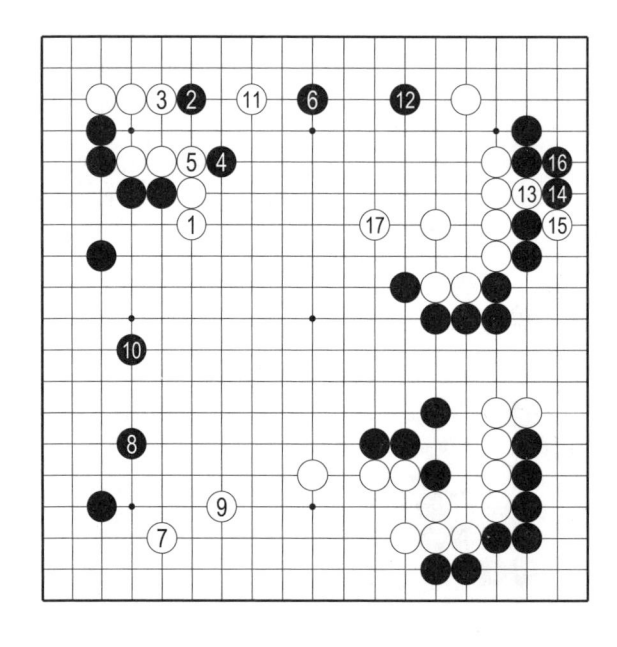

白棋应于1位挺头补强，黑再冲断无趣，大致黑2、4先手利用后再黑6破空，白7转围下边也挺好。

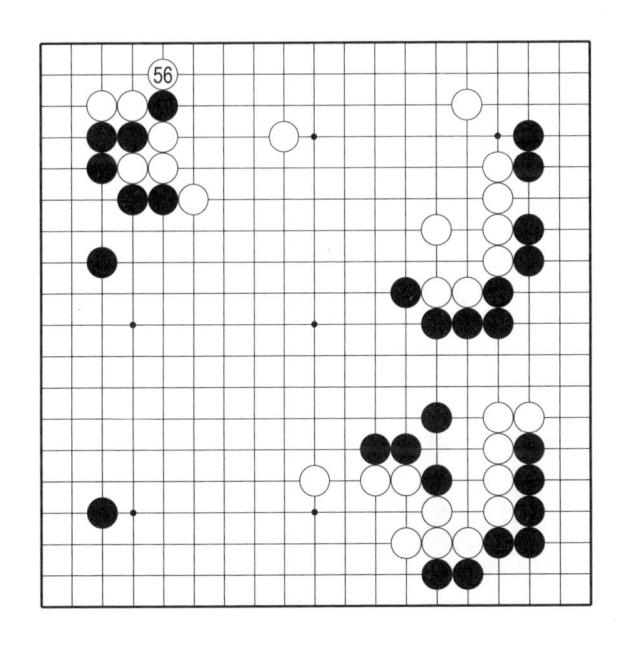

为了避免像下图那样被黑在中腹和角上两次利用，白56从二路打吃，但此手味道更恶，黑长出后利用更多。

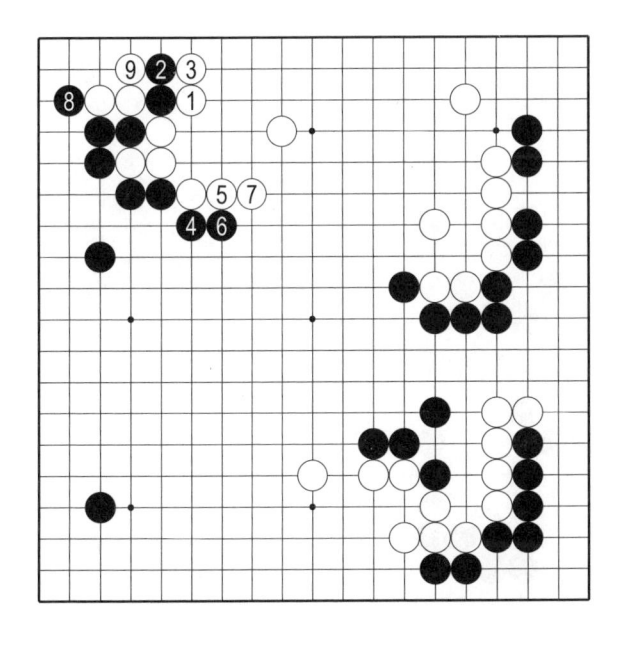

虽然难受，但只能接受。棋形薄还要强行撑大，被冲击是必然的，不被冲击那叫没天理。

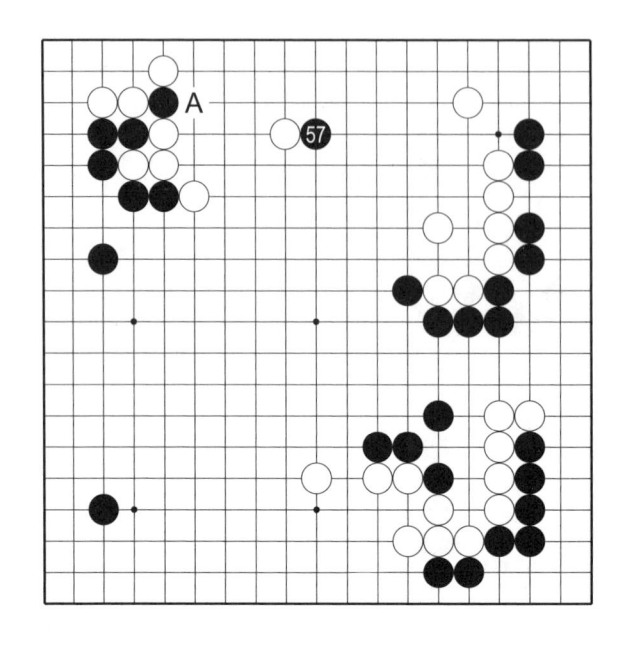

黑 57 似巧实拙，给了白在 A 位提纠正错误的机会。

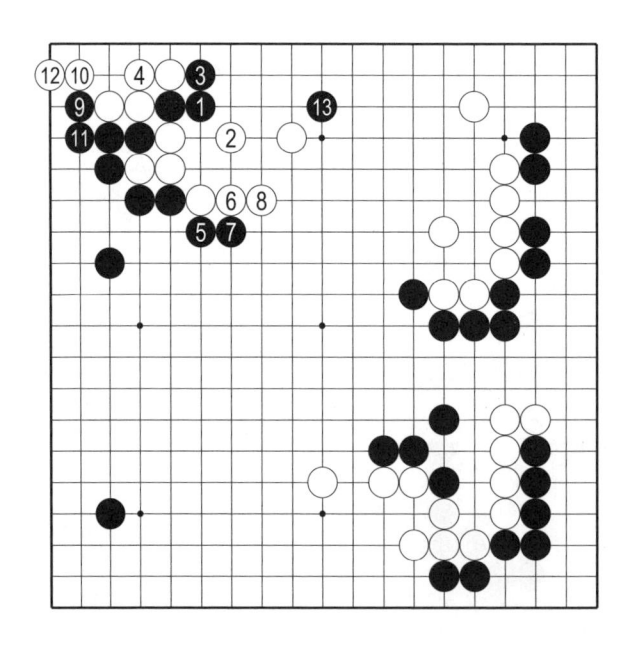

黑 1 立即动出，不仅在中腹和角上有利用，还为黑 13 打入创造了有利条件。

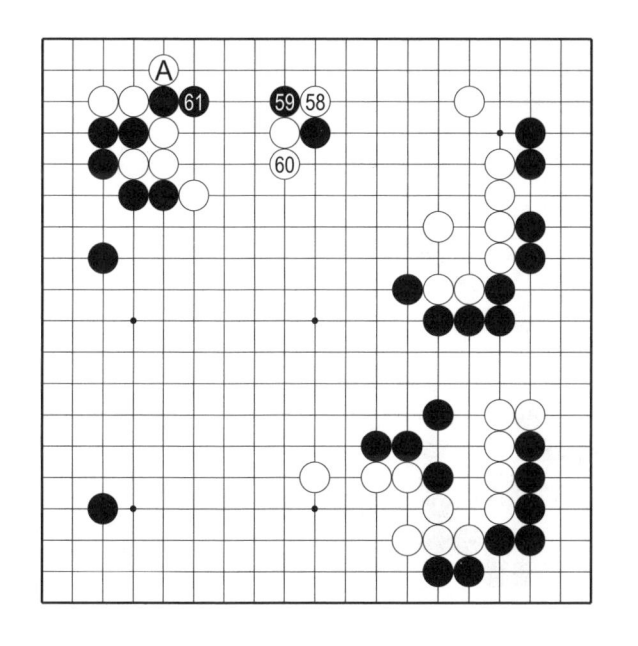

可惜白58跟着应，最终被黑61长了出来，白A彻底坐实恶手之名。

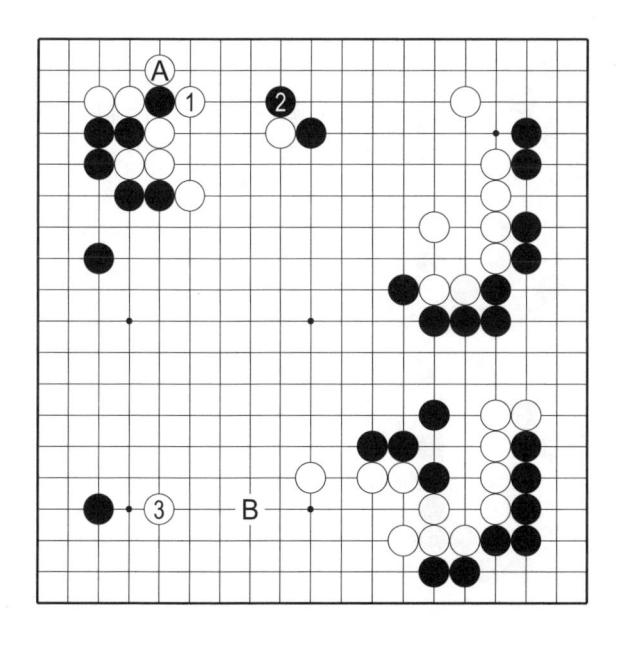

围棋AI的方案是马上白1拔除祸患，如此白A反而变成了好手，然后黑2应该脱先在B位逼。

如果黑2如图扳，白两边都厚，可以根本不予理会而转身走白3经营下边。

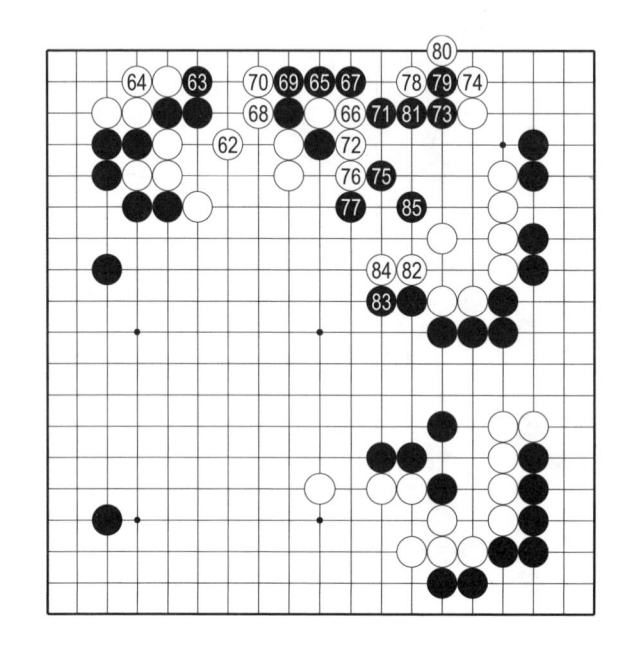

黑63以下漂亮治孤。

白78破眼没有意义，中腹还没有封锁住。

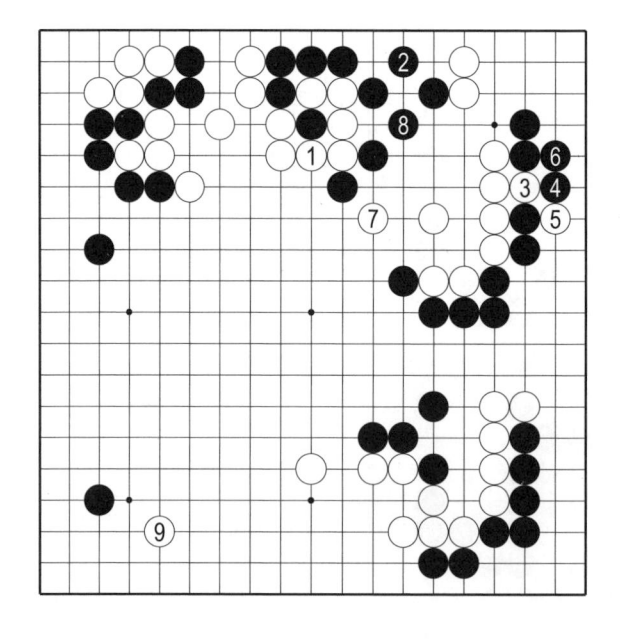

应改下白1提子消除余味，让黑2在边上补活。尽早脱身抢占下边白9大场。

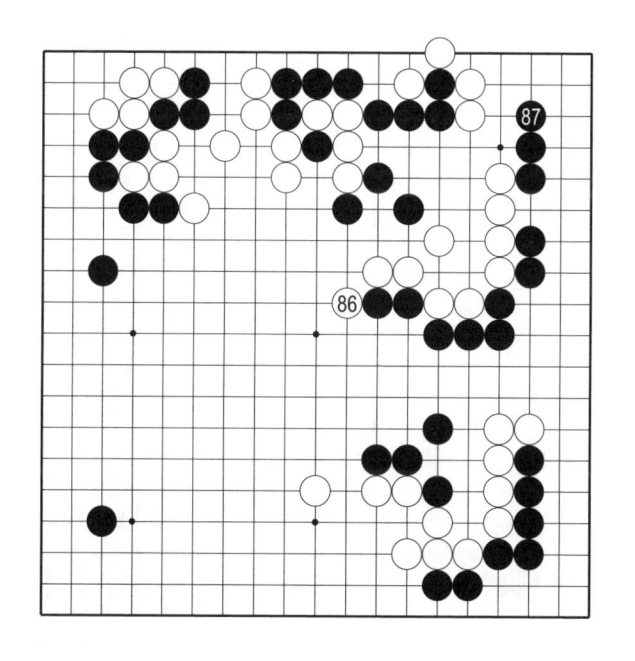

黑87护在角上是缓手。

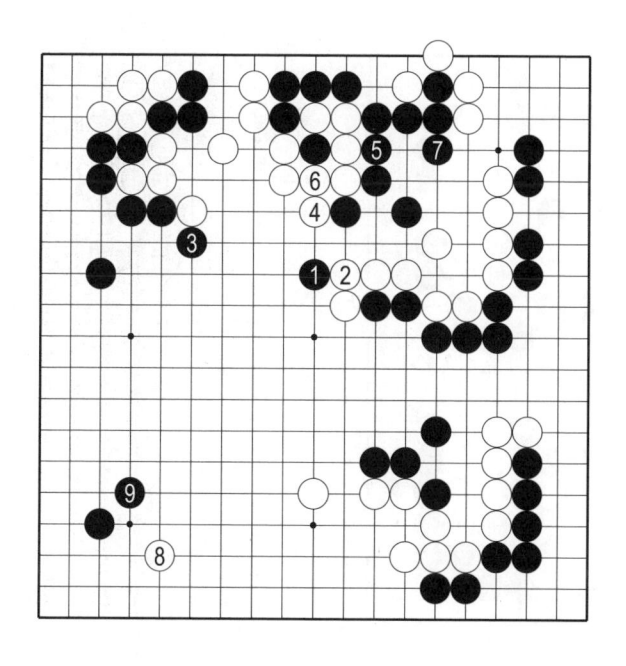

上边黑大龙已是活形，黑棋应及时转向更广阔的左边。

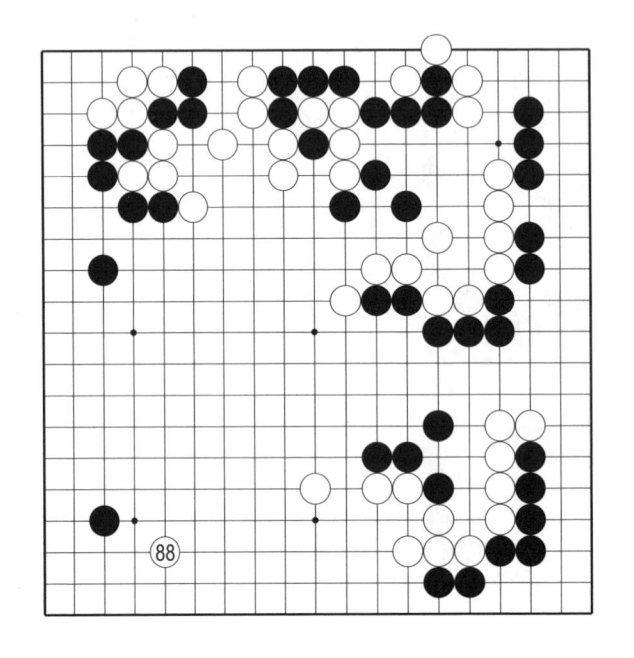

白88是大场，但不是急所。

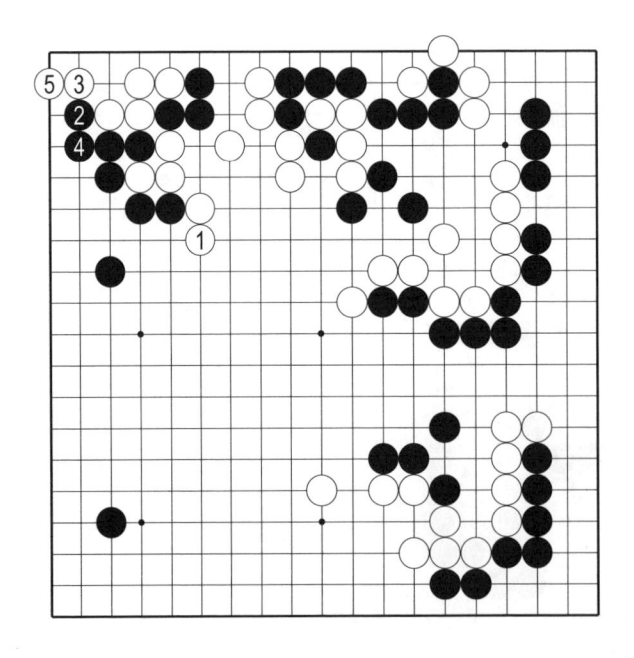

白棋应于1位挺头消除此处的恶味，这里不仅是中腹的消长点，且黑在角上扳粘时，白5官子有利。

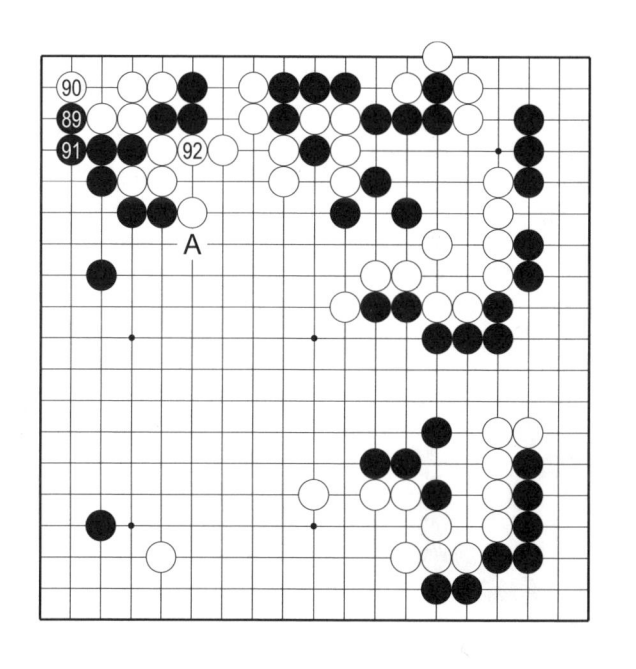

黑89、91在角上扳粘虽是先手，但白92补在中腹是好棋，黑A位好点消失了。

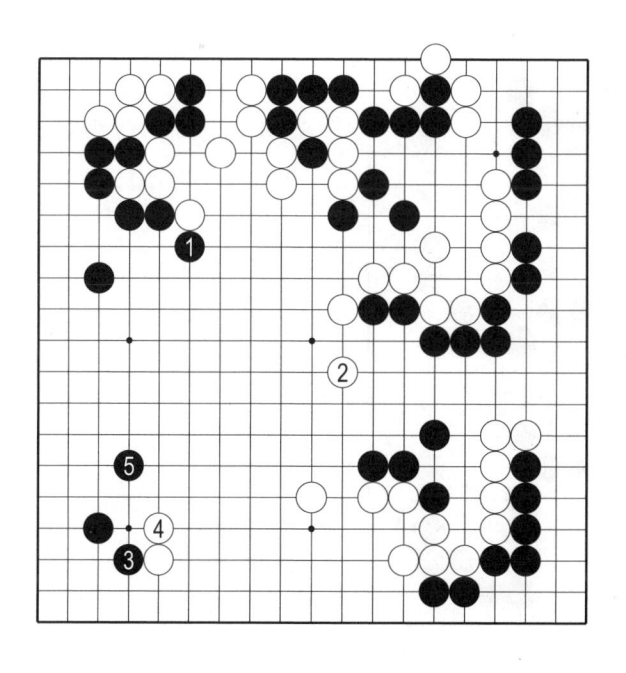

黑1扳，局部白棋味道变恶，而且右上的白大龙显出薄味，因此白2补棋必要。黑3、5有望在左边围得大空。

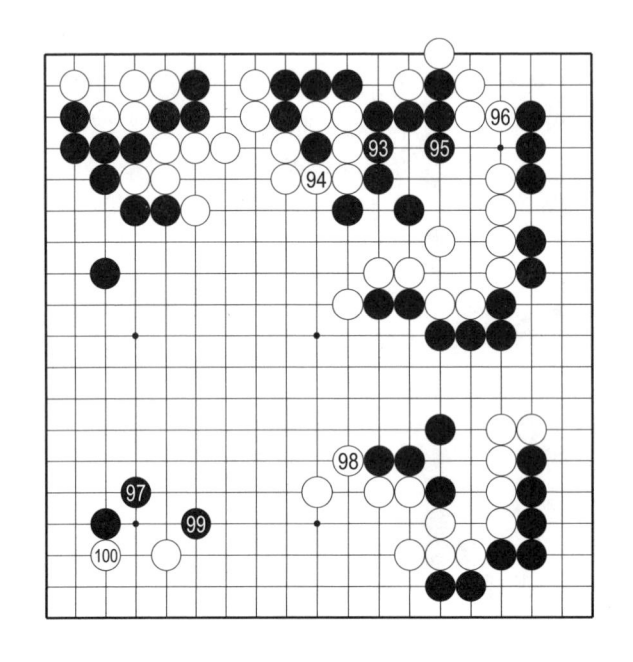

白 98 方向不对，黑 99 飞压好点，白方不但下边潜力消失，还得在角上腾挪做活。

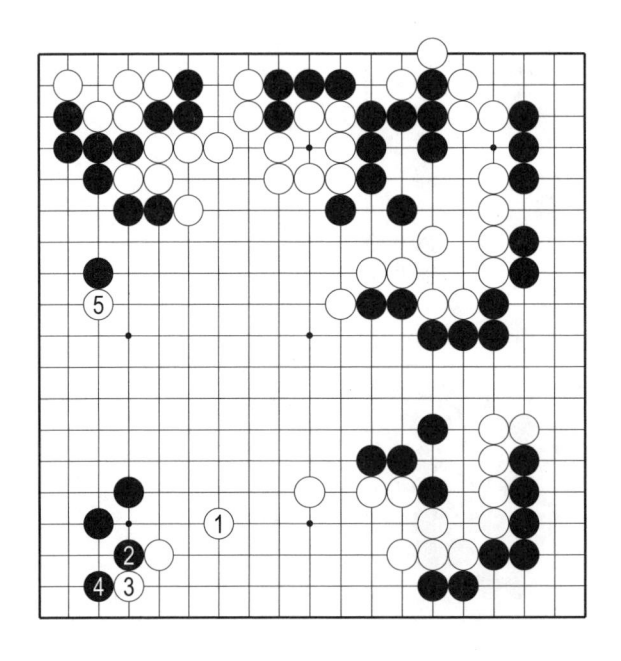

白棋右下棋形味道不好，白 1 自补是本手。得先手后再在左边破空价值很大。

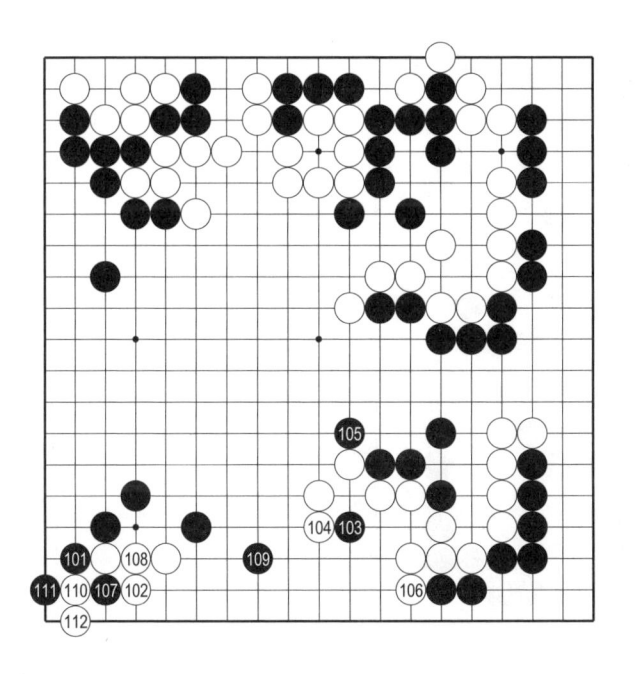

白 102 倒虎想活在角上，黑利用白角的死活问题在右边搜刮白棋，白不利。

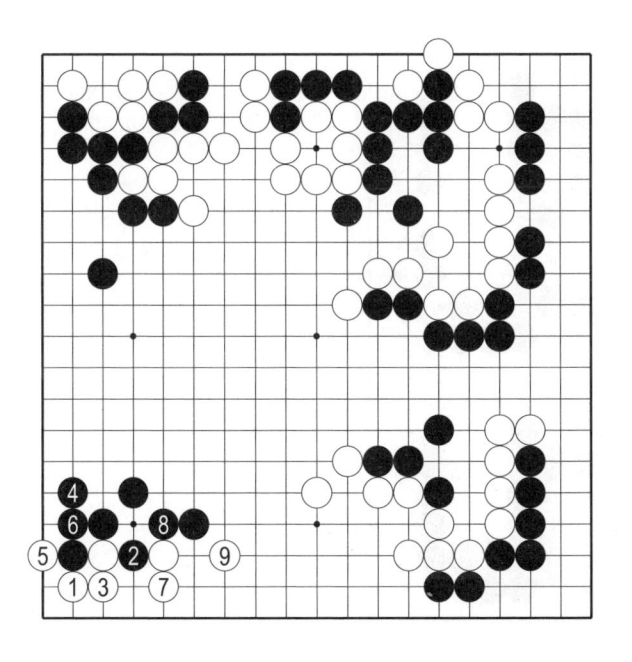

白 1 反扳是腾挪手筋，至白 9 跳回，下边还能成一些空。

如果黑 4 走在右边阻止白棋连络，白吃一子活净，也比实战结果好。

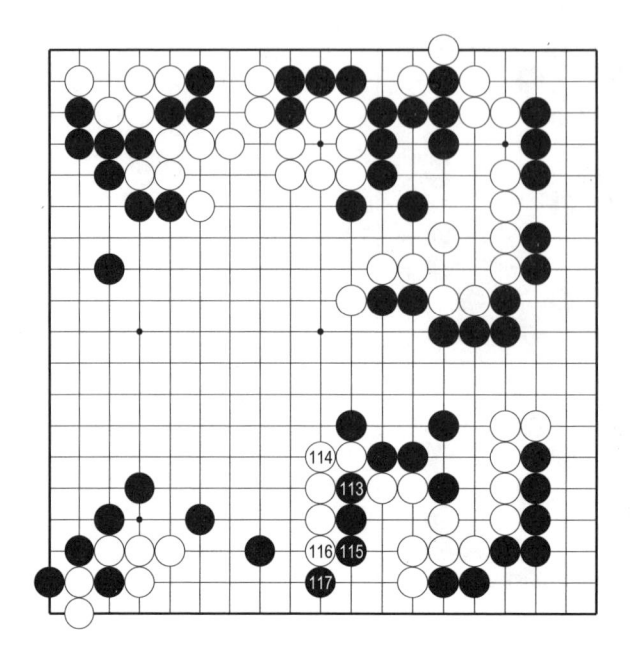

黑113过分，应该是误算。实战白118应对失误，没有抓住机会。

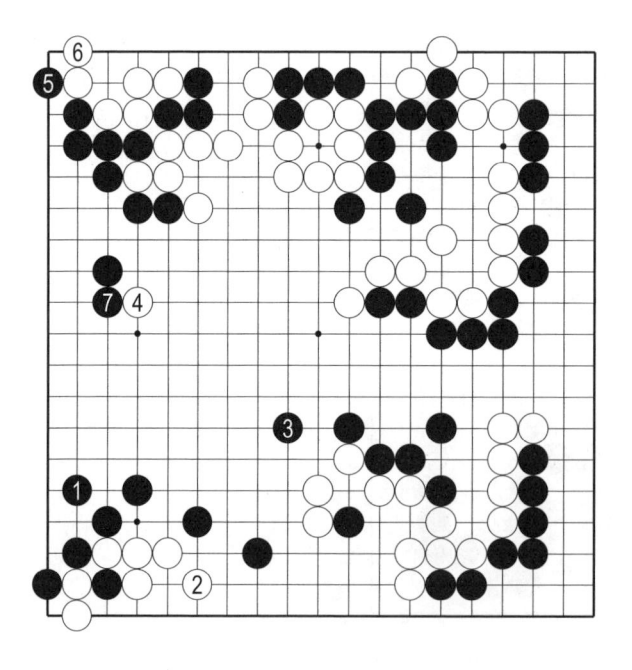

黑1、3补强，可控制优势局面平稳推进。

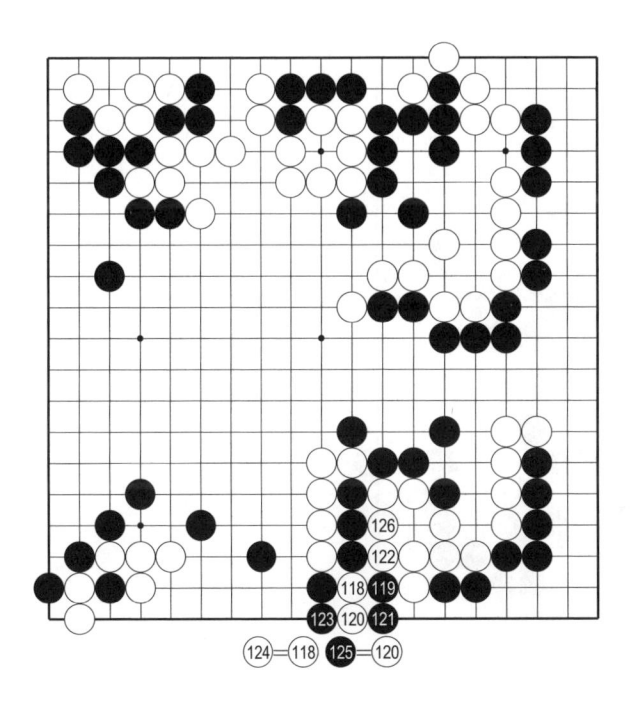

白 118 送吃大头鬼，华丽的亏损。

至白 126 打吃，黑不敢接，白似乎成功了，但这只是暂时的假象。

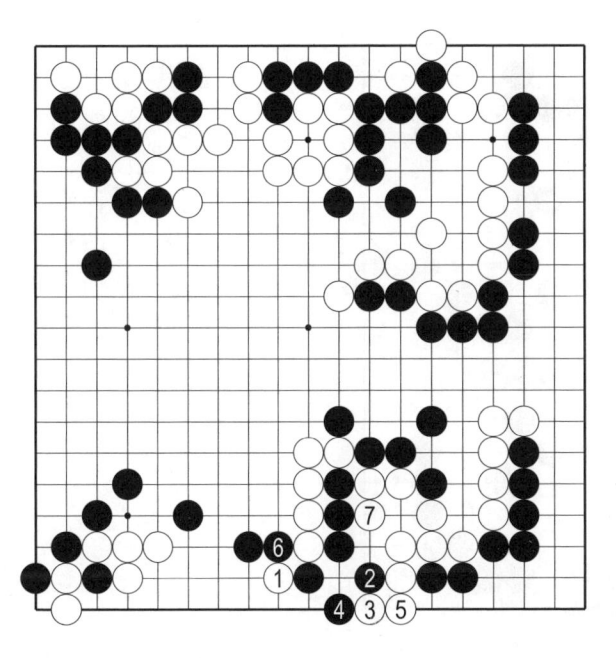

(124)=(118) (125)=(120)

白 1 外扳成立。

如果黑 2 虎，至白 7，黑接不归。

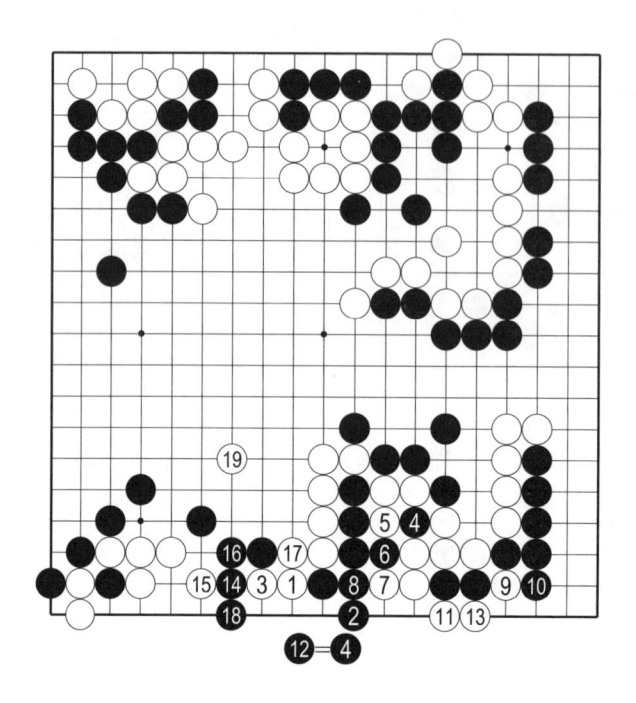

如果黑 2 虎在一路，白 3 阻渡至白 19 大跳，中腹尚可一战。请与下图比较。

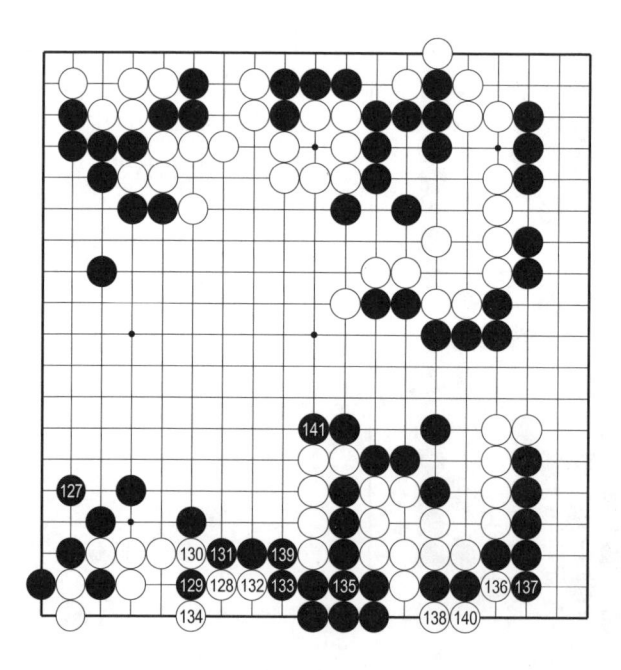

实战黑棋通过威胁白左下角的死活，让黑 135 起死回生，至黑 141 压住，白中间五子只有三口气，难以动弹。

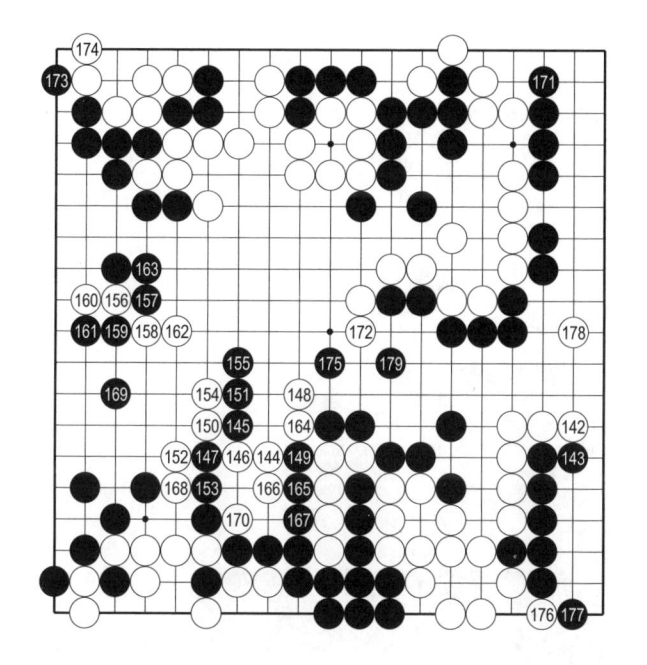

从下页的胜率走势可以看到，这是吴清源的完胜局，桥本宇太郎自始至终没有任何机会。

共179手
黑中盘胜

本局胜率走势及 AI 吻合度

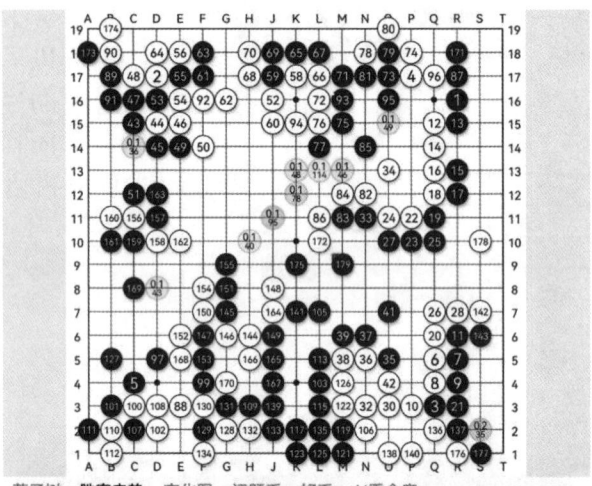

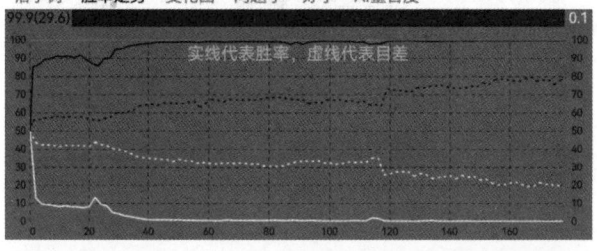

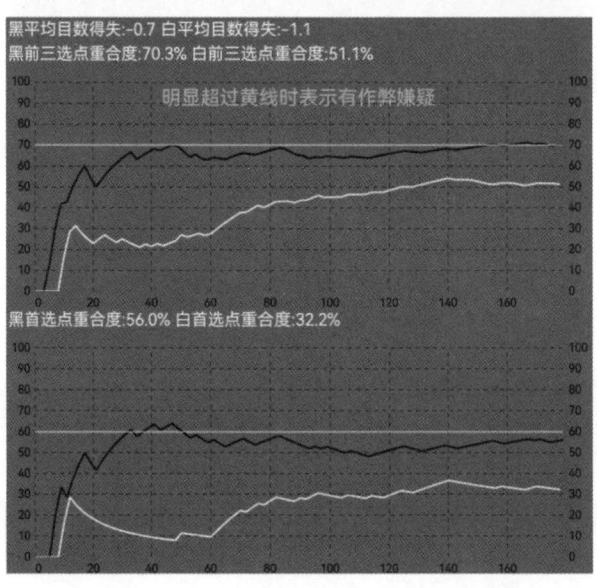

吴清源 VS 坂田荣男

总谱

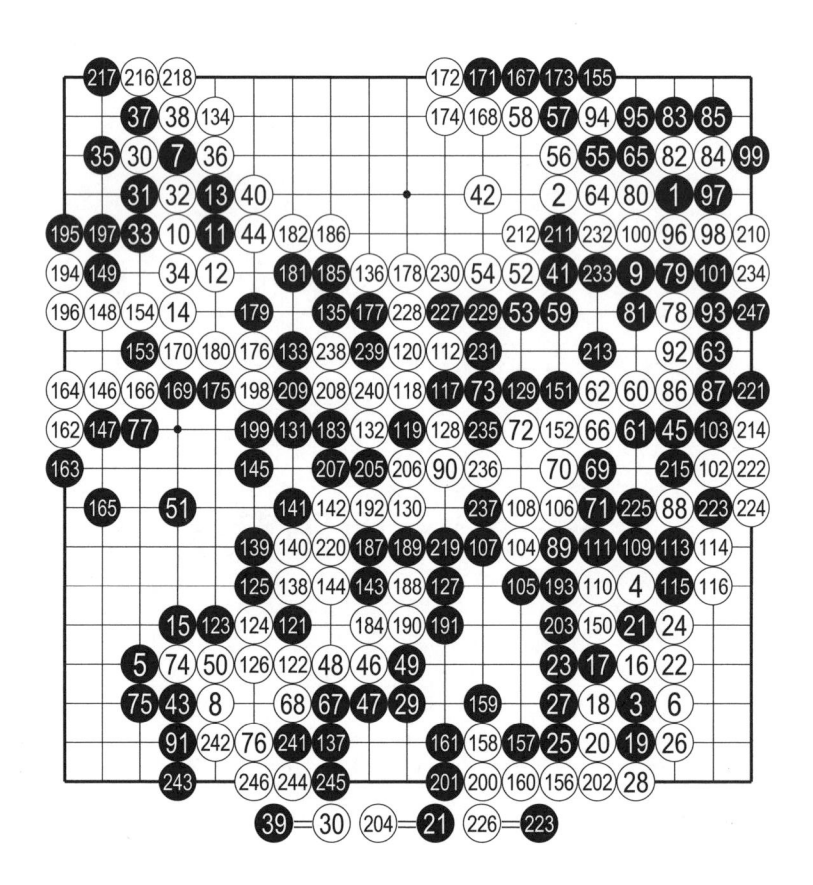

●吴清源 VS ○坂田荣男

十番棋第八局
1954年6月24日、25日
黑不贴目
共247手，黑胜7目

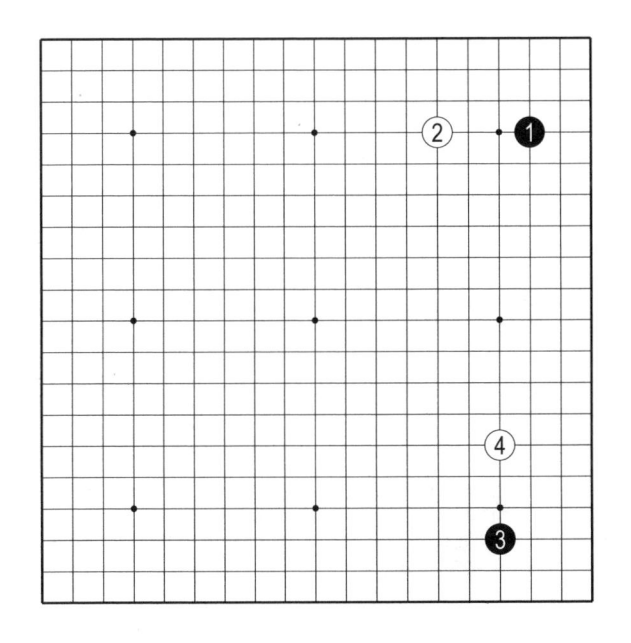

白2、4都不占空角而积极求战，或许跟坂田荣男当时的心态有关。因为约定多输四局的一方将降级，坂田荣男前七局二比五落后，已被逼上绝路。

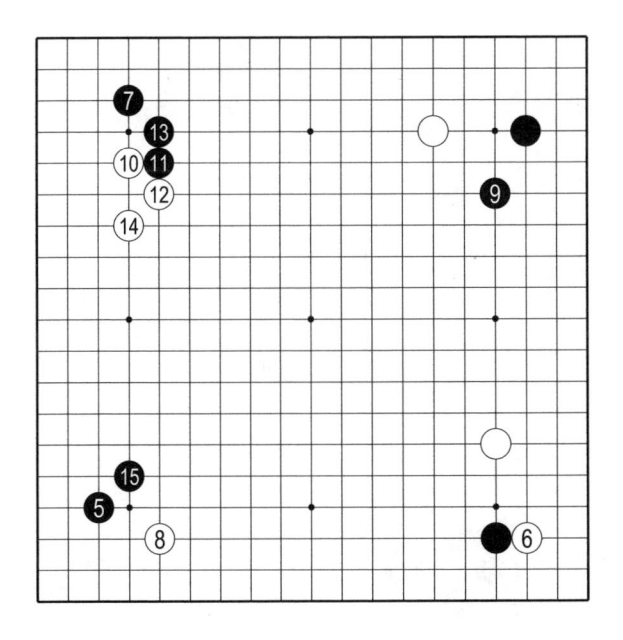

四个空角，白方一个都不要，求战心情之急切可见一斑。

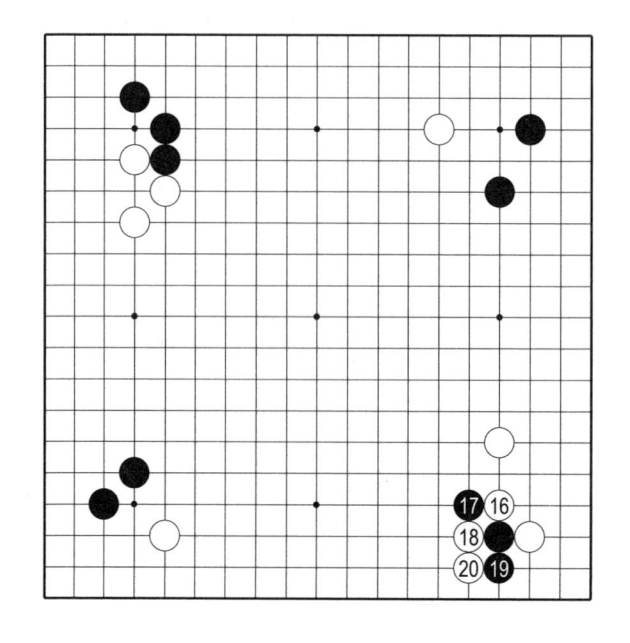

黑17从三路往四路反扳是亏损的接触战手法。

白18耗时27分钟，白20耗时39分钟。这两手吃住黑二子很实惠，黑无法突围只能弃子。

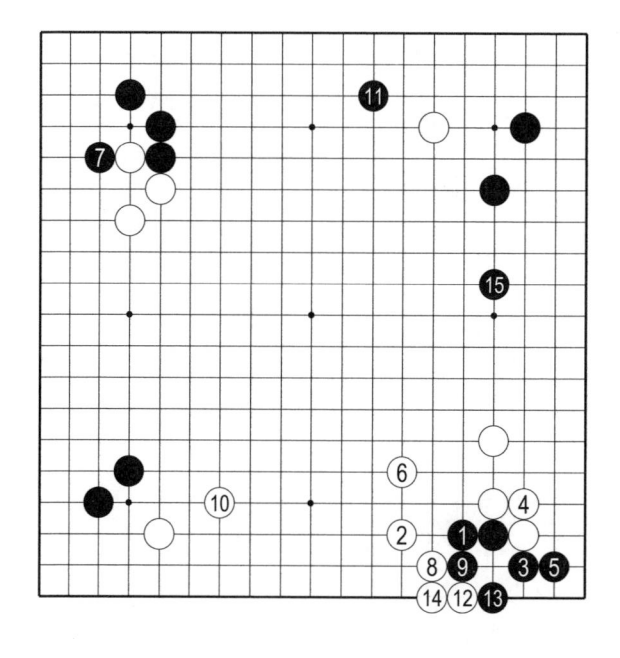

黑17改于1位长是本手，做活不难。

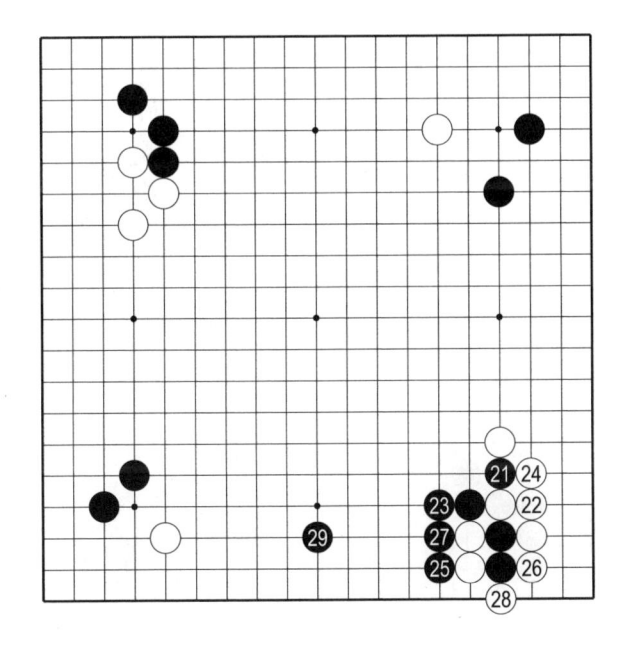

白 24 判断错误。左边被黑包紧，黑弃子战术取得很好的效果。

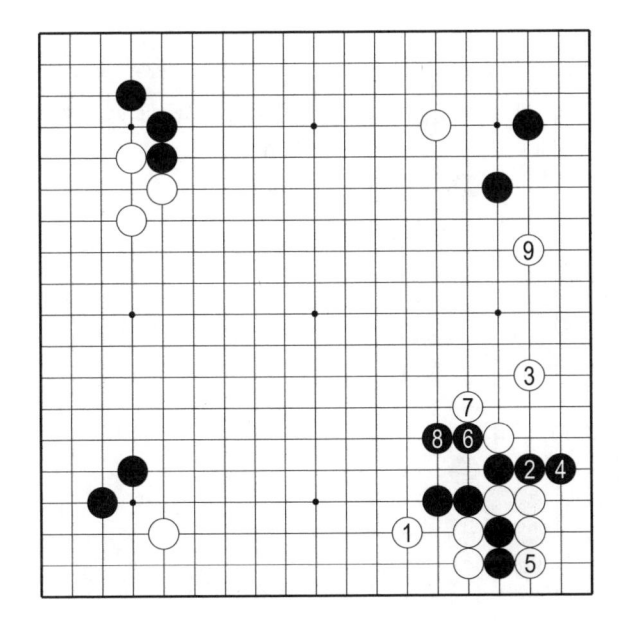

白 1 跳出更紧迫，虽然右边被黑棋冲穿，但两块白棋可以分头处理。

与此图相比，黑方当然非常满意实战的结果。

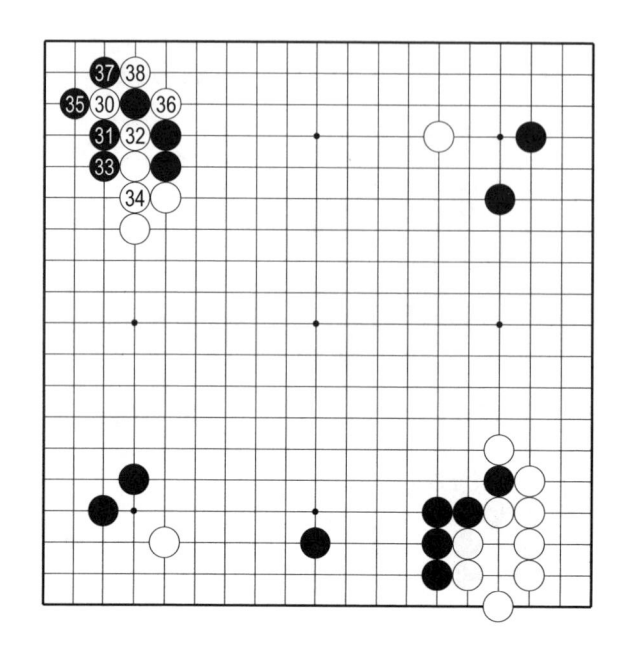

白 30 托角很大，但围棋 AI 判断左下白孤子的治理更紧迫。

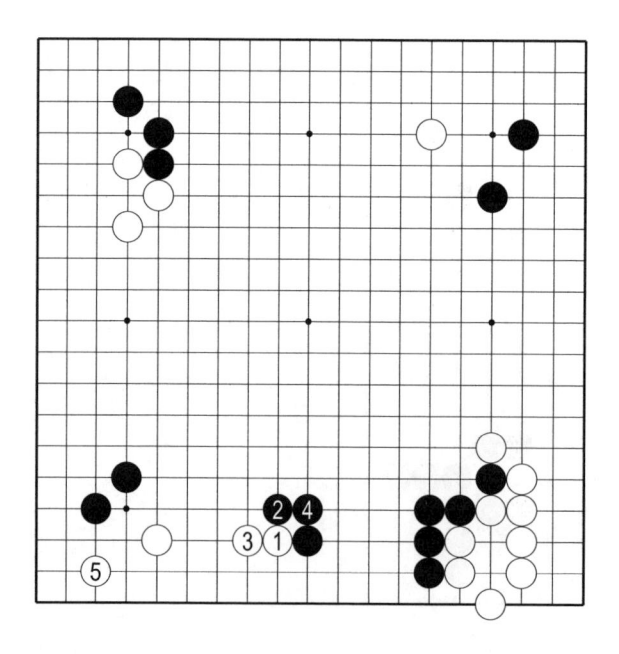

白 1 碰，紧凑的治孤手法，白棋获得安定。

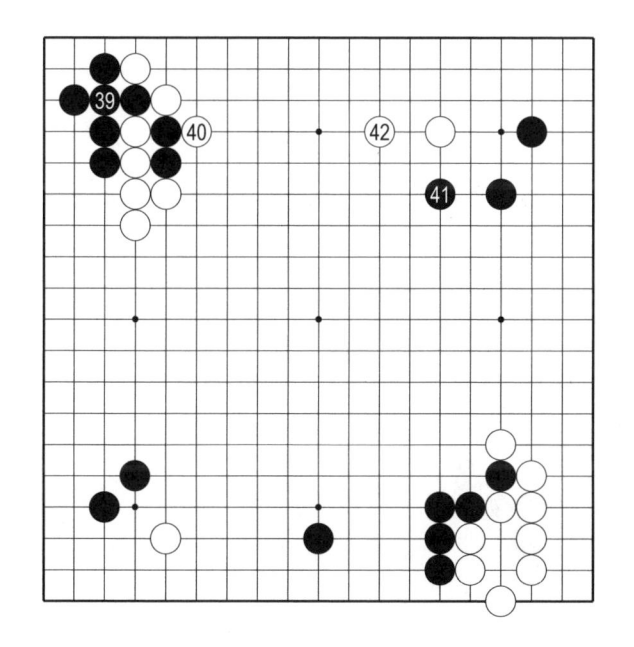

黑41凑对方补强，致使上边的夹击点消失。

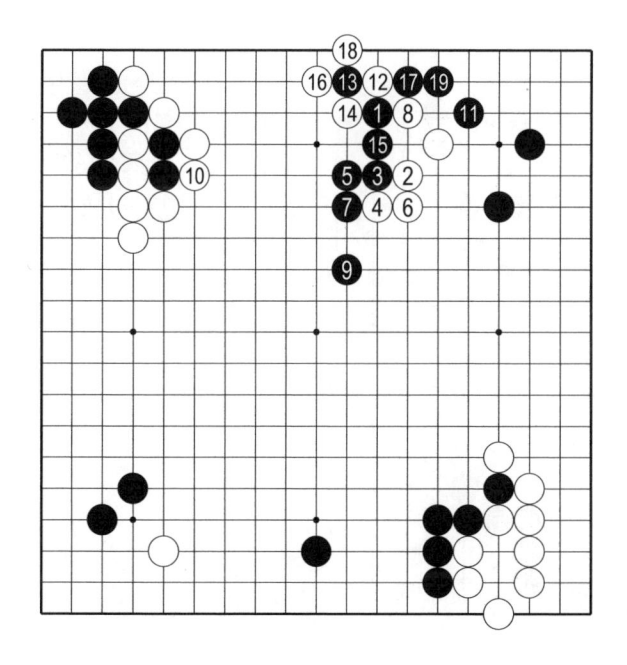

此时黑1夹击更积极。如图进行黑角很大。

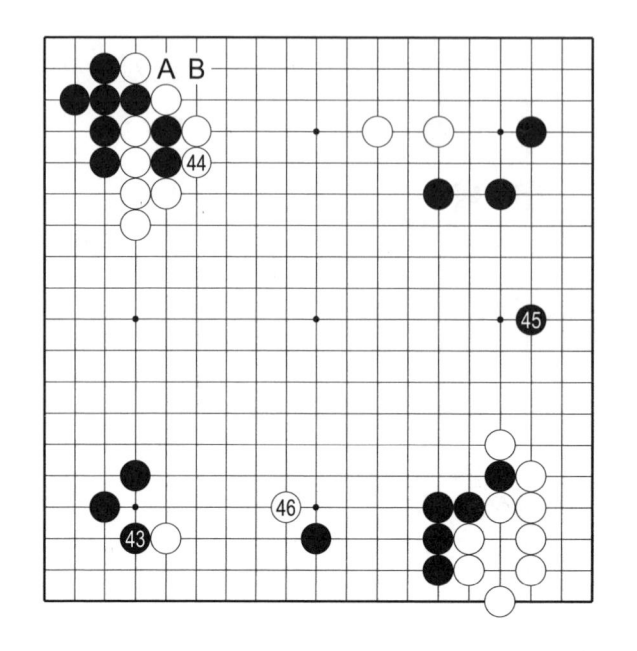

黑43方向欠佳，白46肩冲好点。

白44厚实，消除黑的引征之患，也防止黑A位打后B位长侵入上边。

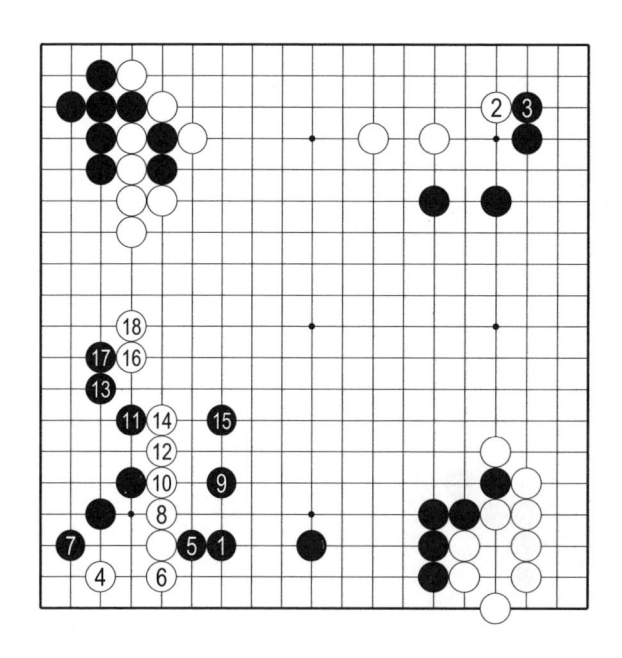

黑1从外面逼住，白棋活动空间变小，黑在追击过程中容易顺调把两边都走好。

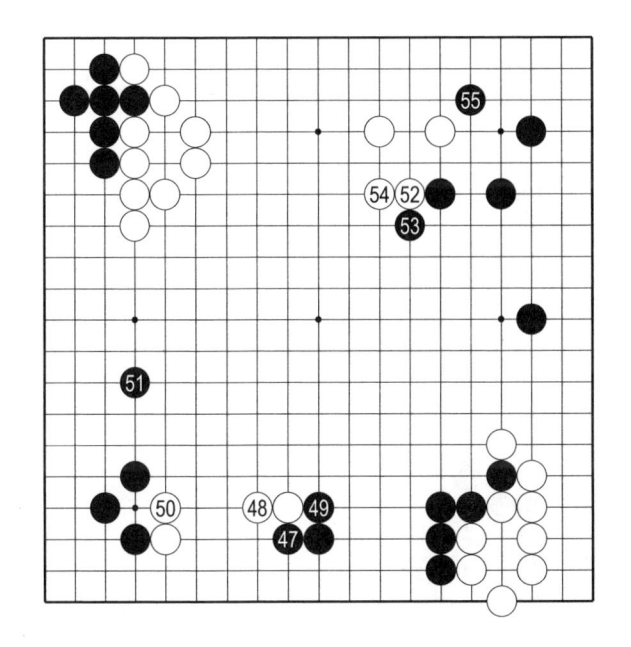

白52扩展中腹落了后手，上边被黑55抢先飞。

和围棋 AI 相比，人类棋手之前的围棋理论可能对外势和模样的评价过高。

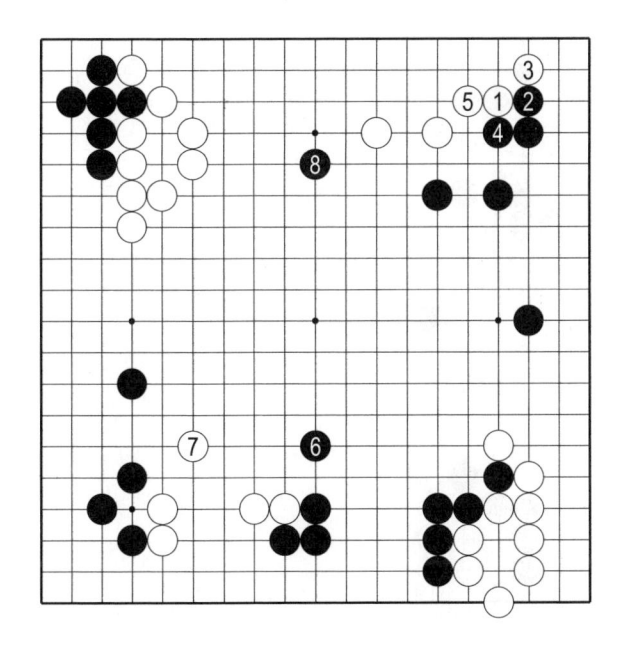

围棋 AI 认为右上角的价值比中腹更大。宁愿被黑8侵消，白1也要抢上边的飞。

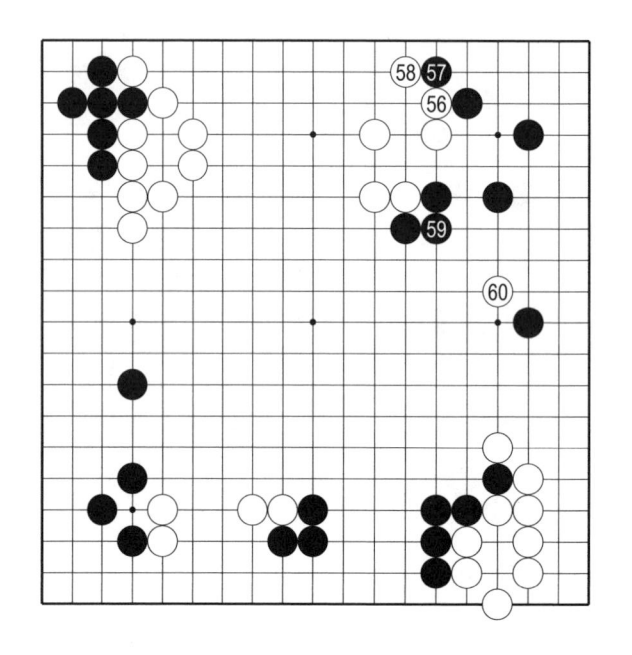

白60妒人成空，挑起无谓的纷争。此处发生战斗，极易被黑方顺调破坏上方的白模样。

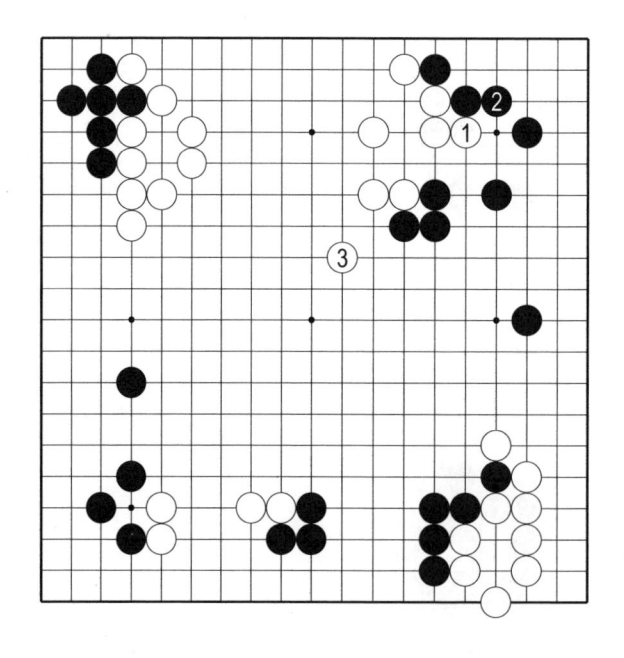

白上方巨大，正是扩张的好时机。

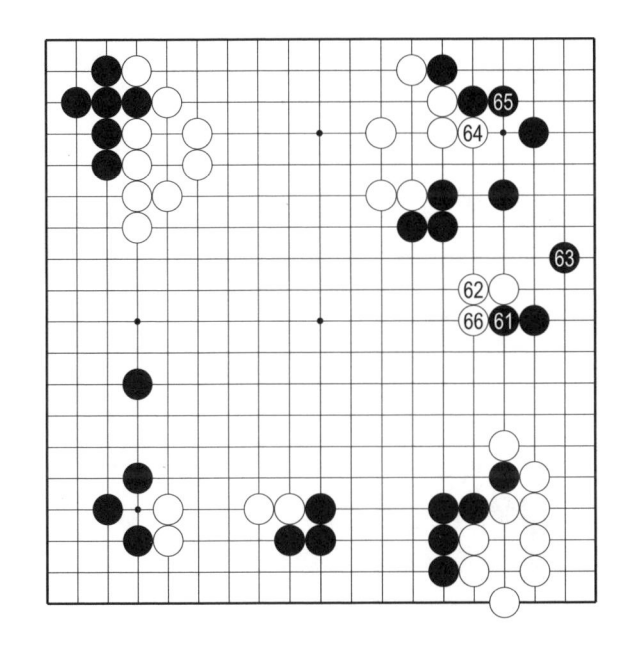

黑 63 时机不对，被白 66 拐住二子头后，黑棋形偏软。

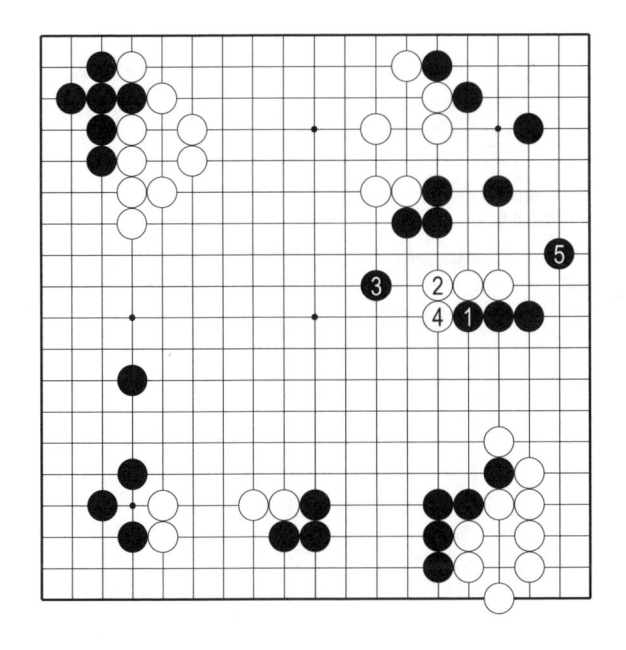

黑应多贴一手再飞，棋形更坚实，利于战斗。

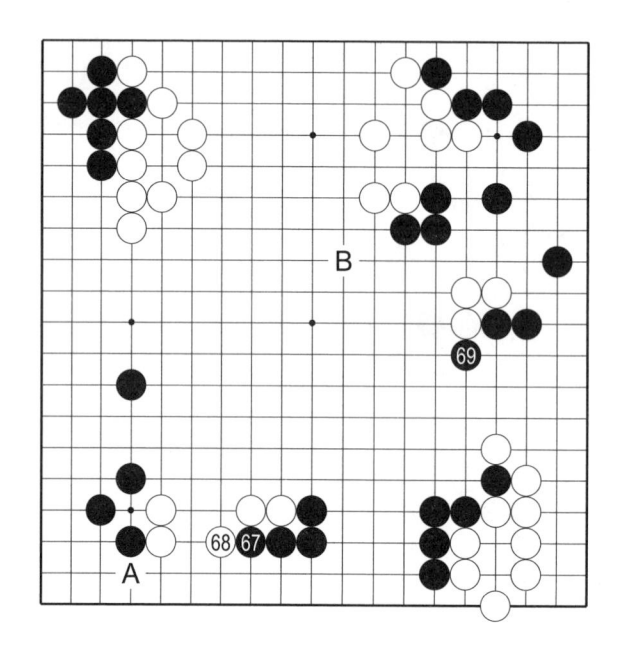

黑 69 方向错误，此时 A 位攻或 B 位飞出的价值都很大。

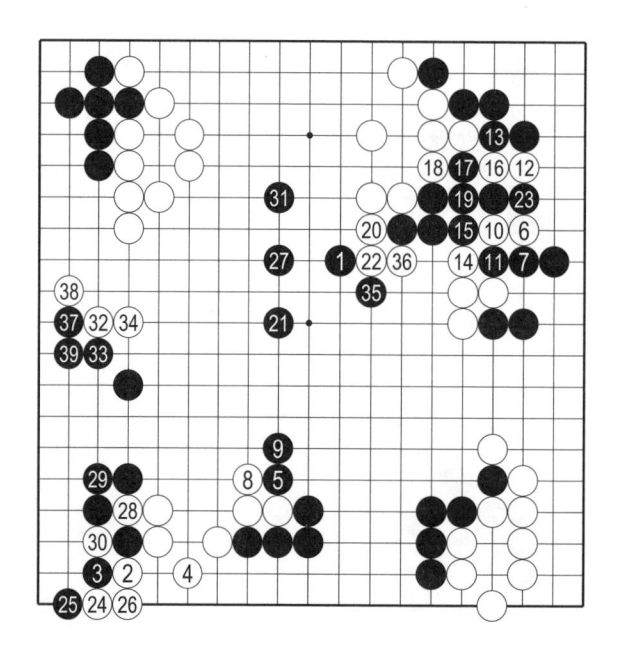

白上方模样即将封口，黑 1 立即着手侵消正是时机。

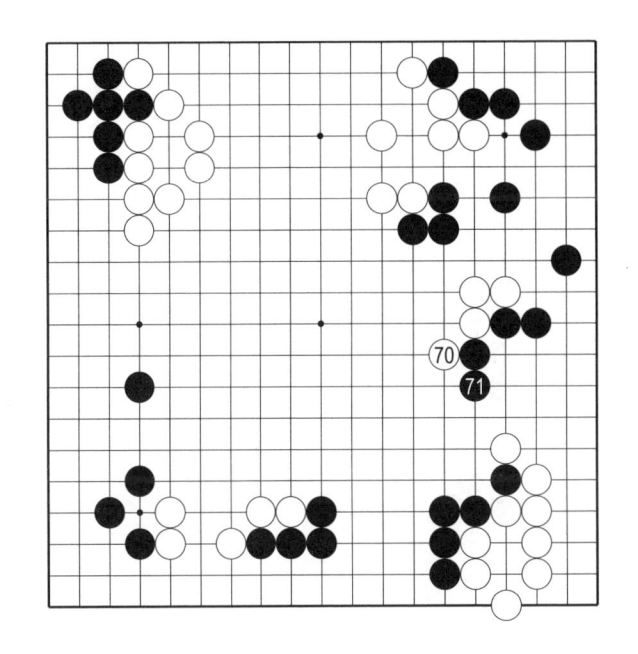

黑71松缓，从进攻的角度来看，对白棋的压力不足；从自身棋形来看，明显给白棋留下了点方的好点。

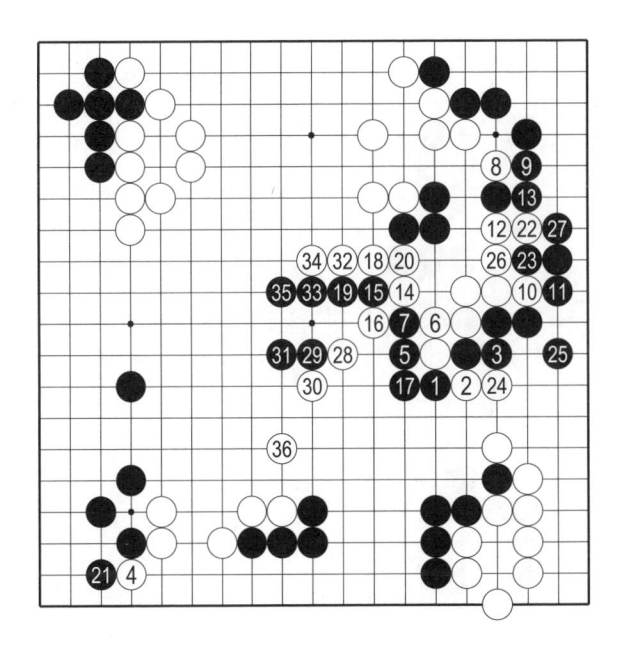

黑1连扳对白方的压力更大，也更利于自身整理好棋形。

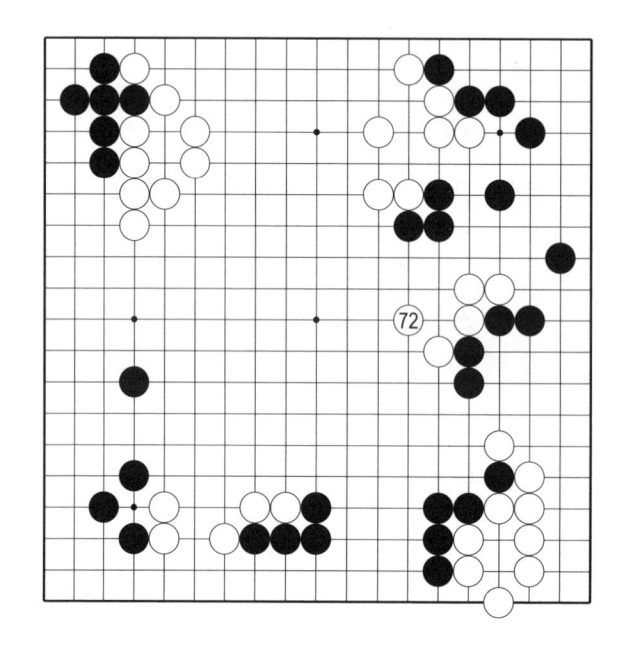

白 72 虎补较重，这块白棋成了黑方的攻击目标。

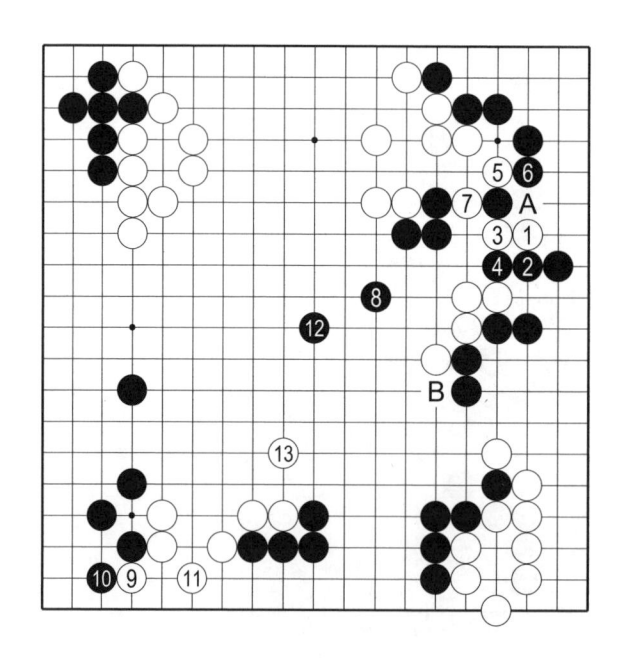

在外围下重之前，白 1 穿象眼正是时机，黑 2 冲断，则白在上边有所得，中腹白四子可以看轻；黑 2 若在 A 位挡，则白 B 位压，通过威胁右边的黑棋来处理大龙。

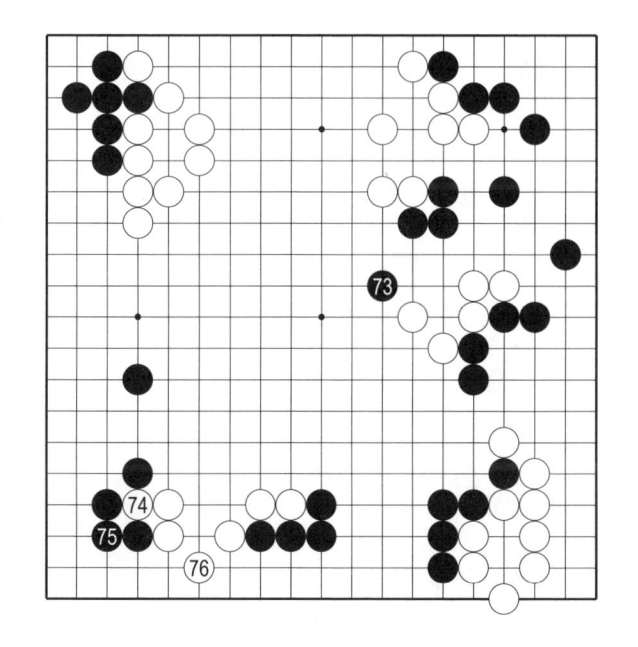

黑 73 攻得太紧，但并不能一招致命，周边兵力准备不足。

白 74、76 安定下方机敏，预判了两块棋被缠绕攻击的危险。

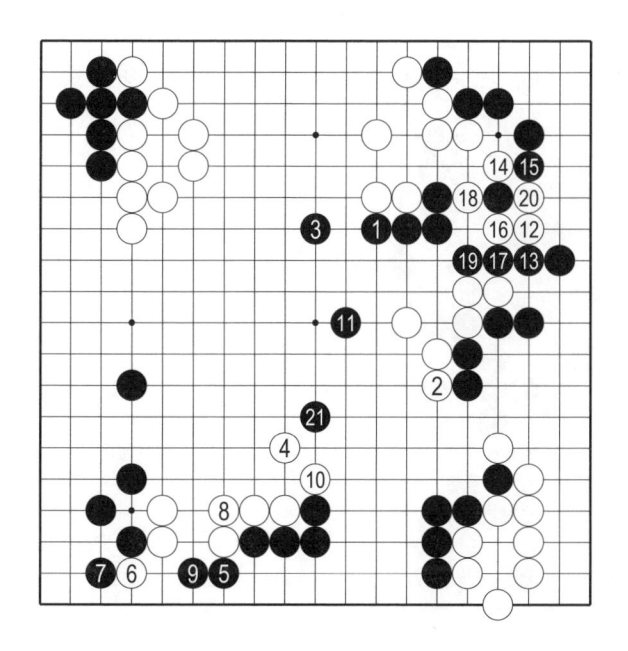

黑 1 间接发力，白 2 处理中腹时，黑 3 一步跨入白模样。

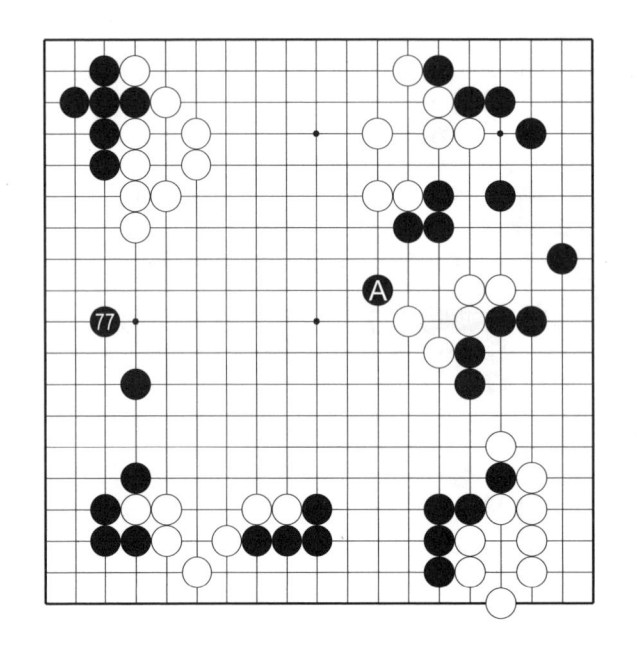

黑77单纯围空不好，此手放大了黑A的缓手意味。

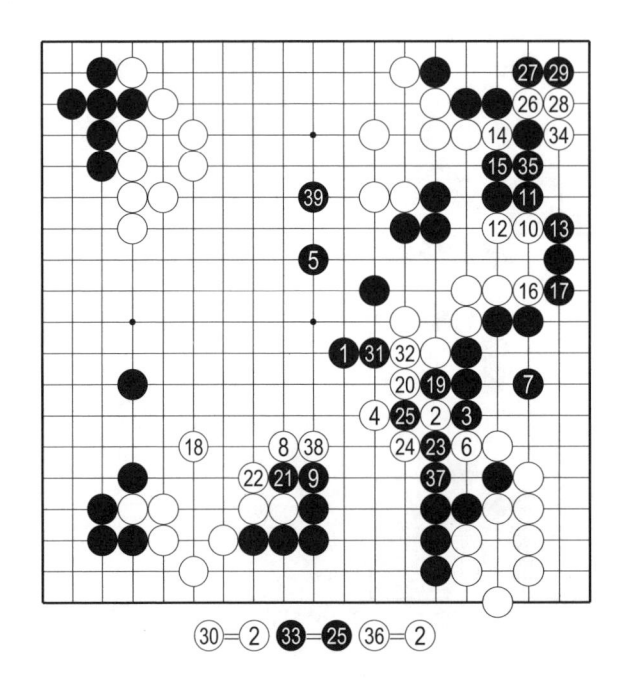

黑棋应该继续攻击白棋，不能让之前投入的兵力闲置。

㉚=②　㉝=㉕　㊱=②

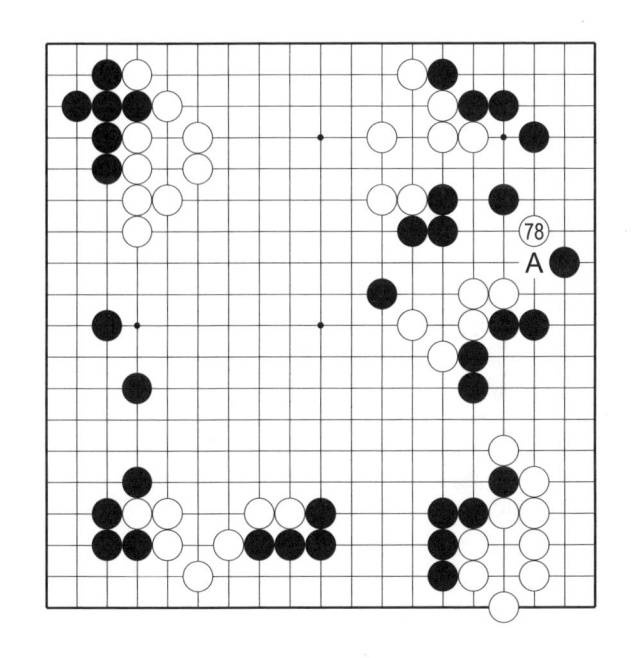

白 78 时机不对，黑若在 A 位冲反击，白中腹大龙将变弱。

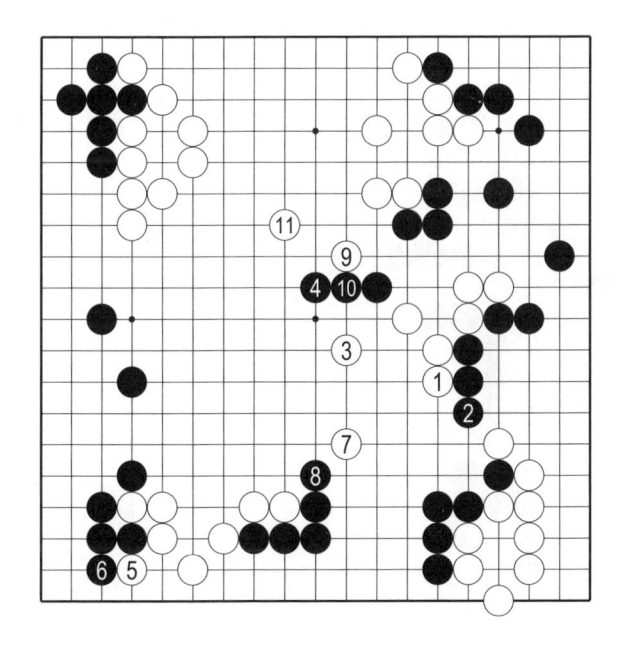

白 1、3 补强中腹大龙是本手。

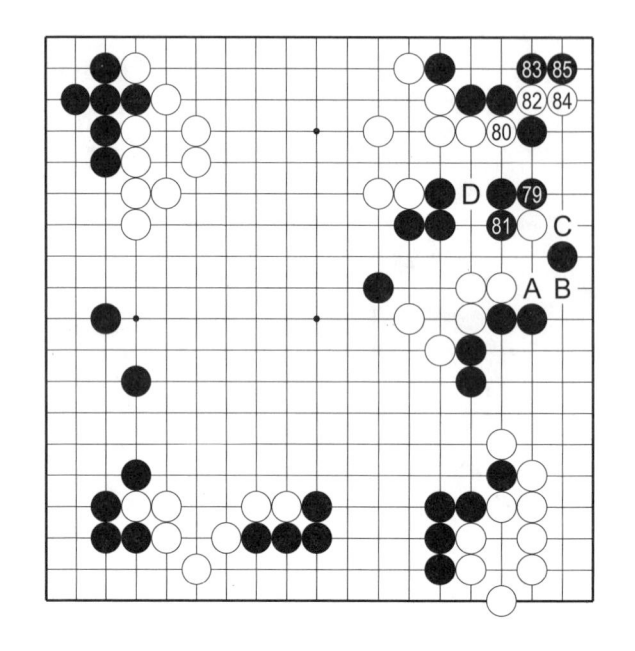

黑79退让致使角上受损，白80挤后黑81还需要补。

黑81若补在角上，则白A、黑B、白81、黑C、白D挖断黑棋。

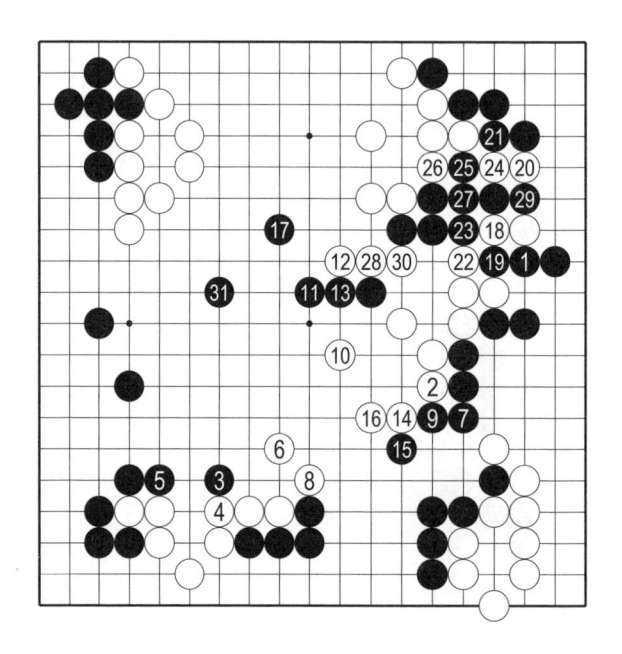

黑棋应于1位反击，威胁中腹白棋。

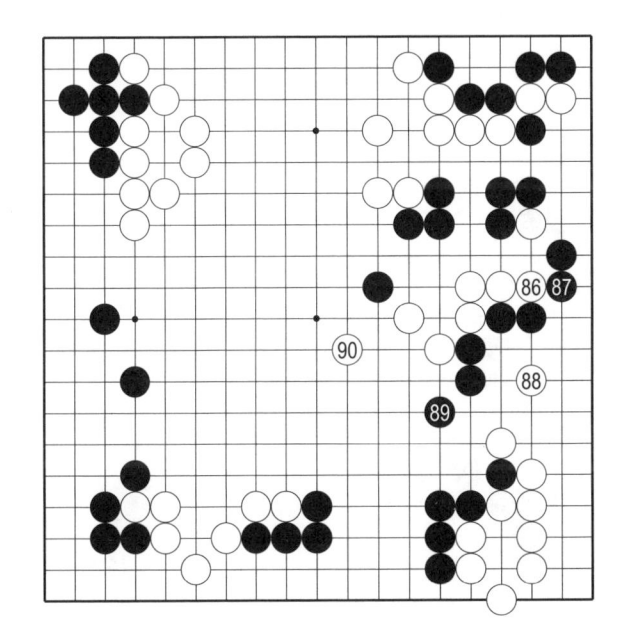

白88点方破坏黑棋棋形，不是此局面下的要点，此时应在中腹行棋。

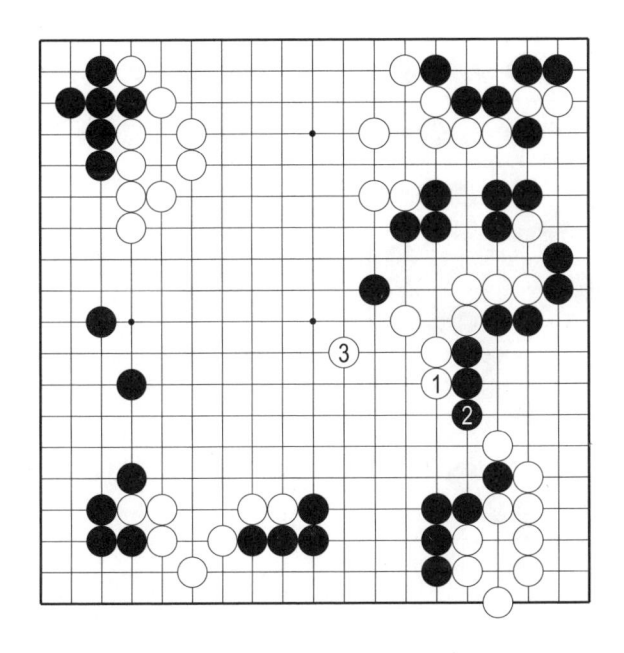

白当务之急是走畅大龙，才能安心经营上方模样。

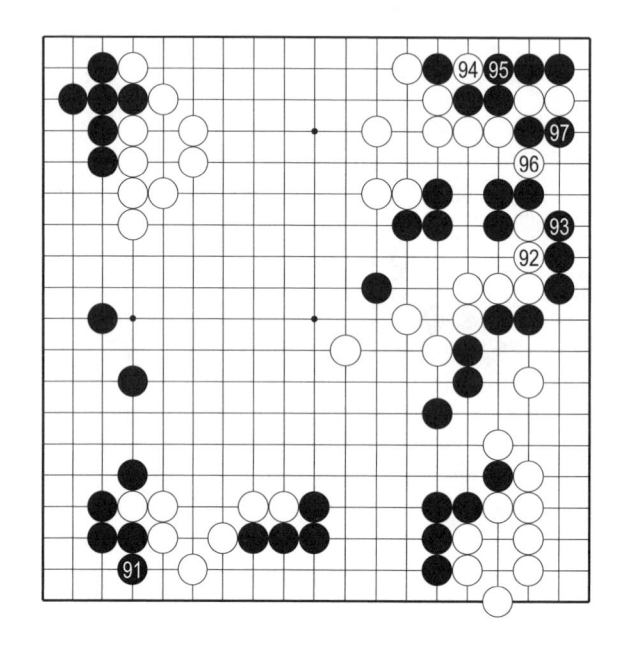

黑 91 搜根，意图缠绕攻击，但围棋 AI 认为全局的焦点不在这里。

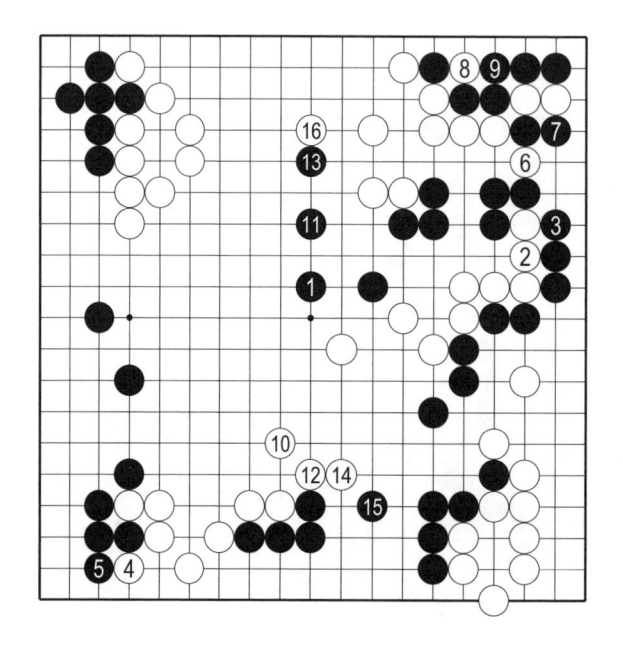

黑 1 一边攻击中腹白棋，一边消减上方白棋潜力。

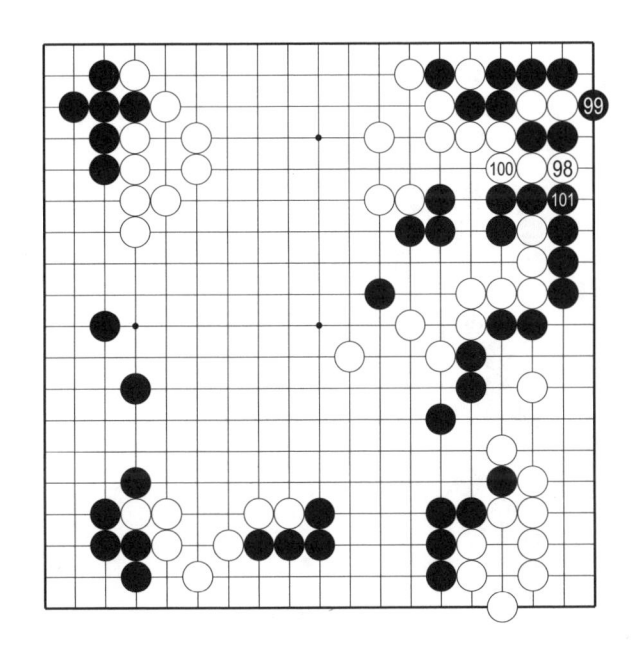

白98以下交换不便宜，可以保留。

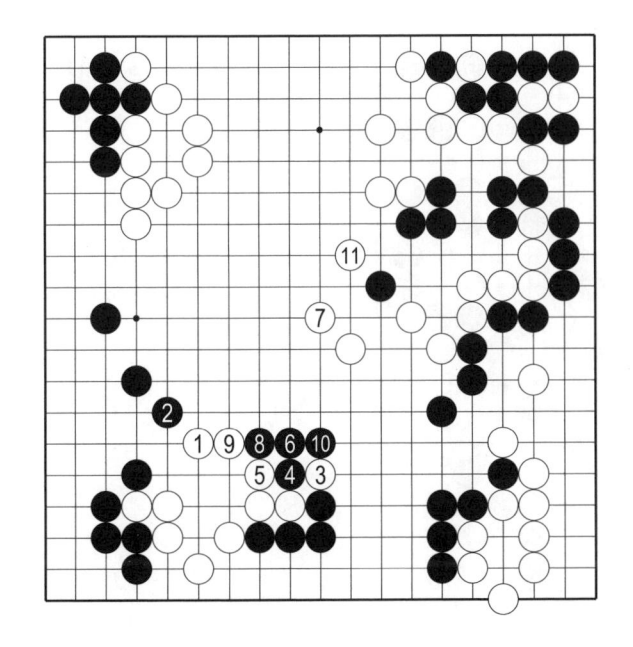

白棋应于1位直接补强左下。

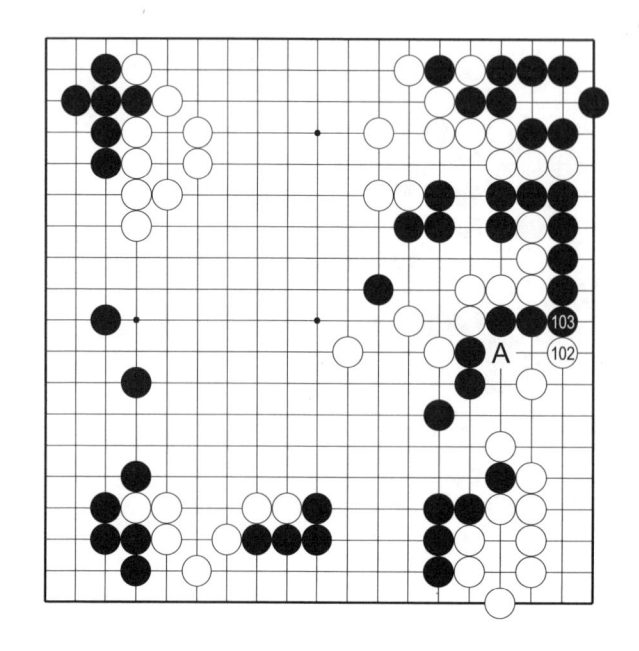

白 102 刺的时机不对，此时帮对方下厚很亏。

若不做这个交换，黑 A 位的断点是个隐患。

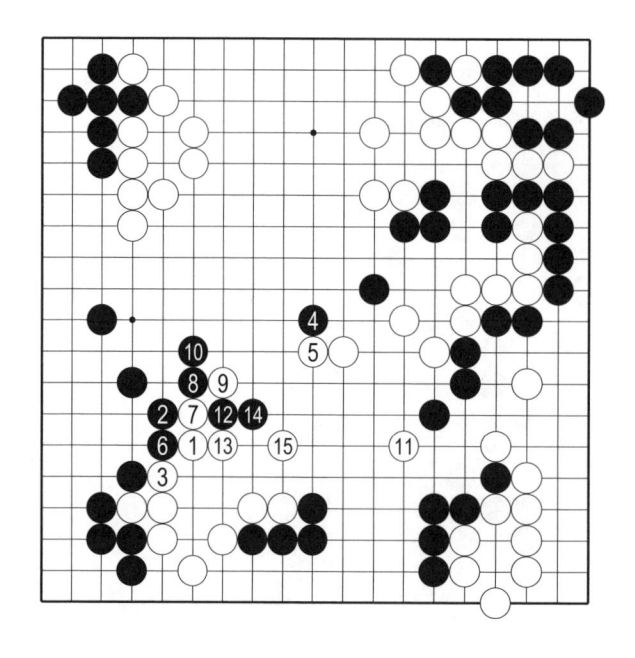

白棋还是应该补强左下。

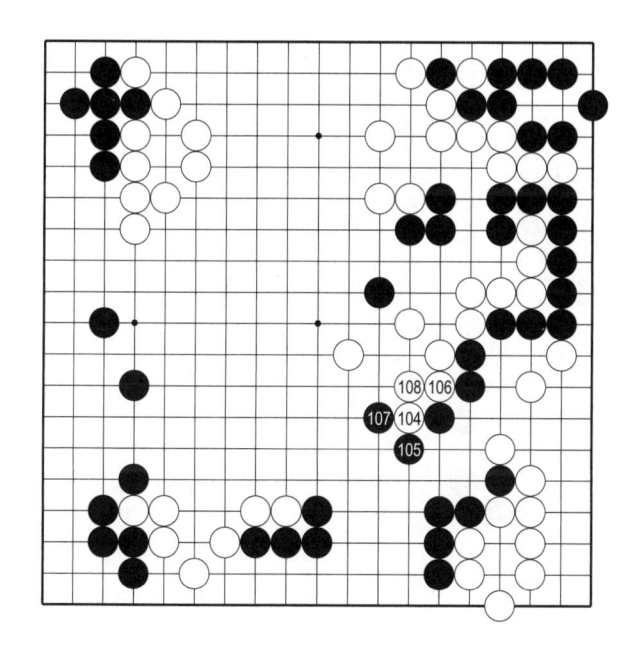

白 106 挤失误，被黑 107 在外围先手打。

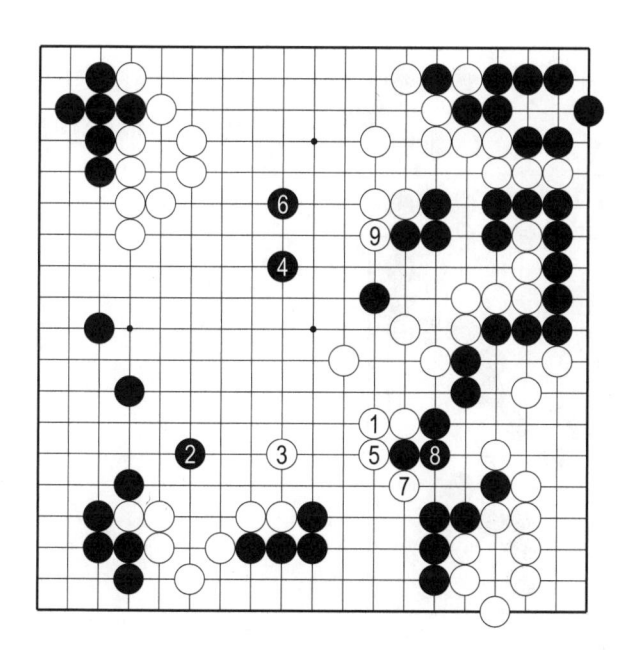

白 1 长是局部的形，也往左下的白棋靠近了一步。

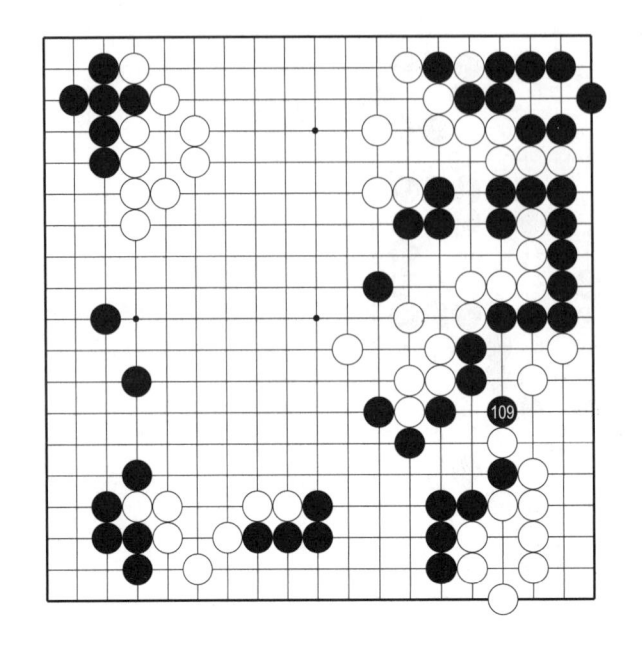

黑 109 失着，在小处纠缠不清。

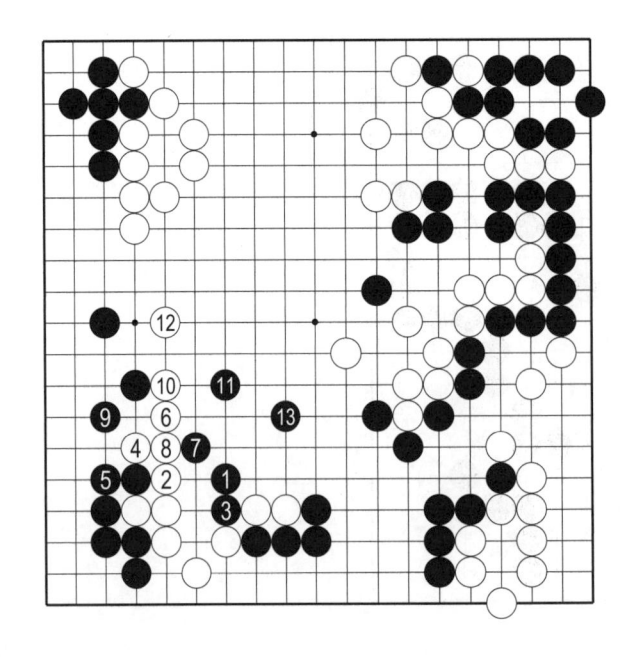

黑 1 攻击下方白棋，可以期待不错的结果。

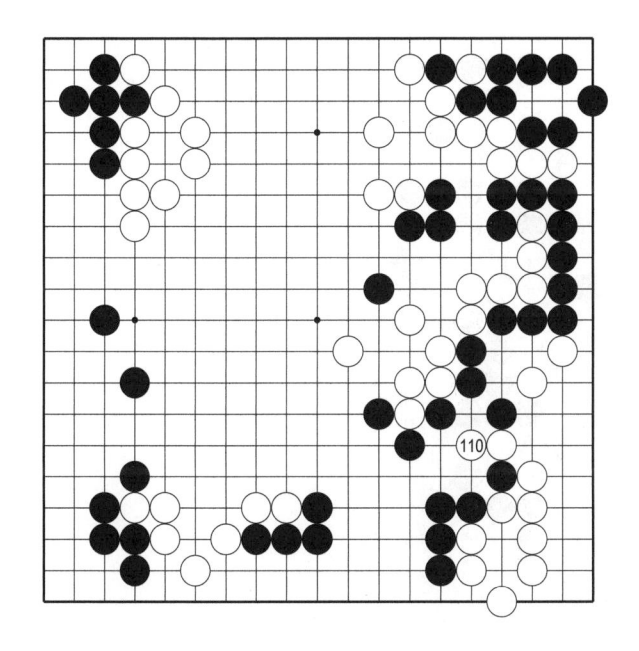

白110失机，此时应脱先补强下方大龙。

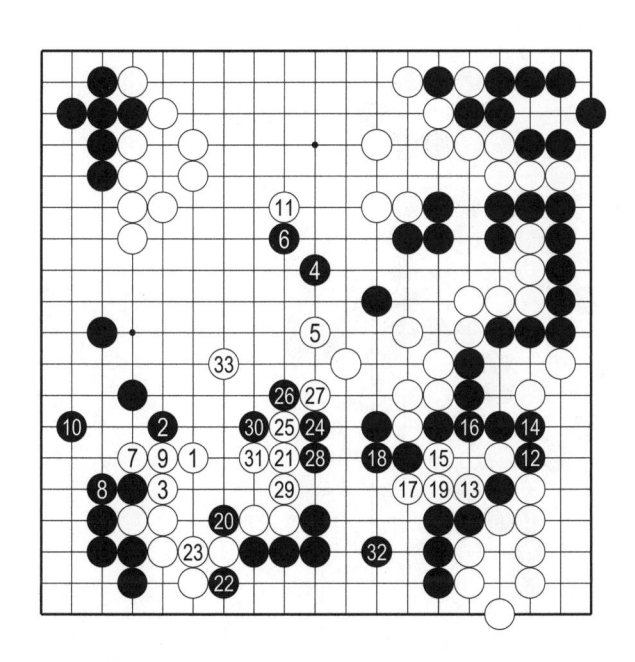

实战双方对左下这块白棋的强弱都有误判。白方迟迟不补，黑方迟迟不攻。

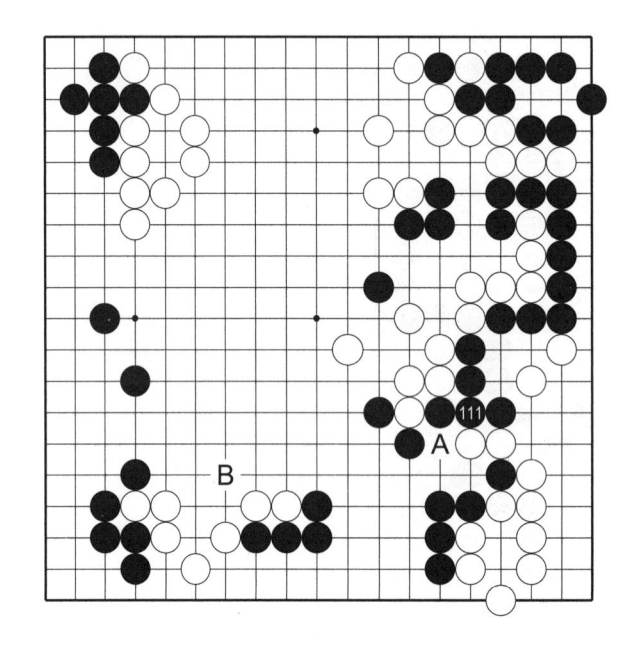

黑 111 不好，局部应下在 A 位，从全局看应下在 B 位。

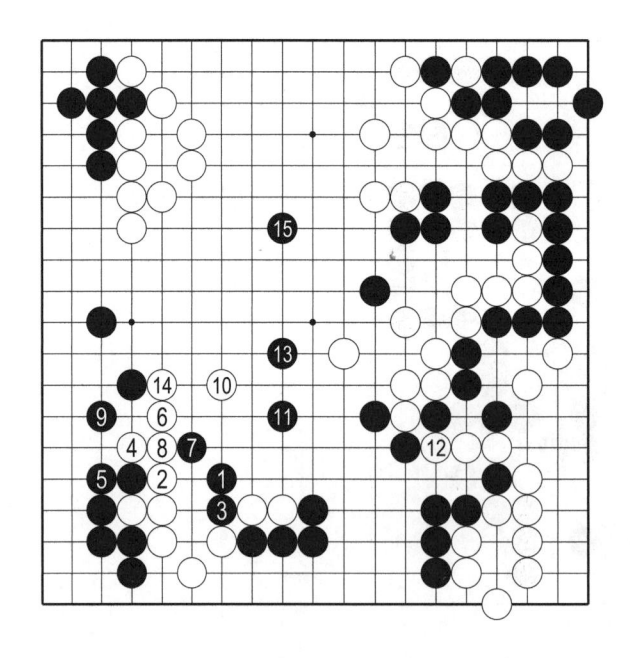

黑 1 瞄准左下白棋的弱点。

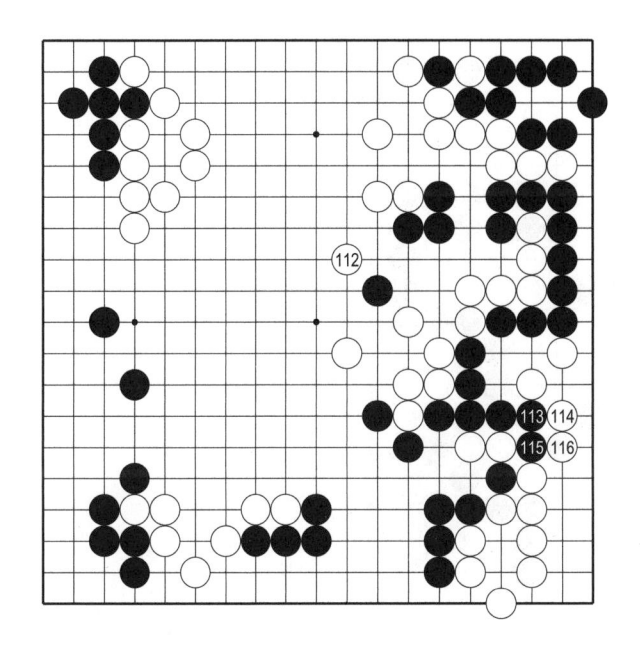

白 112 围上方，行棋方向错误。

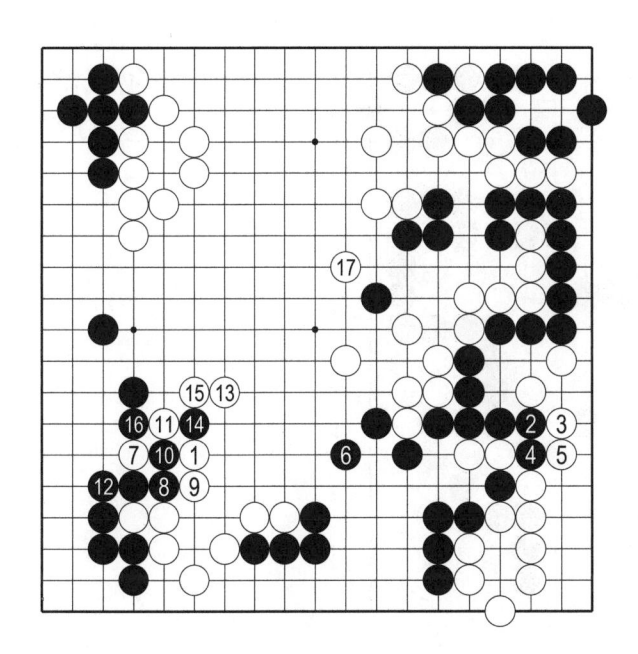

围棋 AI 推演的方案，左下大龙可以先手补强，之后还能抢到 17 位。

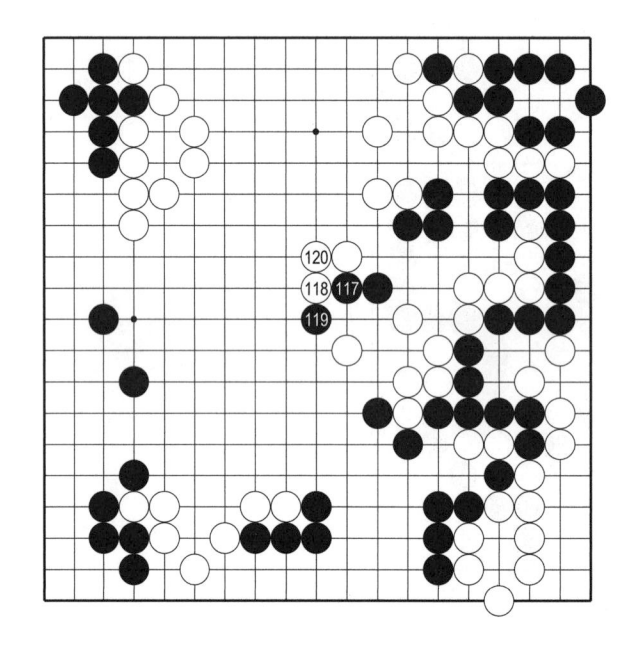

白 118 强行扳头围上边，对两块孤棋的危险认识不足。

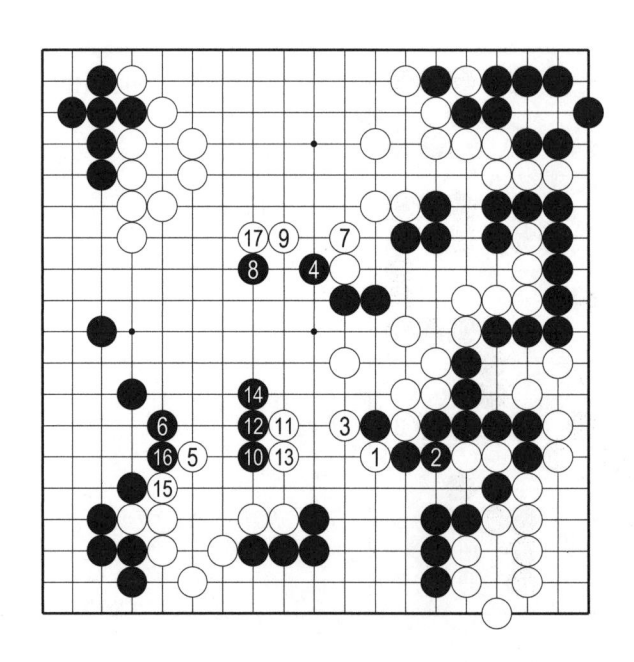

白 1、3 彻底做活大龙，下边的危险也随之解除。

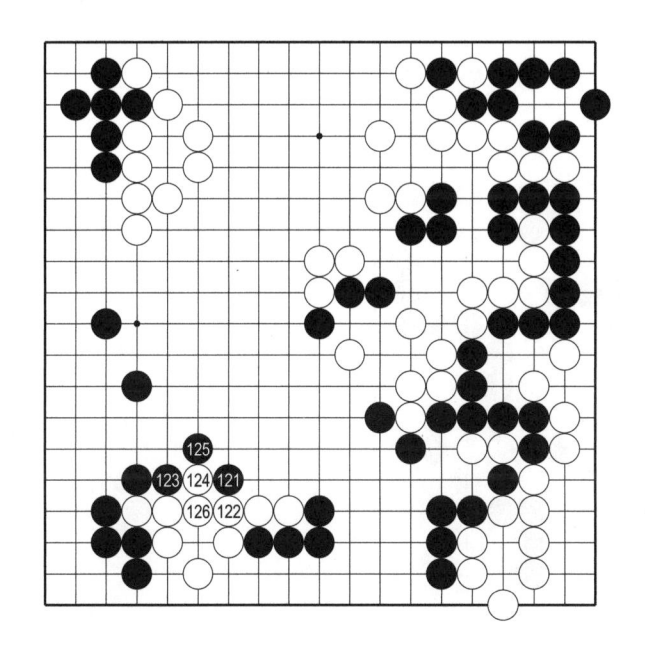

黑121、123击中要点，白两块仍未活净。

没有人不认为白126粘上理所当然，但围棋AI另有思路。

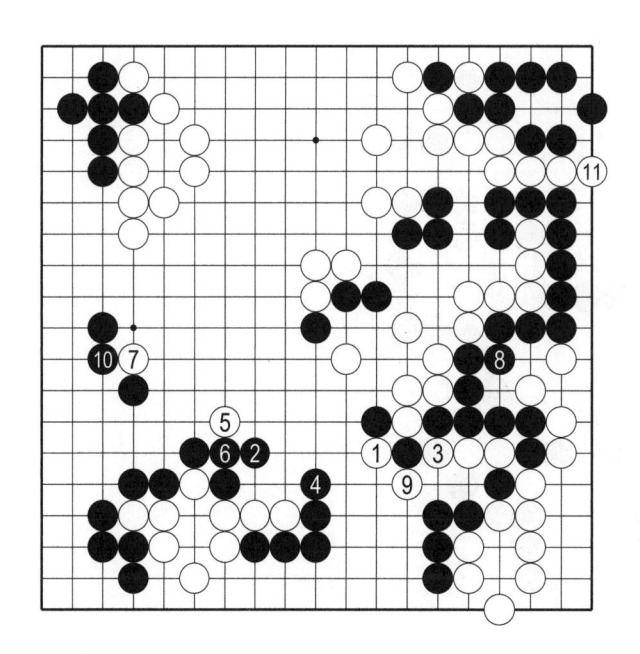

看看围棋AI的方案，白1居然弃大龙不顾而反攻黑棋。围棋之深奥，令人望洋兴叹！

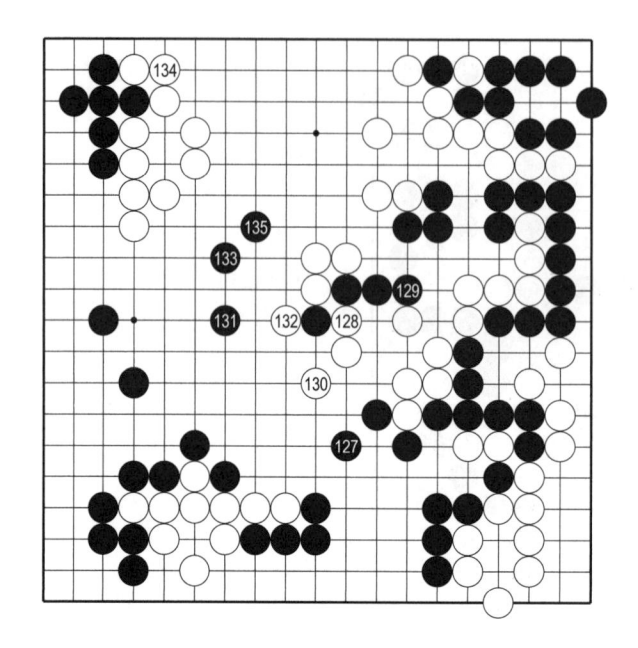

白 134 见小，黑 135 再进一步，以下白再无胜机。

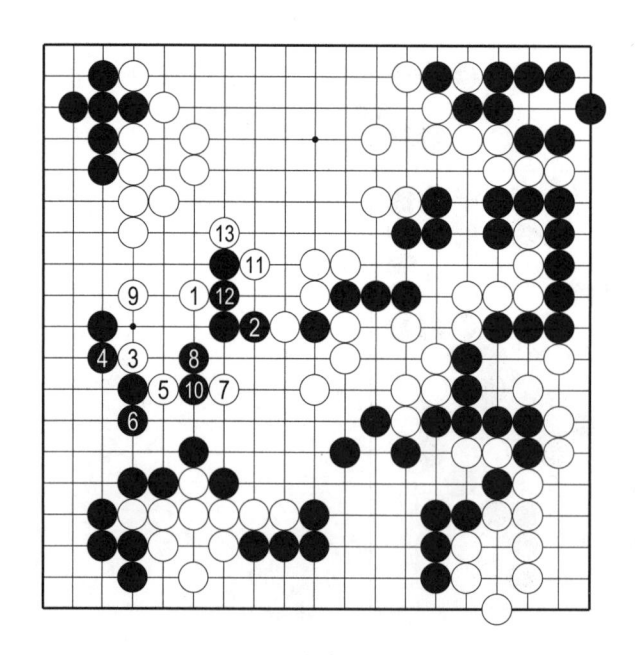

白 1 刺，尽力护住上边大空。如图进行围棋 AI 判断黑方领先 3 目左右。

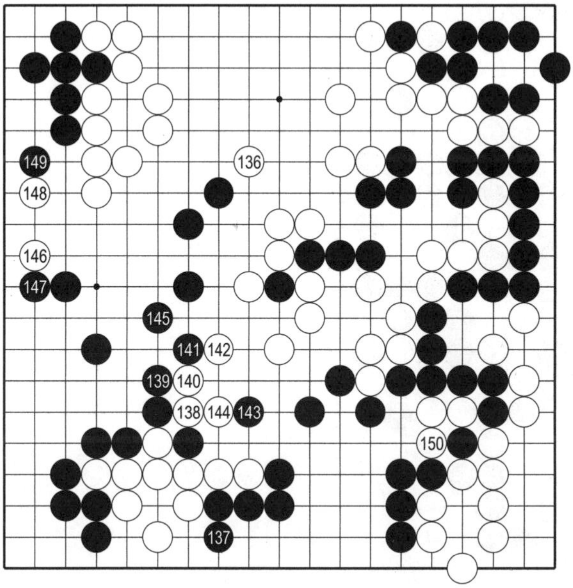

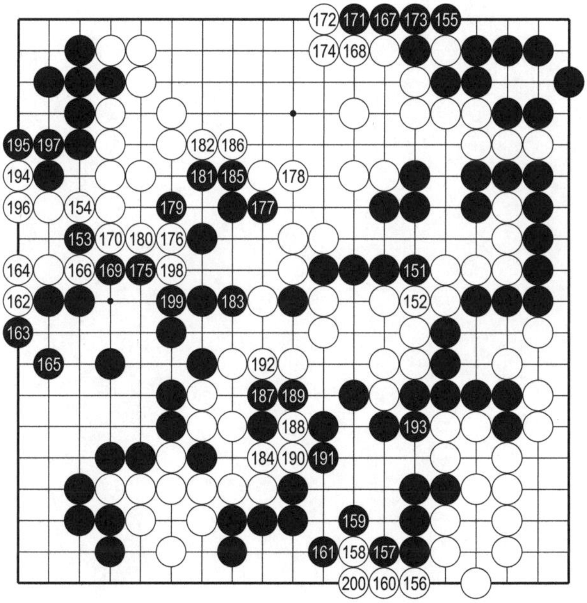

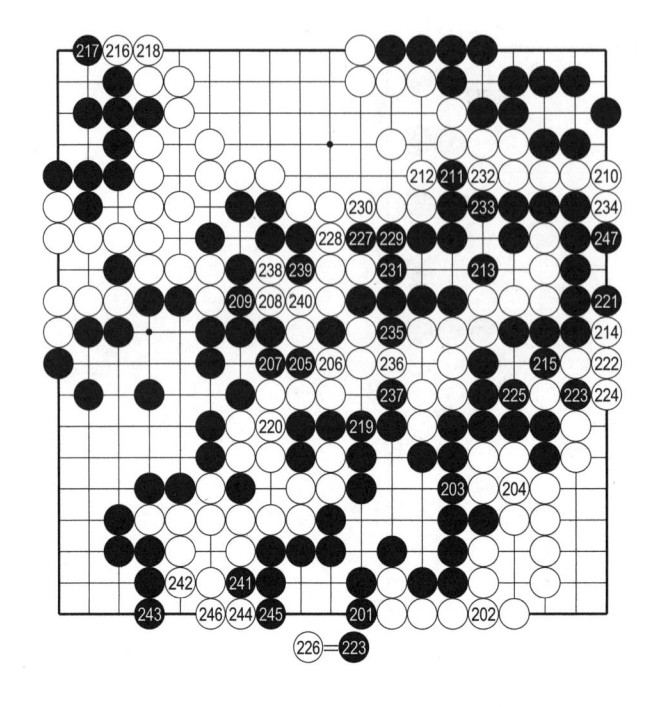

共 247 手
黑胜 7 目

(226)=(223)

本局胜率走势及 AI 吻合度

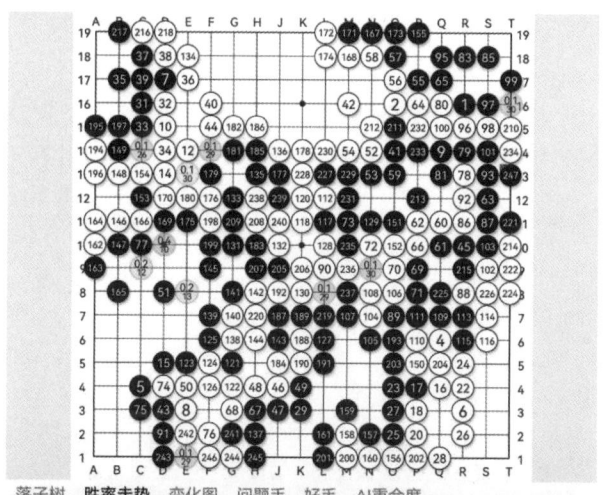

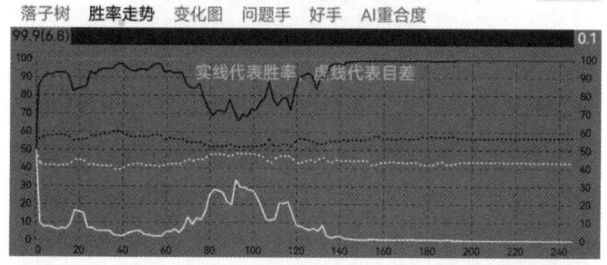

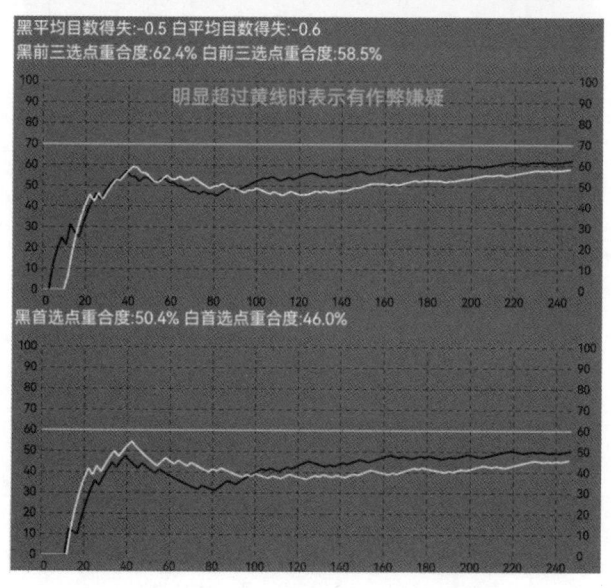

黑平均目数得失:-0.5 白平均目数得失:-0.6
黑前三选点重合度:62.4% 白前三选点重合度:58.5%

黑首选点重合度:50.4% 白首选点重合度:46.0%

吴清源 VS 桥本昌二

总谱

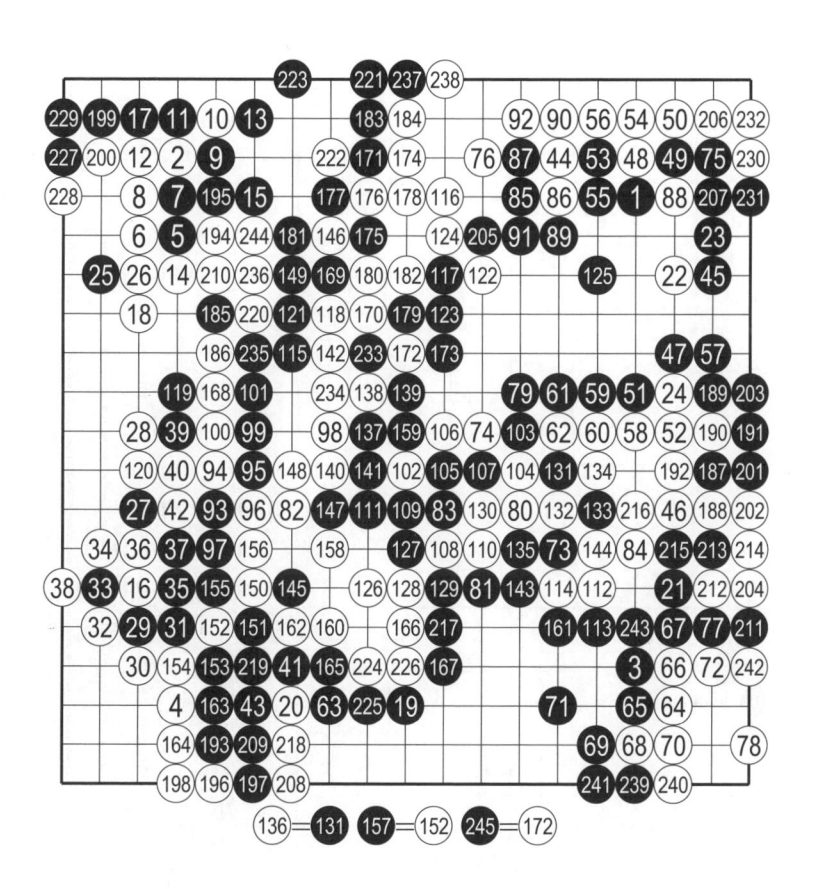

●吴清源 VS ○桥本昌二

第一届名人赛
1962年4月2日、3日
黑贴5目
共245手，黑胜9目

(136)=(131) (157)=(152) (245)=(172)

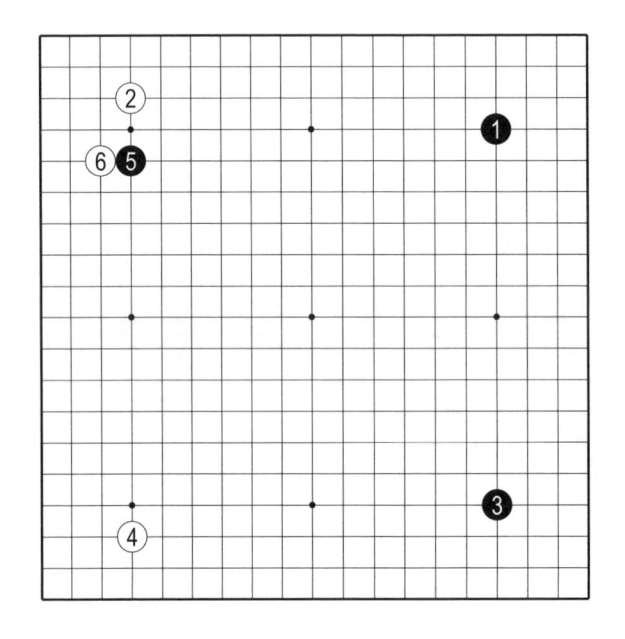

黑贴 5 目，黑方初始胜率大约 60%。

二连星对向小目布局，今天仍然常见。

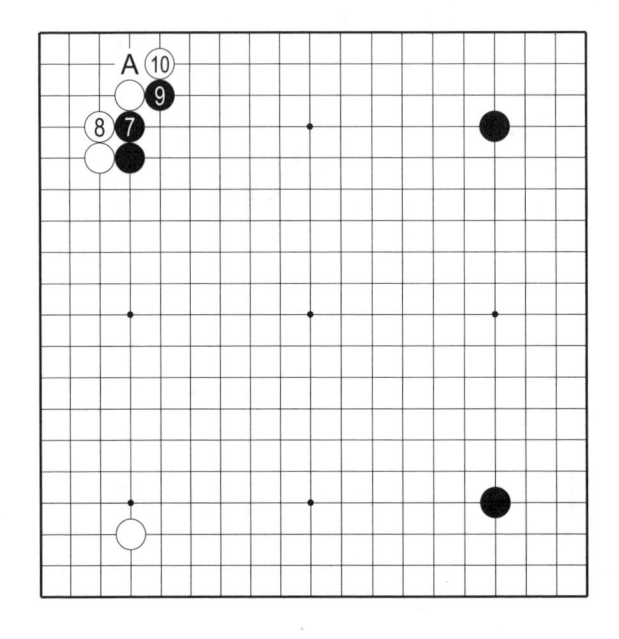

白 10 扳二路有意避开大雪崩。吴清源先生于 1957 年发明了大雪崩内拐定式。该定式不断演变，常常引发激战。

但白 10 是薄形，明显留有 A 位打吃好点,胜率下降 4 个点。不如直接在 A 位立下。

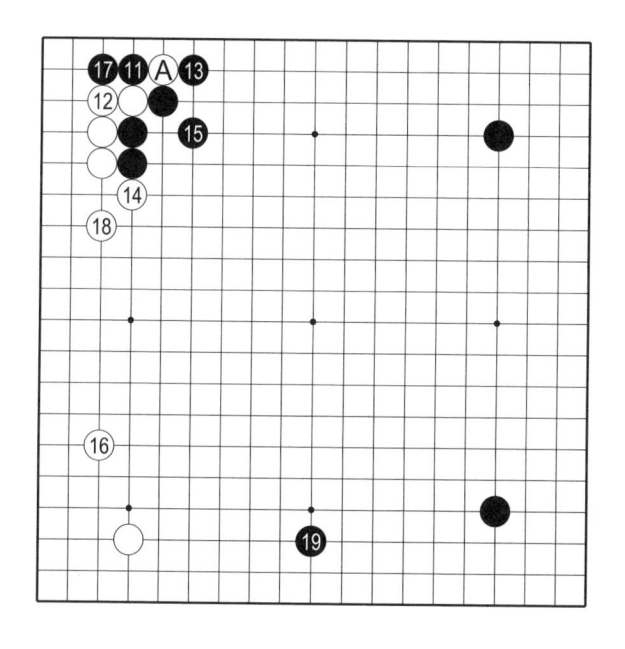

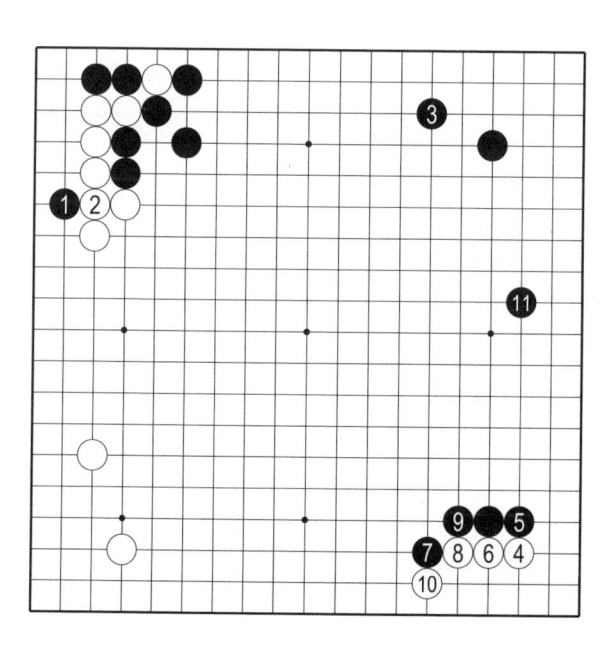

黑11、13吃掉白A已是活形，中腹虽然有一些薄味可供白方利用，但对黑而言并不致命。白A这手损失在先的棋后来被淘汰了。在围棋AI看来，甚至黑15都可以省略不补。

按照以前的棋理，左边小目缔角，右边星位，黑19是双方必争的大场。

但是围棋AI不认同空星拆边，黑19导致胜率下降6个点。

黑1点刺先手便宜，之后黑3、白4都是先下角部。

本参考图的黑11和上面实战图的黑19这种边星一带的大场价值低于守角和挂角、点角。

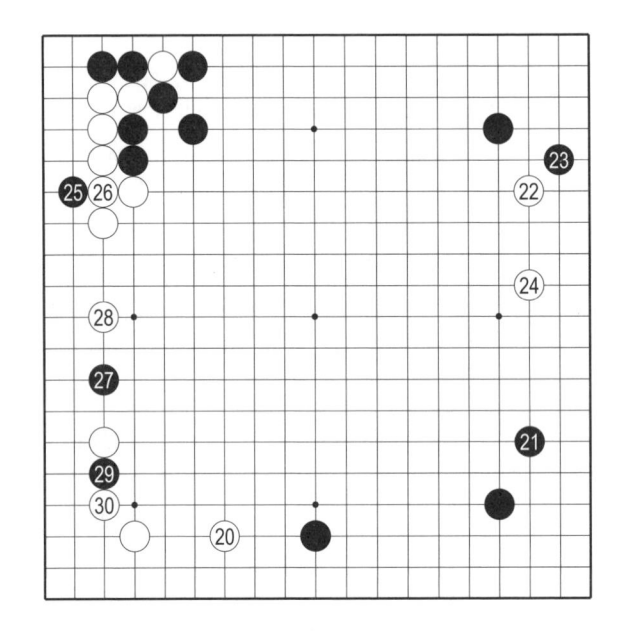

黑 23 下在二线，胜率下降 7 个点．

二线俗称"失败线"，布局阶段一般优先考虑三、四线。

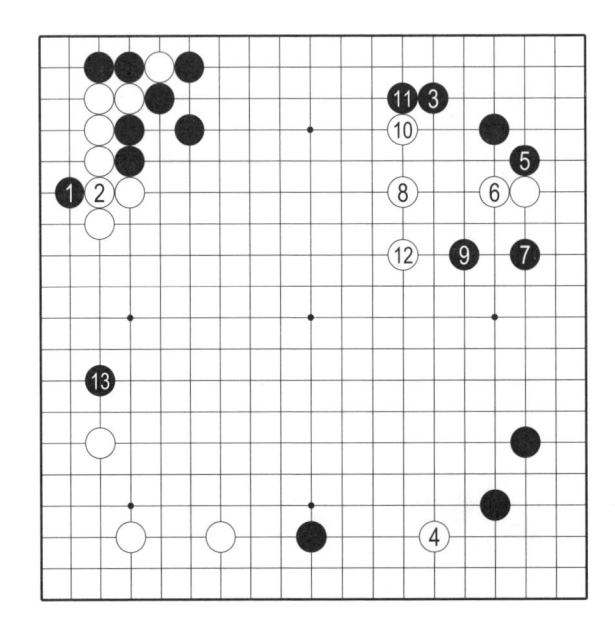

黑 3 防守，方向正确，有望与左上黑势力形成配合。

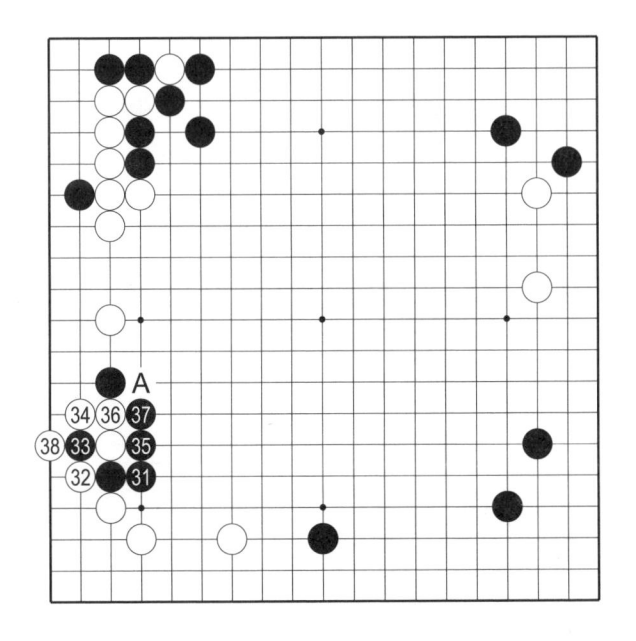

白38退缩，胜率下降8个点。

围棋AI推荐在A位断，而实战没在A位断的原因，吴清源先生在自战解说中有详细解释。

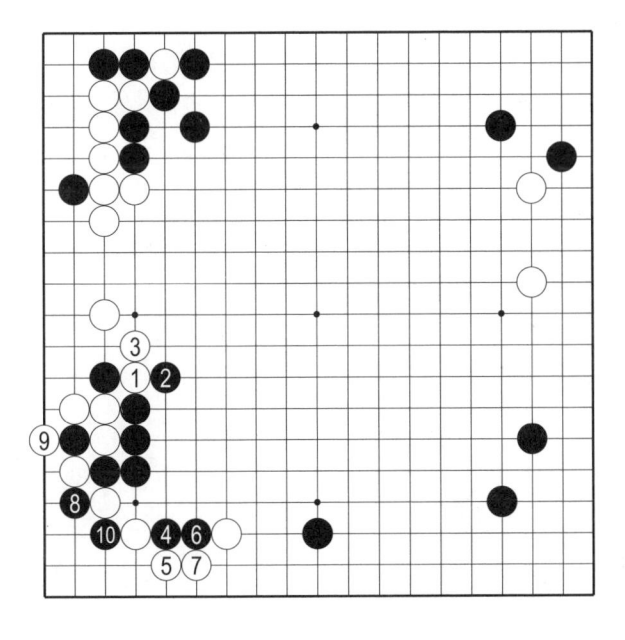

吴清源先生用这一张参考图说明，如果白1断，之后白7渡过不能成立。

那么接着看下图——

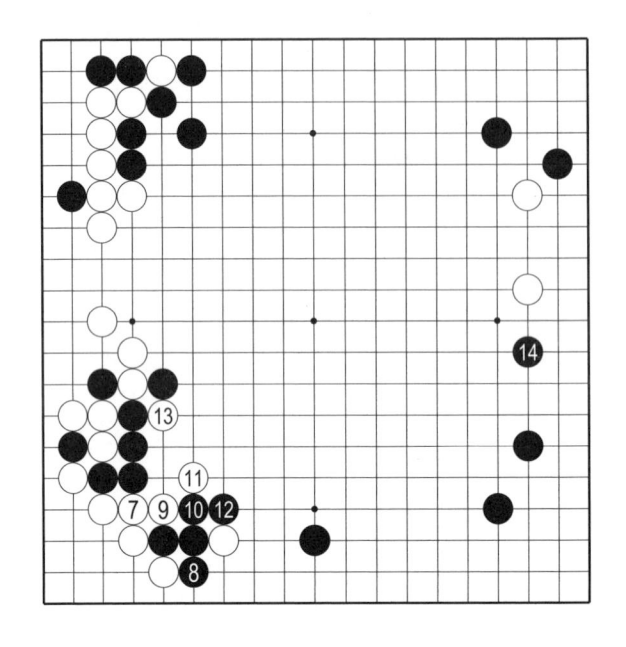

于是白7团，至黑14，吴清源先生判断是黑棋充分。

围棋AI同意吴清源先生对此图的判断，但认为白7有更好的下法。

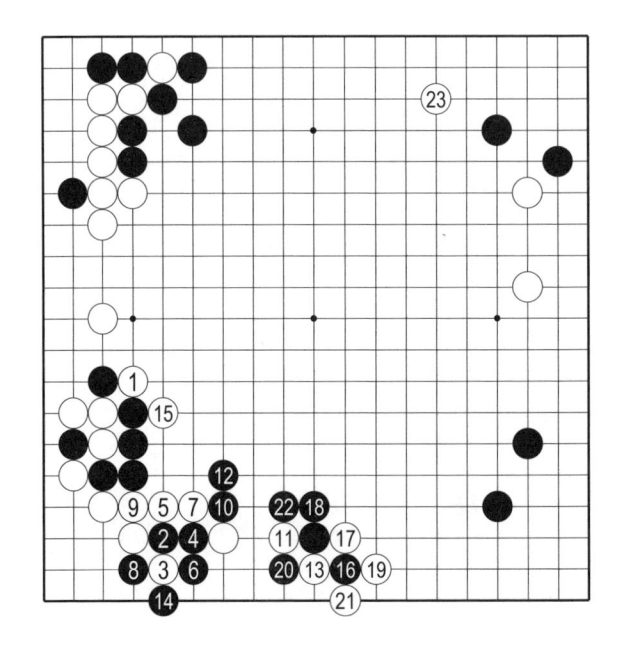

这是围棋AI的推荐下法，和上图相比，角部类似，但下边的区别很大，白先手拔花，可以满意。

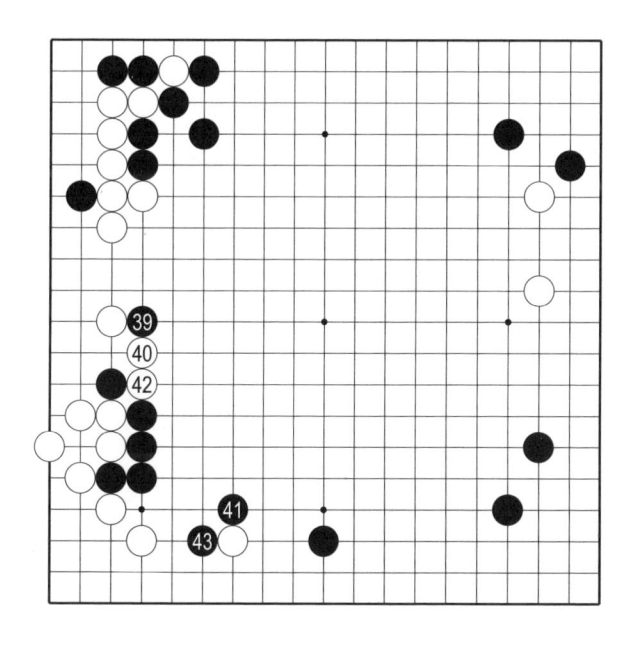

黑41脱离主战场，胜率下降12个点。

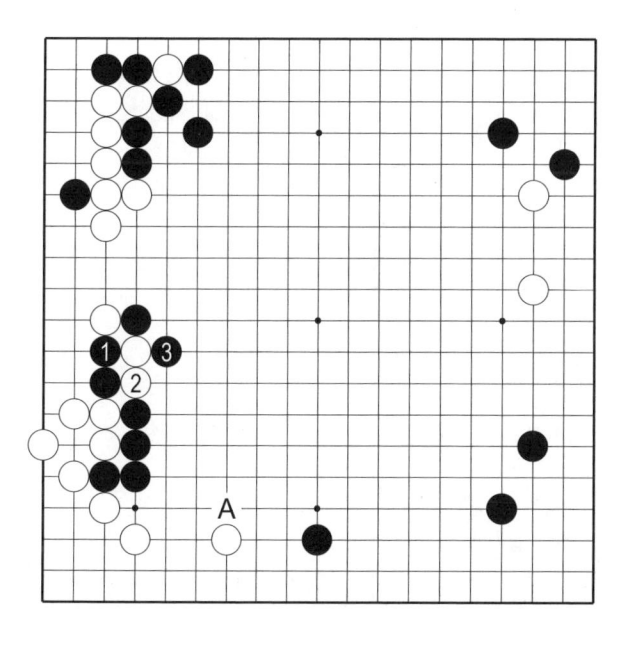

实战黑41之所以没在本图1位断，是考虑到目前黑3征吃不成立，所以先在A位引征。

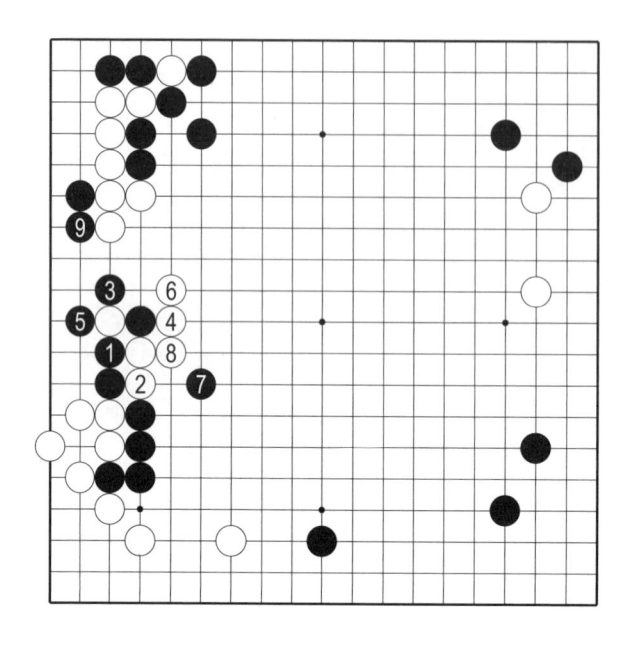

但围棋 AI 认为黑 41 应该如本图黑 1 马上切断。

白 2 切断不好，尽管黑不能征吃，但黑 3 可以在边上打吃。

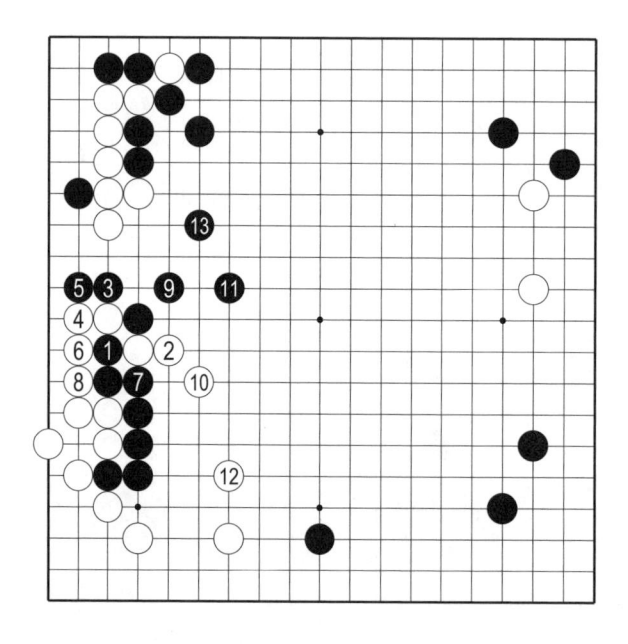

所以围棋 AI 认为白 2 只能长出。本图是双方最佳下法。

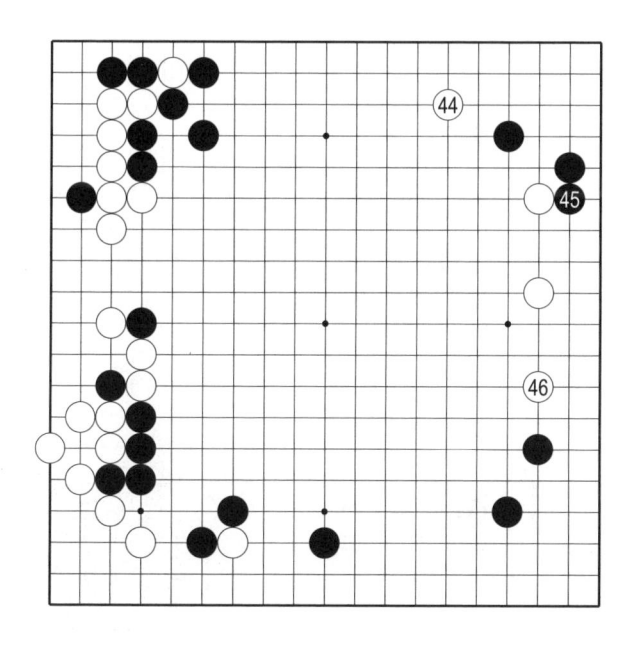

黑45爬二路与白46拆二交换亏损，并且角上仍然空虚，胜率下降6个点。

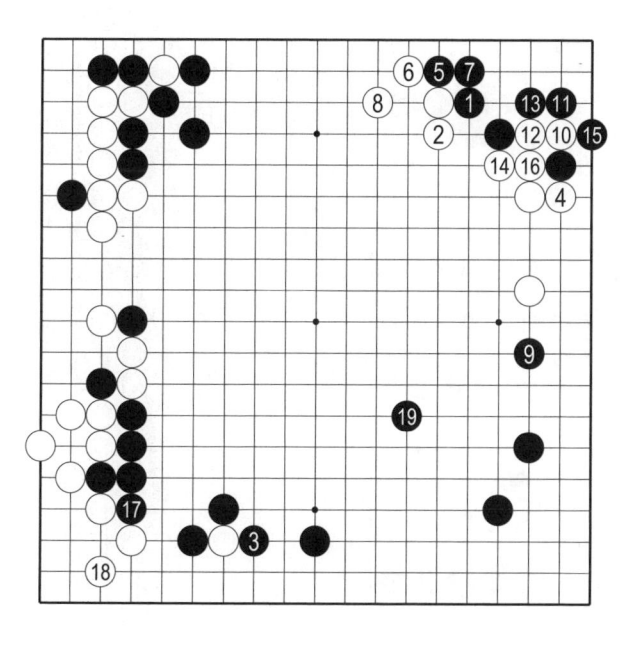

黑1尖顶护住角，然后黑3在下边抱死白一子厚实。

至黑19，黑模样可观。

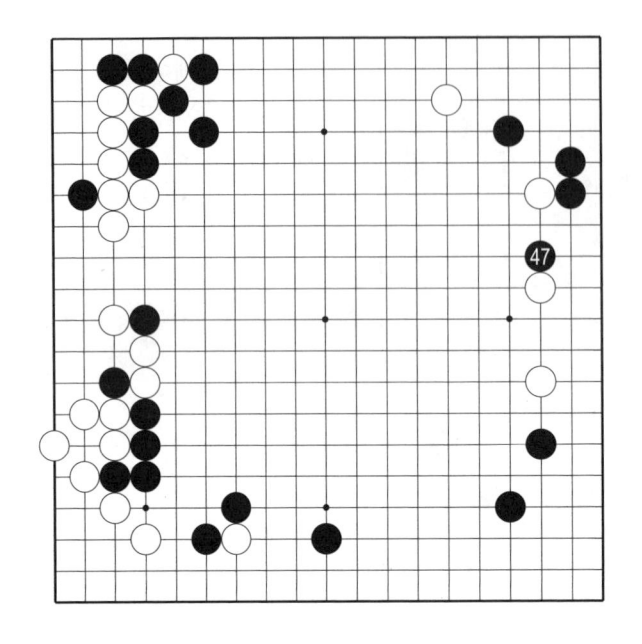

黑 47 继续在右边投入兵力，胜率下降 7 个点。

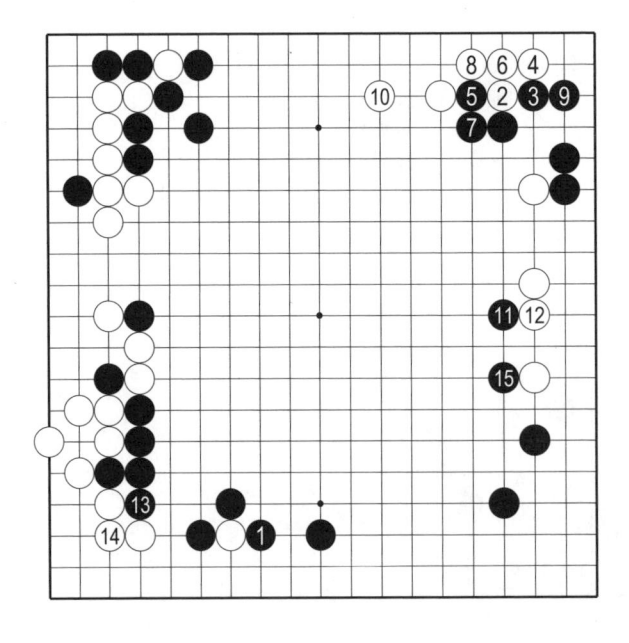

黑 1 抱吃仍是全场最大的点，左边没了后顾之忧，后续有望跟右边配合形成模样。

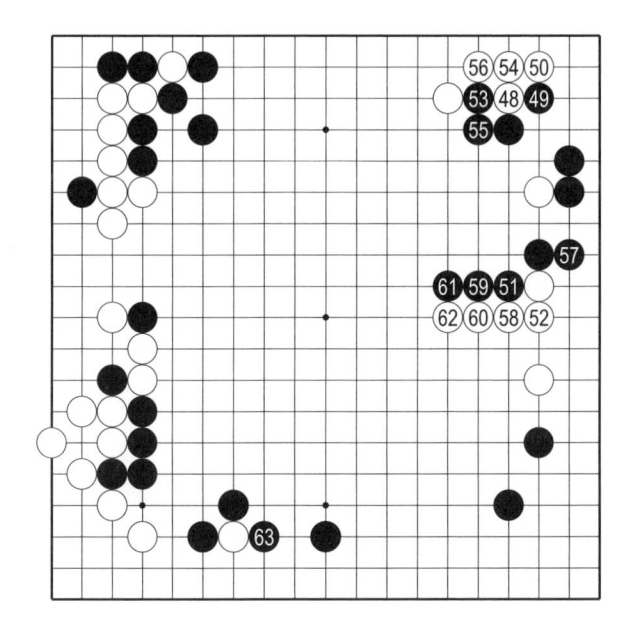

白48脱离左下主战场，在右上角纠缠良久后，终于被黑63补厚。

白方胜率下降8个点。

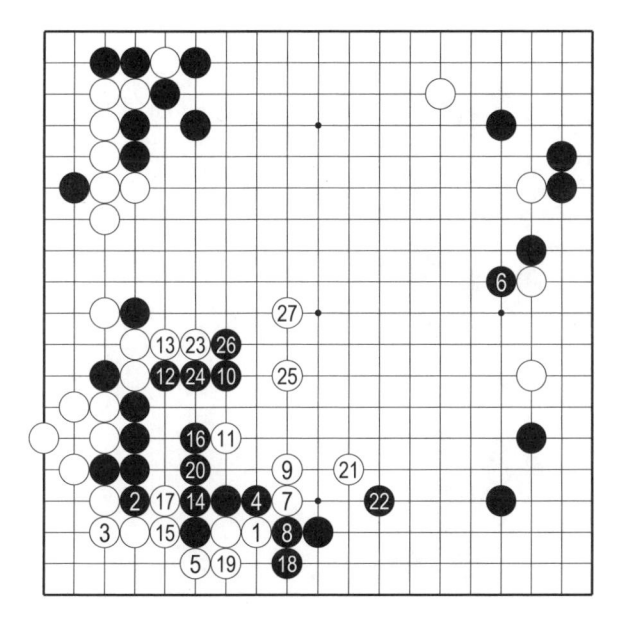

左下黑棋尚未下厚，此时白1动出严厉。

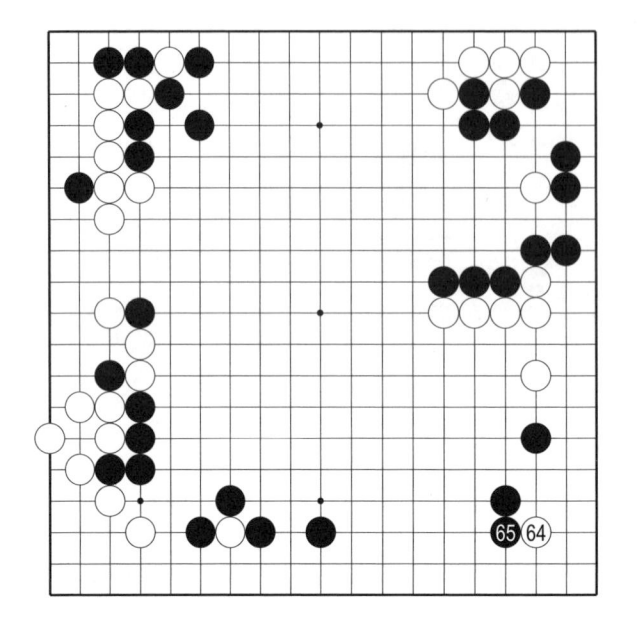

白64打入选点错误,胜率下降8个点。

白边上大龙尚未解除危险,此时点三三是本局比较重大的一个战略失误。白方活角,但是付出了让黑外围下厚的代价。黑的外势之后对白右边的大龙形成很大威胁。

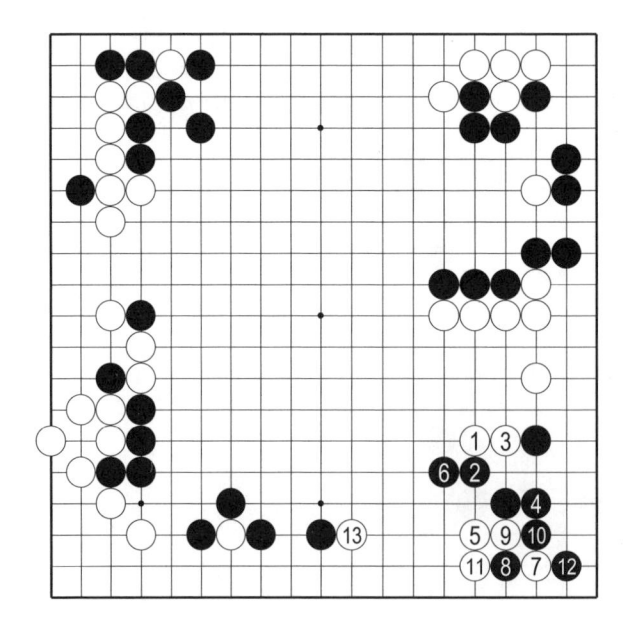

围棋AI推荐方案,白1既加强自身,又侵消黑阵,黑2、4最强,白5袭击黑阵缺陷,以下至白13,白明显优于实战。

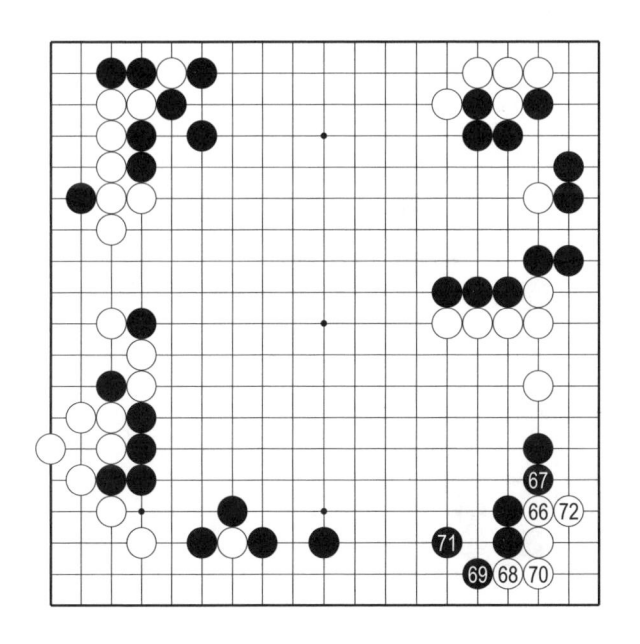

白66爬下重了无法转身，在角上谋活被黑下厚外围，胜率下降9个点。

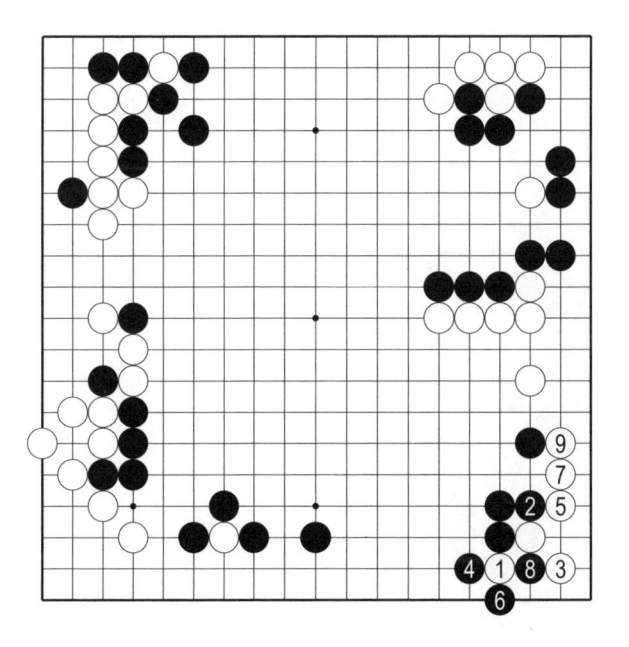

围棋AI认为安定边上大龙比活角的价值大。所以在本图中，白方点角是虚晃一枪。

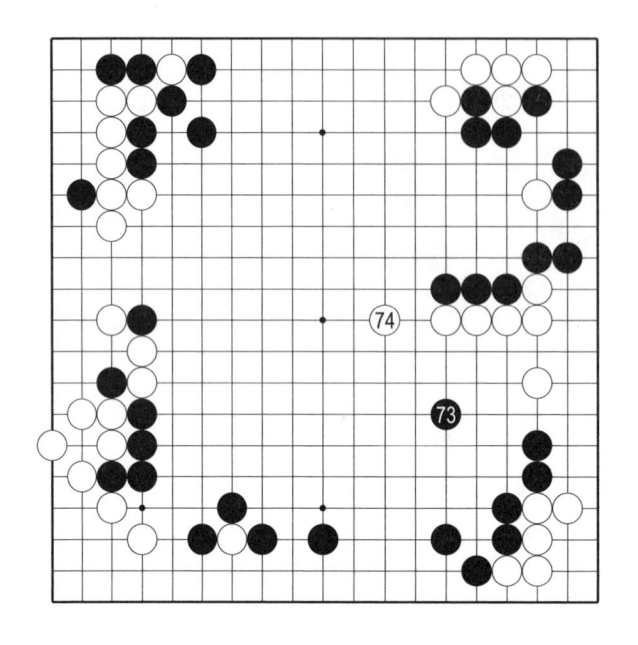

黑 73 发动攻击，此时黑方胜率达到了 90%，目差为黑方领先 4.5 目。

白 74 出头的方式比较松缓，胜率再降 5 点。

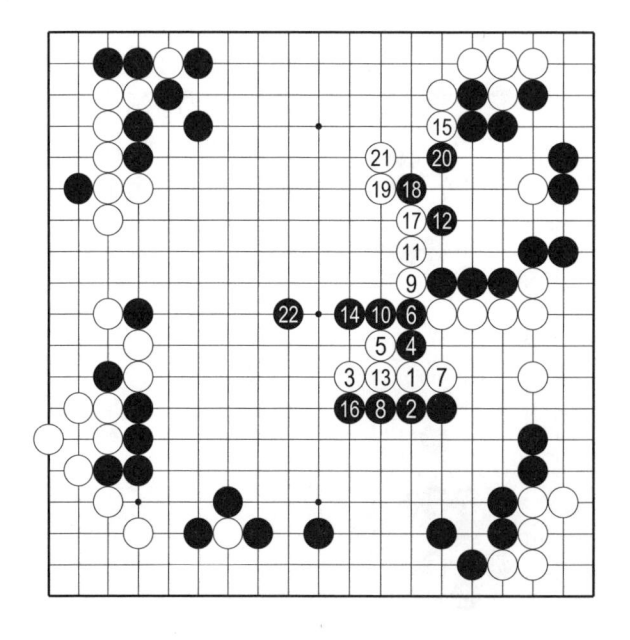

此时白 1 肩冲是好点，一边出头一边侵消下边黑模样。

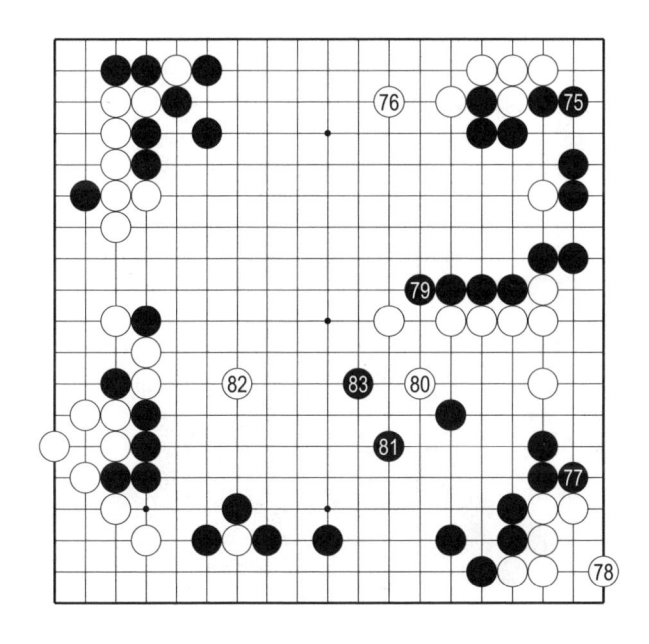

黑75位与白76位是见合点，实战吴清源先生选择了角上实利。

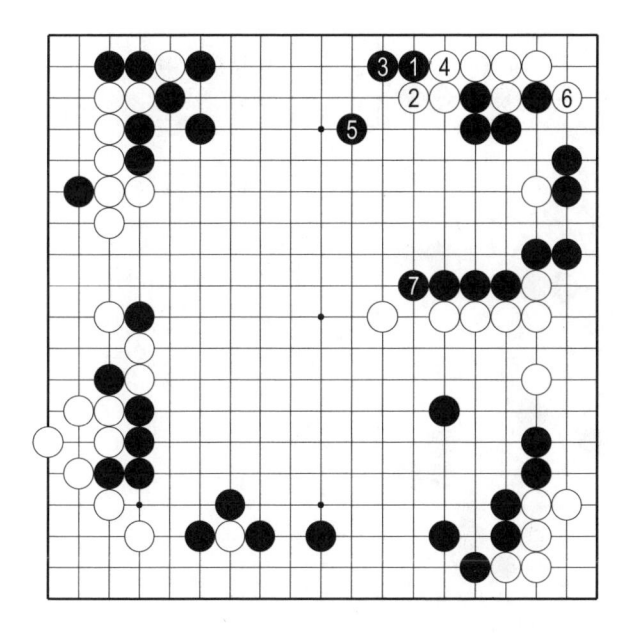

黑如改下白76位逼，或如本图黑1在二路点，胜率都差不多。

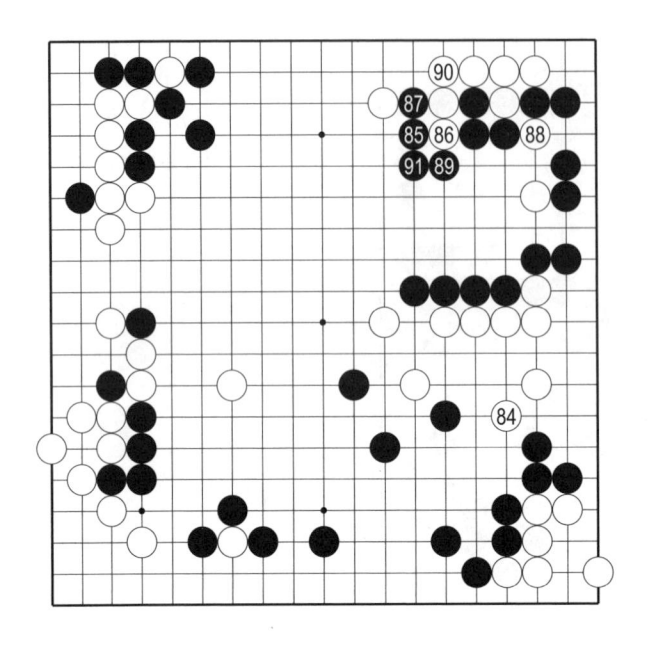

白 84 是好点，通过冲击黑方的缺陷来谋求眼位，比狼狈逃窜高明。

白 86 冲过分，胜率下降 10 个点。

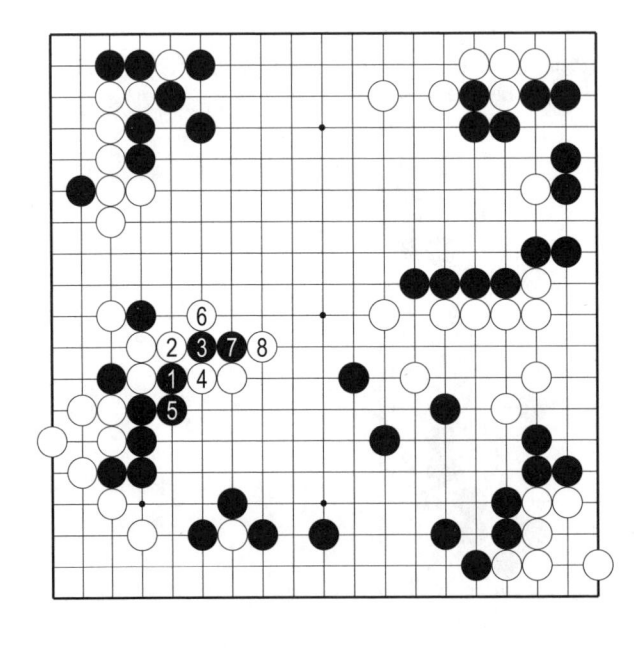

黑 85 开始，右上角突然爆发了一场激烈冲突。

要理解这场冲突，必须看到中腹的这个征吃。右上的冲突是围绕着引征与反引征展开的。

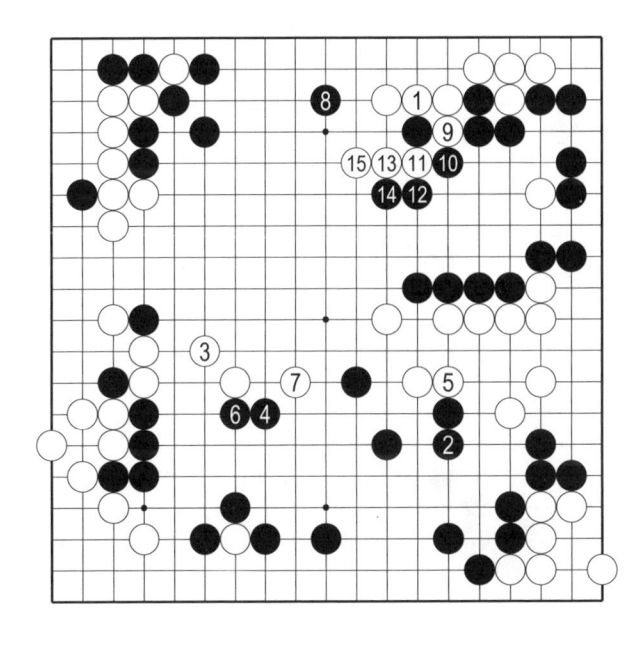

这是围棋AI推荐的变化图，实战白86应如本图白1接上，之后黑2补厚保持对白大龙的攻势。

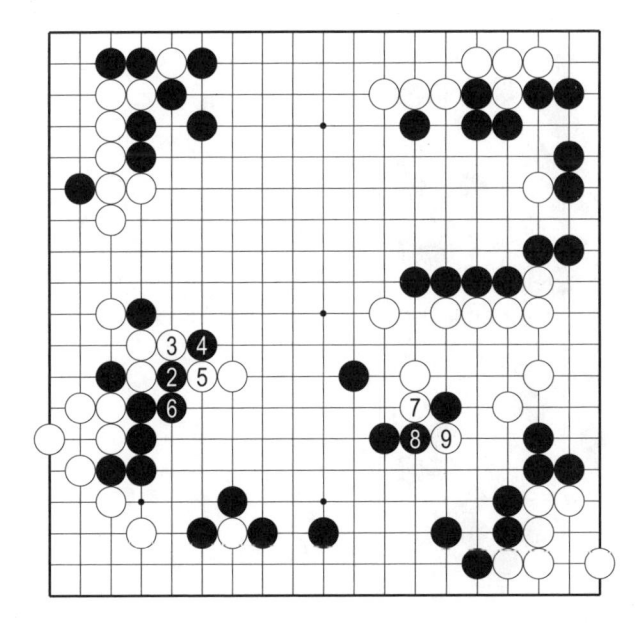

而对局双方担心的中腹左边的争斗，在围棋AI看来价值并不如关系到白大龙安定与否的右边。

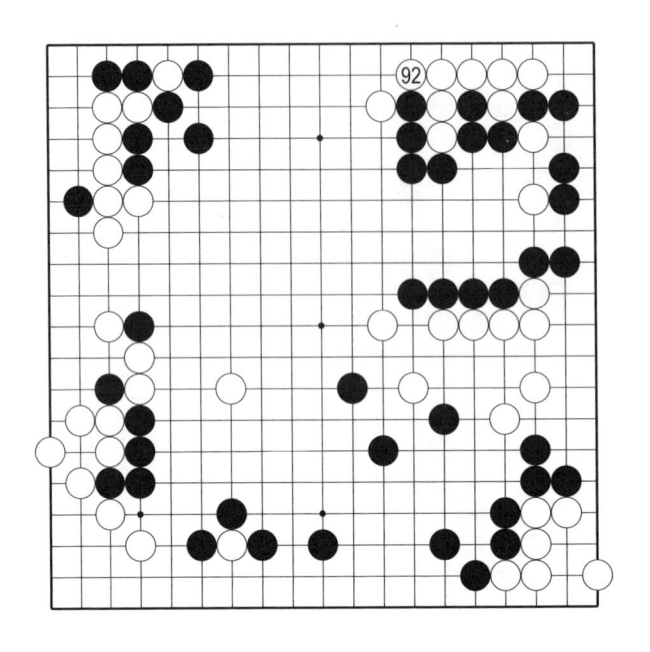

白92误判了左边的价值,胜率下降10个点。

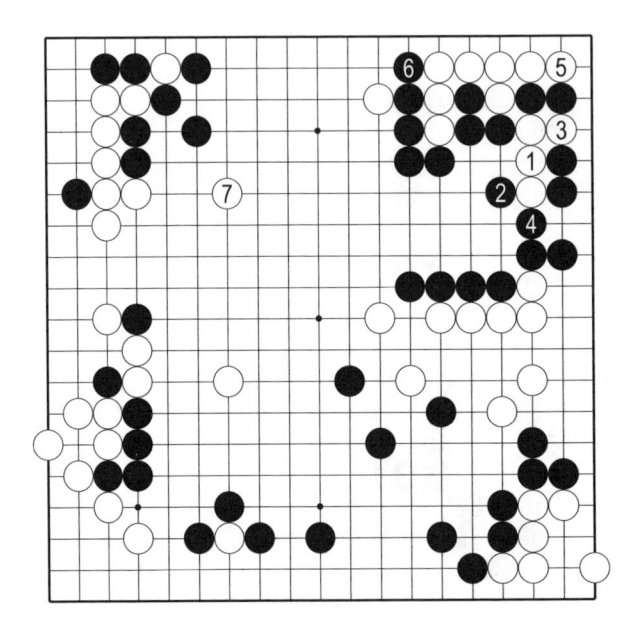

白1粘上可以吃掉角上黑二子。

黑6挡下后,白7浅消,黑上边所得不能弥补右上角的损失。

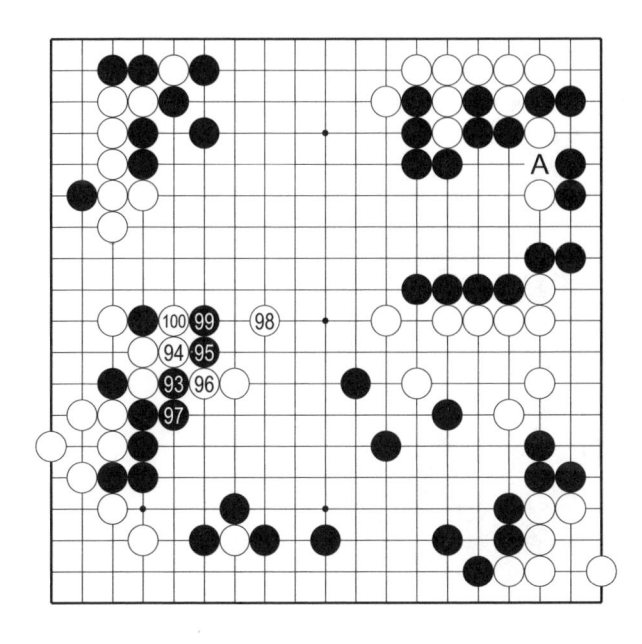

黑 93 脱先不好，留下白 A 位接的余味。胜率下降 11 个点。

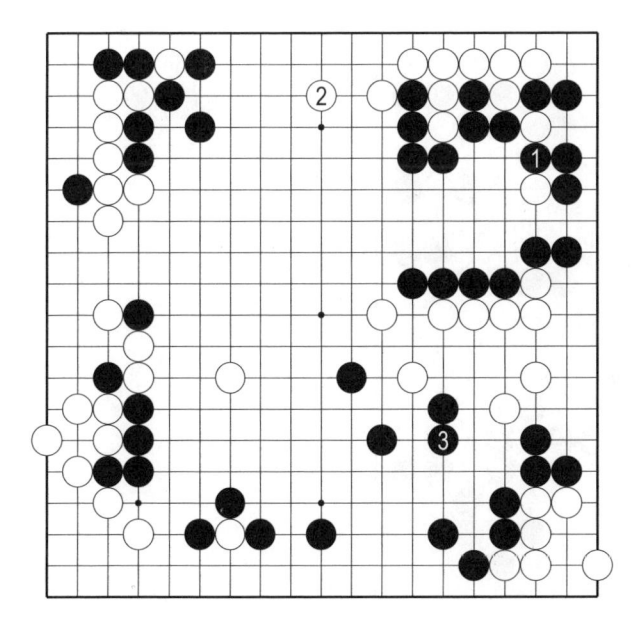

目前黑空领先，应该黑 1、3 补厚，简化局面。

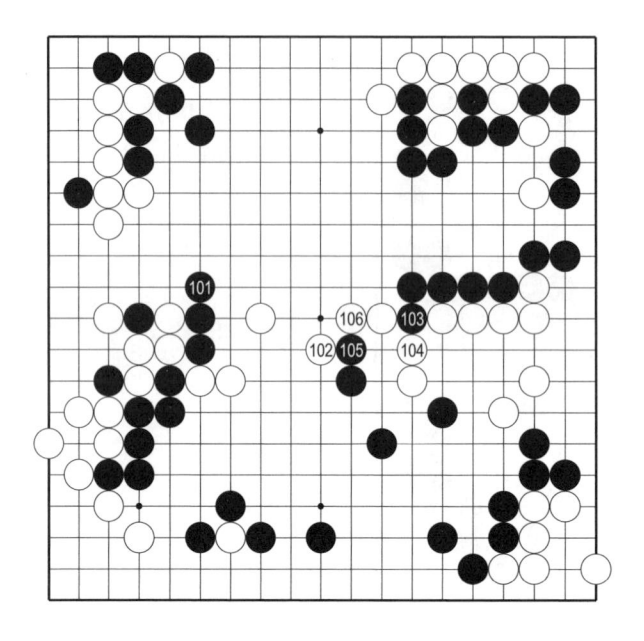

白 102 单纯求联络的下法比较被动，胜率下降 6 个点。

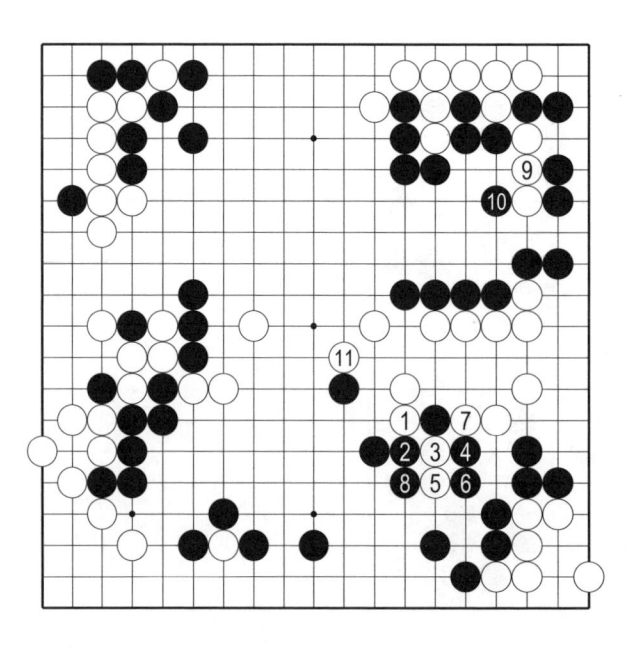

白方应该一边通过冲击对方的弱点来做眼，一边谋求联络。

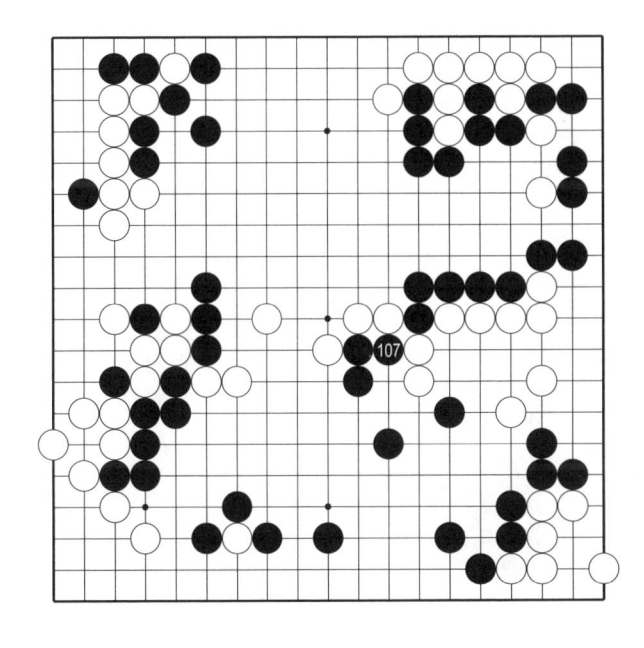

在我们的认知里，黑107把白断成两截，白方面临苦战。

然而围棋AI对黑107的评价并不高，胜率下降13个点。

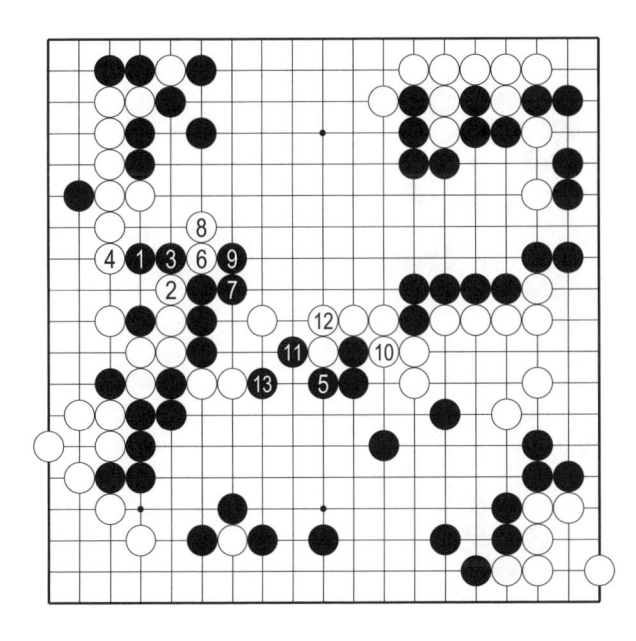

看围棋AI的方案，大有"不战而屈人之兵"的风范。

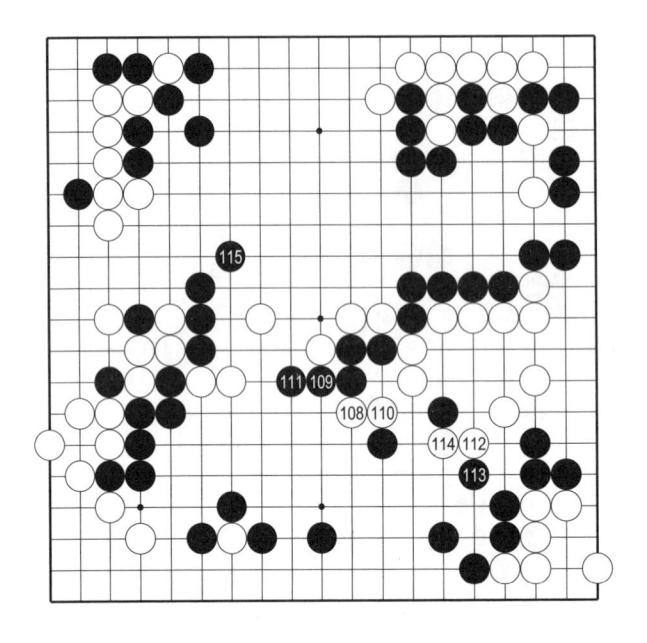

白 108 顶头是局部的手筋好感觉,利用这里的先手,白 112、114 成功做活了右边大龙,目数还不小。

然而这个下法把中腹的黑棋推到左边,严重削弱了中间的白棋,白方胜率下降 19 个点。

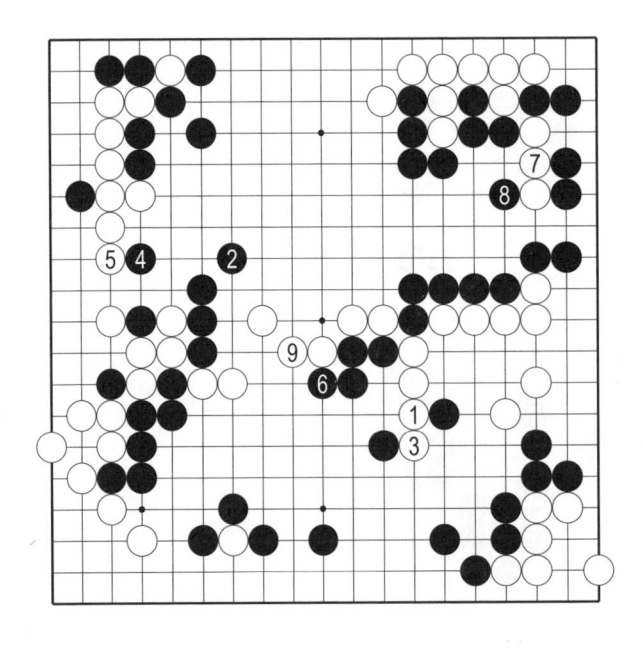

这是围棋 AI 推演的双方最佳下法,白 1 冲即可做活右边大龙。

为什么黑 2 不在 3 位挡住呢?我们来研究一下白棋的死活。

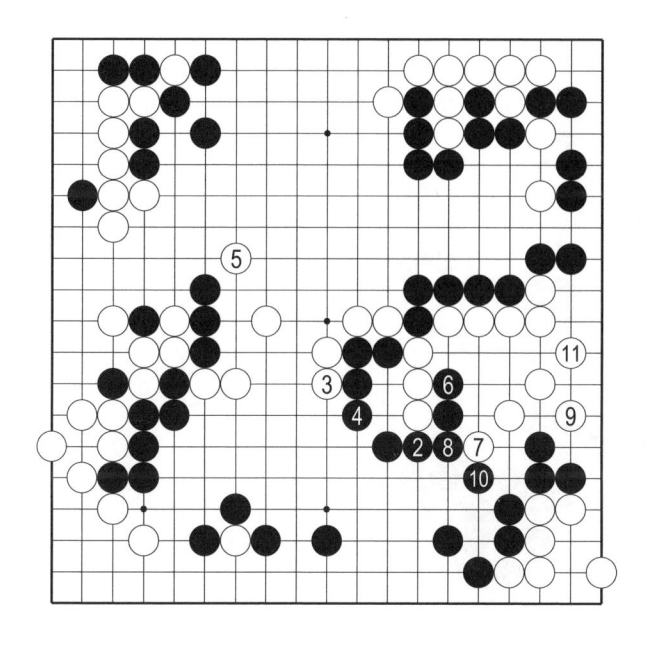

看围棋 AI 的方案，对黑 2 挡是不予理会的。就是说，白棋已经没有死活问题。

假如黑 6 长进去杀白，白不要三子即可做活主体。

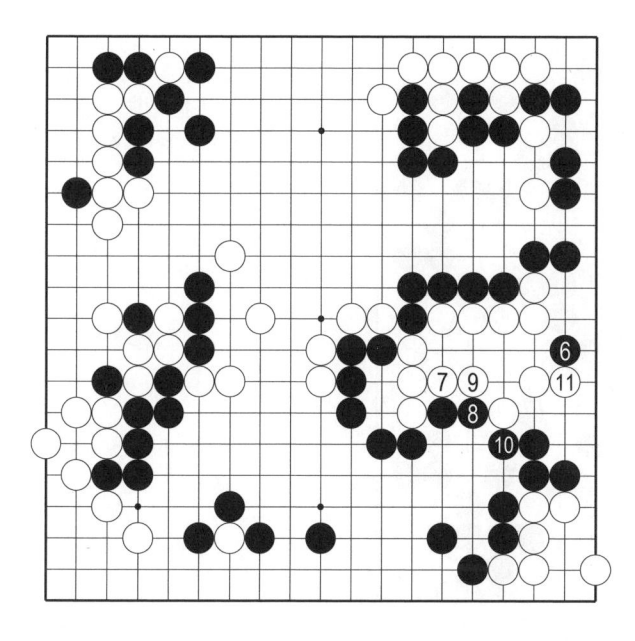

黑 6 在边上破眼，白 7 挡也可做活。

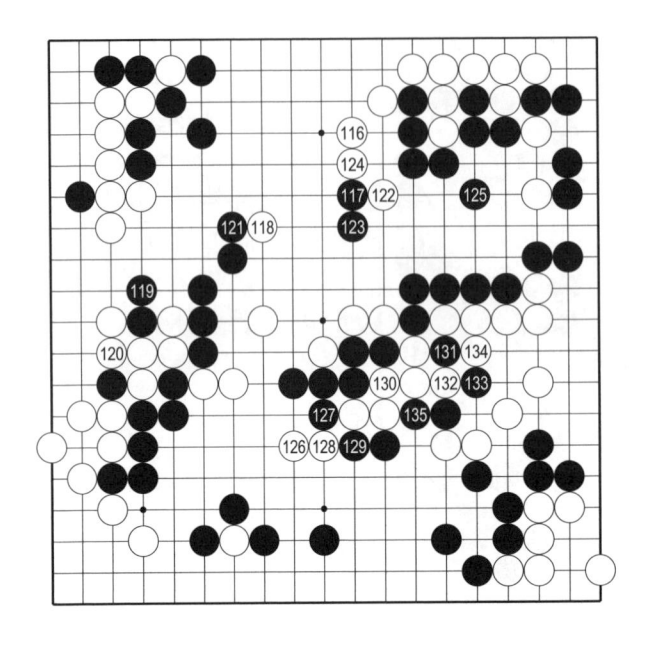

黑117选点欠佳，左边空档太大，胜率下降11个点。

后来白棋成功从左边空档逃逸。

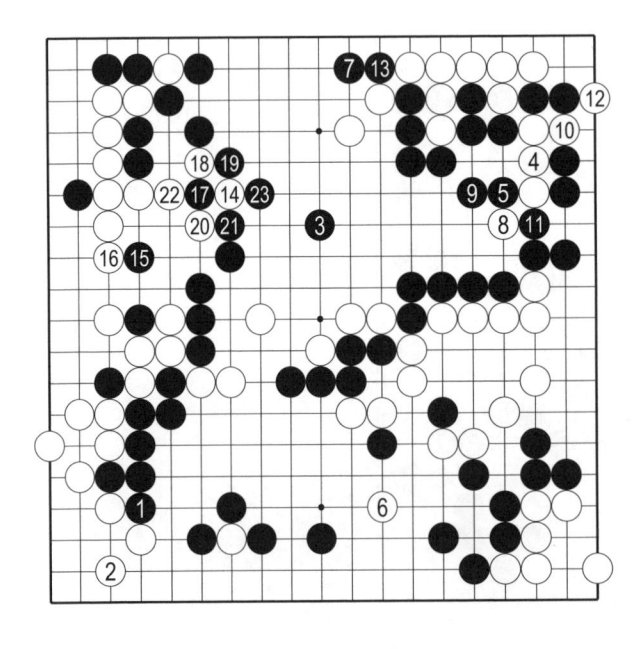

黑1先手利，之后黑3与中腹左边的黑棋构成比较紧密的大飞棋形。

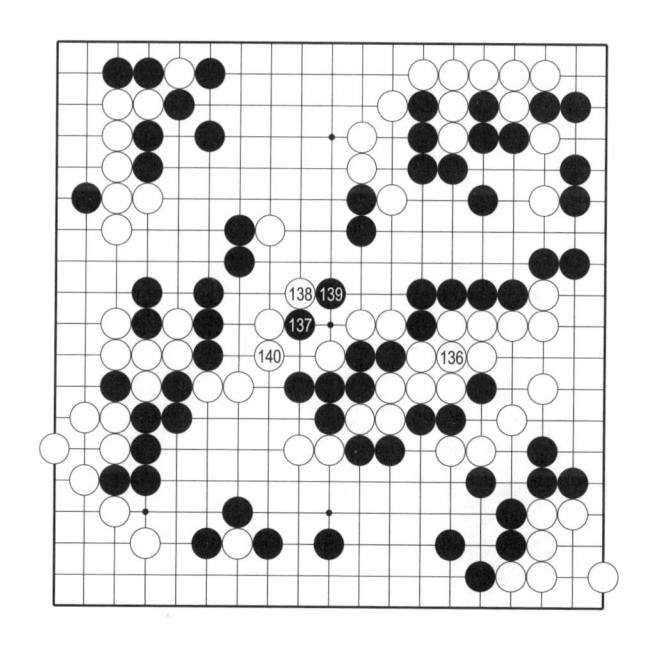

白 140 弃子手法粗糙，胜率下降 6 个点。

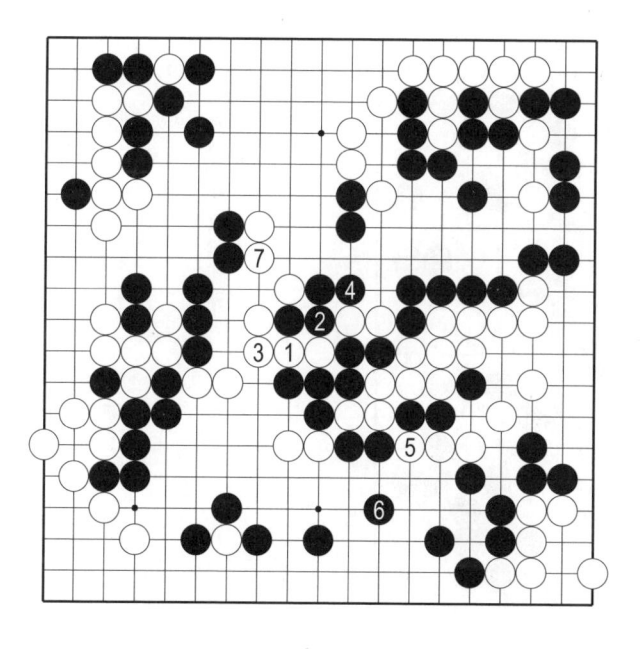

白 1 本可多救出一子。

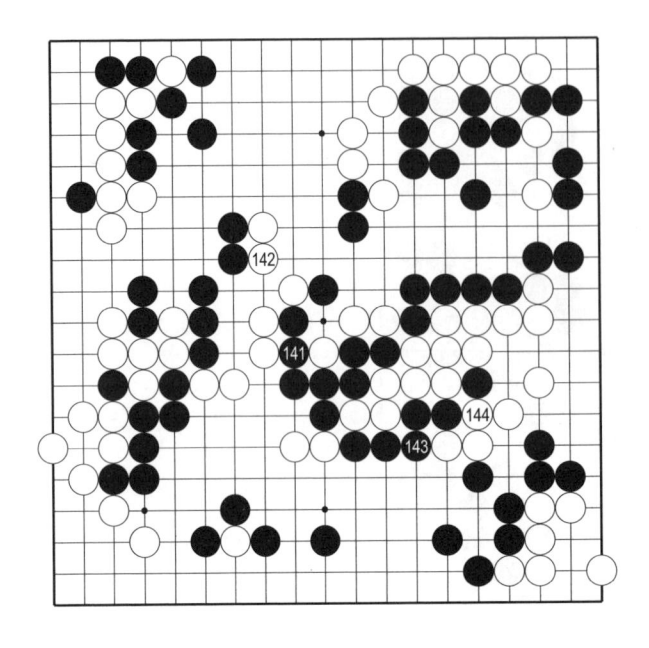

白142次序不对，胜率下降6个点。

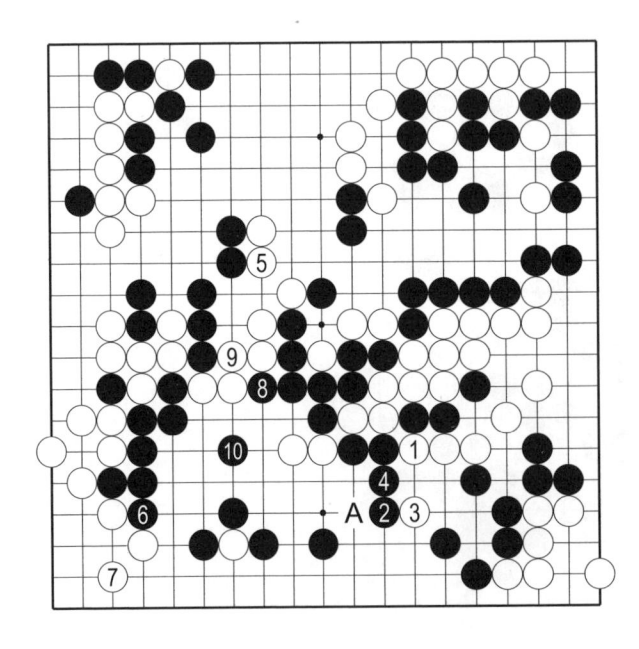

白1处是双方先手。黑2若省略，白A可吃掉黑二子。

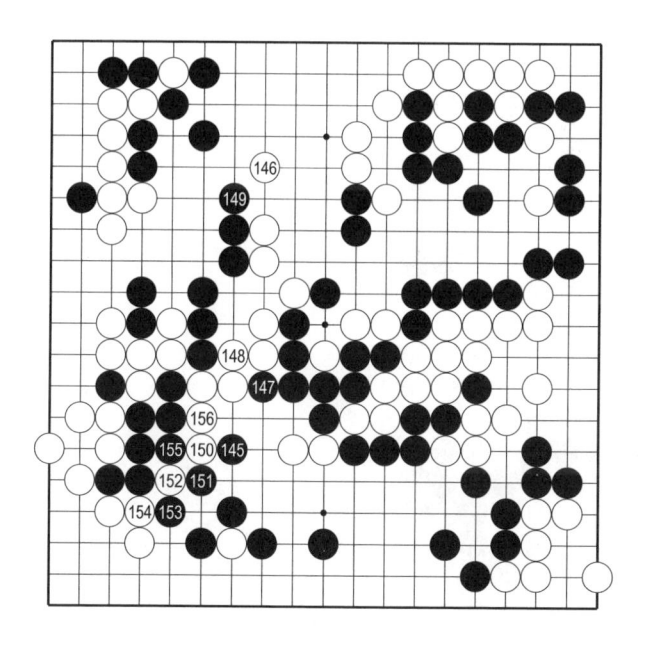

黑 147 撞紧气是吴清源先生比较后悔的一手，导致之后行棋诸多不便。

黑 151 失误，白 152 挖是好棋，黑被滚打。

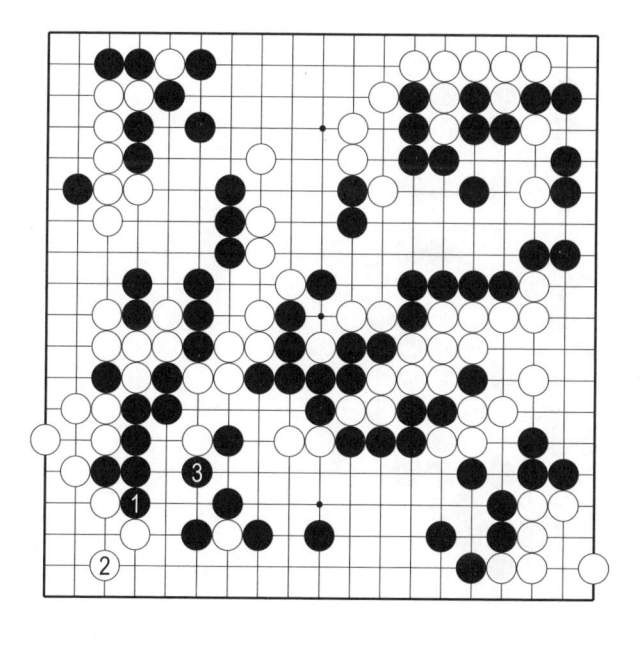

吴清源先生检讨黑151之前应先做黑1、白 2 的交换。围棋 AI 认同这一方案。

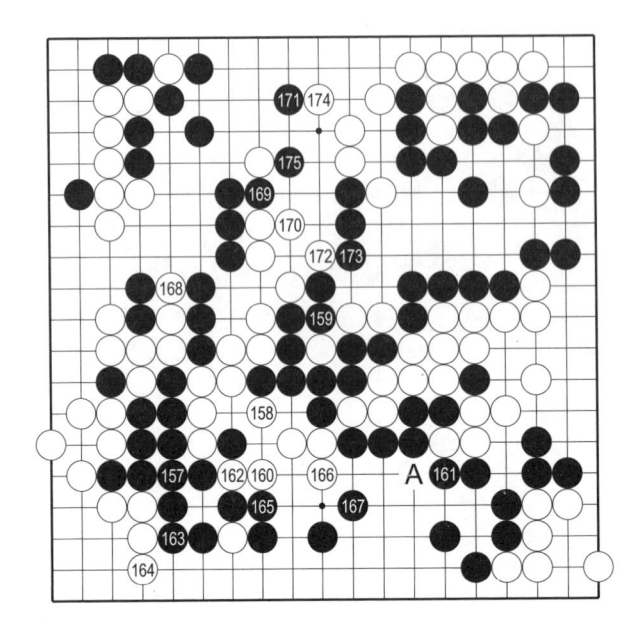

黑161挡住很大，同时解消了白下A位吃黑五子的手段。

白162做眼，大龙脱离了危险。

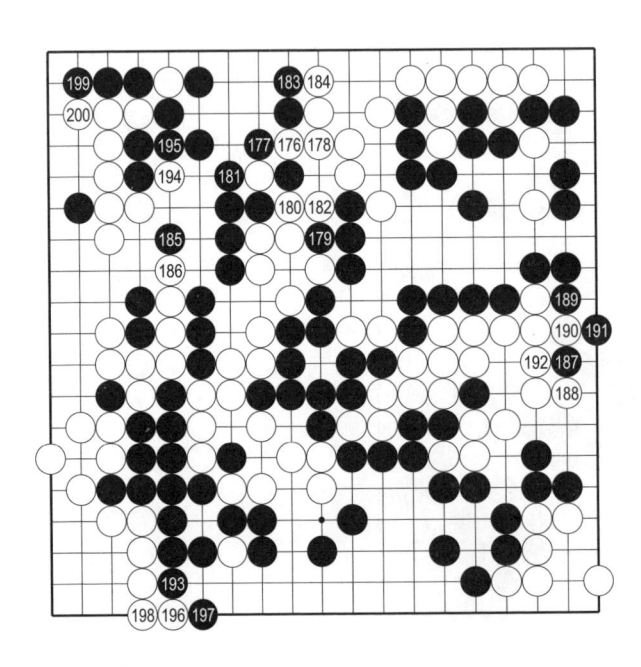

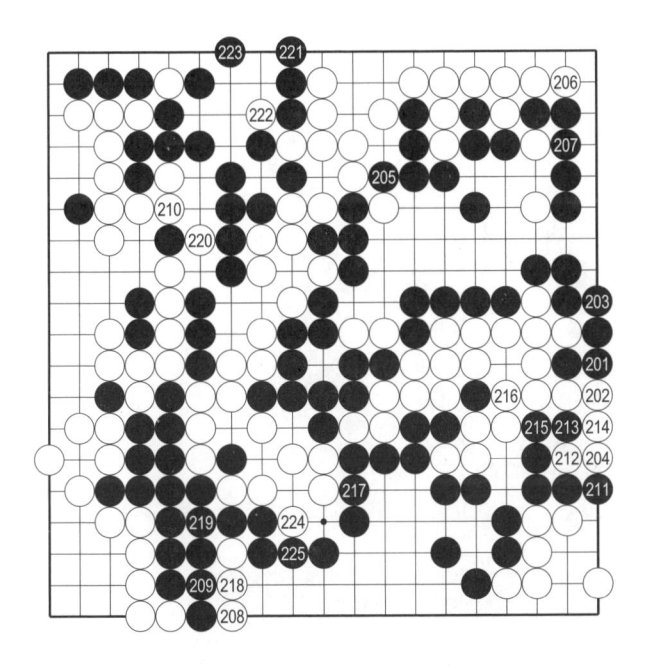

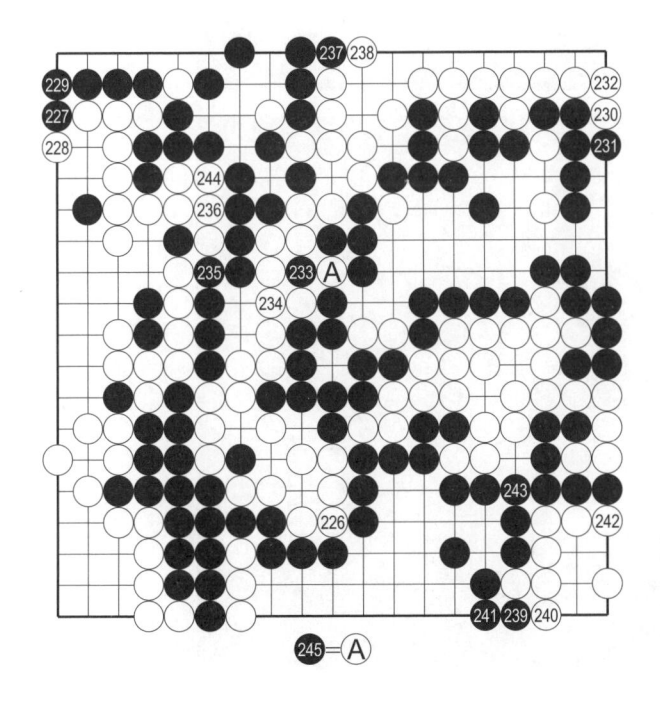

共 245 手
黑胜 9 目

245=A

本局胜率走势及 AI 吻合度

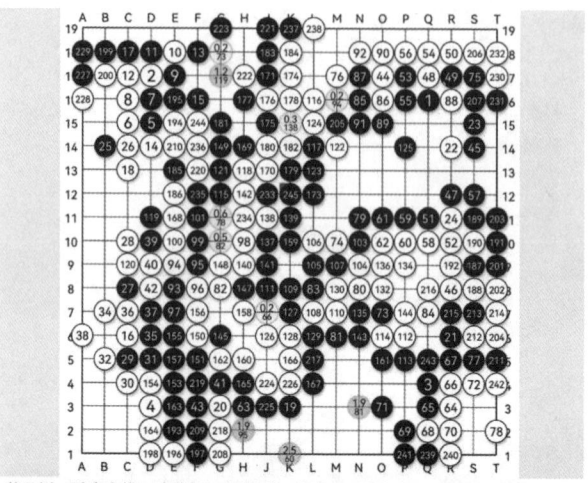

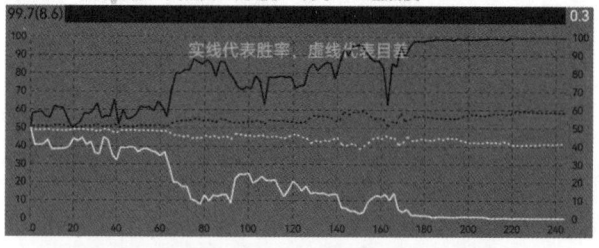

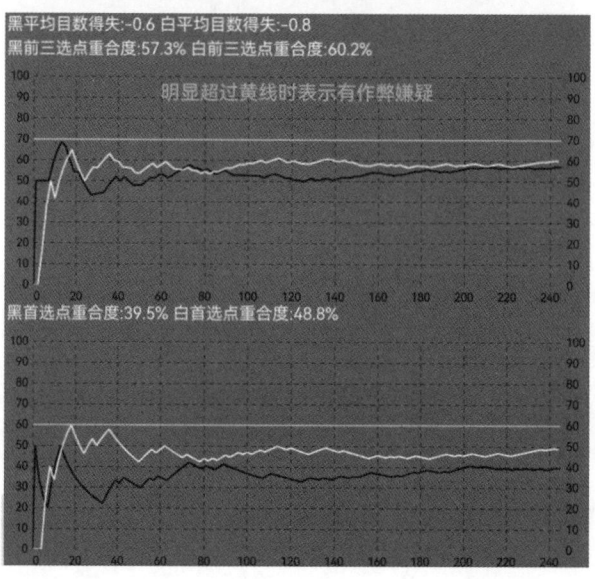

作者简介

柯红星,业余6段,中国围棋协会师资培训讲师团成员,四川省围棋协会理事,弈星围棋工作室首席导师,华中科技大学硕士研究生毕业。

1986年获湖北省第六届运动会围棋少年组冠军,1990年和2002年两次获湖北省大学生围棋比赛冠军,2019年获四川省首届智力运动会围棋成人公开组冠军。基本功扎实,棋路纯正,围棋理论知识与时俱进,尤其对围棋AI有非常深入的研究。

门下弟子有史金帛(泰国国家队总教练)、周围(澳洲第一高手)、汪逸尘、吴震宇、余晰蒙、程子逸、唐政等。

吴翰林,诗人,业余5段。

硕士毕业于四川大学,留学英国、美国,主要研究方向为品牌管理和科技创新管理。

少年醉心写诗,青年研习广告,中年云游天下,老年装疯卖傻,来生一枚棋石。

著有《傻瓜对杀》《傻瓜官子》,与柯红星老师合著有《围棋AI新定式全解密》《布局绝艺》《围棋AI流接触战要领》《围棋AI评坂田荣男》等作品。

原创围棋研究文章在公众号"打狗棒法"上持续更新。

吴清源的时空棋局

洞悉棋术精髓　解码对弈巅峰

扫码加入

棋友聚汇　交流社群　群英荟萃　棋缘相聚

深度解析　配套文章　精华延展　棋艺探秘

技艺飞跃　进阶课程　步步为营　棋路无忧

大师轨迹　走近吴清源　传奇再现　棋艺追踪